相馬藩世紀

第二

昌胤公御年譜一〜五

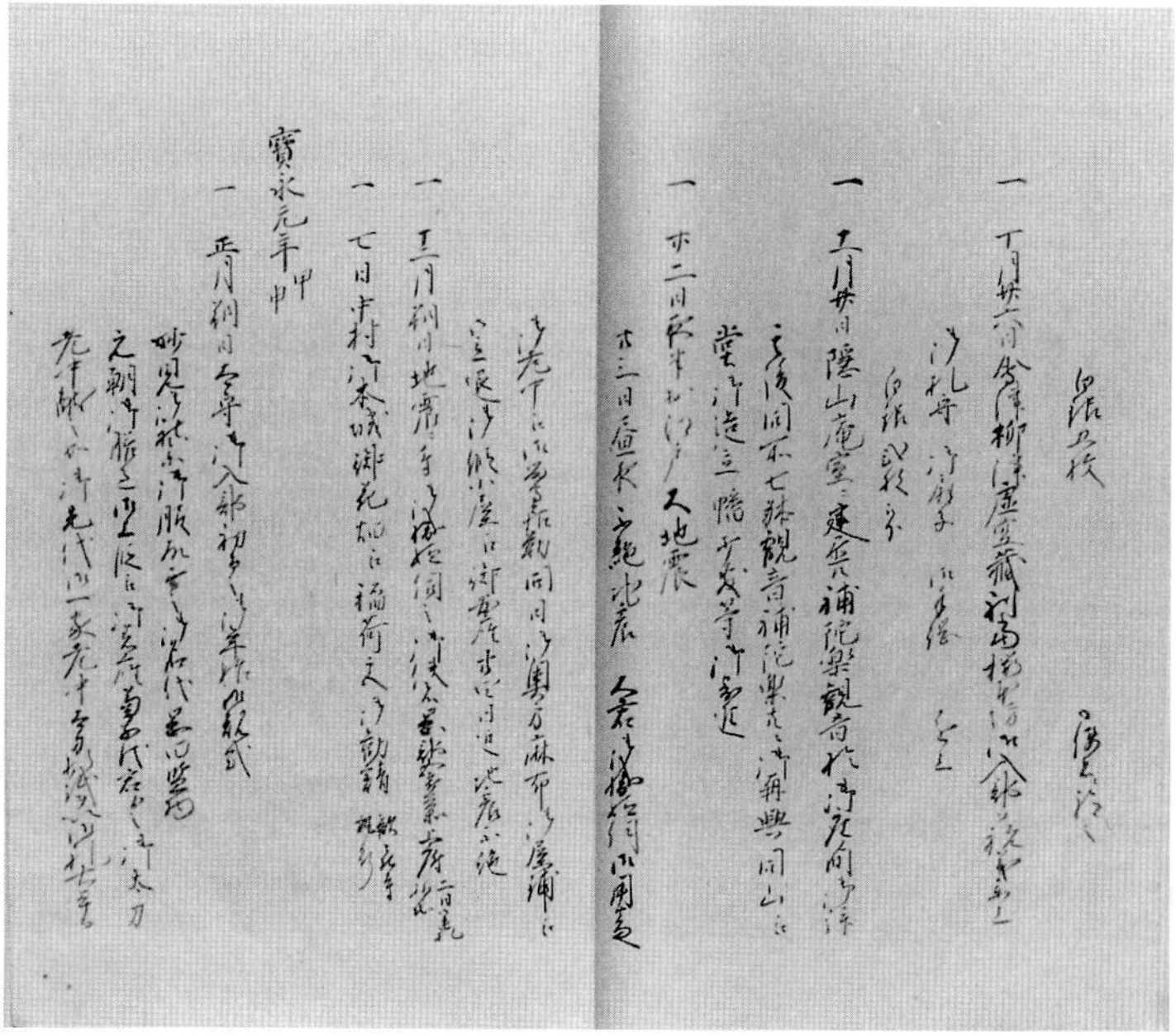

元禄十六年十月二十六日〜寶永元年正月一日條　　（本文87頁）

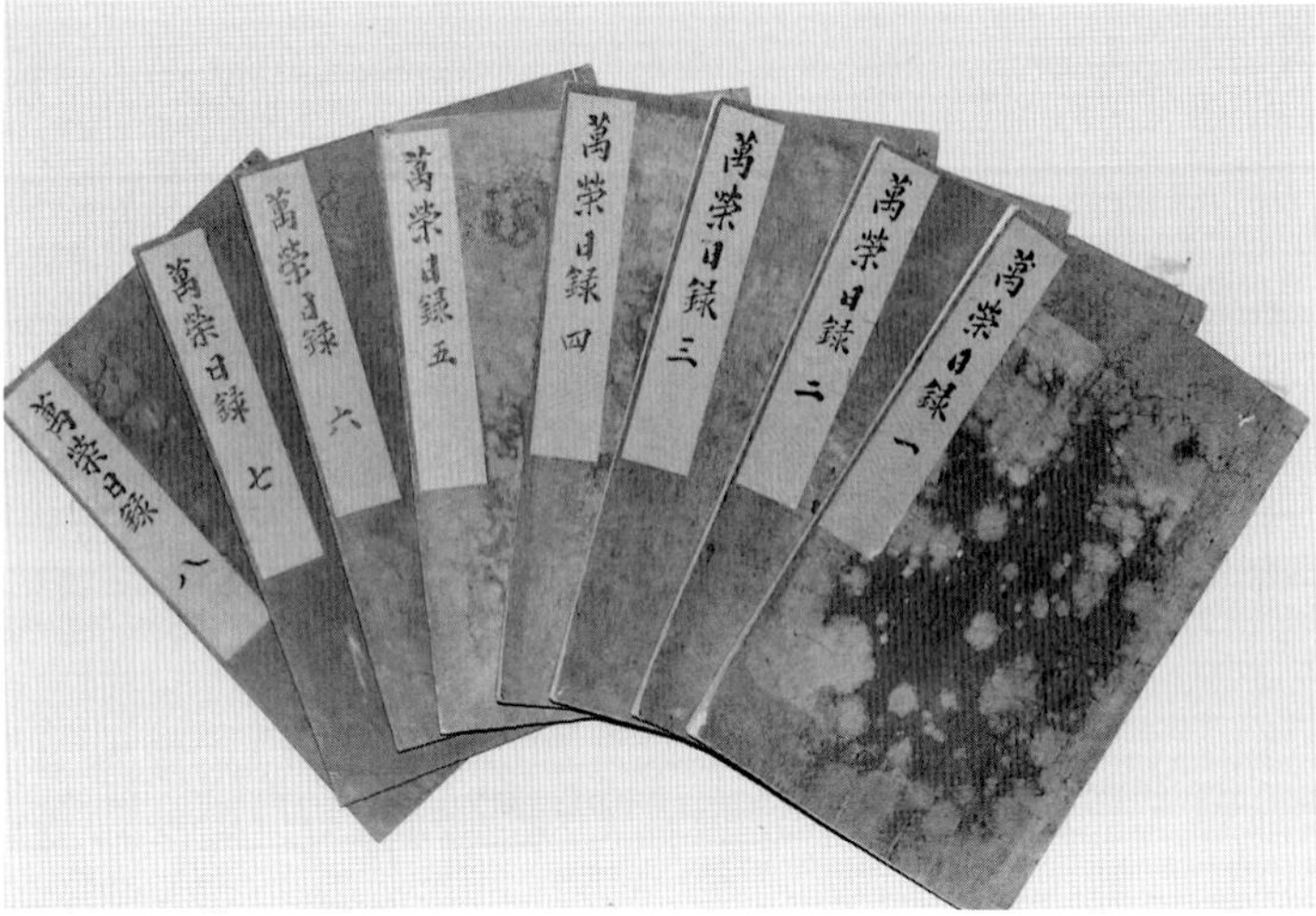

萬榮日錄一〜八

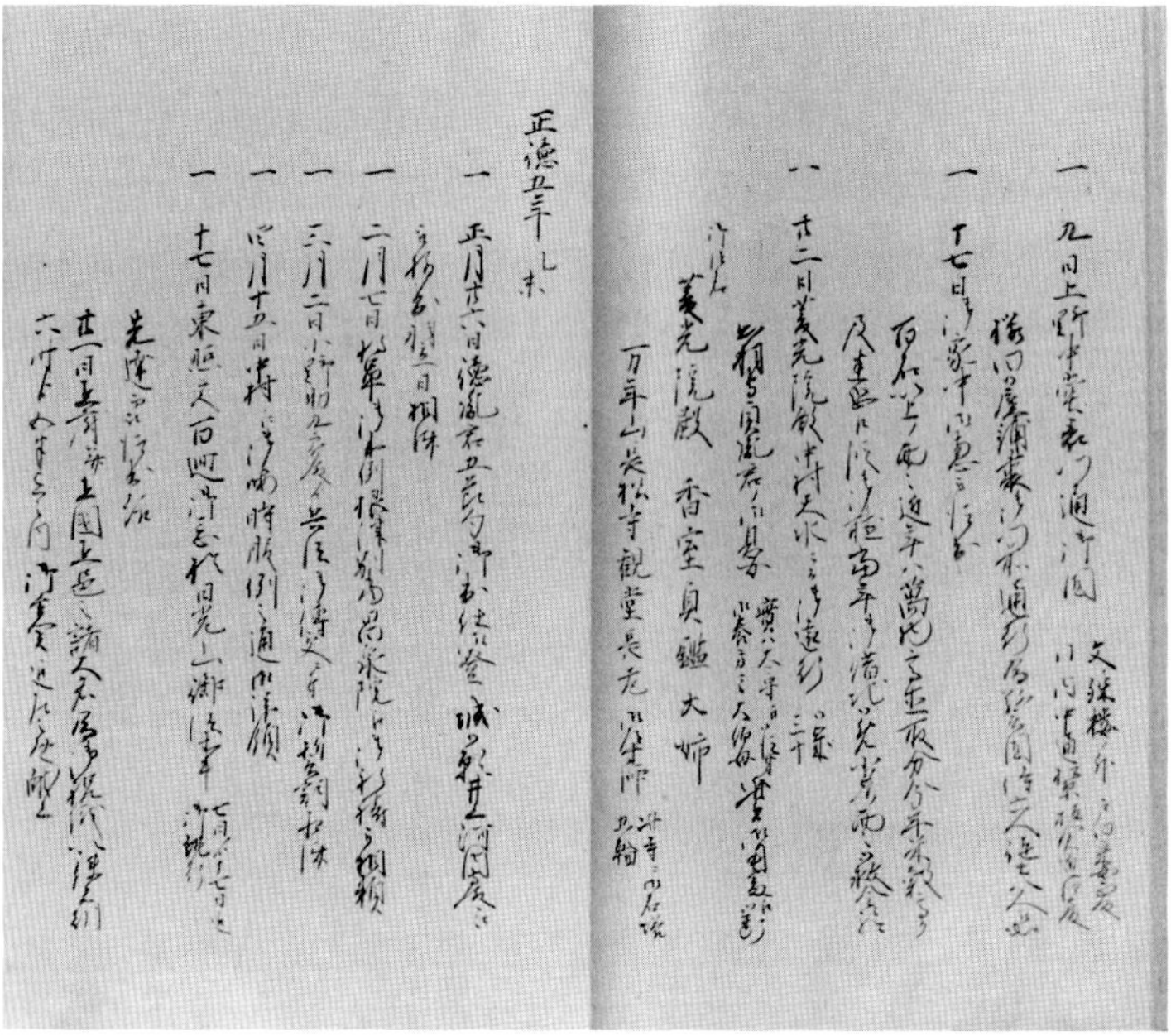

正德四年十二月九日〜同五年四月十七日條　（本文148頁）

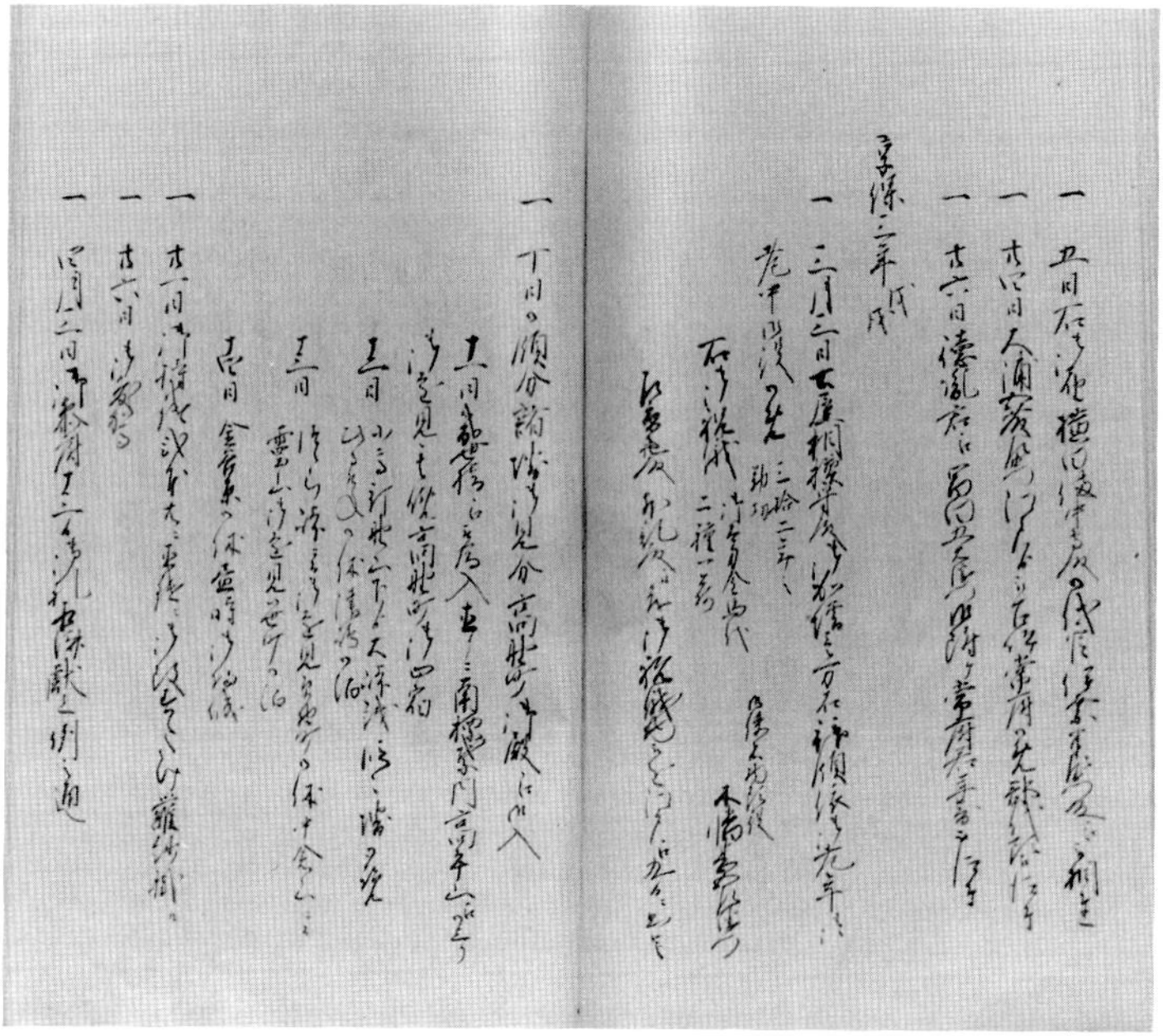

享保二年十二月五日～同三年四月三日條　（本文163頁）

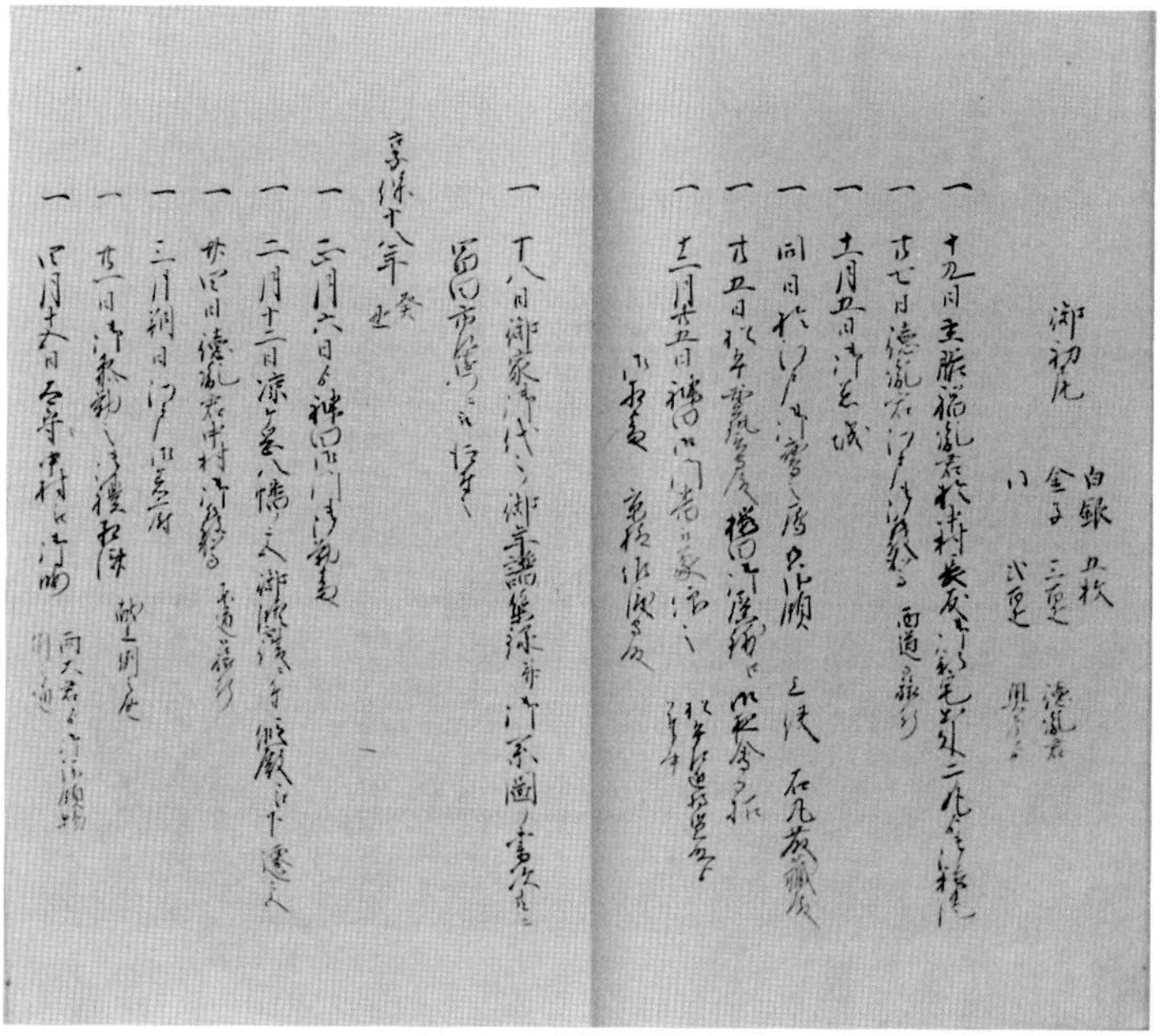

享保十七年十月十二日～同十八年四月十五日條　（本文235～236頁）

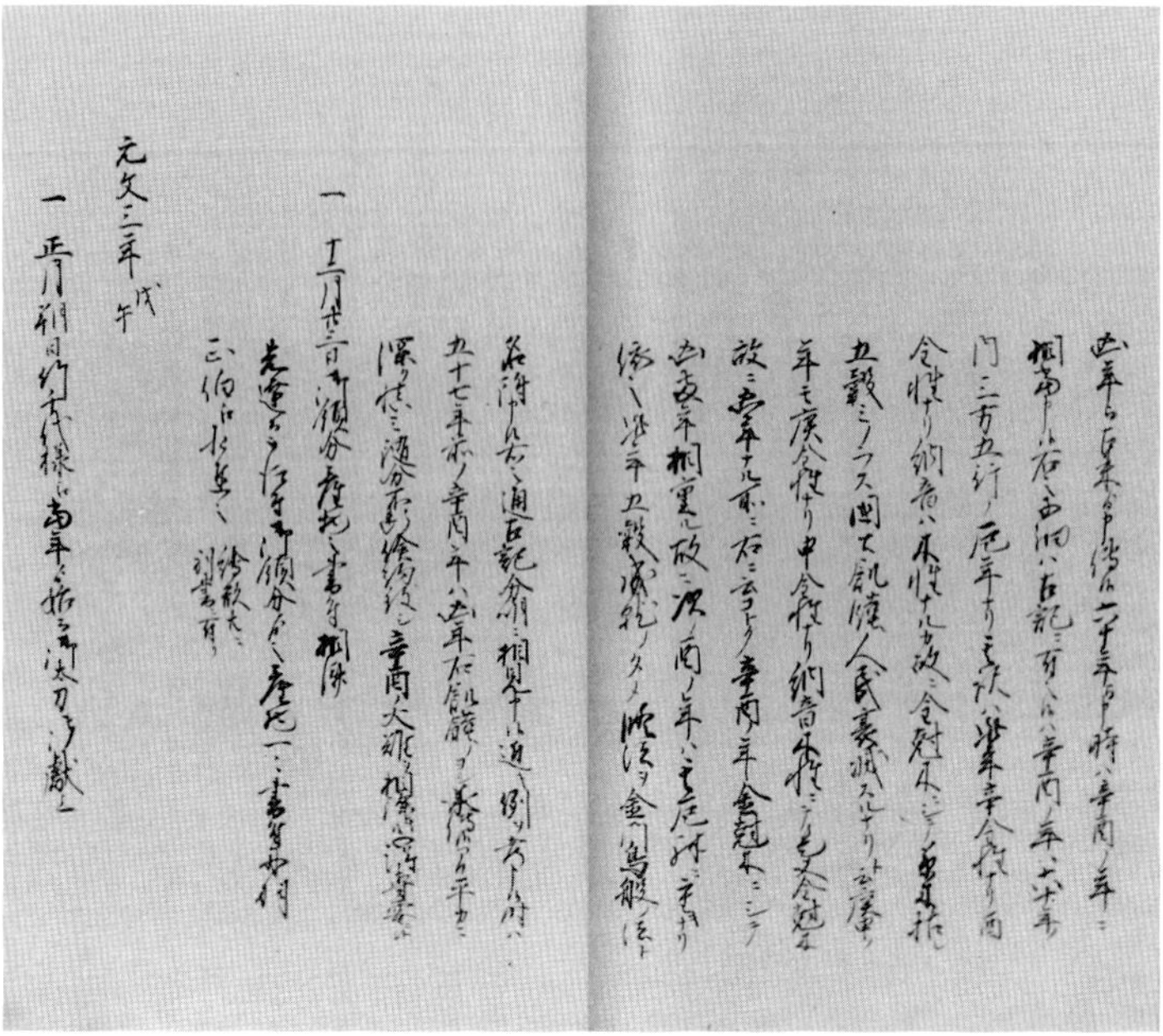

元文二年閏十一月～同三年正月一日條　　（本文264～265頁）

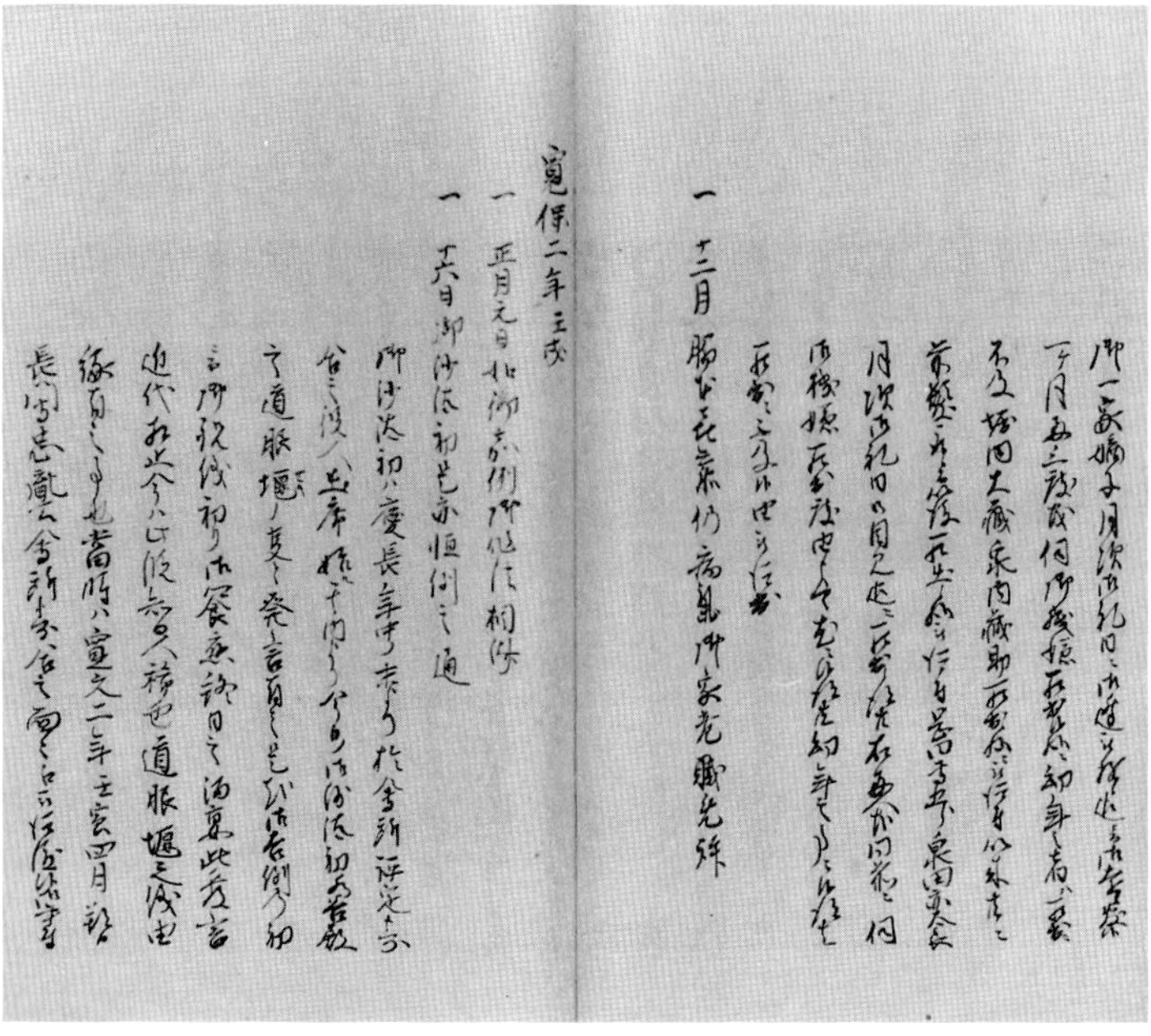

寛保元年十一月～同二年正月十六日條　　（本文278～279頁）

凡例

一、本書は、奥州相馬中村藩の年譜で、原本は相馬和胤氏の所藏にかかる。

一、本書は、原本に「御年譜一　利胤君御代」「利胤朝臣御年譜」さらには「萬榮日錄」等と題されているが、翻刻に當つては利胤外代々の年譜にも通用するよう「相馬藩世紀」と改めた。因みに本書の全體に亘る解説は最終巻に載せる豫定である。

一、本書には、五代藩主相馬昌胤年譜元祿七年から七代相馬尊胤年譜の前半延享二年までを收錄した。

一、本書の翻刻に當つては、つとめて原本の體裁・用字を尊重したが、便宜、原形を改めた部分がある。その校訂上の體例については第一冊の凡例に掲げた通りである。

一、本書の公刊に當つて、原本御所藏の相馬和胤氏はこれを許可せられ、種々の便宜を與えられた。特に記して深甚の謝意を表する。

一、本書の校訂は岩崎敏夫・佐藤高俊の兩氏が當り、岡田清一が原本校正するとともに頭註・傍註を附した。

平成十四年七月二十日

目次

相馬藩世紀　第二

御年譜十二　昌胤君御代

昌胤朝臣御年譜　四

(一六九四)
元祿七年甲戌

一、正月四日、例年正月十六日・極月廿六日、會所寄合罪人評定ヲ可致用捨之旨被仰出、

一、二月十日、(大膳亮義胤女、於龜)(回)圓照院殿廿一廻御忌御法事、於蒼龍寺御執行、

御先代ヨリ御法事毎ニ諸宗ニ而御執行、此節ヨリ曹洞一宗、二夜三日ノ御法事、

一、同日、於江戸、今度御老中方江御成被仰出候、御祝儀被進、

紗綾五十卷　蠟燭五百挺　干鯛一折

*昌胤著府
*昌胤著府ニ就キ土屋政直ニ進物
圓照院殿二十一回忌ノ法事執行
*渡邊完綱三百俵拜領
老中就任ノ阿部正武以下ニ祝儀ヲ進ラス
*宇多郡坪田村ノ八幡宮新造仰付ラル

阿部豊後守(正武)殿江、
蠟燭五百挺　干鯛一折宛、
大久保加賀守(忠朝)殿
戸田山城守(忠眞)殿

一、十三日、小高國王ノ御神躰ヲ、妙見社内國王ノ宮江御勸請、

假殿遷宮、十四日寅ノ中刻ヨリ卯ノ中刻迄、國王遷座、太守(昌胤)御社參、御神拜相濟、

一、四月三日、御發駕、

一、九日、御着府御裝束所下谷善養寺、

一、十日、土屋相模守(政直)殿亭江御成ニ付、品〻被進、

檜重　二組

御机　一脚　花林

御冠棚一　澤栗　御机・御冠棚、兩品、代金百三拾五兩、銀七拾匁三分ニ而出來、

干鯛　一折

金子千兩　御成ニ付、御所望故、正月十四日ニ被進、御使者熊上平右衞門(惠次)

一、五月十日、渡邊半右衞門殿(完綱)御扶持方三百俵拜領、

一、十五日、宇多郡坪田村八幡ノ宮御建立被仰付、

御宮四間ニ三間、新規御造立、くさまきヲ除キ、杉・椵・松ノ類、何木ニ而茂、茅葺白木造、來亥ノ

*佐竹義苗秋田著

*坪田村八幡宮ノ造營奉行ヲ堀内辰胤ニ仰付ラル

北條氏治ニ普請料トシテ五百兩ヲ遣ス

佐竹義苗秋田ニ入ルヲ以テ祝儀遣ス

三月迄ニ成就与被仰出之、追而大社ニ御造營被仰付、江戸ゟ木圖ヲ被差下、

一、六月九日、朝、北條左京殿（氏朝）ゟ御結納、

本使　舟越外記

御小袖代白銀三拾枚　御樽肴定式之通、

御太刀黄金馬代　　太守江、

卷物五　　御奥方江、

右之品〻、大書院上ノ間江置、使者舟越外記被召出、御太刀折帋池田八右衞門（直重）披露之、使者御口上畢而熨斗鮑被下之、退座、於三ノ間、外記幷副使津田友右衞門御饗應二汁七菜相濟、大書院二ノ間江被召出、御盃被下御肴給之、此節御刀石州物代金壹枚八右衞門持出、外記頂戴之、則差候而御禮、御取持御計ニ而御返盃御肴差上、次友右衞門被召出御盃給、御返盃相濟、外記被召出御返答、友右衞門ニハ於御勝手、白銀三枚被下、御祝義持參之面〻次第ヲ以御目錄給、兩人引取以後、北條殿江御禮、堀内玄蕃（辰胤）被遣、案内熊上平右衞門（惠次）、兩人御盃ヲ給ル、

一、廿八日、北條美濃守殿（氏治）江伊勢殿名改、御普請料金五百兩被遣、熊上平右衞門持參、田中市兵衞ニ渡、

一、七月、今度佐竹修理太夫殿（義苗）、初而御國元御暇、御祝儀御使者被遣、

御使者組頭役　守屋圖書（尊重）

六月二日、江戸御發駕、廿一日、圖書秋田江着、妕添御徒士佐藤庄左衞門　秋田町宿ニ而梅津半右衞門出合、同日、以御使者、杉重壹組・鹽鳥給之、廿二日、登城、

御太刀黄金馬代

時服十内御帷子五同御單物五　　御進物差出、

二種一荷

修理大夫殿（佐竹義苗）御出座、御口上相濟、御吸物・御盃給、畢而圖書退座、御饗應、三汁九菜、追而被召出御返答、町宿江退出、白銀五枚時服三以御使者給、

一、十七日、八幡御造營奉行被仰付、

大奉行　　堀内玄蕃

御普請奉行　本役物頭　川久保貞右衞門（重信）

佐〻木五郎兵衞（宣久）

一、八月三日、八幡外遷宮、

一、廿三日、八幡御造營大社被仰付、

八幡寺小寺ニ而別當職不相應、仍之長命寺ヲ別當職ニ被成、八幡寺ノ寺領拾石ヲ加增、都合六拾石

長命寺ヲ八幡宮別當職ト爲シ坪田ヘ移ス

*お龜御方婚禮

御附、赤木山観音院長命寺ヲ放生山長命院八幡寺与山院・寺號共ニ御改、寺地茂坪田江引移、在郷給人屋鋪田地等ヲ新ニ開キ、安養寺ノ客殿・大門ヲ八幡寺江移、長命寺ノ寺跡江安養寺ヲ鷹ノ巣ゟ被移、安養寺跡ハ侍屋鋪与成、八幡ノ祠官別當職ニ田代左京進被仰付、

田代左京進ヲ八幡宮ノ祠官別當職ト爲ス

今度末社ヲ御建立、劍宮・住吉・粟嶋・貴船、四社共ニ左京壹人別當職、右之次第、御自筆ノ御證文歡喜寺住持宥隆・八幡寺住持専満田代左京進被下之、

一、廿九日、安藤九郎左衛門(重玄)殿、土屋甲斐守(朝直)殿入來、北條(氏朝)殿江御婚禮之次第御對談、

一、九月七日、吉辰ニ而御婚禮御道具、今日ゟ段々被遣、

御使者 久米半右衛門(時英)

一、十一日、御臺様ゟお龜御方江御文ヲ以、品々御拜領、

御櫛臺　一通

白銀　五拾枚

箱肴　一種

昌胤坪田村八幡宮ヘ詠歌八百首ヲ奉納

一、十五日、太守(昌胤)、八幡江御法樂ノ御詠歌八百首御奉納之、

御普請中、爲御祈禱御假殿江奉納、

一、廿一日、おかめ御方御婚禮、

御客 松平大學頭(近鎮)殿　佐竹求馬殿

相良遠江守(頼喬)殿　佐竹壹岐守(義長)殿

秋田伊豆守(就季)殿　松平將監殿

水野肥前守(忠位)殿　池田帶刀(長清)殿

其外 御一門方

石川越前守(義孝)殿　黒川與兵衛殿

舟越左門殿　渡邊平十郎殿

御輿迎

八時過御出輿、御輿送

御輿渡 池田八右衛門　御貝桶渡 熊上平右衛門

受取　舟越外記　受取　田中市兵衛

八右衛門・平右衛門、御料理ノ上、左京殿(北條氏朝)ゟ兩人ニ御盃給、

金壹枚・刀、八右衛門被下、白銀三枚、平右衛門頂戴、

御新造被召連候侍

奥家老 手戸門太夫　御徒士 荒三郎兵衛(重喜)

御賄 鈴木十郎右衛門　御料理人 西與兵衛

一、廿五日、御臺様ゟ御祝儀被進、

御小袖三重

二種一荷

一、廿六日、皆子餅御取通、　御使者中目付役（宗清）原　傳右衛門

一、廿八日、御婚禮相濟候御禮被仰上、　御使者組頭役　岡田半右衛門（成信）

御小袖二重　熨斗目／綸子羽二重　案内　熊上平右衛門（惠次）

八幡宮建立ニ就キ侍以下人夫ヲ差出ス

一、同月、八幡宮御建立ニ付、人夫ヲ願差出、

御城下侍　在郷給人　足輕　小人　諸職人　百姓

町人

侍ハ廿石壹人ノ積、其外壹軒壹人宛、御手傳ニ差出、

一、十月四日、御臺樣ゟおかめ御方檜重御肴御拝領、

北條殿江御入以後、御拝領品ミ略之、

北條氏治父子以下大書院ニテ昌胤ト對面

一、十九日、北條美濃守殿御父子、御祝義ニ御招請、

美濃守殿（北條氏治）　左京殿

北條右近殿（氏澄）　石川越前守殿

久留嶋出雲守殿（通貞）　竹中監物殿

渡邊孫四郎殿　安藤九郎左衛門殿

竹中久五郎殿

於大書院、各御對面、御持參之御太刀披露、御饗膳三汁九菜、御盃事之節、御道具被進、

安則御刀　代金廿枚折帋一腰　左京殿江御引手物、

信國御脇指代金七枚折紙一腰

一、廿七日、北條美濃守殿江御祝儀御招請、

太守御不快、御名代松平大學頭殿、

松平將監殿　佐竹壹岐守殿

佐竹求馬殿　渡邊平十郎殿

内藤伊織殿　黑川與兵衛殿（正敦）

御奥方被爲入、

御太刀大馬代　美濃守殿

御太刀大馬代　左京殿

時服二

紗綾十巻　美濃守殿奥方江、

白かね拾枚　御新造江、

一、十二月廿六日、御馬壹疋獻上、栗毛駮六才、長三尺八寸七分、裝束先規之通、

元祿八年乙亥（一六九五）

*諸社代參

一、正月十二日、諸社江御代參、志賀長太輔被遣、

伊勢　淺（朝）熊　北野　清水觀音　祇園　遠州秋葉

一、十七日、曾谷長順殿江、今年ゟ例年三拾人扶持、御合力被進、

*麻布下屋敷類焼

一、二月八日、麻布御下屋敷類焼、

晝八時過、四谷傳馬町二丁目ゟ出火、風烈御下屋

東大寺大佛供養奉加トシテ金二十兩一分ヲ遣ス

昌胤中村著城

坪田村ノ八幡宮正遷宮

敷屋形長屋不殘、向屋敷共ニ類燒、其夜寅刻芝ノ牛町ニ而留ル、此節、御先代ヨリ御傳リノ品々多ク器財等燒失、

一、三月十日、南都龍松院(公慶)大佛供養、奉加被遣、大佛再興ノ奉加ナリ、金子貳拾兩壹分、御領分・江戸詰共ニ壹人壹錢掛リ、

一、四月廿一日、中村江御暇、例之通、時服御拜領、

一、廿六日、江戸御發駕、

一、五月朔日、御着城、

一、四日、八幡御本社御假殿・末社外遷宮、

一、六日、八幡正遷宮、御造營成就、神幸ノ次第繁多故略之、

七日、御戸開、拜殿ノ額八正宮 梶井常修院宮御筆、一ノ鳥井額八幡 佐々木萬次郎玄龍筆、

廣前石燈籠御一家・老中・御用人・御留守居・組頭・郡代幷四百石以上、御普請引請、

右
老臣御城代 堀内玄蕃辰胤
御一家 泉内藏助胤和
老臣 相馬勘右衛門胤充
老臣 水谷半左衛門堯宣
御小姓頭御用人 田中四郎左衛門久重
御徒士頭御用人 門馬嘉右衛門辰經

左
老臣御城代御一家 堀内玄蕃辰胤(マヽ)
御一家 岡田宮内知胤
御一家 泉田主殿胤治
老臣 伊藤太兵衛信祐
老臣 池田八右衛門直重
御小姓頭御用人 大浦庄右衛門宣清

御留主居 熊上平右衛門安(惠)次　御徒士頭御用人 藤橋作右衛門隆重
組頭 守屋圖書尊重　御留主居 久米半右衛門實時
同 岡田半右衛門成信　組頭 堀内覺左衛門胤往
同 木幡嘉左衛門安清　同 熊川左衛門長賴
同 石川助左衛門昌弘　同 石橋嘉右衛門惟次
郡代 富澤杢兵衛清高　同 佐藤二左衛門永重
郡代 門馬六兵衛重經　郡代 室原權右衛門尚隆
四百石役高物頭 村田久太夫惟世　四百石物頭 佐藤長兵衛重信
五百石御使番 熊清兵衛安宣　四百石御使番 富田五右衛門政實
五百石 岡部五郎兵衛重綱　六百石 脇本喜兵衛元明
四百石 村田辰之助師世　四百石 谷彌之助宣宗
四百石 西新六以治　物頭役御造營御普請奉行 川久保貞右衛門重信
御普請奉行役 佐々木五郎兵衛宣久

繪馬殿軒前左右共ニ物頭寄進ノ繪馬掛之、

殿内ノ繪馬ハ惣侍奉獻之面々ノ性〔姓〕名ヲ記、

或ハ町方、或ハ志ノ面々、繪馬・造物等獻之、

社前盤水石 在郷中頭役ノ面々寄進、

石ニ姓名ヲ不誌、

末永十左衛門　大内久兵衛
増尾藤左衛門　羽根田瀬兵衛

岡崎勘左衛門　　湯澤長左衛門
門馬兵右衛門　　岡田半藏
池田庄左衛門　　栗崎三郎兵衛
鴾田兵左衛門　　佐藤文左衛門
若宮八幡上甲良下甲良　一社
末社
劔宮御先祖長門守義胤外天大居士ノ神靈ヲ御勧請、
住吉　粟嶋　貴布根〔禰〕四社ノ額ハ、佐々木玄龍書之、江戸浪士、後被召出御寄合ノ列ニ加ル、
田賀〔多〕八幡寺自分建立、　稲荷田代左京進自分建立、

八幡宮新造ニ就キ地名等ヲ改メ祭禮日ヲ定メラル

一、八日、今度八幡御造營ニ付被仰付之、
八幡社地ヲ　凉美ケ岡
御手洗　岩陰ノ清水
池　放生池
池ノ橋　神路橋《カンロ》
町ヲ　神路町《カミジ》
八正宮祭禮日御定
二月初卯日　三月初午日　八月十五日
毎月朔日御神事市ヲ立、市奉行百石以上ノ給人壹人宛、
此社地御造營以前ハ、八幡ノ本社今ノ若宮ナリ、杉林ノ内ニ建、東南田畑、其邊往昔合戰ノ場ニ而討死ノ首

*永享七年結城氏朝宮建立ノ棟札有リ

塚多ク、侍ノ下屋鋪等開之、平均、凉ケ岡・放生池・町屋与成、社前ニ八《ヤ》幡塚《ハタツカ》トテ大木ノ杉、于今有之、傳說不分明、永享七年（一四三五）結城中務太輔氏朝、宮建立ノ棟札有之、其比迄ハ結城氏此所押領歟、

*野馬追

一、廿三日、野馬追、廿二日、中村御出馬ノ時、御出城ゟ螺・太鼓ニ而御行列、此節ゟ初ル、

*大浦宣清老役仰付ラル

一、六月廿一日、大浦庄右衛門實名宣清老役被仰付、御加增百石被下、都合三百五十石、
一、七月、御城下惣屋敷間合改、被仰付、奉行給人門馬次郎右衛門

*神尾元珍ヨリ貨幣改鑄ノ書付渡サル

一、九月廿一日、於江戸神尾備前守殿（元珍）ゟ、新金銀吹直之儀、書付を以被仰渡、
是慶長金相止、元祿金通用之義也、

*大膳亮義胤妻ノ五十年忌執行

一、十二月六日、聖衆院殿大膳亮義胤君御奥方五十年忌、小石川無量院ニ而御法事御執行、彼寺ゟ申出候ニ付、輕キ御供養、

*領内不作ノ届有リ

一、同月、當秋、御領内不作御届有之、
高貳萬八千石ノ餘損亡、

元禄九年丙子（一六九六）

相馬胤充百石加増

一、正月、相馬勘右衛門（胤充）被爲　召、御加増百石被下、都合六百石、
　御筋目有之、久々御奉公相務候由、御褒美ノ義御意、御加恩ヲ給、

藤橋隆重五十石加増

一、廿九日、藤橋作右衛門（隆重）亭江　御成、御膳獻之、此節、御加増五拾石被下、都合貳百拾五石、

一、二月廿一日、相馬勘右衛門亭江　御成、御膳獻之、此節御一家中江被仰出儀、
　御一家之者共、自分親類計筋目ヲ正シ候、御一家仲ヶ間一同之事ニ候故、親類与相心得可申候、勘（相馬胤充）右衛門事、御末葉之事ニ候間、親類与心得可申由、被仰付、

＊お龜御方離縁麻布屋敷ヘ帰ル

昌胤著府

一、四月四日、中村御發駕、九日御着府、

一、十一日、御參勤御禮相濟、獻上如例、

米倉昌尹加増ニ就キ祝儀品品進メラル

一、十五日、米倉丹後守（昌尹）殿、御加増拜領之御祝儀品々被進、
　鐵炮貳拾挺國友張十匁　猩々緋袋　皮胴亂廿青染御紋武田菱
　玉藥箱壹荷口藥入火縄廿筋　鑄形鑄皿共ニ、
　家具五拾人前黒椀
　干鯛一折

＊米倉氏ハ土屋家ノ親族

　米倉氏御先祖、元來武田ノ家頼土屋家ノ御親族也、仍之御類葉ノ筋ニ而丹後守（米倉昌尹）殿御父米倉助右衛門一閑入道、別而御出入、嫡子六郎右衛門殿、知行六百石、屋敷赤坂、今度若御年寄ニ御立身、丹後守与御改、壹萬石ノ御分限、右御祝義被進、

一、五月朔日、北條左京（氏朝）殿奥方御不縁ノ御沙汰、土屋相模守（政直）殿・米倉丹後守殿江、相馬勘右衛門ヲ以、御内々ヲ被達、

一、十二日、土屋甲斐守（朝直）殿御入來、右御不縁之儀被相達、

一、十四日、おかめ御方御離縁、麻布御屋鋪江御歸、今夜御引取、甲斐守（土屋朝直）殿ゟ安藤九郎左衛門（重玄）殿江被達、九郎左衛門殿、北條殿江御傳達相濟、常之御供御迎ニ被遣、

一、十五日、左京（北條氏朝）殿江御引手物ニ被進候御刀・腋指被相返之、

一、廿一日、御臺樣ゟお龜御方江御文ニ而御重之内被進、

＊相馬胤充將監ト改ム

一、六月九日、相馬勘右衛門、名ヲ將監与改被仰付、

一、十日、土屋相模守殿江御領分檢地御願被仰入、御勝手次第与御挨拶、

老中阿部正武ニ仰入ラルル趣ハ昌胤病氣ニ就キ相應ノ奉公仰付ラルベシト

*阿部正武ニ養子願ヲ達セラル

佐竹義處二男ヲ養子ニ迎ヘタキ願大岡忠高ニ依頼

*岡田成信石川昌弘ニ寺社方支配ヲ兼役セシム

*新二朱判出來ノ觸公儀ヨリ仰出サル

一、十一日、阿部豊後守殿（正武）江御留主居御使者ニ而被仰入趣、

私儀、近年病氣ニ付、何之御奉公茂不仕、心外奉存候、今以病身罷有候得ハ、自身相勤候御奉公ハ難仕奉存候、何とそ相應之御奉公茂御座候は、被仰付候樣ニ奉願候、此段以參可申上候得共、此中別而氣色不快ニ罷有候間、以使者申入候、

御返答、

御病氣ニ付、外之御奉公茂不被成、心外思召候由、御尤存候、今以御氣色御不快ニ御座候得ハ、御自身御務被成候、御奉公難被爲成思召候、乍然相應之御奉公茂御座候は、被仰付候樣ニ、御願之趣承置候、

一、十九日、大岡美濃守殿（忠高）御招、佐竹右京大夫殿（義處）御二男求馬殿（義珍）ヲ御養子ニ御願被仰入度旨被相賴、

一、廿一日、中村ゟ御女子お七御方、御出府、

一、廿三日、佐竹右京大夫殿江御養子之御願、美濃守殿（大岡忠高）ヲ以被仰入、

御承知之御挨拶ニ付、晝時過美濃守殿入來、御對面、熨斗鮑出之、右京殿（北條氏朝）江爲御禮、相馬將監（胤充）御使者ニ被遣、

一、廿四日、右京大夫殿ゟ龍田源太夫將監方迄被遣、

昨日之御答、急度御禮使者ハ不被遣由ニ而、源太夫於三ノ間御掛合給、御前江被召出、御直答、

一、廿五日、阿部豊後守殿江御書付ヲ以、御養子御願御內ゝ被仰達、

一、廿八日、大岡美濃守殿入來、右京殿ゟ戸田山城守殿（忠眞）江被得御內意候所、御勝手次第被達候樣ニ御挨拶、右京大夫殿ゟ美濃守殿ヲ以、被任御望求馬殿彌可被進之旨、今日御返答、右御禮相馬將監爲御使者被遣、

一、廿九日、右京大夫殿ゟ家老疋田齋宮御使者ニ而御禮被仰進、

於御座之間、御口上御聞、御直答、御手自御熨斗給之、

一、同月、岡田半右衛門（成信）・石川助左衛門（昌弘）、寺社方支配兼役被仰付、本役組頭、

此節、寺社郡代方支配御用多加役難勤、仍願寺社支配御免、

一、同月、公儀ゟ御觸、今度新金ニ而貳朱判出來、通用之儀被仰出、

昌胤佐竹義處亭ニ入ル
佐竹義處相馬藩櫻田屋敷ニ入ル

*佐竹義珍ノ名ヲ紋胤ト改ム

昌胤登城

*昌胤養子成約ニ就キ登城老中以下ニ祝儀

一、七月七日、太守(昌胤)、佐竹右京大夫殿亭江御入、御祝儀、
一、九日、右京大夫殿、櫻田御屋鋪江御入來、
大岡美濃守殿・黒川與兵衞殿御取持、御座ノ間御對面、奥江御通、御馳走畢而表於御座敷御饗應、
一、同日、お七御方御奥方御養女ニ御契約、御名お久与被進、
一、廿一日、土屋甲斐守(朝直)殿ヲ以、御養子御願書付、御用番ノ御老中阿部豐後守殿江被指出、惣御老中御側御用人江、此旨ヲ被達、
一、廿五日、御登城、廿四日御奉書到來、佐竹求馬殿モ被爲召之、
彈正少弼願之通、聟養子ニ佐竹求馬被仰付之旨、上意之段、阿部豐後守殿　台命ヲ演達、御退出、直クニ求馬君御同道、御老中ゟ若御年寄迄、御禮御務、御歸亭、於奥ノ御座敷三獻ノ御引渡、御料理、三汁九菜、佐竹壹岐守殿・大岡美濃守殿・黒川與兵衞殿、於二ノ間御饗應、土屋相模守殿御入來、奥方ニ而御祝儀、
一、同日、求馬君御詰所之義、御書付ヲ以、阿部豐後守殿江御伺、
一、同日、御養君江左之品被進、
時服十　御上下七具、

御帯貳筋、二種一荷　御使者相馬將監
一、廿六日、御父子御同道、御老中・御側御用人・若御年寄江御見舞、
一、廿七日、求馬義珍《ヨシタカ》君ノ御實名紋胤与御改、儒者津田新助奉考之、
太守、奉書折紙江御實名御自筆ニ御調、臺ニ載包、熨斗鮑入、池田八右衞門(直重)ヲ以被進、右京大夫殿(佐竹義處)ヨリ八右衞門ニ御饗應給、御直答、
一、同日、阿部豐後守殿江被相伺候儀、左之通相濟、
御詰所　御父子御同席、
御乘輿　先規之通、
御持鑓　先年ハ貳本ニ而茂、近年ハ御嫡子貳本、道具譯無之候得ハ不成御事之由、壹本与被仰付、
一、廿八日、御養子成御禮御登城、
紋胤君御鑓壹本、十文字黒羅紗、御駕紋、地黒ちや茶ノ實、
御太刀銀馬代
御帷子五　　紋胤君ゟ獻上、
内二御單物熨斗目綸子
御太刀金馬代　（御老中御側御用人
同銀五枚馬代　若御年寄中江、
一種五百疋宛、　昌胤君ゟ右之御方江、

御太刀銀三枚馬代晒布五疋、箱肴一種、　大岡美濃守（忠高）殿
御太刀銀貳枚馬代　箱肴一種　土屋甲斐守殿江、
右ハ御禮相濟候御祝義、

検地役人堀内辰胤

一、同月、検地役人堀内玄蕃（辰胤）宅ニ而誓詞被仰付、
明暦三丁酉年以來ノ大検地也、此年迄四十年、

相馬胤充養子成約ニ就キ大岡忠高ニ禮ノ品々ヲ進ラス

一、八月三日、大岡美濃守（忠高）殿江、相馬将監（胤充）爲御使者御養子御取持御禮、
御太刀黄金馬代
蠟燭三箱百挺入　箱肴二種、被進、

一、五日、お久御方御遠去、夜子ノ刻牛込寶泉寺江御入、御歳六、
御法名秋岳惠芳大童女

岡田知胤泉胤和以下上府

一、八日、岡田宮内（知胤）・泉内藏助（胤和）・泉田與次郎（胤冬）、江戸江被爲召上府、
宮内元服與次郎御名ヲ掃部与改被仰付、

紋胤昌胤等ニ御目見紋胤ハ池ノ端屋敷ニ住居

一、九日、紋胤君御入、御一家三人始而御目見、紋胤君佐竹殿、池ノ端御屋鋪ニ御住居、
此節、御用人門馬嘉右衛門（辰經）・藤橋作右衛門（隆重）・原八左衛門御目見、

一、十日、鶴姫君様御産月御祈禱、日吉大膳御頼、諸家ヨリ諸所ニ而御祈禱、

*佐竹義處以下ヲ招請シテ能興行ス

一、十二日、佐竹右京大夫（義處）殿御招請、御能御興行、
御客右京大夫殿　修理大夫殿
壹岐守殿　四郎三郎殿
岩城釆女殿　御勝手松平大學頭殿初御一門
各朝六半時御入來、於大書院二ノ間御對面、小書院江御通り、御熨斗鮑、其上御持參ノ御太刀披露、畢而奥江御通り、表江御出座、御饗應、三汁九菜、御盃事相濟、御一家・老中・御用人・御留守居、右京殿・修理殿、盃給之、

御能組
賀茂北十太夫　源七　小左衛門　喜右衛門　與右衛門　彦六
忠度同人　同人弟子七郎右衛門　源次郎　三郎右衛門　吉右衛門
井筒同人　源七　清兵衛　新九郎　宗光
小鍛冶同人　同人　源次郎　三郎右衛門　四郎右衛門　彦六
三輪同人　平藏　清兵衛　新九郎　與右衛門　宗光
雷電市十郎　七郎右衛門　小左衛門　藤左衛門　源三郎　吉右衛門
融同人　平藏　源次郎　五兵衛　四郎右衛門　彦六
あわた口　大藏八右衛門

（右近左近）おこさこ　與五左衛門
花子　八右衛門
朝い（夷）な　八右衛門
與五左衛門
右京大夫家老被召寄、疋田齋宮
小野崎權太夫
留主居　龍田源太夫

紱胤大書院ニテ昌胤以下ト對座

一、廿一日、御養子成爲御禮紱胤君改而御入、
御太刀黄金馬代
時服五　御持參、
二種一荷
於大書院御對座、大岡美濃守殿（忠高）黒川與兵衛殿（正敦）御列座、
御祝儀ノ内、
來國行御刀代金廿五枚　太守ゟ紱胤君江被進、
一、廿二日、紱胤君被召連候侍知行取御用捨之段、大岡殿江被達、
御譜代之者多ク祿取ニ不及之段、土屋相模守殿江御内談ノ上、右京大夫殿江美濃守殿（大岡忠高）ゟ御通達、
一、九月十九日、御臺樣江冷泉家ゟ之御由緒之段、土屋相模守殿ゟ申來御書付被遣、
此節おかめノ御方、兼而御病身御再縁難成、中村江被指下度、雖然御臺樣江御由緒有之、如何鋪、此段相模守殿江被得御内意、同廿日、相州殿江相馬將監御呼、御老中御仲ケ間江御執合候所、大君江御續与違不苦、御勝手次第御居ニ茂不及段被仰進、依之、板倉玄眞老・同甲斐守殿江、右之趣御通達、
一、廿六日、紱胤君ゟ御結納被進、
御使者　龍田源太夫
御小袖三重 りんす黒紅かさり縄 りんす地白松梅竹 白羽二重二　りんす梅竹地赤たからつくし
御帯貳筋白赤幸ひし　三種二荷
右大書院三ノ間江置、御使者被召出披露、藤橋作右衛門、右之目錄御手移ニ差上、御使者上之間、敷居ノ内ニ而御口上、畢而大書院三ノ間ニ而御饗應、其上二ノ間江被召出、御盃・御肴給候所江御道具被下之、
加賀行光刀代金壹枚　藤橋作右衛門（隆重）持出之、
御取持之御方御計ニ而御返盃退出、追而被召出御直答、

大岡美濃守殿　　黒川與兵衛殿
渡部半右衛門殿（完綱）
　右御三人御列座、
一、十月四日、御養子相濟以後、佐竹右京大夫殿江太守初而御入、

昌胤御臺ヨリお龜へ餞別ノ品々

一、九日、御臺樣ゟおかめ御方江爲御餞別、上使ヲ以、御文品〻御拜領、
御ね巻　二
追而檜重一折此節ハ御女中奉リノ御文ニ而、
御樽代　五千疋
御肴　一種

お龜江戸出立

一、十日、暮過、お龜御方江戸御立、千手（住）御止宿、
御供　物頭役　末永彥右衛門　手戸門太夫
鈴木十郎右衛門　荒三郎兵衛（重喜）
西與兵衛
大村安成
中村二ノ丸江御到着、天水江御屋形出來、十二月廿日ニ御移徙、

*不勝手ニ就キ十分一ノ借知

一、廿九日、岡部丹波守（勝政）殿ゟ被相出候御書付、
彈正少弼（相馬昌胤）殿御妹、近キ比御在所江御越候旨ニ候、御臺樣江此以後茂爲御機嫌伺御女中衆迄御狀等、

可被指遣候、依之女中衆ゟ被申候ハ、御臺樣御用人小笠原源六・朝比奈孫兵衛迄、彈正少弼殿御家來衆ゟ、右書狀此兩所被指遣候樣ニとの御事ニ御座候、左候へハ、彈正殿御家來衆一兩人、江戸ニ被相詰候衆中名御記、丹波守（岡部勝政）方迄差出被置候樣ニと存候、以上、
右ニ付、御留守居兩人、名元記被指出、
熊上平右衛門（憲次）
服部伴左衛門
一、同月御家中江被仰付趣、
近年御不勝手ニ付、御家中在鄕給人迄、知行之内十分一、來丑ノ暮ゟ三年御借り被成候由被仰出、御役料取ハ差上、江戸在番之節、前〻被下候通之御役料可給之旨被仰出、
御役料被下候面〻ニハ、
御用人　藤橋作右衛門　久米半右衛門（實時）
原八左衛門
江戸御留守居兩人
中目付　山岡長左衛門
郡代　門馬六兵衛（重經）

右ハ先規之通被下、

組頭　石橋嘉右衛門(惟次)

郡代　室原權右衛門(尚隆)　佐藤與右衛門

右ハ五拾石宛被下、三人共ニ本知百五十石、

一、藏代官廿五石宛御役料可被下由被仰出、

一、大頭物頭代官ノ促分差上候事、

一、三百石以上馬立可申來事、

一、藏代官促領上候ニ付、金子拾兩宛、年々被下候事、

> 佐々木萬次郎へ合力米五拾俵下サル

一、十一月十五日、佐々木萬次郎江御合力米五拾俵宛、年々被下候事、

御不勝手ニ付、御家中御借知も有之候得共、折々書もの茂被仰付、御重寶ニ付而也、

一、十九日、お品ノ御方御部屋出來、御移徙、

> 紋胤ニ池田直重ヲ附ラル

一、廿六日、紋胤君江老役池田八右衛門(直重)ヲ被爲附、

一、廿七日、紋胤君、來正月十五日御引移、御婚禮之儀、土屋相模守殿江御通達、

> 宇多郷ヨリ檢地始マル　檢地奉行拾壹組

一、十二月八日、宇多郷ゟ檢地初付、

檢地奉行　拾壹組

組頭役　堀内覺左衛門(胤往)　給人　藤崎五左衛門

同　都郷伊右衛門

物頭役　岡　友右衛門

同　牛野庄兵衛(義英)

木崎次郎兵衛
鈴木次太夫
帳付　佐藤專右衛門
帳付在郷給人　新谷七兵衛
土見在郷給人　大浦十右衛門
在郷中頭　中野卯右衛門
大龜卯太夫
佐藤小八郎
帳付　木幡惣左衛門
帳付在郷給人　渡部久兵衛
土見在郷給人　門馬長右衛門
在郷中頭　門馬兵右衛門
坂地藤左衛門
一條源太
帳付　佐藤卯兵衛
帳付在郷給人　牛渡作之丞
土見在郷給人　遠藤庄左衛門
在郷中頭　湯澤長左衛門
草野彌市左衛門
黑木十郎右衛門

帳付　上野清七
帳付在郷給人　古内五左衛門
土見在郷給人　桑折小左衛門

同　川久保貞右衛門（重信）
在郷中頭　鴇田兵左衛門
氏家所左衛門
星　左之助
帳付　江井源太
帳付在郷給人　今村兵左衛門
土見在郷給人　菅野雅樂助

同　中津所兵衛
在郷中頭　羽根田瀬兵衛（忠清）
志賀戸右衛門
馬場久左衛門
帳付　遠藤小左衛門
帳付在郷給人　大塚作右衛門
土見在郷給人　立谷清左衛門

同　伊藤三郎左衛門
在郷中頭　大龜伊右衛門
草野五右衛門
熊　仁兵衛
帳付　青田平作
帳付在郷給人　渡邊金右衛門

中目付役　山岡長左衛門
土見在郷給人　渡邊五太夫
在郷中頭　須江三郎兵衛
新妻助右衛門
中野傳右衛門
帳付　齋藤次郎兵衛
帳付在郷給人　木幡惣兵衛
土見在郷給人　渡邊八郎左衛門

物頭役　金谷次郎兵衛
在郷中頭　岡田半藏
今村半七
錦織兵右衛門
帳付　門馬新八
帳付　齋藤源助
土見在郷給人　木口孫兵衛

同　笠井次郎左衛門
在郷中頭　大内久兵衛
新谷長五郎
志賀助兵衛
帳付　齋藤三郎左衛門
帳付　四倉文五郎
土見在郷給人　小野田太郎左衛門

中目付役　門馬三右衛門
在郷中頭　栗崎三郎兵衛

＊昌胤登城護國寺觀音堂造營仰付ラル
昌胤敍胤登城
敍胤求馬ヲ圖書頭ト改ム
＊敍胤婚禮
敍胤敍爵ノ口宣吉良義央ニ賴マル
金銀本〆役杉本清重門馬重經ニ仰付ラル

佐藤利兵衛
帳付　岡田孫六
帳付在郷給人　佐藤彦市
土見在郷給人　青田次左衛門
鈴木源兵衛

一、十日、敍胤君御用人ニ門馬嘉右衛門（辰經）ヲ被爲附、
一、廿二日、昌胤君・敍胤君御登　城、廿一日御奉書到來、服紗御小袖半・御上下、
敍胤君御敍爵被仰出、
一、廿三日、御名圖書頭与御改、
一、廿八日、御登　城、御官位御禮相濟、敍胤君江御老中ゟ廿七日御奉書到來、
御太刀馬代　獻上、御老中・御側御用人・若年寄江爲御祝義、御太刀馬代被進、
一、廿九日、暮過敍胤君櫻田御屋鋪江被爲入、年始御家ノ被任御格式、
此節堀内玄蕃（辰胤）ヲ以、御道具被進、
義景御刀　一腰
御精進堅御例式之通、三ケ日御留座、

元祿十年丁丑（一六九七）
一、正月四日、敍胤君　口宣之儀、吉良上野介（義央）殿江被相賴、以御使者御太刀馬代被進、
一、九日、金銀本〆役杉本覺兵衛（清重）奥家老ゟ・門馬六兵衛（重經）郡代ヨリ、

兩人新役被仰付、
一、十二日、敍胤君御道具初來、
一、十五日、太守御登　城、十四日阿部豐後守（正武）殿ゟ御老中御連名ニ而、御用之旨御奉書到來、
御出仕相濟以後、御老中列座、護國寺觀音堂御造營御手傳被蒙仰、此觀音　大君綱吉（德川）公ノ御母公桂昌院殿御守佛ノ由也、
同日、神田護持院大日堂御造營、御手傳仙石越前（政明）守殿、
一、同日、敍胤君御城ヨリ直クニ櫻田御屋鋪江御引移御婚禮、

佐竹右京大夫（義處）殿　同　修理大夫（義苗）殿
佐竹壹岐守（義長）殿　佐竹四郎三郎（義都）殿
岩城釆女正殿　黑田伊勢守殿
御斷ノ御方　藤重佐渡守殿
松平上野介殿
松平美作守殿
黑田專之助殿

右御座敷小書院
松平大學頭（近鎭）殿　本多中務太輔（忠國）殿
秋田信濃守（輝季）殿　板倉甲斐守（重寛）殿
高木主水正殿　池田帶刀殿

*護國寺観音堂造營ニ就キ堀內辰胤布施藤兵衛等ニ參上

*火ノ見矢倉建設ニ就キ阿部正武ニ達セラル

米倉主計頭殿　土屋（朝直）甲斐守殿
右ハ御座之間、
土屋數馬殿　土屋兵部殿
內藤十兵衛殿　大岡（忠高）美濃守殿
黑川（正敦）與兵衛殿　小倉半左衛門殿
渡邊（完綱）半右衛門殿　長嶋道仙殿
曾谷格玄殿
右吉野間
御勝手
小林貞右衛門殿　佐藤道賀
星野道喜　平田平八
大書院二ノ間　佐竹殿老臣留守居
澁江內膳　宇留野源兵衛
龍田源太夫
同三ノ間　松平大學頭殿家老
野口兵右衛門
米倉主計頭殿家老
相場三右衛門
其外御出入ノ面々役者等、
右ハ客座敷御風呂屋ノ上ノ間、掛出シニ而御

饗應、
敍胤君御一門方江御對面、其後奥江被爲入、御婚禮ノ御規式、右京大夫殿・修理大夫殿御膳過、奥江御通、御引渡ハ無之、御熨斗鮑迄ニ而表御座敷御祝義、七時過相濟、

一、十七日、三ツ目御祝儀、
此節、組頭・物頭・中目付・御使番、於長座鋪敍胤君江御目見、

一、同日、護國寺観音堂御普請御用御引受、布施藤兵衛殿・東條源右衛門殿江、堀內（辰胤）玄蕃殿幷御用人本〆參上、
右御兩所ゟ御差圖、
今度御普請之御支度、惣而美麗無之樣ニ、尤足輕・人足等之裝束目立不申樣ニ、勿論御休御家來被指置候、下小屋共ニ成程輕ク、且又御普請場ニ而惣御家來衆、如何樣ノ意趣遺恨有之候共、申分無之樣被仰付儀第一ニ存候、御首尾好候而も、喧嘩抔有之候得者、萬事不宜候間、誓詞被仰付可然由被仰候事、

一、十八日、今度火ノ見矢倉被相建度段、阿部豊後守殿江御留守居ヲ以被達、

火之見矢倉高ク被揚候事、御成道之障ニ候、畢候而ハ何之益無之、前々御普請御手傳被仰付候方、火之見矢倉被揚候哉、無左候ハヽ、御用捨候様ニ御挨拶、

一、同日、御普請御用掛リ御役人中江、御使者ニ而御進物、追而被成候、

一、十九日、江戸詰合惣御家中御饗應給、御能御興行、

護國寺普請惣奉行ニ秋元喬知仰付ラル

一、廿日、護國寺(快意)御普請惣御奉行秋元但馬守(喬知)殿被仰付候間、被得御差圖候様ニ豊後守(阿部正武)殿ゟ被仰達、

大奉行　御老中　秋元但馬守殿

小普請御奉行組頭　布施藤兵衛(正房)殿

東條源右衛門(正甫)殿

當御普請御手傳被仰付候、以後此御役被仰付、　菅沼次郎右衛門(勝重)殿

小普請御奉行　前田八右衛門殿

境野六右衛門殿

前田八右衛門殿御役替以後御務　士屋半左衛門殿

小普請方手代

中林長右衛門　服部傳助

川合十右衛門　中林長右衛門別御用以後　松井又左衛門

古藤傳藏　古川善八郎

帳本〆　手嶋孫助　田中八太夫

內村喜之助　帳本〆　村山伊右衛門

目迫彦四郎　下條幸右衛門

同　和田半六　坂野八兵衛

齋藤武右衛門　同、目迫彦四郎別御用後　高橋覺左衛門

下條幸右衛門以後　高橋角太夫

小普請爭番御奉行　曲渕伊左衛門殿

間宮所左衛門殿

大工頭　鈴木長兵衛(長賴)　同　與次郎

片山三七郎　御假宮大工　川部六左衛門

坂本三郎兵衛　三郎兵衛別御用以後　清水彌左衛門

大工棟梁　溝口筑後　筑後別御用以後　村松忠兵衛

下棟梁　忠次郎　傳四郎

惣肝煎　三拾八人

本所御材木幷石御奉行

川田卯右衛門殿　平井三五郎殿

奈佐四兵衛殿　荻原甚五左衛門殿

同組頭

服部作右衛門　桑原源助

手代拾壹人

岡野市右衛門　皆川惣右衛門
依田茂左衛門　栗原兵右衛門
佐藤又左衛門　飯田又右衛門
廣瀬德左衛門　篠宮
太田忠兵衛　高山彌左衛門
江森源八郎　同所同心四十壹人

御役舟御奉行
植野善九郎殿　久保七郎左衛門殿
井口治右衛門殿

深森・猿江堀兩所御材木御奉行
高谷太兵衛殿　志村忠兵衛殿
豐前十左衛門殿　佐藤甚太夫殿
矢田部仁右衛門殿　同所手代十三人

矢藏御材木奉行
久保嶋十右衛門　服部八右衛門
中川吉左衛門

火ノ見矢倉建設ノ儀ハ勝手次第

一、同日、火之見矢倉出火之節知兼候間、早ク被相立度段御窺御勝手次第与豐後守殿ゟ相濟、

秋元喬知ヘ堀内辰胤參上

一、廿一日、秋元但馬守殿江堀内玄蕃（辰胤）、其外參上、此度御普請御手傳彈正少弼（相馬昌胤）ニ被仰付候付、於御普請場所役儀申付候、依之御式臺迄參上仕候由、御取次江申達役人書付相渡、

家老　堀内玄蕃
用人　服部伴左衛門（恒光）
本〆　椙本覺兵衛（清重）
　　　半野庄兵衛（義英）

但馬守殿（秋元喬知）家老酒井權左衛門、用人福井市郎兵衛ヲ以御斷、今度彈正少弼殿護國寺觀音堂御普請御手傳、就被仰付候、御自分儀、役義被仰付候由ニ而、早〻見舞入御念義ニ候、可掛御目候得共、內用有之候故、不罷出由被仰達之、

*護國寺ヘ堀内辰胤參上

一、廿六日、護國寺江堀內玄蕃、初而參上、一種・三百疋自分進物、

*昌胤ヨリ敍胤ヘ具足進メラル

一、廿七日、太守ゟ敍胤君江御具足被進御召初、巳ノ刻小書院江御出座、
御具足箱ノ蓋江入、御具足、小道具、御太刀、御再拜、
（御納戸役兩人
御部屋中小姓兩人
右罷出ル、
御具足被爲召御上帶太守御〆、畢而御本座江御出、

御母衣御掛、御中ノ座ニ而ハ御母衣、長押江障候故御本座、御熨斗鮑・御吸物、長柄御銚子出、御盃事有之、右御祝儀相濟、御具足被爲召候儘ニ而御部屋江御入、

柳原小屋場受取*
本所材木藏ノ奉行小屋地受取*

一、廿八日、米倉丹後守殿江堀内玄蕃參上、伺相濟候事、太守(相馬昌胤)、但馬守殿江御見舞之節、御上下ニ成共、御野袴ニ成共、御勝手次第、御手前役人共御用ニ而、參上之節ハ麻上下着用、

昌胤護國寺へ參ル

一、廿九日、御手傳被仰付候ニ付、護國寺江太守初而御見舞、

岩茸一箱、寒心太一箱、昆布一箱、千疋、

右護國寺江被進、

一種三百疋宛、役僧 歡理院
普門院江、

昌胤秋元喬知へ仰ラルル事有リ

一、二月朔日、秋元但馬守殿(喬知)江太守御見廻之節、左之通被仰達、

一、月次御禮日御普請場江ハ御出仕過可有御越事、

一、御普請場筋出火之節、遠方小火之節ハ不及御詰候事、

一、御病身ニ候故、毎日御普請場江不及御越、折〻御出候樣ニとの御事、

一、二日、秋元但馬守殿江以御使者鯛一折・御音物、

一、七日、於柳原御小屋場御受取、五日ニ本〆役ヲ堺野六右衞門殿亭江御呼、今日受取被仰達、

一、十四日、本所御材木藏ノ内奉行小屋地御受取、

諸役人諸奉行

奉行 本役城代 堀内玄蕃(辰胤)

下用人 本役中小姓目付御貸鑓 末永治部左衞門

用人 本役御留守居 服部伴左衞門(恒光)

物書 御祐筆 村田與兵衞

本〆 本役本〆 杉本覺兵衞(清重)

本役物頭 半野庄兵衞(義英)

下役人 本役江戸破損方 江井又左衞門

本役本〆手代 山崎甚兵衞

物書 本勤御勘定方 青田所左衞門

目付三人 本役物頭 村田久太夫(惟世)

本役中目付 山岡長左衞門

本役使番 大浦五藤左衞門(往清)

物書 御徒士 鈴木伊右衞門

御徒士目付

遠藤權左衞門　西藤左衞門

岡田次郎左衛門　佐藤太郎左衛門
杉　彌次右衛門　山崎藤兵衛
割本　本役御小納戸　富田又左衛門　三月八日立身、御用人並被仰付、
本役破損方御貸鑓　黒木甚五兵衛
物書　本勤御勘定方　齋藤庄太夫
勘定方　新妻權十郎
本役物頭　錦織新兵衛
奉行組小頭　本役町奉行　中津所兵衛
佐々木五郎兵衛（宣久）
本役御普請方　須江三郎兵衛
本役物頭　金谷次郎兵衛
本所御材木奉行　本役中小姓目付　志賀長太夫（實安）　割本富田又左衛門御用人並被仰付、服部伴左衛門（恒光）同役務、仍之割本江替ル、
同所小奉行　本役御徒士目付　水谷安右衛門
御徒士　遠藤甚兵衛
物頭　門馬作左衛門
御普請場火消　物頭　藤田傳左衛門
足輕廿人
火事之節、秋元但馬守殿江御注進、同時御屋敷江
御注進、本役御使番　四本松万右衛門

本役在郷給人中頭　岡崎勘左衛門
御材木道筋奉行　本役中頭　愛澤次郎左衛門
同　湯澤長左衛門
同　岡田半藏
鈴木武右衛門
杖突足輕拾貳人
並奉行　本役中頭　羽根田瀬兵衛　同　木幡五郎右衛門
同　新谷彌市郎（信孟）　遠藤清右衛門
富田專右衛門（實次）　木幡次郎右衛門
關與惣右衛門　岡田儀左衛門（長眞）
門馬孫太夫　岡田又左衛門（長保）
立野與次右衛門　原新右衛門（庸清）
西内善右衛門
並小奉行　本役中小姓目付御貸鑓　佐藤伴右衛門　中小姓御貸鑓　門馬專右衛門　後本所御材木奉行志賀長太夫代リ
今村半七　新妻助右衛門
黒木伴右衛門　山岡喜左衛門
志賀次右衛門　大内半兵衛

末永甚助　　佐藤庄左衛門
木幡儀右衛門　　中里伊兵衛
大井新助　　錦織七兵衛
木崎伊兵衛　　木崎彌平次
石川次左衛門　　志賀戸右衛門
太田市郎左衛門　　大龜卯太夫
草野彌一左衛門　　中野傳右衛門
黑木十郎右衛門　　門馬八之丞
木幡門左衛門　　大浦源左衛門
阿部喜左衛門　　岡本十郎兵衛
錦織兵右衛門　　新谷長五郎

日用札役人

鹽田平兵衛　　森傳兵衛

御普請諸道具頭　　水谷武右衛門

賄方　　本役兵具奉行　門馬善次

本役御徒士組頭　高屋甚右衛門　　料理方　今野小右衛門

石方役人

鳶惣右衛門

山澤六右衛門　　在郷給人貳人

鐵物鎊物役人　　小身侍貳人

かわら（瓦）・ひわた（檜皮）役人　　御徒士貳人

醫師　　中田玄俊

外科　高野三肅

一、廿一日、護國寺鉼初相濟、

一、晦日、女御（幸子女王、有栖川宮幸仁親王女）入内ニ付、御登城、

一、閏二月十九日、申ノ刻若子御誕生、御名千代松君、

一、同月、水谷半左衛門（堯宣）ニ惣御家中屋鋪支配被仰付、

一、三月四日、江戸評定所ニ而被仰渡趣、左之通、

　永井伊豆守（直敬）殿　　仙石伯耆守（久尚）殿

　川口攝津守（宗恒）殿　　井戸對馬守（良弘）殿　列席

先年被指上候諸國之國繪圖、御直シ被成候、御領分中、委細繪圖被成可被指上候、尤隣國をも御聞屆繪圖合候節、堺等相違無之樣ニ、先年上リ候繪圖御貸可被成候繪圖引合繪圖仕候、役人能々受合申樣ニ、役人御在所ゟ被指越候者、繪圖之儀、仙石伯耆守方江可被得差圖候、

一、八日、富田又左衛門立身被仰付、

御近習相勤候所、御扶持方百俵被下、追而御足米都合貳百俵給リ、今日ゟ御用人座敷江相詰、御用人ノ跡ニ付、勤候樣ニ被仰付、

一、同月、御家中知行免合、當暮ゟ平均五ツニ五拾俵、

*護國寺鉼初

*女御入内ニ就キ登城

*昌胤ノ子千代松誕生

*水谷堯宣ニ惣家中屋敷支配仰付ラル

*江戸評定所ニテ委細國繪圖指上ベキ旨仰渡サル

*家中知行免合仰付ラル

*門馬辰經老役仰付ラル
敍胤用人ニ藤橋隆重付ラル
*護國寺觀音堂出來
護國寺觀音堂柱建
國繪圖仰付ラル
金銀吹直仰出サル
*普請奉行等褒美頂戴ス
護國寺觀音堂棟上

常免拂ニ被相極之旨被仰付、
一、四月五日、敍胤君御用人ニ藤橋(隆重)作右衞門ヲ被爲附、
一、十一日、將軍(德川)綱吉公、(德川光貞)紀伊大納言殿亭江　御成、御二男(松平賴職)德川內藏頭殿、御三男(松平賴方)同主稅頭殿、新知三萬石宛御拜領、主稅頭殿ハ當將軍吉宗公也、
一、廿三日、護國寺觀音堂御柱建、
一、廿五日、評定所江諸家ノ留主居御呼、御國繪圖被仰付候付而、御定書三通被相渡之、
一、廿七日、金銀吹直ニ付、御書付ヲ以被仰出、古金銀与彌引替、來寅三月迄ハ新金銀与一樣ニ用之、其以後ハ古金銀通用相止之、新金銀計可用之旨被仰出、是ヲ元祿金、又元ノ字金共稱之、慶長金被相止、
一、晦日、護國寺觀音堂江御寄進物御伺、石燈籠金燈籠之內御差圖次第被獻度之旨、秋元但馬守殿江以御書付被相伺候所、御無用之由御挨拶、
一、五月五日、萬年山長松寺、院內狹候故、寺地見立願候樣ニ住持浙東ニ被仰付、
一、廿三日、申ノ上刻、觀音堂御棟上、
三種二荷・晒布拾疋、護國寺江、
一種銀三枚宛、役僧兩院(歡理院・普門院)江、
右御祝儀被進、
一、廿八日、門馬嘉右衞門實名辰經老役被仰付、御役料百石給、
一、六月廿一日、護國寺觀音堂御普請出來、宵日、秋元但馬守殿御普請御見分、太守御出合、致成就候間、人數御引拂候樣ニ被仰聞、此日御引取、
一、廿八日、御登城、廿七日阿部(正武)豐後守殿ゟ御奉書到來、御造營成就御褒美御拜領、
御時服　拾、
一、七月朔日、御在所江御暇、御帷子拾御拜領、
一、二日、御普請大奉行用人本〆御褒美頂戴、土屋(政直)相模守殿ゟ御指越、昨日到來、登城、
時服三　羽織一　白銀三拾枚　堀內(辰胤)玄蕃
時服三　羽織一　白銀二拾枚宛、　服部(恒光)伴左衞門
富田又左衞門
時服二　羽織一　白銀拾枚宛、　杉本(清重)覺兵衞
半野庄兵衞

護國寺普請出來ニ就キ秋元喬知褒美頂戴ス

中村城二ノ丸ニ新舞臺出來

*泉田胤治隱居

大浦往清作事奉行仰付ラル

野馬追

會所式日寄合ニ出席スベキ評定役人

一、四日、御發駕、九日御着城、
一、七日、護國寺内亮性院櫻田御屋鋪江參上、太守御氏書入候由、仍而左之通調相渡之、

奥州中村城主
從五位下相馬姓《氏カ》彈正少弼平朝臣昌胤

片山一文字御刀代金拾五枚　一腰

一、十一日、護國寺御普請出來ニ付、秋元但馬守殿御褒美御頂戴、
一、十二日、中村二ノ丸江新御舞臺出來、御祝儀御嘶子御興行、今ノ御舞臺也、
一、廿五日、江戸町醫齋藤玄川下着、
今度江戸ゟ被召連候一會宗光・會田庫助拜聞、
一、同月、御作事奉行新役大浦五藤左衛門(往清)被仰付、本役御使番兼役ニ被仰付、
一、同、富田又左衛門御足米五拾俵被下、都合貳百五十俵、
一、八月朔日、野馬追、
宵日、中村ゟ御出馬ニ、のほり(幟)十本張立行列、御籏奉行大越次兵衛(有光)也、以前ゟ御旗竿拾本、御行列ニ立、此度ゟ初而中村ゟのほりヲ立、御行列、
一、五日、會所式日寄合、向後評定役人左之通出席被仰出、

老中壹人　御用人壹人　組頭壹人　本〆壹人　郡代三人　物頭足輕奉行壹人長柄奉行壹人　中目付壹人　町奉行貳人

在鄕給人中頭壹人　御勘定奉行三人

御一家會所出座御免、役人ノ入札共ニ無用、但組持之御一家ハ入札可仕事、
一、十五日、御一家胤ノ一字、自分与名乘申間鋪由被仰付、
向後胤ノ御一字可被下嫡子ハ、親ノ名乘ノ片字ヲ用、名乘候樣ニ被仰出、
一、十六日、泉田主殿(胤治)隱居、今日家督御禮掃部(胤冬)ニ御一字被下、
右御禮之次第、御一家定式之通實名胤冬號、
一、十九日、勸進能・格式ノ御能、於二ノ丸四日御興行、
十九日・廿日・廿五日・廿六日、惣侍拜見芝居男女共ニ、
御家中幷眞言・禪三ケ寺、長松寺、其外町人迄御舞臺之品々捧物有之、廿三日・四日ノ規式ノ外也、
此日在鄕給人幷在鄕御宿仕候、寺社其外ノ寺社望次第拜見捧物在之、

初日御能組

翁　三番三久田與五左衛門　千歳佐藤市右衛門
高砂　杉浦平藏　我孫子喜七　露木四郎右衛門　半杭三郎右衛門　佐藤彦六
田村松田喜右衛門　木幡利右衛門　大内孫七　紺野甚三郎　新妻藤左衛門
野宮　大内孫右衛門　佐々木太左衛門　一曾宗光　杉江又右衛門
現在鵺立野儀兵衛　杉浦平藏　新谷彌五郎〔市カ〕　杉浦源三郎　櫻井庄次郎　紺野甚三郎
三井寺齋藤全務　大内左次右衛門　大内小左衛門　佐藤彦兵衛　半杭三郎右衛門
放下僧　木幡利右衛門　我孫子喜七　佐藤彦六　杉江又右衛門
祝言佐藤門之助　錦織傳内　大内孫七　錦織吉十郎　半杭源之丞　大内直右衛門
金札
末ひろかり　久田與五左衛門
はな取すまふ　久田千之丞
柿山伏　久田長次郎
茶つほ　長澤惣右衛門
千鳥（右近左近）　久田千之丞
おこさこ　佐藤市右衛門

二日目

翁　三番三千之丞　千歳惣右衛門
難波喜右衛門　利右衛門　小左衛門　源三郎　又右衛門　彦六
通盛　傳内　彌五郎　吉十郎　庄次郎　甚三郎
江口全務　孫右衛門　喜七　彦兵衛　三郎右衛門

羅生門儀兵衛　平藏　佐々木長三郎　源三郎　三浦五郎右衛門　甚三郎
三輪　利右衛門　太左衛門　四郎右衛門　又右衛門　宗光
安宅　孫右衛門　喜七　彦六　三郎右衛門
項羽　傳内　孫七　吉十郎　藤左衛門　甚三郎
八幡のまへ　千之丞
（靱）うつほ猿　與五左衛門
三人かたわ（片輪）　勝山吉内
（比丘貞）ひくさた　與五左衛門
栗焼　市右衛門

三日目

翁　三番三市右衛門　千歳長藏
竹生嶋全務　孫右衛門　彌五郎　四郎右衛門　五郎右衛門　彦兵衛
實盛　利右衛門　長三郎　源三郎　藤左衛門　直右衛門
松風　平藏　太左衛門　彦六　三郎右衛門
道成寺　同人　小左衛門　四郎右衛門　又右衛門　彦六
檀風儀兵衛　孫右衛門　孫七　吉十郎　庄次郎　甚三郎
照君　利右衛門　喜七　四郎右衛門　三郎右衛門　彦兵衛
海人　傳内　彌五郎　源三郎　松悦　甚三郎
鍋八はち（撥）　市右衛門
朝いな（夷）　千之丞

とふかつちり（井礑）　惣右衛門
ろれん（呂蓮）　吉内
つり狐（釣）　前 與五左衛門　後 千之丞

四日目

翁　三番三與五左衛門　千歳專之丞
山姥　利右衛門　喜七　源三郎　又右衛門　彦六
女郎花　平藏　彌五郎　四郎右衛門　藤左衛門　甚三郎
玉葛　喜右衛門　利右衛門　小左衛門　彦兵衛　庄次郎
藤戸　全務　孫右衛門　彌五郎　源三郎　藤左衛門　甚三郎
舟辨慶　同人　喜七　四郎右衛門　又右衛門　彦六
殺生石　平藏　孫七　吉十郎　庄次郎　彦兵衛
亂　同人　喜七　源三郎　三郎右衛門　宗光
大こく連歌　與五左衛門
ひけやくら（髭櫓）　市右衛門
いくゐ（井杭）　勝又　與八郎
よね市（米）　惣右衛門
佛師　長次郎
花子　與五左衛門

四日目規式ノ外
五日目

翁　三番三惣右衛門　千歳長澤藤七
嵐山　全務　利右衛門　彌五郎　四郎右衛門　藤左衛門　甚三郎
清經　傳内　長三郎　庄次郎　直右衛門
井筒　孫右衛門　太左衛門　又右衛門　彦六
〔咸〕感陽宮　彦右衛門　平藏　孫七　吉十郎　藤左衛門　彦兵衛
卷絹　利右衛門　小左衛門　又右衛門　彦六
角田川　平藏　喜七　三郎右衛門　彦兵衛
祝言　門之助　傳内　長三郎　四郎右衛門　五郎右衛門　甚三郎
雁かりかね　惣右衛門
鞍馬參　長次郎
樂阿彌　與五左衛門
ふあく（武悪）　同人
神なり（雷）　千之丞

*家中知行取隱居願跡式ニ就キ仰付ラル

一、同月、御家中知行取隱居願、跡式之譯被仰付、知行取侍隱居幷緣組願、七月・極月二季ニ可被仰付候間、六月・十一月兩月ノ內、其頭江詔幷在鄉給人隱居願同斷、在鄉給人病死、實子無之面々存生ノ內養子願候者、右之段老中扣ニ留置、七月・極月可及披露旨被仰出、此段江戶ニ而七月被仰出、於中村八月被仰渡、隱居

*服部恒光若年寄役仰付ラル

*大越有光紅裏免許サル

中村城大廣間造替仰出サル

*相馬胤充ノ嫡子千次郎御目見

*三春論山ニ就キ土屋政直ニ使者遣ス

*三春山堺出入ニ就キ拾判到來

貳朱金通用

願候者、向後世悴誰ニ家督被仰付、被下候様ニ、仕度旨可奉願事、且又病氣及大切候者、實子有之候共、存生ノ内跡目相續之儀、誰ヲ奉願度由、支配方江可達事、

一、九月五日、御普請方御用、大浦庄右衛門（宣清）・門馬嘉右衛門（辰經）両人ニ支配共ニ被仰付、

一、十五日、御本城御廣間破レ候ニ付、御造替被仰出、

大奉行　堀内　玄蕃（辰胤）

引請　　門馬嘉右衛門

御普請奉行

本役町奉行佐々木五郎兵衛（宣久）

本役須江三郎兵衛

一、廿八日、老中初、諸役人誓詞前書改被仰付、

此日、於二ノ丸何茂神文相濟、以前ハ老中ゟ以下ノ役人、誓詞前書一同ニ候所、今度役目ニ仍テ前書相改之、

一、晦日、本〆役自今吟味頭与唱候様ニ被仰付、本〆手代ハ並吟味役、

一、同日、堀内玄蕃・相馬將監（胤充）ニ、野屋敷貳萬坪宛被下、

一、同月、貳朱金、初而通用、

一、十月三日、御本城御廣間柱建御祝義、御嘶子御興行、

一、九日、服部伴左衛門（恒光）若年寄役被仰付、

勤方御用人之通、組支配共ニ御用人ノ上座被仰付、

一、十五日、御本城御廣間御棟上、申ノ刻暮ゟ御嘶子、

一、廿日、大越次兵衛（有光）老年ニ而相勤候ニ付、紅裏御免、紅裏ノ御小袖被下、

一、十二月五日、組頭役八人、奏者兼役被仰付、

一、十二日、大廣間御作事出來、

惣侍御饗應御能、於中舞臺御興行、御家中御祝義獻上、

一、廿日、相馬將監嫡子千次郎（胤賢）、初而御目見、胤ノ御一字被下、

御一家ノ惣領、始而御目見、向後太刀折紙ヲ以、御禮御盃可給之旨被仰出、千次郎此節ハ御一家ノ列ニ雖無之候、御一字被下、

一、廿一日、三春論山之儀ニ付、土屋相模守殿江、富田又左衛門御使者ニ被遣、

元祿十一年戊寅（一六九八）

一、正月、三春山堺出入ニ付、御拾判到來、

三春領古道村十三郎・傳十郎、百姓惣代長三郎訴狀差上候間、雙方致誓詞、論所江立合、場所無相

違樣ニ壹枚繪圖仕立、返答書相添、來寅ノ四月十四日、評定所江罷出可對決旨御裏書、右十三郎・傳十郎ニ被相渡、丑十二月廿日ノ御日付ニ而被遣、

御小判御方　寺社御奉行
松平志摩守（重榮）　戸田能登守（忠眞）
永井伊賀守（直敬）　井上大和守（正岑）
御勘定頭
荻原近江守（重秀）　井戸對馬守（良弘）
（稲生下野守（正照）　松平美濃守（重良）
町御奉行
松前伊豆守（嘉廣）　川口攝津守（宗恒）

野上村　名主七之助
山田村　名主五左衞門
羽鳥村　名主作太夫
大堀村　名主長十郎
右組頭一二人宛、

山田村肝入（煎、下同ジ）五左衞門・野上村肝入七之助、御裏書受取、證文認、古道村傳十郎・十三郎ニ相渡、相馬領与三春領堺、前〻平七横根ノ山ゟ繪馬か放山迄、水落次第ニ、東ハ相馬領、西ハ三春領与極候所を、三春領古道村ノ百姓共拾四五丁程、相馬領江打越、吉野・田和与申所を堺目与理不盡ニ申掛、公事起、古道岩井澤・葛生・南津嶋、御先代讃岐守顯胤ノ御息女田村大膳大夫淸顯江御婚禮ノ時、御假粧料ニ附候所ニ而、其比右之山堺被立、其節之堺目見分奉行田村善九郎・橋本刑部、相馬ゟ金場・上總・門馬・大和・中里・土佐出合極之、然所ニ前代ゟ吉野・田和ノ川切、畑川迄三春領与非分ノ目安言上、

右之次第事多故、爰ニ略之、

*遊行上人西光寺ヲ宿坊ト爲ス

一、二月十一日、遊行上人廻國、宿坊西光寺、御朱印ニ而、日本廻國十七年迚、當地江參向、上人ノ名ハ、尊正大僧正、惣宿坊、實法院・光善寺・圓福寺・專明院、

伴僧七拾餘人
馳走役被附置給人　藤崎五左衞門

白米貳拾俵
炭薪諸品竪目錄調、上人江遣之、
十二日、太守御見舞御對面、御案内西光寺住持貞門、
隣國ノ御格ニ而御見舞、

堀内市五郎御目見

＊江戸ニテお品方著帯

＊湯淺自閑江戸ヨリ降下

相馬胤充三春論山ニ就キ江戸上著

＊野馬追
長松寺寺地替出來

白銀三枚被進、御先詰堀内玄蕃（辰胤）・相馬將監・門
馬嘉右衛門（辰經）、
一、十七日、遊行上人幷惣出家不殘御饗應、
一、廿日、堀内玄蕃（辰胤）嫡子市五郎（胤近）、始而　御目見、捧太刀折紙、
御盃ヲ給、其上及御字胤近號、
一、廿四日、堀内玄蕃宅江　御成、市五郎名ヲ大藏与被
下、
一、同日、遊行上人江御使者ヲ以、左之通被進、
御重一組上人江、強飯三荷大衆江、
一、廿五日、遊行江御見舞御逢、
一、廿七日、上人江、以御使者白銀五枚被遣、廿八日發立ニ付、同
晩、御賄被進、
一、三月朔日、相馬將監（胤充）儀、三春論山御用引受、江戸上
着、
二日訴狀、松平志摩守（重榮）殿江山田村五左衛門指出、
此節新山村勝右衛門指添、十九日評定所江百姓三
人、三春領古道村十三郎・藤四郎一同ニ被召出、
一、八日、中村萬年山長松寺寺地替出來入院、
客殿ハ以前ノ御廣間材木ヲ以被建之、
奉行　門馬嘉右衛門（辰經）

普請奉行本役中頭　木幡五郎右衛門
寺地ハ山ヲ平均、或ハ栗崎三郎兵衛幷山伏屋鋪、
或ハ山林ヲ倒シ敷地ニ添、伽藍一宇出來、山門ニ
十六羅漢ヲ安置、仙臺佛師光教作、此日辰ノ刻、太守（昌胤）御成、門
前橋ノ供養ニ御逢、山門ノ法式、客殿入院ノ式ニ
被爲逢御着座、
一、廿四日、於江戸御新造御着帯、羽二重壹疋、八幡寺御祈禱御帯ニ成、
一、四月廿七日、八重姫君樣（鷹司兼熙女、德川綱吉養女）江獻上相濟、
段子　十卷　七月水戸少將殿（吉孚）江御輿入ニ付而ナリ、
一、五月六日、湯淺自閑、江戸ゟ降下、御目見、藤岡朔庵兄ナリ、
一、六月三日、丹羽左京大夫殿家人本山惣兵衛・同子外
記中村江參上、
熊川左衛門（長貞）父清兵衛（長治）實家本山氏同苗、依之從御先
代御目見、御本城江被召出、外記初而御目見、捧
太刀馬代退出、以後以御使者左之通被下、
時服二　惣兵衛　晒布三疋　外記
一、同日、門馬藤右衛門ニ三略ノ御小旗ヲ給、
一、五日、野馬追、
四日中村御出馬、於原町岡田宮内（知胤）・泉田掃部（胤冬）・水
谷半左衛門（堯宣）・大浦庄右衛門（宣清）ニ再拜、御手自被下之、

歡喜寺以下色衣ノ願ニ依リ江戸護持院ヘ使者

一、七月六日、歡喜寺・八幡寺・安養寺色衣ノ願相濟、
　江戸護持院(隆光)江御使者ヲ被遣、

お品方男子出産

一、廿四日朝、御新造御方お品御平產、御男子御誕生、御取揚伊藤太兵衞(信祐)
　御胞取藤橋作右衞門(隆重)、御男子御出生、廿七日中村江達、従　太守御名次
　郎与被進、
　　御守脇差國次　御產衣二重
　　二種一荷被進、
　　二種一荷　　紋胤君江、
　　色羽二重五疋　御新造江、

江戸深川永代橋初テ掛ル

一、同月、江戸深川永代橋、初而掛之、

麻布屋敷ノ作事仰付ラル

一、同、麻布御屋鋪御作事被仰付、
　　奉行中目付　山岡長左衞門

一、八月廿七日、若子山王御宮參、

東叡山中堂供養大名惣出仕

一、九月六日、東叡山中堂御供養、諸大名惣出仕、
　勅額掛、(東山天皇)朝仁天皇ノ震筆、(宸)

江戸大火(勅額火事)

　此日勅額御通リ以後、南風ニ而鍋町壹丁目北側海
　老屋火元ニ而、數寄屋河岸通町片側、京橋ゟ日本
　橋筋、數寄屋河岸ノ火御堀ヲ飛、數寄屋橋御門ゟ
　大名小路南側不殘、細川越中守(綱利)殿屋鋪道三河岸兩
　町奉行、神田須田町鳥越淺草下谷常盤橋ノ火ハ、
　神田御門ノ外、酒井雅樂頭殿屋鋪邊不殘、筋違御
　門ノ外、本多能登守殿屋鋪邊ゟ、藤堂和泉守(高久)殿屋
　敷上野廣小路池ノ端邊不殘、上野黑門ゟ内江飛火、
　入二王門車坂ノ內寺家不殘、日光御門跡御寺一宇、
　嚴有院(徳川家綱)樣御靈屋、同晚七時、火筋十筋程ニ成、淺
　草寺町邊燒、小塚原ニ而火留ル、大名小路北側ゟ
　傳奏屋敷無別條、上野文殊堂外郎中堂、佐竹右京
　太夫(義處)殿手ニ而防留、日光御門跡(公辨)、凌雲院僧正(義道)御寺
　へ御立退、
　　大名屋鋪八十三軒
　　御籏本屋敷貳百廿五軒
　　寺數貳百三十貳ケ寺
　　町屋壹万八千七百三軒
　　寺地代官地四百八十八町
　　町數三百廿六町

*昌胤中村ヲ發駕

一、同日、太守(昌胤)中村ゟ御發駕、

*昌胤著府

一、十一日、御着府、當春ノ御參勤、去年護國寺觀音堂御手傳爲御褒美御延引被仰付、

一、十五日、御參勤御禮濟、獻上例之通、

*山王火消仰ヲ蒙ル

一、十六日、山王火消被蒙仰、松平安藝守(綱長)殿御代、戸田山城守殿(忠昌)

ゟ御奉書到來、

一、廿一日、內獻上御屛風一雙、狩野探雪筆、三月中伺濟、

一、廿六日、御火消ニ付、中村ゟ御人數上着、

組頭・物頭給人三拾貳人、

在鄕給人七拾四人、追而五拾壹人合百廿五人、

足輕百六人　長柄者三拾五人、

進退不勝手ニ就キ家中知行借知仰付ラル

一、十月廿四日、御進退御不勝手ニ付、御家中知行之內百石以上、四分一御借知被仰付、

三春堺論ニ就キ百姓召出サル

一、十一月十五日、三春堺論ニ付、百姓共吉野間江被召出、公事之次第被爲聞之、

一、廿一日、上野津梁院隣寺燒失、

嚴有院樣御位牌無恙候ニ付、諸家ゟ御用番江御使者務、九月六日上野嚴有院樣御靈屋御燒失以後、

御位牌津梁院江被爲入候ニ付而也、

佐竹義處左近衞權少將ニ任ゼラル

一、十二月九日、佐竹右京大夫殿（義處）被任左近衞權少將、

御年譜十三　昌胤君御代

昌胤朝臣御年譜　五

(一六九九)元祿十二年己卯

江戸惣家中ヘノ御流給勝手不如意ニ就キ止メラル

一、正月元日、例年於江戸惣御家中御流給候所、今年ゟ被相止、
御勝手御不如意、御家中ゟ御借知ニ付御儉約、御在府之御流御諷初之御規式御用捨、於耕作ノ間老中・御用人・御留主居・御小姓御次、中小姓・御茶道迄ニ御流給之、

新金銀引替ヲ荻原重秀ニ届ク

一、廿一日、新金銀引替、御領分中相濟候段、荻原近江(重秀)守殿江御屆、

仙臺領トノ堺目出入相濟

一、同月、仙臺領堺目出入有之、相濟、國繪圖御改ニ付、從仙臺堺目出入、浦堺ハ、堺堀よりこふた嶋を割見通し、原釜ノすか迄、直ニ境相定、尤湊口ハ何方成共明次第、細倉山地ハ相馬草木入相、玉野ハ先年御裁許相濟候通、鳴塚より二ツ塚・やつかうれ澤山副、靈山を限可相定由、雙方繪圖奉行書狀、此節取通シ相濟、細倉山御先代ニ出入有之、其節大野惣左衛門仙臺江相越、遂首尾其後相濟候傳在之、右惣左衛門自筆ニ而調置候覺書見屆、此度出入之扣ニ成候由、年號ヲ不記置候、愚考寛永年中、但政宗(伊達)寛永十三子年五月卒、其以前也、

惣左衛門覺書

細*倉山出入

一、細倉山出入ニ付而、中村を正月廿四日ニ罷出、其晩坂本迄參、廿五日ニハ仙臺江參着、廿六日ニ宿次郎左衛門賴、まきの大藏殿江申遣候樣子之儀ハ、御領分駒ケ峯と相馬領堺ニ、細倉山出入ニ付而罷越候、たそ被仰付、可被遣候子細之儀可申入与斷申候所、大藏殿挨拶ニハ、拙者事ハ、此度政宗遠嶋江山追ニ罷出候ニ付、火之用心旁可申付由ニ而、當座之留主居ニ罷有候、年寄共政宗供仕候而、山江罷越候、其内御待候事茂御太儀ニ候、中村と仙臺程近之儀ニ候間、先御歸候而、來二日・三日ノ比ニ御越候而茂可然かと御挨拶、
一、政宗樣遠嶋ゟ晦日夜四時分ニ御歸被成候、其夜不

存、朔日ニ御歸被成候と承、右之首尾ニ候間、宿次郎左衞門賴、大藏殿江重而申分ニハ、年寄衆も御供被成、御歸候由承候間、右之樣子、御年寄衆江茂御申、たそ被仰付被遣候樣ニと申候所、大藏殿內之者申分ハ、此間留主太儀仕候とて、今朝御城江被召出御相伴被仕、殊之外給醉前後を不存、ふせり候而居被申候間、明日早天ニ參候得と申候ニ付罷歸候由、次郎左衞門申候、二日之朝、次郎左衞門賴申候而越申候所、大藏殿挨拶ニハ、年寄共も供仕罷歸候間、それゟすくニ被仰可然との事ニ候と、宿次郎左衞門申候間、二日之朝食過ニ次郎左衞門賴申候而、周防殿江內藏助殿ゟ之狀、越申候所ニ、周防殿(茂庭)御城江御出、留主ニ而候間、番之衆ニ遠藤喜右衞門と申仁ニ狀渡し罷歸候所、三日之朝周防殿ゟ御使ニ而候、細倉山之儀ニ付而、御太儀之御越ニ而候、年寄共と談合仕、御返事可被成との御斷ニ而候、ふちかたニ仕候へと、御申米貳俵御鷹之雁一被遣候、被入御念御鷹之雁、殊八木貳俵被下、忝存候、罷歸候者年寄共ニ可申聞候と返事申事ニ候、三日之晝過ニ、上田權左衞門・

油井善助と申仁兩人被遣候、周防殿・大學殿ゟ之御斷ニ、細倉山之儀相濟申樣ニ承候所、いまた相濟不申樣ニ被仰越候、今日下總參候樣ニと申遣候間、參候者、樣子承居御挨拶仕へきとの御斷ニ候、我等申分ニハ、細倉山之儀ニ付而、舊冬使者ヲ以申入候、細倉山入相ニ被成度与、下總殿ゟ御斷ニ而候、年寄共存候茂、前〻ゟ相馬領ノ山を入相ニハいかゝと存候得共、細倉山少分之所、又駒ケ嶺間近と申、何かと申儀茂いかゝと存候而、下總殿ノ御斷ニまかセ候、其後かの山江相馬領之者入申候所、駒ケ峯之もの道具を取申候ニ付而、其斷を下總殿江申入候得とも、何角被仰合點無之候、此上之儀ハ、其元ゟ茂御檢使可被仰付候、此方ゟ茂檢使可申付候、其上所之根人を被召出、前〻ノ證據次第ニ可被仰付候由、內藏助申事ニ候間、右之通具ニ御年寄江御申可被下之由、上田權左衞門・油井善助江申渡候、

一、六日之晝時分、周防殿・大學殿(奥山)ゟ之御斷ニ、下總事氣色惡候而、不罷出候付而、內之者越申候間、樣子相尋候得ハ、細倉山計入相ニ申定候、おにい

しひなた坂ほためきハ、各別之山ニ御座候由申候間、重而使ニ而能〻承可申由被申候との断ニ候、我等申分ニハ、別而申分茂無之候、最前如申たゝいの山ハ、細倉ニ而候、おにいしひなた坂ほためきハ、山の小名ニ而候、それも皆細倉山ノ内ニ而候を、下總殿ニ而各別之様ニ被仰候事、不被承屆候、下總殿入相ニ被成候とも被仰候、山の小名ハけんし山と申候と挨拶申候、とかく見使を被遣、其上所之根人を被召出、前之證據次第ニ可被成候と申候、下總殿ニ而ハ細倉を三ツ四ツニ御わけ候へ共、それも皆〻細倉山之内ニ而候と挨拶申候、山ノはゞもひろき所五六丁ノ内外、扨貳丁計御座候所も候而、又五六拾間ノ所も御座候、又下總殿ニ而入相ニ被成候と被仰候所ハ、一二町ノ内外ニ御座候ハんか、皆〻うち合四角ニなをし候而も、四五丁四方ハ有之間鋪かと挨拶申候、兩人仰分ニハ櫻田玄蕃ゟ下總代迄、何之出入も無之候ニ、去年六・七月ゟ改、ケ様之出入御座候と、下總茂申分候と被仰候間、我等挨拶ニハ、此跡ハ此方之者ハもり江茂入候由申候、それハ相互ニ入相候様ニ承候所ニ、去年六・七月之時分、かの細倉山江相馬領ノ者参候所ニ、駒ケ峯ノ者改而、道具ヲ取申候刻、互ニたゝきあい申候由承、以來も左様ニ御座候而ハ、いかゝと年寄共も存、檢使を相方ゟ御出し、堺目ノ事、前〻ノ證據次第被成可然由、數度下總殿江申候得共、御同心無之ニ付而、舊冬茂年寄衆迄、以使者申入候と申候、同日ノ御斷ニハ、下總事ハ煩ニ而不罷出候、内之者ニ様子尋候得共、様子之義、しかと知不申候間、下總所江茂使ヲ以、様子之義相尋、自是可申入之由御斷ニ候、我等申分ハ、駒ケ嶺間近候事ニ候間、様子御聞屆候上ニ、御挨拶之通承可罷歸候間、一兩日中茂逗留可仕由、挨拶仕候得ハ、とかく自是以使可申入候間、先〻罷歸候様ニ与被仰候間罷歸候、

右之覺書愚考、周防・大學与ハ政宗ノ老臣茂庭周防・奥山大學ニ候、下總ハ其比ノ駒ケ峯地頭新田下總歟、惣左衞門扣ニ苗字ヲ記置不申候、

右元祿年中、北境出入ニ付、堺ニ居候青田藏人与申老年之者、會所江差出、堺之儀尋候所、以前大野惣左衞門・太田茂左衞門、仙臺役人江通達之通、

境極リ、細倉山ニ而仙臺役人、此方ゟ惣左衞門・茂左衞門出合、如古來相馬領ニ相濟候、其節出合候百姓ノ證人共、存命ニ而居候、

如此之次第ニ而、此方役人丈夫ニ引請相達、境之儀無滯相濟、

長命寺ヲ八幡寺ト改ム

一、二月十六日、放生山八幡寺法流相續願ニ而上京、長命寺寺號、八幡寺ニ改リ候ニ付、八幡寺ノ住持俊光上京、

論山檢使諸星內藏助國領次郎左衞門

一、廿四日、於江戸諸星內藏助殿・國領次郎左衞門殿家來ゟ、此方御用人宛之切紙到來、

御領內論所爲檢使罷越候付、申達儀御座候間、明廿五日五ツ過ゟ四時迄之內、諸星內藏助宅迄、御役人中可被遣候、右之段、拙者共方ゟ可申進由ニ付、如此御座候、以上、

諸星內藏助內
二月廿四日　高木平次右衞門
國領次郎左衞門內
後藤三右衞門

相馬彈正少弼（昌胤）樣
御用人中樣

一、廿五日、御留主居金谷市左衞門・吟味方門馬六兵衞、諸星內藏助殿亭江參上、御在所ニ而諸事之儀、書付ヲ以被仰達之、

*論山檢使江戸出立

一、三月九日、論山御檢使、江戸御出立、

一、廿二日、例年御神事之節、懷妊差合之者、向後御城幷的場江出候儀不苦由、太守昌胤君被仰出、

但、社參ハ古例之通用捨、

*論山檢使野上村著

一、廿五日、論山御檢使、野上村江御着、

一、廿六日ゟ山御見分、此節之次第外ニ有之故略之、

廿九日、三春領古道江御移、四月二日、三春領御立、右御兩人白川領与會津領与論所有之、御見分御越、十三日御歸府、此方百姓山見、不殘江戸へ上ル、

一、四月廿二日、太守中村江御暇、（正往）如例御時服御拜領、

一、廿三日、山王火消御代リ、稲葉丹後守殿被仰付、

*昌胤江戸發駕

一、廿九日、江戸御發駕、

一、五月五日、御着城、

佐々木萬次郎山王ノ寶藏院中村江降下、此節福王清兵衞大鞁打被召連、直クニ御譜代ニ被召仕、衣笠手休与名改、

*野馬追

一、十六日、野馬追當日中ノ申也、上古ヨリ五月中ノ申ノ日ヲ點定、

御城下侍廿八石以上出騎、拾五備、

備頭

堀内玄蕃（辰胤）　岡田宮内（知胤）

泉内藏助（胤和）　泉田掃部（胤冬）

相馬將監（胤充）　將監江戸ニ相詰、組備池田八右衛門嫡子權之丞五百石、役高ニ而備頭被仰付、八右衛門茂江戸ニ相詰、

伊藤太兵衛（信祐）　大浦庄右衛門（宣清）

門馬嘉右衛門（辰經）　本役小姓頭 石川助左衛門

組頭 堀内覺左衛門（胤往）　組頭 熊川兵庫（昌弘）（長賀）

組頭 熊清兵衛（安宣）　郡代 笠井市郎右衛門

草野道榮　（笠井）市郎右衛門・（草野）道榮ハ四百石ノ役高、

御簱本

十五日、中村御城ゟ行列、御先手物頭ゟ御騎馬ノ面ゝ、自分小簱ヲ張立もたせ、御騎馬六拾二騎、佐ゝ木萬次郎加ル、侍大將幷組ゝノ物頭、鐵炮・弓・長柄ヲもたせ、段ゝ原ノ町江勝手ニ相詰、假物頭諸組江入、

此節之野馬追、例ゟ格別之御軍法故大略記、

一、今年ハ從御殿原江直クニ御供、小勢御騎馬二騎ニ而、未明ニ御出馬、御簱本ノ面ゝ茂宿ゝゟ直ニ原江出、新田川原ノ出揃無之、

一、朝ノ備場、御本陣山ゟ三町計茂下ゟ段ゝ備ヲ立、町續リハ地形ニ隨ふ、大浦庄右衛門・岡田宮内・泉内藏助・相馬將監・堀内玄蕃、段ゝくり出シ備ヲ立、右先手ノくり出内ニ、御簱本脇備、以上五組ハ北原・木戸際之山陰ゟ御廻リ、一石坂邊ヲ御心懸押行、先手備立堅〆次第、玄蕃備ゟ勝負ヲ初、將監・内藏介・宮内・庄右衛門、右五組、段ゝ勝負之内、門馬嘉右衛門・熊川兵庫・草野道榮ハ、南ノ山際ニ付押上、備以前之五組共ニ被追立、二組ハ南ノ山際江引、嘉右衛門・兵庫・道榮、備ノ次ニ段ゝ備ヲ持直シ、又勝負ヲ持、殘三組ハよの森東江引、是茂備ヲ持直シ、又勝負ヲ持、右五組ノ追立候、具能圖ヲ見合、嘉右衛門・兵庫・道榮、此三頭きをひくる敵之先手江横ニつき懸、暫ク勝負して、是茂又被追立、本ノ山際江引退、則備持直シ、又合戰ヲ持、右三組ノ勝負ノ内ニ玄蕃・將監備持直シ、又懸て勝負、内藏助・宮内備持直次第、玄蕃・將監ニ押續き、をひくる敵ヲ追まくる、右之勝負ノ内ニ嘉右衛門・兵庫・道榮備直シ、又懸及勝負、庄右衛門備ハ、しまりのため引候所ニ殘、右先手

共掛引ノ間ニ、御旗本脇備以上、五組南ノ山ノ陰ヲ押行、一石坂ノ上手ノ山ゟ押出、將棊頭ニ備、敵ノ旗本江一文字ニ懸勝負、熊清兵衞・堀內覺左衞門一同ニ押出、御旗本ヲ越、兩江踏留勝負、次ニ泉田掃部・石川助左衞門一同ニ押出、清兵衞・覺左衞門兩備之、先江押出踏留、是茂及勝負、又御旗本ハ脇備之先江進ミ、御勝負有之、此時又五備將棊頭ニ成、御旗本御勝負ノ內、脇四備押出シ、御旗本とならひ勝負ヲ決シ、尤五備共ニ、二度宛ノ勝負也、

野馬追ノ次第*

一、御旗本二度目御勝負之內、見合、先手鐵炮打上江段〻追上、伊藤太兵衞・大浦庄右衞門・笠井市郎右衞門備ハ、先手ノ跡ニつゝき押上ケ、上江追上候、諸手押留次第、跡しまりの三備くり出シ、備是ニつゝき、五備茂備ヲ立、嘉右衞門・兵庫備ハ、南ノ山手江備、此時御小屋上也、

御旗本五備朝之次第

一、朝御下知次第、しまりノ二備くり出シ、二ノ先手と泉田掃部備ノ間江立備たる時、御旗本ゟ先手江懸リ、螺ヲ吹、段〻先手江吹續キ、庄右衞門備くり出スヲ見、御左脇二備くり出シ、北原木戸ゟ出、愛宕山ノ西ヲ藤沼江かゝり、八幡社ノ前より太田木戸江入、御旗本ハ御左脇備押行ヲ見くり出シ、北原木戸際ニ添、土手ノ內ヲ新木戸ゟ南ノ道江出、午來木戸ノ外ヲはやま、北ノ道ゟは山木戸江御入、御右脇備ハ御旗本ニ押續キくり出シ、北原木戸ゟ出、午來中道江かゝり、八重の草を通、小高海道江出、是もはやま木戸ゟ入、山陰江御押着、何之備成共、持直シ次第、螺・太鼓ニ而山江押上、但シ廻リ道ノ內ハ、螺・太鼓停止之、

野馬追之次第

一、御小屋上リ以後、諸手小屋ゟ可押出相圖ニ、御本陣ニ而太鼓ヲ打、此時先手迄段〻打傳、一ノ先手支度出來押出時、又太鼓ヲ打、段〻御本陣迄打返、

一、諸手小屋ゟ押出シ、陣屋之前ニ而備ヲたゝミ、一二ノ先手八備ハ出揃次第、御旗本ニ不搆、野馬下ケニ趣、御旗本ハ南ノ山手ニ付、御備立野馬下ルヲ被爲待時、御脇後備ハ其場ヲ見合、左右ニ備ヲ立、

一、野馬追留次第、其手ノのほり馬印ヲ目當ニ集リ、

*百石以上ヲ中村本城へ登城セシム

御籏本ノ御上リヲ見て、諸手御跡ゟ押上る也、
御籏本備惣人數千三拾三人
百騎御騎馬物頭・物奉行共ニ、
六拾人御歩行、百廿九人足輕、
三拾六人長柄者、六拾八人小人、
六百四拾人雜人、
一、廿六日、論所之百姓三四人、六月十二日前江戸江爲
上候樣ニ御檢使ゟ被仰付、

角筈屋敷拜領

一、廿七日、角筈御屋鋪御拜領地ニ極、
甲斐庄喜右衞門殿江御禮心ニ、中村ゟ御狀ニ而左
之通被進、

*大浦庄右衞門ヲ江戸へ遣ス

晒布十疋
鰹節二筥
奥田八郎右衞門殿・水野權十郎殿江、角筈御屋鋪
御拜領地ニ極候、御悦御使者被遣、御進物ハ無之、

佐竹義苗歿

一、六月十八日、佐竹修理大夫(義苗)殿於江戸御卒去、叙胤君ノ實御兄、
法諱　乾德院殿

名越祓

一、晦日、名越祓、田代左京進勤來候所、向後荒井如水
ニ被仰付、

村田惟世ヲ秋田へ遣ス

一、七月十一日、秋田江村田久太夫(惟世)ヲ被遣、

介添御徒士　末永甚助
一、八月、中村御本城江百石以上ノ役人被爲召登　城、
(佐竹義苗)乾德院殿江御代燒香、御香典白銀拾枚、
老中列席申渡之、
佐竹右京大夫(義處)殿御老躰、修理大夫(佐竹義苗)殿御死去、御三
男千代丸(義格)殿幼少ニ付、叙胤君ヲ返シ可被進哉、了
簡可申上之旨、御意之趣傳達之、何茂奉承知、御
先代圓照院樣(大膳亮義胤女)ヲ、當右京大夫殿江御内縁ノ所、巴
陵院樣(相馬義胤)御遠行、廣德院樣(相馬忠胤)御養子ニ御願相濟、仍而
古修理大夫殿ゟ御内縁ヲ被相返候与承候、御返シ
被進外、有之間鋪哉与一同申上之、
一、同月、大浦庄右衞門江戸江被遣、
右之次第、土屋相模守(政直)殿江被達候所、御尤之由ニ
而庄右衞門爲御使者委細之御口上演述、右京大夫
殿ノ御返答ニ思召之段、別而辱、併一應其元江致
進上候得ハ、此節ニ御座候迚、御返シ被下候樣ニ
而、申譯ニハ無之候、此方ニハ、乍幼少千代丸茂
御座候、其外壹岐守四郎三郎父子共ニ有之候得ハ、
佐竹ノ家ハ何分ニ茂致能事ニ候、其元ニハ、餘ニ
御類葉無之候故、御願被仰上、圖書頭(叙胤)ヲ御養子ニ

被仰付事ニ候得ハ、御念ハ忝存候得共、中〻左様ニ仕譯ニ無之候、其上圖書頭罷歸事ニ無之由、堅申事ニ候ヘハ、成程尤成儀ニ候、此上ハ縱御老中ゟ御內意御座候共、左様ニ可仕とハ、不存候旨ヲ被仰遣候ニ付、庄右衞門ヲ以、追而其段相模守（土屋政直）殿江茂御通達、右京大夫殿ゟ之御挨拶、尤成事圖書頭殿被歸間鋪与、達而御申候茂、左様ニ可有之儀ニ候、此上ハ御返シ候ニ及申間鋪由御答、追而右京大夫殿江相馬將監（胤充）ヲ以、被任御挨拶之旨被仰達、

三春論所ノ百姓江戸評定所へ詰ム

一、廿二日未明、百姓共評定所江相詰、廿一日、諸星殿・國領殿手代ゟ百姓共ニ指出候様ニ申來、御裁許之繪圖被相渡、

御裏書

奥州田村郡三春領古道村与同國標葉郡相馬領野上村・山田村・羽鳥村・大堀村、山堺論之事、古道村百姓申候ハ、三春相馬郡境之儀、南方岩城領堺之大鷹鳥屋より勢道通リ、吉野・田和川限之、其より横踏切堺澤、南高平、輕井澤、畑川草木平北ハ大川ヲ限リ、大境ニ相定候、論山之內竹ノ久比里靑井猪藪山ニ而、從寛永年中至正保二年、巣鷹

下之代〻領主江出之候、且又於切當山相馬領鄉足輕木ヲ伐候ヲ、三春領巣子見候者、見付之木伐之道具品〻押取之候、仍之彼者共及追放候、先年於吉野・田和・岩城領之者、新畑被開發候ヲ、爲荒候幷鹿落穴掘候、松煙燒ノ銅屋立候跡有之候、然則吉野・田和水流、爲三春相馬郡境、其上吉野・田和、南ゑせ坂之傍、栖葉・標葉・田村三郡之堺相極候、此趣岩城領者、能存候由訴之、相馬領百姓申候ハ、郡堺之儀、南ハ三郡之森峯續平七横根ゟ、北ハ繪馬鼻迄峯通リ水落次第、西ハ三春領、東ハ相馬領ニ相極、年〻材木伐取、炭燒之木伐候道具被押取候儀、鄉足輕ニ不似合ニ付、爲科怠〔過〕及追放候、雖然材木伐候儀ハ、從先規伐來候、巣鷹山之儀、三春領之者雖申之、論山之峯ヲ越、西ノ方ニ巣鷹下之候所有之所指令相違候、郡堺之義、岩城領之者、能存知候由答之、右論所就不分明、爲檢使諸星內藏助・國領次郎左衞門被差遣、遂糺明候所、三春領百姓訴所之境南、從吉野・田和、北ハ大川迄水流爲境旨難申之、或ハ水流令斷絕持横踏切与稱之所ハ、山江引上ケ、南高平ニ而ハ、

又高山江牓所引之候、然則、水流限之堺相定由、雖申之一向難立、岩城領百姓召出、尋候所ニ相馬領之者申通、南ハ三郡堺之森堺ニ相極候、三春領之者申堺ハ、爲相違旨申之、剰三春領百姓所指之巣鷹山相馬領百姓炭焼候跡、所々相見へ木伐候、跡數百有之、正保年中、奥州郡分之繪圖令點檢之所、檢分之通三春相馬郡堺、慥ニ相分レ相違無是、然上ハ三春領百姓所訴非分候、依之相馬領百姓所指之牓所用之繪圖之西峯通リ、墨筋引之、各加印判郡境相定畢、自今以後永守此旨不可違失者也、

元祿十二己卯年八月廿二日

戸 備前(戸川安廣)
久 忠左衞門
荻 近江(荻原重秀)
井 對馬(井戸良弘)
保 越前(保田宗易)
松 伊豆(松前嘉廣)
戸 能登
松 志摩(松平重榮)
井 大和(井上正岑)

佐渡(小笠原長重)
相模(土屋政直)
山城(瀧川具章)
豐後(阿部正武)

御老中戸田山城守殿(忠政)、其外如例御出座、御裏書讀爲御聞、三春百姓ニ壹枚、此方百姓ニ壹枚御渡、此方百姓共申上候、堺之所江繪圖ニ墨筋御引、御老中・寺社御奉行・町御奉行・御勘定頭不殘御加印、御召狀之御十判消候樣ニと被仰付、此方百姓兩人三春領ゟ貳人同道ニ而、所々江參上御判消之也、

*三春論所ノ百姓江戸出足

一、廿四日、百姓共今夜江戸出足、相馬將監(胤充)初、御用掛之者共發足、

*三春堺論勝利ニ就キ山見ノ者ニ褒美ノ書付ヲ下ス

一、九月二日、三春山堺御勝利ニ相濟候付、山見之者共、御前江被召出、御懇之御意之上、爲御褒美御書付ヲ以、於 御前被成下、

本知貳拾壹石 熊 三郎右衞門
同 拾石 石田十右衞門
同 拾九石 山田四郎右衞門
同 拾七石 高野甚兵衞

＊當城下ヲ奥州相馬中村ト稱スベキ事

同　貳拾壹石　　高野五太夫
右本知之上、三拾石宛切次、其上御城下並被仰付、
本知六石　　竹内作太夫
同　貳拾石　　渡部五左衞門
右本高之上、貳拾石宛切次御加增、
地方五石被下、在鄕給人ニ被仰付、
野上村　七左衞門
佐藤善次
志賀次右衞門
右本知之上、拾石新田切次被仰付、

相馬胤充百石加增

一、十九日、御前江相馬將監被召出、被仰付趣、
古長門守（相馬義胤）樣御由緒茂有之、御近キ事ニ有之候間、
御一家列被仰付、其上御奉公茂募候間、御加增百
石被成下、都合七百石被仰付、
一、廿日、相馬將監御禮相濟、捧太刀折紙・二種一荷、

服部恒光留守居仰付ラル

一、廿四日、服部伴左衞門（恒光）大留主居役被仰付、
御留主居幷御留守居組之面々支配被仰付旨、爲御
使佐藤伴右衞門、江戸江被遣、伴左衞門ニ被仰付、
御留主詰之節也、伴右衞門ハ中小姓目付、若年寄役石川助左衞門、於中村
被仰付、伴左衞門跡役、

一、同月、當御城下ヲ奥州中村与以前ゟ唱來候所、自今
奥州相馬中村与可稱之旨、　太守昌胤君被仰出、
一、九月十日、當地上町社司武澤權太夫、江戸寺社御奉
行ゟ被召呼御裁許、
願人頭中西平次右衞門、寺社御奉行所江訴狀差上
候ハ、相馬上町權太夫、其外支配ゑひす（惠比須）ノ像ヲ引、
願人ノ類ニ而願人頭平次右衞門支配ニ而候所、西
宮修覆金不相出候、急度差出候樣ニ被仰付被下候
樣ニ願差上、仍之御裏書六月七日到來、權太夫幷
支配ノ者、江戸へ上リ七月十八日井上大和守（正岑）殿亭
ニ而、寺社御奉行列席ニ而被遂御穿鑿、權太夫西
宮社人ノ旨ヲ御聞居、九月十日ニ願人組ニ無之ニ
相濟、自今彌西宮社人与可相心得由被仰付、西宮
社人与乍心得、ゑひすノ像ヲ引候而、願人ノ家業
仕候儀不屆、依之五拾日逼塞被仰付、御免以後、
從　太守右之御請御狀被指出、自是いたか（威高）號相除、
蛭子ノ社人与極リ、於吉田官位武澤土佐守与改、
元祿十三年辰正月三日より御駒ノ規式、往古ゟ違
妙見宮ニ而神道ノ祓ヲ眞讀シ、御本城於御臺所
御駒ノ童子ヲ召連、祓ヲ誦、其上御精進揚相濟、

國領等ニ白銀等ヲ進ム

一、閏九月三日、諸星内藏助殿・國領次郎左衛門殿御檢使相濟候ニ付、以御使者左之通被進、

一、羽二重五疋、白銀廿枚、

御兩所江御檢使被仰付候時分被進候得共、受納無之、仍之當分預リ申由也、其節之御使者致挨拶置、今度被進、

一、白銀三拾枚、干肴一折、

今度相濟候ニ付被進、

一、白銀五枚、干肴一折宛、

内藏助殿家來 高木平次右衛門
次郎左衛門殿家來 後藤三右衛門

一、白銀三枚、干肴一折宛、 内藏助殿 並手代四人江、

一、白銀三枚、干肴一折、 次郎左衛門殿内 植野礒右衛門

一、白銀三枚、干肴一折、 町奉行與力頭 礒貝藤兵衛
宮崎三郎兵衛

一、白銀五枚、時服二、 深尾權左衛門

一、白銀貳枚　同　權十郎

一、六日夜、御新造御出產、御男子御誕生、

御名　圓壽丸

昌胤君ゟ以御自筆御名被進、

(一七〇〇)
元祿十三年庚辰

一、二月二日、渡邊半右衛門(完綱)殿江、今年ゟ現米貳拾俵宛御助力、

*奈良龍松院ニ觀音堂建立

一、三月十七日、南都龍松院(公慶)觀音堂建立、奉加白銀貳枚被遣之、

大君(徳川)綱吉公御志有之ニ付、諸家一同奉加、

*昌胤參府

一、四月三日、御參府、御裝束所千手慈眼寺、

一、九日、御參勤之御禮相濟、獻上如例、

*昌胤鐵炮洲御藏ノ火消仰ラル

一、十四日、鐵炮洲御藏火消被蒙仰之、土屋相模守(政直)殿ゟ御奉書到來、御相役奥平熊太郎殿、

一、十五日、鐵炮洲御藏御受取、金谷市左衛門・熊川兵庫(長賀)・愛澤清左衛門御破損方相越、

*徳川家光五十回忌

一、四月廿日、大猷院殿(徳川家光)五十廻御忌、東叡山江供奉被蒙仰之、

御藏防火使御務ニ付、敍胤君御名代、

*家中所持ノ奥相茶話記ヲ御納戸ヘ納置クベキ旨仰付ラル

一、廿一日、御家ノ記錄奥相茶話記御家中所持之分御納戸江可納置之旨被仰付、茶話記年代軍戰ノ場所相違可有之哉ノ思召ノ由也、

一、同日、御城下侍在郷給人鑓稽古、猶可心掛之旨、服部（恒光）伴左衞門承ニ而被仰出、

繪圖奉行ニ國繪圖ノ伺書渡サル

一、五月七日、於江戸御國繪圖之伺書相濟、井上（正岑）大和守殿江繪圖奉行半野（義英）庄兵衞・中津所兵衞御呼、右之伺書被相渡、繪圖御用掛リ安藤（重玄）筑後守殿・松前（嘉廣）伊豆守殿・久貝（正方）因幡守殿也、

紋胤江戸發駕

一、廿八日、紋胤君、中村江御暇、（廿七日御老中ゟ御奉書到來、御登城、）

一、六月廿九日、紋胤君、江戸御發駕、於蘭亭ノ間、兩君御祝義有之、御出立、

一、七月八日、門馬專馬新知四百石給、

門馬辰經老役ヲ免ゼラル

一、十五日、門馬（辰經）嘉右衞門老役御免、

一、同月、門馬藤右衞門御加增五十石被下、（都合貳百五拾石、）御隱居御供被仰付、

一、八月朔日、武岡（相馬胤充二男）外記蔓九曜ノ紋所、御筆之御書付ニ而被下之、

一、九月十三日、御妾ノ妹御養分ニ而、堀内（胤近）大藏ニ緣組被仰出旨、玄蕃ニ被仰付及御禮、

繫馬ノ幕紋ハ相馬ノ家ニ限ル

一、同日、繫馬ノ御幕紋、御一家中打來候所、向後用捨被仰出、

右御幕紋、相馬ノ御家ニ限候、御一家之者共、幕ノ紋可致用捨、堀内（辰胤）玄蕃被召出、向後裙黑ノ幕打候樣ニ、御自筆之御證狀給之、相馬（胤充）將監被召出、應苗字繫馬御免之旨、是又御證文ヲ被下、

*武岡外記新知二百石下サル

一、廿一日、相馬將監二男武岡外記、新知貳百石被下、將監被召出、外記乍幼少對御先祖、御由緒有之儀ヲ被思召、新知被下置旨被仰出、

一、廿五日、將軍綱吉（德川）公、水戸宰相（綱條）殿江　御成、此節松平大學頭（近鎭）殿・松平播摩（磨）守（忠明）殿江新知貳萬石宛、於彼亭被下置、御腰物時服十宛御頂戴之、

*相馬胤充古今集進上

一、廿七日、相馬將監古今集進上、吉田兼好筆、追而代金三拾枚、古筆了仲道喜極札ヲ出ス、時服二、御樽肴、將監ニ被下、

*在郷給人ニ武石有リ

一、同月、名乘ニ門ノ字幷武石苗字名乘候儀無用与被仰出之、在郷給人之內、武石有之、千葉六黨ノ御苗字、輕キ者名乘候義、憚可然、別名字ニ可改旨被仰出、

一、十月廿七日、門馬專馬幾世橋与苗字ヲ被下、

*東大寺大佛殿建立ニ就キ龍松院公慶回國

一、十一月三日、南都東大寺大佛殿建立ニ付、爲奉加龍（公慶）松院回國、中村西光寺宿坊御領分壹人、壹錢掛リ、

*昌胤隱居願黒川正敦ヨリ阿部正武へ内達

*老中秋元喬知へ昌胤隱居ノ願書ヲ差出ス

徳川光圀歿

裙黒ノ幕紋證文岡田知胤等ニ下サル

紋胤參府

江戸迄達之、
一、同月、秋元但馬守(喬知)殿ゟ紋胤君、如御願來正月御參府
被仰出、
一、同御持筒預リ物頭、諸家ニ而茂並物頭ゟ重立候故、向
後役替之節、物頭久敷勤候者、可被仰付由被仰出、
御先代ゟ至御當代御簱奉行ハ、先官ニ不限、並物
頭ノ内ゟ　思召ニ而被仰付、　大膳亮義胤君御代
ニハ、御簱奉行御持筒頭左右ノ物頭也、
一、十二月朔日、泉内藏助(胤和)持來候狩野主馬筆屏風壹雙上
之、
時服二　　被下之、
一、六日、水戸黄門光國(圀)卿逝去、松平刑部太輔頼元ノ御舍兄、昌胤君奥方ノ御伯父、
一、十一日、裙黒ノ幕紋御證文、岡田宮内(知胤)・泉内藏助・
泉田掃部(胤冬)ニ被下、
一、廿四日、御隱居御願之段、黒川與兵衞(正敦)殿・土屋頼母(茂直)
殿・渡邊半右衞門(完綱)殿御招被相頼、御歳ハ四十一、御病身ニ付而也、

(一七〇一)
元祿十四年辛巳

一、正月九日、紋胤君御參府、十五日、御禮濟、
一、十六日、鐵炮洲御火消御名代紋胤君、如御願相濟、

(昌胤)太守仍御不快也、
一、二月二日、黒川與兵衞(正敦)殿ヲ以、阿部豐後守(正武)殿江御隱
居ノ御願御内達、
一、三日、御老中秋元但馬守(喬知)殿江黒川與兵衞殿・土屋頼(茂直)
母殿ヲ以、御願書被差出、
拙者儀、年來之病者御座候故、年追候者少者快氣
茂仕候哉与、色々保養仕候得共、其驗無之、去夏
ゟ別而病氣不快罷成、火之御番被仰付候得共、不
得致出勤茂御斷申上候、段々ケ様之仕合御座候、
拙者儀、御取立同前之御恩奉存候得者、何分ニ茂
御奉公相勤度覺悟ニ御座候所、數年之病氣ニ御座
候而、最早御奉公難叶奉存候、同氏圖書頭年比ニ
茂罷成候間、此者ニ家督無相違被下置之、私儀隱
居仕候様ニ奉願候、以上、
二月二日　　御名
御名乘御居判
阿部豐後守様
土屋相模守(政直)様
小笠原佐渡守(長重)様
秋元但馬守様

稲葉丹後守（正往）様

御連名大奉書折紙江調、

右之御願書、但馬守（秋元喬知）殿御請取御仲間江茂可被仰談由、御挨拶依之御禮使者被遣、

御隱居御願被仰上候御方ハ、御神文被指出候、昌胤君前度御側御奉公御免之時分、御病身ニ而御免不及、御神文与土屋相模守殿・黒川與兵衞殿江相馬將監（胤充）ヲ以被仰進、御尤之由ニ而不及御神文、

一、同日、於中村小嶋伊織・松永源三郎ニ新知百石宛給、

國王ノ祭禮

一、八日、國王ノ御祭禮、當年ゟ毎年二月廿三日御執行与被仰出、

老中秋元喬知ヨリ奉書到來

一、十日、秋元但馬守殿ゟ御奉書到來、御老中御連名、

御用之儀候間、明十一日四時同氏圖書頭（紋胤）登　城候樣ニ可被相達候、其方名代茂可被指出候、以上、

紋胤登城

一、十一日、紋胤君御登　城、昌胤君御名代黒川與兵衞殿・土屋頼母殿茂登　城御頼、

御老中御列座、秋元但馬守殿御演達、

彈正少弼（相馬昌胤）儀、依病身願之通隱居被仰付、家督無御相違圖書頭被成下候、病氣ニ茂無之候者、可被召仕處、御殘念被　思召之旨、上意之由被仰渡之、

御退出之節、御城ゟ直ニ御禮御務、

紋胤君御退出、則　御兩君御出座、御熨斗鮑三獻之御引渡、三方御土器御取肴御祝義ノ内、

太守ゟ紋胤君江、

三種二荷被進差出之、

來國行御刀代金廿枚一腰　被進、相馬將監披露之、

御頂戴御退座、御刀被爲指御出御禮、將監引之、

太守江紋胤君ゟ、

御太刀金馬代・紗綾廿巻・三種二荷、

水谷半左衞門（堯宣）披露之、

來國俊御刀代金廿枚一腰　御直ニ被進、池田八右衞（直重）門持出、

御腰物御太刀目錄、老中引之、

右畢而、大奥方江御入御祝義有之、

紗綾廿巻・二種一荷、紋胤君ゟ被進、

二種五百疋宛、　御奥方　御兩子　お龜御方　被進、

兩君表江御出座、御一家・老中・御用人御祝義申上、於吉野間御囃子、惣侍ニ御祝義被下、

*鐵炮洲御藏ノ火消黒田長淸ニ相渡サル

一、同日、鐵炮洲御藏御火消黒田伊勢守殿（長淸）江被仰付被相

渡、

昌胤隠居ニ就キ麻布屋敷へ移ル

一、同日、阿部豊後守殿・土屋相模守殿江昌胤君御下屋敷江御引移御居、

一、十五日、麻布御屋鋪江御引移、御隠居ニ付而也、

一、廿五日、麻布御屋形御座ノ間出來、就吉辰御移徙、

一、廿八日、御隠居御家督御禮濟、委ハ敍胤君ノ譜ニ記、

一、廿九日、御志ノ御進物、段々今日ゟ被進、右同、

*虚空藏菩薩出處縁起

甲州大泉寺ノ安州麻布屋敷へ入ル

一、三月十八日、甲州大泉寺ノ隠居安州和尚、麻布御屋鋪江御招入來、

此僧曹洞宗ニ而佐竹ノ家江出入、依之敍胤君江參上、此御縁ニ而御招、麻布市兵衞町大泉寺ノ住持安州弟子故、甲州ノ大泉寺隠居以後、彼寺内ニ居住、禪話ヲ御聽聞、其上當御家平親王護持ノ三尊雖有之、妙見ハ御鎮守虚空藏・摩利支天ノ儀ヲ御談話、安州右ノ虚空藏契約ノ來由ヲ委ク達御聞、廣德院殿御一代、二尊ヲ御尋、終ニ其元不知、今虚空藏ノ有所御承知、虚空藏ハ御一代ノ御守本尊、旁御滿悦十九日ニ富田又左衞門(實安)爲御使者虚空藏御懇望、安州大泉寺住職謁州和尚ニ達之、可被任御望之旨御答、同廿二日大泉寺同道ニ而、御屋敷江虚空藏ヲ被擁護、折節妙見祭禮ノ日也、猶以御忻然、此尊躰ノ出所・來歴ノ筆記ヲ安州江御頼、廿三日縁起ヲ被調、以使僧進呈之、

虚空藏菩薩出處縁起

原夫因縁際會、自有時也、山僧行脚時在總之下州關宿總寧寺永明禪師會下、維時寛文三癸卯夏有于常州浮嶋長泉寺海州和尚之兩安居、看彼佛前有此虚空藏、被塵垢於竹筒中便拜之、預發願菩薩致契約於住寺海州和尚辭云相傳、此菩薩者、前古相馬千葉之隆盛時、此地城主浮嶋太夫之守本尊也、某甲先祖忝往古相馬之家臣而、我生當州行方產也、此本尊與太刀一腰家傳來久矣、某甲有姉々家傳太刀我受此菩薩、是家重代巨應所望、其後引梵網經文懇望之餘、到頭受之受持、此菩薩到七月自恣日歸于關宿、爾來三十九年、于玆乎行脚功成、後寛文六丙午年在于當武權田原祥雲寺、遇于諸方緇流之發起、開講席之日、有名黑田女來拜、此菩薩在荷葉中聽出處來由、彼謂待予將有莊嚴之日重來、出自懷中黃金云、此是自相馬殿北堂賜也、今考之、則昌胤公先妣(義胤室、於龜)圓照院殿之御時也、以之莊嚴了也、

野衲延寶年中、主席甲陽大泉寺住十有五歳倦于住持事、繁而八年前隱居、此城西當大泉寺聞一日一日之曉鼓、此時相馬太守告病而、隱居在麻布別莊、未歸于采邑之日招靑松寺前住一葉齊老衲及禪話、是日太守公先妣之忌日、三月十日也、數日一葉和尙飛錫乎勢州時囑于太守公、以山野之生涯招野衲、於別莊談柄之、次及家系之事、太守昌胤公言曰、吾家往古有護持之三尊、其一妙見、其一虛空藏、其一摩利支天、昔曩祖賜虛空藏於浮嶋太夫云云、妙見傳于吾家累代鎭守也、摩利支天・虛空藏不知所之云云、野衲對云必也、其虛空藏出自常州行方於浮嶋契約之來今付與弟子大泉寺謁州在此地、太守拍手謂希有哉、虛空藏者吾一代之守本尊也、出處來由、曩祖所守護尊無所疑頻需之不止、是日三月十八日許契約歸謀之、謁州應君之需一日捧此尊而與大泉寺謁州相共納之、麻布別莊來告、此五大虛空藏納于君、此日同月廿二日、妙見祭禮之好日天晴、太守昌胤公忻然慶幸之餘命、予曰、願筆記此尊之出處、來歷貽于吾家越應于公之感激、天然之緣會天眞所致、不獲固辭略筆出處來由、以防君命之篤焉、

前永平州甲大泉世十四貞安州記

維時元祿十四辛巳年三月廿二日

右安州後仙臺輪王寺入院、

*昌胤不快保養ノ爲野上溫泉へ湯治願

一、四月二日、昌胤君御不快、爲御保養御領分野上溫泉江御湯治御願阿部豐後守殿江被指出、黑川與兵衞殿ヲ被相賴、

一、十一日、豐後守殿（阿部正武）ゟ黑川與兵衞殿江御書付被相渡、在所江相越知行所之出湯ニ入湯、保養有度旨被相願候、勝手次第可罷越旨被仰出之、

右御請、豐後守殿江以御使者御禮、外御老中柳澤出羽守殿江、（吉保）敍胤君、柳澤殿御老中江御自身御禮御務、

*昌胤江戸發駕

一、同日晝九時、江戸御發駕、

*昌胤幾世橋御殿著

一、十五日、幾世橋御殿江御着、

幾世橋往古標葉郡泉田村、慶長十七年四月御先祖、長門守義胤君ノ御隱居所、右之古館ハ被指置、大聖寺ノ敷地ヲ爲殿內、去辰年ゟ御普請御營作出來、就吉辰今日直クニ御新宅江御移徙、同所安樂寺ヲ雜家町江移、此寺跡江龍燈山大聖寺ヲ御移、泉田村ヲ幾世橋与御改、

御隱居附幾世橋江被召連候面〻、

高貳百五拾石　御用人後ニ老

門馬藤右衛門
同四百石　幾世橋専馬
同百五拾石　御小姓　般若深右衛門
兄般若六郎太夫卒、遺跡相續如元、御小姓ニ被召仕、
御臺所頭　四本松平左衛門
御納戸　門馬五右衛門
門馬専右衛門
中小姓目付　志賀長太夫
御小姓　大月小助
關村右衛門
西内薗右衛門
門馬本右衛門
佐藤隼人
福岡竹右衛門
中小姓　堀越源太
澁川喜左衛門
醫師本道　馬場長悦
外科　高野三粛
御料理人　紺野小右衛門
岩堀幸右衛門

御部屋御臺所　小林甚左衛門
佐藤武大夫
御臺所手代　鈴木伊右衛門
御鷹匠頭　齋藤平三郎
御鷹匠　同六右衛門
渡部六左衛門
清水傳左衛門
御馬方　馬場樫右衛門
御歩行組頭　杉彌次右衛門
御歩行　荻迫十左衛門
三浦十右衛門
上野齋兵衛
白土利太夫
太田郷右衛門
佐藤傳右衛門
御部屋御歩行　嶋儀左衛門
木幡文左衛門
御花畑頭　荒卜丹
同源助
禄取段〻中村ゟ被召呼、

御家老　服部伴左衛門（恒光）
中目付後御用人　新谷五郎左衛門
中村郡代ゟ御用人　木幡五郎右衛門
江戸御留主居ゟ御用人　門馬三右衛門
中村中目付ゟ御用人　小田切傳左衛門
物頭ゟ御用人　田中新五左衛門
御使番ニ被召呼後御用人　佐藤八郎左衛門
同上　幾世橋作左衛門
御使番被召呼後御用人　愛澤十郎兵衛
同上　草野平右衛門
御使番ゟ中目付　本山久左衛門
御使番　松永源左衛門
御使番　熊上伊兵衛
中村御臺所頭ゟ中目付　武野藤右衛門
新知百石被下御使番　中妻伊兵衛

此外百石以下之面々、中村ゟ被召呼、或新規ニ被召出、或醫師・御能役者等被召呼、住居引移多シ、

*小高ノ高池觀音堂ヲ幾世橋御殿內ニ移サル

（一七〇二）
元祿十五年壬午

一、十一月、小泉高池觀音堂幾世橋御殿ノ內江被移、
　翌年入佛、寶永八年大聖寺江被移、

*昌胤不快ニ就キ參府斷リ承知ノ奉書到來

（一七〇三）
元祿十六年癸未

一、四月八日、阿部豐後守（正武）殿ゟ昌胤君御不快、御參府、難御叶段御斷ニ付、御承知之旨御奉書被相出、

（一七〇四）
寶永元年甲申

一、五月、廣德院殿（相馬勝胤）御筆ノ額、寺々ニ有之分ハ、住職ニ被仰付、其寺ノ什物、社堂有之分ハ、內陣ニ可納旨被仰出、

*常念佛堂幾世橋ニ建立
*相馬勝胤三十三回忌

（一七〇五）
寶永二年乙酉

一、十一月、常念佛堂幾世橋江御建立、
　先考廣德院殿三十三回御忌、依之爲御功養御志、此節勢州梅光寺隱居信智寅載、和尚下向ヲ幸ニ開師ヲ御賴、念佛堂御建立、號不亂院七日ノ說法ニ御參詣、御聽聞、念佛ノ利益御感心、淨土宗ニ御歸依、爲御菩提所一宇可及御取立与、信智江御契

門馬藤右衛門老役仰付ラル

*岡田知胤相馬胤賢兩家ハ御家家督御禮ノ時將軍ニ御目見

*中院通茂ヨリ幾世橋川ヲ詠ム歌到來

服部恒光幾世橋へ移ル事仰付ラル

門馬藤右衛門病氣ニ依リ御役御免

約、

一、十二月、門馬藤右衞門老役被仰付、

(一七〇六)寶永三年丙戌

(一七〇七)寶永四年丁亥

一、五月十六日、千代松君幾世橋ゟ中村江御出、太守(昌胤)江

御對面、

(一七〇八)寶永五年戊子

一、八月、崇德山興仁寺御起立、寺領百石御寄附、

標葉郡泉田村知命寺ノ古跡興仁寺与寺號ヲ改御創

建、知恩院ノ末寺ニ相濟、知恩院末山ニ被相加之

段、役者中ゟ時ノ寺社奉行堀内覺左衞門(胤往)・富田五(政

實)右衞門兩人連名ノ證狀到來、

一、十一月、老臣服部伴左衞門(恒光)幾世橋江引移被仰付、

門馬藤右衞門依病氣御役御免、中村江移、

(一七〇九)寶永六年己丑

一、正月、岡田監物知胤・相馬將監胤賢被仰付次第、

御家御代ゝ御家督御禮ノ時、兩家極而將軍江御目

見、自然被仰付無之時ハ、其旨ヲ可申出由、兩人

ニ被仰付、

一、同月、幾世橋川ノ橋ヲ所ノ名ニ御定、中院内大臣通

茂卿御詠歌ヲ被相賴到來、

從一位前内大臣源通茂

あとたえしなからもあるをいくよはし

幾代かはらすふりのこるらん

此御懷紙御掛物ニ出來、

右之御歌、通茂(中院)卿御撰集ノ老槐集ニ被入之由也、

一、九月、不亂院江新領貳拾石御寄附、

常念佛爲相續、向後毎年御領分中壹人壹錢掛リ被

仰付之、

一、十三日、虚空藏開帳、

此尊體於江戸安州和尚ゟ御契約、委ハ前ニ記之、

今度興仁寺江御納一七日開帳、虚空藏ハ廣德院殿(相馬勝胤)・

昌胤君、當太守御三代御誕生、丑ノ御年御一代ノ

御守御本尊、三將御二男ニ而御家督御相續、殊圓(相

*昌胤ノ奥方江戸ニテ歿

平將門奉持ノ摩利支天

宗胤幼年ニ就キ昌胤後見

*昌胤ノ奥方ノ葬禮幾世橋ニテ執行

泉田村ヲ幾世橋村ト改ム

敍胤中村ニテ歿ス

*興仁寺阿彌陀寺西光寺ヲ淨土三箇寺ト仰付ラル

照院殿馬義胤女)厨子ヲ御寄進、此御因縁不思議ニ被思召、同十四日又御參詣、其節長州義胤君、戰場御出陣ニ御身ヲ不被離、摩利支天一躰御自身御持、平親(將門)王御奉持ノ三聖ノ摩利支天、何方ニ御留候ハ不知、此摩利支天、古義胤君軍陣毎ニ被得御勝利、吉例ノ尊躰也、虚空藏ニ相添、此寺ニ可安置之旨、住持靈潭ニ被命之、

一、十月、當太守宗胤君依御幼年御政事、昌胤君可爲御後見旨被仰出、

(一七一〇)
寶永七年庚寅

一、正月、當太守御一代元朝ニ興仁寺ノ虚空藏、同月廿五日、高倉文殊江御代參ノ儀被仰付、

(一七一一)
正德元年辛卯

一、二月、泉田村向後幾世橋村与可稱之旨被仰出、御隱居ニ御引移、以後幾世橋与雖稱來、今度公儀江鄉村帳被差出候ニ付、泉田村ヲ改、幾世橋村与御書出、依之廣ク幾世橋与稱之、

一、四月廿日、長門守敍胤君、於中村御遠行、

一、六月四日、昌胤君ノ御奥方、御名おたねノ御方、於江戸御遠行、御歳五十三、六日、夕七時麻布御屋敷ゟ御出棺、牛込寶泉寺江御入、假御法名、圓明院殿大寂元光大姉、八日ゟ十日迄御法事御執行、同晩松平(近鎭)大學頭殿ゟ御志ノ御供養、十五日御遺骨、中村江寶泉寺ゟ御發立、

御供

老　大浦五藤左衞門　組頭　木幡十右衞門

奥家老　藤崎五左衞門　給人　俵口吉左衞門

中小姓五人　御步行六人

賄方本役破損方　西　藤左衞門　松平大學頭殿ゟ中村へ被遣、成瀨條右衞門

一、廿日、晝過御遺骨不亂院江御着、御一家・老中・御用人爲御迎、幾世橋江相詰、

一、廿三日、巳刻於幾世橋御葬禮、同日申刻、御灰寄、

導師興仁寺二代靈潭

御法名本立院殿卓然貞高大姉

廿四日ゟ廿六日迄、於不亂院御法御執行、淨土一宗、諸宗諷經、御石塔五輪崇德山江御建立、御位牌小泉普明院江茂被建、爲御燒香、

一、八月廿一日、興仁寺・阿彌陀寺・西光寺、淨土三箇

寺与被仰付、

一、同月、同慶寺・興仁寺、隔年隔度ノ席ニ被仰付、昌胤君ゟ御證文、兩寺江給之、

昌胤ノ子誕生
後ノ都胤

一、九月十日、若子御出生、御名富松、

（一七一二）
正德二年壬辰

昌胤ノ女誕生

一、三月十五日、御女子御出生、御名お滿御方、

昌胤ノ女誕生

一、五月十八日、御女子御出生、御名お初御方、

一、七月十五日、中村金藏院江寺領三石御寄附、金藏院住持隱山長老廣德院（相馬勝胤）殿ノ御代、長松寺ノ寮僧、實名惠竺、數年御前江被爲召、延寶元年春他鄉之節、御餞別ノ御詠歌ヲ給、

寄別　　馴ぬれはいまはたをしき別かなしられす
　　　　　しらすあらましものを

寄別祝　おもひたつ心のおくのするとけてやかて
　　　　　かへらんもとの家路に

其年ノ暮、中村ニ歸鄉、同十一月二日御遠行之段奉承知、御厚恩難忘、他郡江入院ノ無望、中村愛宕山ニ結草庵、閑居以後、一宇號金藏院、眞言宗退轉ノ寺號爲長松寺末山此年長松寺功林長老隱山由緒ヲ被奉訴、

昌胤君先考ノ御直筆ノ御詠草ヲ御感心、御朱印并御自筆ノ御詠歌ヲ給、

　見るに猶袖をそぬらす墨そめの
　　有し別におくることのは

一、此年昌胤君ゟ同慶寺江被仰付次第、住職中村登城之節、的場迄乘駕、立傘、對ノ挾箱、伴僧六人、可召連旨被仰付、

（一七一三）
正德三年癸巳

一、正月廿五日、上浦村光西寺・高倉ノ文殊寺、兩所ノ文殊江常香料、昌胤君ゟ御寄附、光西寺文殊堂ハ、大永元年辛巳三月廿五日上浦ノ城代中村右兵衞胤高建立、子孫文殊像再興、今堂ハ後年ニ建、

*標葉郡酒井村ニ東醫寺藥師堂建立

一、四月三日、標葉郡酒井村東醫寺藥師堂御建立、翌年日光・月光・十二神、已上、十四躰御寄進、御安置御願文、御詠歌ヲ被納、

一、九月四日、お滿御方御遠行、興仁寺葬、御法名慈照院殿芳室覺幻善童女

*昌胤ノ女誕生

一、八日、御女子御出生、御名お秋御方、

*昌胤ノ女誕生

一、十月十二日、御女子御出生、御名お倉御方、

一、十二月、來正月ゟ興仁寺江御駒可參旨被仰出、
正月九日ニ興仁寺、十日同慶寺、翌年ハ九日ニ同
慶寺、十日興仁寺与振違可參旨被仰付、

正德四年甲午（一七一四）

一、正月十七日、富松君江御實名都胤《クニ》与被進、
一、三月七日、御女子御出生、御名お吉御方、
一、廿四日、淨土宗永祥寺御起立、寺ハ不被建、寺號開建、
一、八月二日、お吉御方御早世、興仁寺葬、
御法名瓊瑤院殿靈光智瑩善童女

正德五年乙未（一七一五）

一、六月廿五日、龍燈山大聖寺文殊堂御建立、開帳、
爲常香料俵數三拾、永〻御寄附、御證文有之、
一、八月、都胤君御病惱、江戶ゟ今井昌仙被指下、小嶋昌怡老弟子、
一、廿七日、都胤君御遠去、廿八日夜亥刻御出棺、
御取置神道、　田代左京進勤行、
社號都玉宮
興仁寺ノ鎭守神御祝、
於崇德山廿九日ゟ二夜三日御法事御執行、

御法名照臨院殿玄邦修眞神位
一、九月八日、お倉御方御早世、興仁寺葬、
御法名清光院殿華顏良照善童女

享保元年丙申（一七一六）

一、十月、幾世橋專馬病死、跡式兄門馬作左衞門給、
幾世橋苗字ヲ名乘、中村ゟ引移、如元御使番役被
仰付、門馬ノ家名斷絕ニ茂無之、仍而本地貳百石
ハ差上、專馬ニ被下置四百石相續被仰付、

享保二年丁酉（一七一七）

一、二月七日、若子御出生、御名竹五郎、
一、六月廿一日、昌胤君中村二ノ丸江御入、馬場野御殿
御止宿、
廿二日、御操御興行、惣御家中御目見、

享保三年戊戌（一七一八）

一、六月十四日、幾世橋ノ殿內ニ、日輪太神宮ヲ御勸請、
號養眞殿、
一、十一月十七日、高松江都玉宮御造營、此日遷宮、御宮御普

*幾世橋專馬病歿
昌胤ノ子ニ實名都胤ト進ラス

*昌胤ノ子竹五郎誕生

*昌胤中村城ニノ丸へ入ル

都胤病惱ノ後ニ歿

*高松ニ都玉宮造營

昌胤ノ女紋胤ノ室江戸ニテ歿

*徳胤中村へ下向幾世橋ニテ昌胤ト對面

昌胤吉田兼敬ヨリ十八神道傳授

*廣徳院殿勝胤ノ五十年忌執行昌胤ノ子主膳誕生昌胤吉田兼敬ヨリ神道ノ極祕相傳

請奉行堀内玄蕃胤近、

十六日夜、昌胤君坪田村眞徳院ニ御入、十七日、八幡宮ヨリ高松御宮江神幸、御宮ニ而神樂有之、十九日御戸開都玉ノ靈神高松山ニ勸請、御遺體興仁寺ヨリ改葬、廿七日、火焼神事、

一、此年吉田二位兼敬卿ゟ十八神道御傳受相濟、

(一七一九)享保四年己亥

一、此春御芳薗ノ牡丹花、(靈元)法皇ノ入叡覽、牡丹ノ花實ヨリ一莖咲初、白妙ノ内ニ勝テ白花、仍之百花ト御名付、久世宰相通夏卿江御送、則通夏卿法皇ノ被入　叡覽、莖根ヲ仙庭江被移植、享保七年始テ花咲開、　叡感不斜、百花ト云ル名ニ魁ノ字ヲ沓ニ御加、百花魁与可稱、有　詔久世通夏卿ゟ此旨ヲ御傳達、

一、七月十八日、若子御出生、御名主膳、

一、同年吉田二位兼敬卿ゟ神道ノ極祕御相傳、

宗源行事・火祭行事・神道極祕三壇行事、

(一七二〇)享保五年庚子

一、三月廿三日、(紋胤室、昌姫)保壽院殿於江戸御遠行、

一、四月、幾世橋殿内瑞雲臺御造營成就、本尊天形星、

一、六月廿六日、因幡守徳胤君、始而中村江御下向、幾世橋江御入、御對面、

御太刀馬代白銀三枚二種一荷　徳胤君ゟ被進、

(一七二一)享保六年辛丑

一、五月廿三日、幾世橋不亂院ヲ宇多郡小泉供養院念佛堂江被移、

一、八月十七日、御女子御出生、御名およめ御方、

一、九月廿三日ゟ求聞持法、於瑞雲臺日數五十日、御自身御執行、

(一七二二)享保七年壬寅

一、十一月二日、(相馬勝胤)廣徳院殿五十年忌御法事御執行、同慶寺江御參詣、御先祖向後百五十回忌迄、御法事御執行与被仰出、御詠歌御納之、

享保七年霜月二日ハ、廣徳院殿五十回忌にあたらせ給ぬ、そのかみよりして、先祖の遠忌も三

十三回までの後ハ、法事もなかりき、實や唐の文にも終をつゝしミ遠きを追ふ時ハ、民の德厚にきすとのたまひし、しかあれは、先祖を祭る事ハ、孝の第一たるにより、此末〳〵百五十回まて法事をとり行ふへきよしに、さためしなり、これによりて、今日法會を嚴重に執行ひつるも、是ひとへに子孫繁榮のしるしにして、又なくたのしき事にあらすや、予も今日燒香のため、同慶寺にまへり詣て、懷舊のあまりに、霜月二日といふ事を句の上にをきて、七首のこしをれをつくり、追善の志を述るものならし、

しのふそよ半の冬の今日の日も五十年めくれる來
しかたの空
もしほ燒烟の末に立添て千鳥も空になひく浦風
つもりても松と竹とハその姿けちめハかるゝ庭の
白雪
きへぬへき春待遠にとち添て渡りもすへく氷る池
水
ふりのこるかり庵さひし秋の後今ハ冬田の面かは
りして
つきもさそ影寒からしふりにふる時雨あられの雲
路行空
香をいそけ年の内よりやゝ見えてつほミもよほす
庭の梅かえ

*昌胤ノ母圓照院殿（勝胤室）五十回忌

（一七二三）
享保八年癸卯

一、二月十日、御母堂五十年忌御法事之節、

享保八、二月十日ハ圓照院殿（於龜、義胤女）五十回忌にあたらせ給ぬれは、今日燒香のため同慶寺に參詣て、そのかミ敷嶋の道なとこのませ給ひし懷舊にたへすして、きさらき十日五十回忌といへる事を、句の上下にならへて、七首のこしをれをつゝり、追善のこゝろさしを侍るものならし、

き　きえかての雪かき分て佛の座御法のためにつむ
　　や里のこ　五
さ　さよふかき閨の戸ほそに音信て梅かゝ匂ふ風ハ
　　のとけし　し
ら　らいをなしとをき跡とふ會の庭に今日や御法の
　　花も咲添　ふ

昌*胤大江仙立軒ヨリ軍法ノ印可祕奥書ヲ受ク
昌胤ノ子竹五郎名ヲ內匠ト改ム

利胤百年忌執行

昌*胤中村ヨリノ借知千石返進

昌*胤女お秋ト板倉勝重ノ緣組成ル
岡田伊胤門馬藤右衞門ニ老中役仰付ラル

き　きゝす鳴こゑハのこりてそことなくかすむ末野
　の原そ暮ゆく　く
と　とをくこし道のつかれもわすられて花に分入春
　の山のは　は
を　を山田の流も水をひきく\に苗代いそく春のな
　かき日　ひ
か　かすく\の露の光もいひしらぬ色にはへある花
　の山ふき　き
一、十二月廿九日、竹五郎君御名內匠与御改、

(一七二四)
享保九年甲辰
一、九月十日、二照院殿大膳亮利胤君百年忌御法事御執行、同慶寺江御參詣御詠歌、
　享保九暮秋十日ハ、二照院殿(相馬利胤)百回忌にあたらせ給ひぬれハ、同慶寺の廟前に參て、追善の志を述侍るものならし、
　　　　御史中丞平(相馬)昌胤
　我家のさかへしられて百とせの
　　跡とふ今日の法そかしこき
一、十一月廿一日、老臣相馬將監(胤充)ヲ被爲　召、岡田良山・

門馬對影兩人ヲ老中役被仰付、良山七拾人扶持、對影五拾人扶持被下之、
良山ハ岡田監物(春胤)祖父、前ノ監物伊胤、對影ハ門馬藤右衞門事也、於中村大浦五藤(往清)左衞門屋鋪替被仰付、跡屋鋪良山ニ給、對影ハ本家ニ同居、御用座鋪ヲ御造作被下、

(一七二五)
享保十年乙巳
一、五月軍法ノ御印可祕奥書、大江仙立軒呈之、
　仙立軒ハ大江又左衞門本立軒二男江戸浪人ニ而居住、
　先年御免御印可共ニ草野道榮茂獻之、
一、七月十二日、內匠君御急症ニ而御遠去、御歲九歲、
　御法諱
　定水院殿蘭秀流芳大童子興仁寺ニ葬、
一、八月廿二日、およめ御方御早世、
　御法名
　月桂院殿曉雲瑞光善童女右同、
一、十月、昌胤君中村ゟノ御借知千石御返進、
　御附高壹萬石也、但御幼少ノ御方御入用金貳百兩宛、例年中村ゟ被進、

(一七二六)
享保十一年丙午
一、六月七日、お秋御方、奥州福嶋城主板倉甲斐守(勝重)殿江御緣組相濟、

昌胤女お初ト松平武雅ノ縁組成ル

*昌胤不快ノ後ニ歿

昌胤ノ子主膳ニ實名福胤ト進ラス

中村本城御廣間造作

*昌胤ノ葬禮

昌胤福胤中村城ニ入ル

一、十一月廿五日、お初御方、上州舘林城主松平肥前守（武雅）殿江御縁組相濟、
肥前守殿御養父松平右近將監（清武）殿ハ、　大君文昭院（徳川家宣）殿御實弟、初名越知、下總守ト號、御養君ノ御時、甲府ゟ御供、寶永四年正月十一日御稱號ヲ給、〔松平脱カ〕松平出羽守与號、舘林城地拜領、肥前守殿ハ松平攝（義孝）津守殿尾張家二男、五萬五千石ヲ被領、

一、同月、主膳君江御實名福胤与被進、

（一七二七）
享保十二年丁未

一、二月、中村御本城御廣間御造作御手傳、
昌胤君御代、元祿十年丑十一月御造替ノ御廣間、享保五年子八月、歷廿四年、損破、依之被疊置御殘心被思召候、御普請料可被進由被仰出、先年大奉行堀內玄蕃辰胤相務候例ヲ以、堀內十兵衞胤綱ニ被仰付、

（一七二八）
享保十三年戊申

一、四月五日、主膳福胤君御同道、中村御本城江御入、

一、六日朝、妙見御社參、
御膳過二ノ丸江御入、御操惣侍拜覽、同日晝過御歸、

一、七月ゟ御不快、御病症御瘧御癪氣、
八月、御快方ノ御容躰ニヨリ、太守尊胤君九月十四日江戸江御發駕、同月下旬ゟ御大病、江府江御注進、

一、十月六日、申ノ刻御遠行、御齡歲六十八、
同三日夕、御醫師平賀玄純老江戸出立、御願相濟、五日朝、太守御看病御暇相濟、御發立、七日鹿岡驛ニテ御遠行、御承知御歸府、玄純老鹿岡ノ先、北濱ゟ被歸、

一、七日夜、亥ノ刻御出棺、崇德山興仁寺江御入御塵燒、淨土一宗經諷、

一、十一月六日、御葬禮、
興仁寺ノ北ニ而四十間四方ニ矢來ヲ結、其內ニ火屋ヲ建、中村ゟ百石以上ノ役人、御用之外、給人ハ貳百石以上ノ面々喪服ヲ着、御葬送ノ役付ハ幾世橋御家中、不足ノ所江中村侍、
御導師　崇德山住職好譽玄鶴
御法號
建德院殿勢譽峻巖孔昭大居士
諸宗御葬禮ノ場ニ而勤行、

此日十一日迄御法事御執行、
諸宗ハ一宗限ニ御寺江出諷經、
崇德山江御石塔五輪建、

昌胤君御遠行迄勤仕ノ面々、

高百五拾石外御役料百石　御用人　愛澤十郎兵衛
同四百石　同　幾世橋作左衛門
同百五拾石外御役料百石　同　草野平右衛門
同貳百石　中目付　本山久左衛門
同貳百石　御使番　熊上伊兵衛
同百五拾石　御小姓御刀番　般若深右衛門
高百石　池田平左衛門
同百石　打它新七

右百石以上、

御臺所頭　森嘉兵衛
町奉行　門馬專右衛門
中小姓目付　川勝新兵衛
御作事奉行　嶋儀左衛門
御納戸　大月小助
鈴木伊右衛門
氏家忠左衛門
御膳番　西内薗右衛門
紺野儀右衛門
御小姓番頭　星勘右衛門
佐藤文右衛門
佐藤助之丞
御小姓　岡部滿右衛門
佐々木次右衛門
志賀武兵衛
西内金治
四本松忠治
大月友右衛門
荒源太
衣山勘左衛門
般若藤治
川勝文五
鈴木彌市
御小姓並　般若彦右衛門
中小姓　佐藤隼人
福岡利左衛門

佐藤三郎右衛門
豊嶋澤右衛門
加藤傳藏
服部文治
長尾三左衛門
池田幸助

養眞殿附
志賀長太夫
增尾權右衛門
阿部傳右衛門

醫師
馬場長悦
高川昌碩
牧野玄格
井土川昌伴

外科
早川安信

御部屋御臺所
小林甚左衛門
三浦十右衛門
只野六郎右衛門

御勘定奉行
佐藤彦左衛門
村津貞兵衛

御突屋奉行
佐藤十郎右衛門

御臺所手代
門馬又兵衛
荻迫與右衛門
渡邊勘兵衛
佐々木恒右衛門

御鷹匠頭
齋藤六右衛門

御馬方
馬場樫右衛門
三浦文内

御料理人
熊仁兵衛
牛渡兵左衛門

御徒士組頭
鈴木平次左衛門
荻迫十左衛門

御徒士目付
岡田彌太右衛門(常長)
三浦忠兵衛

御徒士
佐藤彌五左衛門
小林武左衛門
紺野安左衛門
上野利右衛門
西内久米右衛門
門馬軍左衛門
嶋仲右衛門

荒　藤左衛門
只野佐左衛門
御部屋附御徒士
佐　藤　甚　七
菊　地　源　兵　衛
上　野　齋　兵　衛
渡邉忠右衛門
御花畑頭
紺　野　鄕　藏
御鷹匠
佐　藤　休　盛
御能方取次
木　幡　權　六
喜多新右衛門
御能役者
大　内　道　勇
井土川庄兵衛
佐　藤　彥　六
水　谷　藤　内
齋　藤　三　太　夫
新妻淸右衛門
木　幡　軍　治
佐藤伊左衛門
金井四郎左衛門
衣笠次郞兵衛
福胤へ附人*

同　三郞兵衛
富澤九右衛門
御操方役者
田中彌右衛門
關　四左衛門
新　村　半　兵　衛
關　　忠　　太
中嶋甚右衛門
只　野　長　兵　衛
玄米奉行
渡部彌次右衛門
阿部太左衛門
御普請奉行
佐　藤　新　七
遠藤嘉左衛門
佐　藤　兵　六
渡邉與惣右衛門
大曲作右衛門
生　永　檢　校
福胤君江御附人、
高百石外御役料百石
御用人
福嶋次郞右衛門
中小姓
馬場喜右衛門

高橋淺右衛門
福岡長左衛門
般若兵右衛門
湯澤喜兵衛
幾世橋幸右衛門
御徒士
渡部幾右衛門
西内德左衛門
末永甚右衛門

御年譜十四　紋胤君御代

紋胤朝臣御年譜　一

(一六七七)
延寶五年丁巳

*佐竹仁壽丸(後ノ紋胤)誕生

一、四月四日、於武江御誕生、御小名佐竹仁壽丸、後號求馬、
御實父羽州秋田城主佐竹右京大夫義處二男、
御養父相馬彈正少弼昌胤君、
御養母松平刑部太輔賴元御息女、

(一六九六)
元祿九年丙子

佐竹義珍養子ノ儀仰出サル

一、七月廿五日、昌胤君如御訴、御聟養子ニ被仰出、

佐竹義珍實名ヲ紋胤ト改ム

一、廿六日、實名義珍ヲ紋胤与御改、
一、廿八日、御養子成ノ御禮相濟、
今朝ゟ御道具、御乘駕相定、御駕紋地黒茶茶ノ實、
御持鑓壹本、十文字、黒羅紗袋、

紋胤ト昌胤女ノ結納

一、九月廿六日、御緣女江御結納被進、昌胤君ノ譜ニ備ニ記、

*紋胤紋爵

一、十二月廿二日、御紋爵、廿一日御奉書到來、御登　城、
一、廿三日、御名圖書頭与御改、
一、廿八日、御官位御禮相濟、御太刀馬代被獻、

(一六九七)
元祿十年丁丑

*紋胤相馬家ニ移リ婚禮

一、正月十五日、相馬家江御引移御婚禮、委ハ前譜ニ記、
被召連候侍　中小姓兩人
金拾五兩六人扶持　神澤吉左衞門(種倚)
右同　山中小左衞門(季清)
御茶道
金拾兩四人扶持　堀田春可

*紋胤吉良義央亭ニテ位記等頂戴ス

一、二月十六日、高家吉良上野介(義央)殿亭ニ而　口宣、宣旨・位記御頂戴、
一、同日、昌胤君、紋胤君ノ御座敷江御入、御饗應、
倫光御刀、代金十枚折紙、紋胤君江被進、

*紋胤徳川光圀ニ對面ス

一、四月五日、紋胤君水戸殿(光圀)江御見廻、初而御對面、松平大學(近鎭)殿御同道、御太刀馬代御持參、
一、六月十六日、御嘉祥、初而御登　城、

（一六九八）
元禄十一年戊寅

一、五月十九日、御新造御袖揚御祝儀有之、

敍胤ノ子誕生

一、七月廿四日、若子御誕生、御名次郎被稱之、前譜ニ詳ナリ、

長則小脇指百五十貫折紙、　佐竹右京大夫殿（義處）ゟ、

來國光小脇指金六枚　本多中務太輔殿（忠國）

康光小脇指　松平大學頭殿（近鎮）

右御出生之御祝儀、若子江被進、

一、九月六日、東叡山中堂御供養勅會、敍胤君供奉御務、

佐竹義處左近衛權少將ニ任ゼラル

一、十二月九日、御實父佐竹右京大夫殿被任少將御祝儀、
御取替有之、

（一六九九）
元禄十二年己卯

佐竹義苗歿

一、六月十八日、佐竹修理大夫殿（義苗）御卒去、御實名義林、御法號乾德院殿、
敍胤君御舍兄、御同母出雲國松江城主松平出羽守直政ノ御息女、直政ハ（徳川）家康公ノ御三男、越前中納言秀康（松平）ノ御子、
右御母公ハ、天和三癸亥年正月廿日卒、號寶明院殿、義林（佐竹）ノ御内室、紀伊大納言光貞卿御息女（育姫）、元祿六癸酉年八月十四日卒、號靈岳院殿、當（徳川）將軍吉宗公ノ御姉也、

一、廿七日、御新造御着帯、

敍胤ノ子誕生

一、閏九月六日、若子御誕生、

*敍胤ノ子名ヲ圓壽丸ト進メラル

一、十二日、七夜御祝儀、昌胤君ゟ御名圓壽丸与被進、

盛則御小脇差代金三枚、

御産衣二重　昌胤君ゟ被進、

二種一荷

信國小脇指金三枚折紙、　佐竹右京大夫殿（義處）ゟ被進、

一、十月七日、若子山王御宮參、御供水谷半左衛門（堯宣）、如御吉例御歸ニ半左衛門小屋江御立寄、

（一七〇〇）
元禄十三年庚辰

*敍胤中村へ暇

一、五月廿八日、中村江御暇、前々御願被仰上、廿七日御奉書到來御登城、

時服五

御羽織一　御頂戴、

一、六月十二日、佐竹義處君ノ亭江、御新造初而御入、

御帷子一重

御單物一重　御新造江被進、

御香合　（佐竹）義處ノ御息女お岩殿ゟ、

色縮五反、　同　被進、

備前助平御刀代金拾三枚、　義處ゟ敍胤君江被進、

紋胤中村著城

一、廿九日、江戸御發駕、中村江御旅行、

*佐竹義處ノ使者中村著

一、七月六日、御着城、
　御在着御使者物頭役 四本松万右衛門(義眞)

一、十三日、干鯛一箱獻上、

紋胤妙見社へ參詣

一、八月四日、妙見江御社參、御元服御規式相濟、
　妙見堂ニ而歡喜寺加持束帶ノ御裝束、其上御身固ノ加持荒井如水務之、御拜禮、
　御幣・御神酒御頂戴、
　妙見御神體、幣殿ノ唐戸ヲ閉、　御前計御拜、
　次ニ御神酒、御前ニ而御頂戴、御土器、歡喜寺江被下、其上田代左京進頂納、神前ノ御酌小姓貳人、布衣着、

國王宮

　國王宮ニ而御神酒、神主頂納、末社不殘天神江御幣、御神酒御頂戴、御一家・老中相詰、

涼美岡八幡

　涼美岡八幡江御社參、

八幡寺

　御神酒・御土器、八幡寺ニ被下、田代左京進頂納、

熊野
圓藏

　若宮・劔宮末社不殘、熊野江御參詣、御幣・御神酒御頂戴、神主ニ被下、圓藏江御代參、組頭、

*佐竹義處ニ返書

　御社參相濟、御一家・老中・御用人、於御座ノ間御目見、

紋胤野馬追ニ出馬

一、八月十二日、野馬追御出馬、

一、廿一日、佐竹右京大夫殿(義處)ゟ御使者信田隼人中村江着、
　廿二日、二ノ丸江御下リ、隼人晝時過登城、案内馳走物頭伊藤三郎左衛門、御奏者兩人、岡田半右衛門(長重)・都郷(都甲)伊右衛門(綱博)、御書院廊下ノ間江案內、其上御用人一同ニ出席、次ニ老中不殘出合、
　御太刀金馬代　　二種一荷
　時服拾
　　御書院ノ上南ノ方ニ置、
　上段向江御出座、隼人(信田)謁　御前、御太刀・折紙、池田八右衛門(直重)披露之、御使番納之、隼人御口上ヲ演達、御熨斗給畢而、自分太刀大浦五藤左衛門(往清)、御用人、披露之、中小姓引、御禮退座、於二ノ間御饗膳、三汁九菜、右相濟、被召出、御盃給、御直答、
　折重一組　　鮮肴一折　以御使者町宿江給、
　御茶一壺
　　對老中、池田八右衛門及御禮、

一、廿三日、右京大夫殿(佐竹義處)江御返書被相出、
　時服三內單物一　　隼人ニ被下、
　白銀五枚

敍胤著府

*敍胤櫻田屋敷ニ移徙

昌胤隠居敍胤家督相續ス

佐竹義處義長義都ニ分知

敍胤家督相續ニ就キ土屋政直ニ執合

（一七〇一）
元祿十四年辛巳

一、正月二日、中村御發駕、

一、九日、御着府、下谷安樂寺御裝束所、

一、二月十一日、昌胤君如御願御隱居、敍胤君江御家督被仰出、

陸奥國中村城主宇多・行方・標葉三郡、六萬石御相續、

老臣

高千石　執權職堀内玄蕃辰胤

高七百石　相馬將監胤充

高四百石　伊藤太兵衞祐信

高四百石　水谷半左衞門堯宣

高五百石　池田八右衞門直重

高三百五拾石　大浦庄右衞門玆清（宣カ）

一、同日、佐竹右京大夫（義處）殿領分新田地貳萬石佐竹壹岐守（義長）殿、壹萬石佐竹四郎三郎（義都）殿江御分知、右京殿如御願被仰付、

一、十八日、太守（敍胤）御家督御禮之儀、土屋相模守（政直）殿江御執合、御用番秋元但馬守（喬知）殿江御自身被仰込、

一、廿一日、御隱居（相馬昌胤）御家督相濟候御祝儀、御家中惣名代泉田掃部（胤冬）上府御目見、

捧太刀馬代　御盃給、長柄御銚子、

一、廿五日、太守、櫻田表御座敷江御移徙、

一、廿七日、秋元但馬守殿ゟ御奉書到來、

明廿八日五時登　城、家督之御禮可被申上候、以上、

二月廿七日　　稲葉丹後守（正往）

秋元但馬守

小笠原佐渡守（長重）

土屋相模守

阿部豐後守（正武）

相馬圖書頭（敍胤）殿

別紙之御切紙、

家來三人　御目見被仰付候間、召連可被罷出候、以上、

御別紙ニハ御名無之、

右之御請、

御差紙拜見仕候、明廿八日五時登　城仕、家督御禮可申上旨奉得其意存候、恐惶謹言、

*紋胤ヨリ獻上ノ品々

家老三人將軍御目見仰付ラル

紋胤登城徳川綱吉ニ御禮

御名

御名乘御判

御老中樣　御連名

尊報

御別紙拜見仕候家來三人　御目見被仰付候間、召連可罷出之旨、奉畏候、以上、

御名　無御判

秋元但馬守樣

一、右御差紙到來、御家老三人　御目見如御願被仰付候、爲御禮御用番秋元但馬守殿・阿部豐後守殿・土屋相模守殿江御自身御務、

御目見被仰付三人、岡田宮內知胤

泉內藏助胤和

相馬將監胤充

一、廿八日、御家督御隱居ゟ獻上之品〻、以書付但馬（秋元喬知）守殿江御伺、右之通可被獻旨御差圖、

一、御奉書ニ御隱居之御禮之儀無之付、御留守居心得を以、阿部豐後守殿江參上、御用御賴御老中 御家來江承合候處、御禮被仰上候ニ極候儀、不及伺由也、

一、廿八日、御登城、於御白書院、大君綱吉公（徳川）江御禮、

昌胤君御名代

大岡美濃守殿（忠高）御附添御登　城、長袴、御熨斗目、

紋胤君ゟ獻上、

御太刀馬代黃金二拾枚

御小袖十　御小袖ハ御太刀目錄ニ記、外ニ御小袖ノ御注文不入、

白銀二拾枚宛、　御臺樣（徳川綱吉室、鷹司教平女）

三御丸樣御母公桂昌院殿ナリ、

御城女中江、

一、同三枚宛、　高瀨殿

一、白銀五枚　右衞門佐殿（水無瀨氏信女）

大すけ殿（典侍）（清閑寺熙房女）

松枝殿

豐小路殿

一、同貳枚　おつう殿

一、同貳枚宛、　御表使衆四人

昌胤君ゟ獻上、

御太刀馬代黃金拾兩、

御小袖五、

來國光御小脇指金三拾枚折紙一腰、

御小脇指御拵

一、長壹尺六分銘有リ、護摩箸有リ、

一、柄長四寸貳分　緣頭共ニ、
一、鞘　蠟色合口
一、白鮫　目貫
一、柄頭　黒角ミかき中めん
一、星目釘　金
一、切羽　金むく
一、鎺　金むく
　上鎺ニ葵ノ御紋すかし、眞地やすり、
一、鵐目　金三枚座
一、目貫小柄二所、宗乗作、代金五枚、折紙有り、
一、小刀　新身
一、下緒　紫海口
一、袋　紺地今織壽ノ字寶盡シノ模様裏紺地繻子來國
　光与請縫ニ白絲ニ而縫、
　廣上四寸六分、下三寸五分、口脇ノあき、三寸四分、
　緒紫より絲四打長貳尺四寸五分、外ニ房三寸五分、
一、御脇指箱内家長貳尺七寸七分、幅貳寸七分、高貳寸七分、
　眞黒塗きちやうめん有、蓋江來國光与金粉ニ而
　書、
　脇指懸有り、くり候所金粉、

　鐶甲銀ミかき、座丸指渡壹寸、
　緒より絲四打、ふさ色紫、長壹尺五寸五分、太壹寸、
　縮緬紫袷服紗ニ包、上箱ニ入、
一、外家長貳尺九寸六分、幅六寸壹分、高六寸五分、
　桐木地きちやうめんあり、
　鐶甲銀ミかき甕指渡壹寸壹分、
　緒萌黄ねりくり、
　箱蓋ニ、　進上御小脇指、一腰、　　御名、
　　如此書之、
　内家ノ銘ハ本阿彌所ニ而書、金粉、
　臺椴白木　　包熨斗鮑、
一、折紙二所物共ニ包紙銘如左、調之、奉書紙ニ而上下折返シ、
　來國光　折紙
　御目貫、御小柄　折紙
一、折紙箱　桐木地やらうふたきちやうめん、紐付鐶甲、銀座共ニミかき、
　脇指ノ折紙ニ所物ノ折紙、別ニ包貳ツ、共ニ折
　紙箱ニ入、緒四打色もへき、長貳尺貳寸五分、太壹寸貳分、練繰、
　銘來國光　折紙　　臺椴白木

兼好筆古今和歌集
後醍醐天皇宸翰
*岡田知胤泉胤和相馬胤充登城

御臺樣江、
古今和歌集吉田兼好法師筆代金貳拾五枚全部
三御丸樣江、
後醍醐天皇震〔宸〕翰
拾遺愚草拔書代金貳拾五枚全尾
一、古今集二冊裱紙段子白地金入、袖裏模樣砂子、
題銘
冷泉爲廣
淺黄羽二重、袷服紗ニ包、箱ニ入、
一、古今集内家眞ノ蠟色ニ塗やらうふた、内梨子地金入、今織ノ切ニ而張、
銘
古今和歌集吉田兼好法師筆全部金粉ニ而書之、
緒紫眞田、
外家白桐やろうふた、緒通シ付、紫眞田長八寸八分半、幅六寸三分、高貳寸八分、臺椴白木、
銘ハ　しん上、
古今和歌集吉田兼好法師筆全部
相馬たん(昌胤)正少弼
右折紙、古筆了仲相出、代金二十五枚、
上包奉書ニ包折返シ、
古今和歌集折紙
折紙箱白桐野郎ふた鐶甲煮黑目緒紫眞田、　臺椴白木
一、拾遺愚草拔書一冊裱紙袖裏内外家服紗、惣而古今集同前、

題名歡〔勸〕修寺御門跡筆
古今集・愚草拔書共ニ、内家銘古筆了仲所ニ而
書、金粉、
一、岡田宮内(知胤)・泉内藏助(胤和)・相馬將監(胤充)登　城、案内御留主居金谷市左衞門
於御白書院御太刀銀馬代を以、　御目見、岡田宮
内、御奏者永井伊賀守(直敬)殿、泉内藏助ハ朽木伊與守(稙昌)
殿、相馬將監、青山播磨守(幸督)殿御披露、捧太刀馬代、
一、太守御退出、米倉長門守(昌明)殿亭江御立寄、御裝束召
替、柳澤出羽守(吉保)殿・松平右京大夫(輝貞)殿、御老中・若
御年寄江御務、昌胤君ゟ右之御方江大岡美濃守(忠高)殿
ヲ以、御禮被仰入、
一、岡田宮内・泉内藏助・相馬將監、從　御城退出、
右之御方江太刀銀馬代ヲ以、御禮ニ參上、御披露
之御奏者江ハ、銘〻口上書壹通宛持參、御廣間取
次之方江差置之、
中奉書切紙江認、
今度相馬圖書頭(敍胤)家督之御禮申上候ニ付、私共御
目見被　仰付之、難有仕合奉存候、右之趣爲可
申上御敷臺迄參上仕候、依之御太刀馬代進上之
仕候、御序之節、可然樣御取成賴入存候、以上、

二月廿八日　岡田宮内

泉　内藏助

相　馬　將　監

宛所ナシ、

若年寄*

一、柳澤出羽守殿（吉保）・松平右京大夫殿、御老中ノ御方〻、右三人江爲御禮御口上書被下、則御禮御敷臺迄參上、若御年寄・御奏者御番衆〻茂御口上書被下、

京都諸司代*

御請以書狀申上之、

一、朽木伊與守殿ニ而は泉内藏助持參、太刀馬代無御受納、

一、御臺樣・三丸樣・御城女中江、御家督御隱居御獻上物之御使者、物頭四本松萬右衞門（義眞）獻上之品見屆、中目付愛澤淸左衞門登　城、獻上物ニ附相納之、

柳澤吉保松平輝貞等ニ祝儀

一、同日獻上井柳澤出羽守殿・松平右京大夫殿（輝貞）御老中・若御年寄江御祝儀物相濟、

御使者組頭村田久太夫（惟世）

昌胤君〻　岡田半右衞門（成信）

一、御太刀大馬代　宛、百挺入四十目懸、
蠟燭三箱

側用人

御側御用人　柳澤出羽守殿　同　松平右京大夫殿

老中

御老中　阿部豐後守殿（正武）　土屋相模守殿（政直）

小笠原佐渡守殿（長重）　秋元但馬守殿（喬知）

稻葉丹後守殿（正往）

一、御太刀大馬代　宛、
蠟燭二箱

若御年寄　井上大和守殿（正岑）　加藤越中守殿（明英）

稻垣對馬守殿（重富）　本多伯耆守殿（正永）

京都諸司代　松平紀伊守殿（信庸）

一、御太刀馬代白銀五枚

御側衆八人　青山伊賀守殿（幸能）　水野飛驒守殿（重矩）

水野肥前守殿（忠明）　安藤伊勢守殿（定行）

嶋田丹波守殿（利由）　大久保長門守殿（教寛）

藤堂伊與守殿（良直）　中根大隅守殿（正朝）

一、御太刀大馬代　大坂御城代　土岐伊豫守殿（頼殷）

一、御太刀白銀三枚馬代

御奏者番　永井伊賀守殿（直敬）　阿部飛驒守殿（正喬）

青山播磨守殿（幸督）　松平日向守殿（重榮）

朽木伊與守殿（稙昌）　田村右京大夫殿（宗永）

久世出雲守殿（重之）　三浦壹岐守殿（直次）

三宅備前守殿（康雄）　松平彈正忠殿（正久）

御留主居　大久保玄蕃頭殿（忠兼）　村越伊與守殿（征成）

岡部丹波守殿（宣成）　　松平主計頭殿（昭利）
水野長門守殿（忠顯）

大目付

大目付四人（安利）庄田下總守殿　　溝口攝津守殿（宣就）
仙石伯耆守殿（久尚）　　安藤筑後守殿（重玄）

町奉行

町御奉行（嘉廣）松前伊豆守殿　　同　保田越前守殿（宗易）

勘定奉行

御勘定奉行四人（安廣）戸川備前守殿　　井戸對馬守殿（良弘）
荻原近江守殿（重秀）　　久貝因幡守殿（正方）

一、御太刀馬代白銀貳枚

御作事奉行三人（正永）甲斐庄喜右衞門殿　　奥田八郎右衞門殿（忠朝）
水野權十郎殿（忠順）
御普請奉行　松平傳兵衞殿　　同　小畑備中守殿（勝久）

京都町奉行

京都町御奉行三人（具章）瀧川山城守殿　　水谷信濃守殿
安藤駿河守殿（次行）

目付

御目付廿三人（重濟）長田喜左衞門殿　　大久保權左衞門殿（忠鎮）
逸見五左衞門殿（義寛）（八）　　花房勘右衞門殿（正恒）
天野傳四郎殿（富重）　　水野小左衞門殿（信房）
鈴木源五右衞門殿（利雄）　　近藤平八郎殿（重興）
大久保甚兵衞殿（忠形）　　久留十左衞門殿（正清）
淺野伊左衞門殿（正武）　　川久保六左衞門殿（信亮）
永井采女殿（直允）　　別所孫右衞門殿（常治）

赤井七郎兵衞殿（正幸）　　布施孫兵衞殿（重俊）
曾根五郎兵衞殿（長賢）　　井上助之進殿（利盛）
安藤式部殿（信旨）（部）　　中嶋庄右衞門殿（盛尹）（彥）
津田三左衞門殿（正氏）　　堀田源右衞門殿（通右）
多門傳八郎殿（重共）　　同　永倉珍阿彌
御坊主頭　原田順阿彌　　御坊主組頭　田嶋永琢

一、白銀貳枚宛、

同　青山傳養　　御出入　村山清林

一、同三枚宛、

飯田永順　佐藤道嘉　佐藤雲也

一、同貳枚宛、　御出入坊主

御出入御坊主　津川宗巴　　星野道喜
廣野道貞　　岡部雲佐
板倉喜庵　　黑尾長閑
原田平入　　高橋道惠　御出入ニ無之候得共、御家督御禮、當日取持候ニ付、
湯川喜雲　御出入無之、　湯川春竹　右同、

一、白銀壹枚宛、御徒士目付組頭三人

坂原儀左衞門　　依田十郎兵衞
岩室伊右衞門　　雲彌子　佐藤雲德

道貞子　廣野清佐　　清林子　村山清務

一、金貳百疋宛、御出入御小人目付八人

一、同百疋宛、　御玄關番當番御小人四人

中口當番御小人六人

一、鰹節二箱宛、百入、別而御用御頼ノ御方江、追而御志ノ御進物、

仙石伯耆守殿　　保田越前守殿

荻原近江守殿　　甲斐庄喜右衛門殿

長田喜左衛門殿　　大久保權左衛門殿

一、御太刀大馬代

（徳川吉通）尾張中將殿　　（徳川光貞）紀伊大納言殿

（徳川光圀）水戸宰相殿　　（徳川綱教）紀伊中納言殿

（徳川綱條）水戸少將殿

御太刀黄金馬代

一、蠟燭三箱　　佐竹右京大夫殿

二種一荷

一、御太刀黄金馬代二種一荷　　松平大學頭殿

一、御太刀馬代白銀三枚一種　　板倉玄眞殿

御太刀黄金馬代　　大岡美濃守殿

一、綿十把宛、　　黑川與兵衛殿（正敦）

一、御太刀銀三枚馬代

綿十把　　土屋頼母殿（茂直）

一、御太刀黄金馬代

板倉甲斐守殿（重寛）　　本多中務大輔殿（忠國）

岩城伊與守殿　　藤堂備前守殿

小笠原右近將監殿　　米倉長門守殿

內藤右近殿　　松平備前守殿

松平右衛門佐殿（光之）　　松平肥前守殿（綱政）

黑田甲斐守殿　　黑田伊勢守殿

松平出羽守殿　　松平志摩守殿

松平上野介殿　　松平內匠頭殿

秋田信濃守殿　　蜂須賀飛驒守殿（隆重）

佐竹千代丸殿　　佐竹壹岐守殿

佐竹式部殿　　戸田采女正殿（氏定）

岡部內膳正殿　　松平和泉守殿（乘邑）

內藤能登守殿（義孝）　　松平播磨守殿（賴隆）

松平筑後守殿　　相良志摩守殿

松平對馬守殿　　松平讚岐守殿

松平阿波守殿　　松平大和守殿

一、御太刀銀三枚馬代

吉良上野介殿（義央）　　高木主水正殿
小笠原遠江守殿　　土屋數馬殿（喬直）
小笠原備中守殿　　土屋山城守殿（朝直）
土屋頼母殿（茂直）　　黒田隱岐守殿
松平式部少輔殿　　松平頼母殿
土屋主税殿（逵直）　　相模守殿御子土屋采女殿（定直）
秋田伊豆守殿　　米倉六郎右衛門殿
土屋左門殿（陳直カ）　　內藤式部少輔殿
內藤十兵衛殿
一、御太刀銀貳枚馬代
岩城采女殿　　渡邊平十郎殿
土屋主膳殿（興直）　　神尾備前守殿
神尾市左衛門殿　　板倉筑後守殿
久留嶋出雲守殿　　池田帯刀殿
小倉半左衛門殿　　內藤圖書殿
松平伊勢守殿　　內藤十之丞殿
日根野傳八郎殿　　內藤伊織殿
松平主膳殿　　板倉頼母殿
米倉一閑殿　　米倉忠右衛門殿
藥師寺宗仙院　　今大路道三殿

奥山立庵殿　　永嶋道仙殿
小嶋昌怡殿　　諸星內藏助殿
國領次郎左衛門殿
一、御太刀銀馬代
本多市左衛門殿　　池田新兵衛殿
深尾權左衛門殿　　布施長門守殿
諏訪部文九郎殿　　榊原小兵衛殿
渡邊半右衛門殿
御樽代白銀貳枚
一、二種　　松平刑部太輔殿御後室（頼元）　　松林院殿
紗綾五巻
一、御樽代白銀貳枚二種
水戸宰相綱條卿御簾中（徳川）（菊亭公規女）　　季君御方
佐竹右京大夫殿御息女　　お岩殿
お久殿
おけん殿
松平志摩守殿　奥方
松平內匠頭殿　奥方
松平大學頭殿　奥方
佐竹壹岐守殿　奥方

一、御樽代三百匹一種
板倉玄眞殿　奥方　　同　甲斐守殿　奥方
小笠原右近將監殿　奥方　　松平出羽守殿　奥方
松平上野介殿　奥方　　相良志摩守殿　奥方
松平出羽守殿御母義　天稱院　　佐竹式部殿御母義　長孝院
高木主水正殿御母義　柳光院
御樽代白銀貳枚　（快意）護國寺
一、干心太一筥　（隆光）護持院
昆布一筥宛、
一、二種千疋　彼方ゟ如此來候付、細川越中守殿
一、御樽代銀貳枚一種　曾谷長順殿
一、御樽代三百匹一種
增田壽德殿　井關正伯殿
曾谷玄潭殿　奥山玄朝殿
永嶋的庵殿　立花隆庵殿
喜多村珉庵殿　佐田玉琢殿
笠原養放殿　赤松休庵殿
奈佐清太夫殿　小林貞右衞門殿
一、白銀貳枚宛、
原田玄與殿　狩野探雪

一、同五枚　御道具品々被相賴候付、本阿彌庄兵衞
一、金三百疋宛、
狩野永叔　狩野探信
礒貝藤兵衛　石川安休
濱田文四郎
一、御樽代三百疋一種
上野　凌雲院大僧正（實觀）　上野御宿坊　元光院
增上寺御宿坊　寶性院　葉芝　捴泉寺
麻布　不動院　牛込　寶泉寺
下谷　正燈寺
一、御太刀馬代黃金拾兩　上野御宮
一、同白銀三枚馬代　同所御堂御佛殿、
一、御太刀銀三枚馬代　增上寺御佛殿
一、御太刀銀馬代　增上寺方丈
一、同貳枚馬代
（公辨）日光御門跡　（道仁）梶井御門跡
近衞關白（基熈）　中院大納言（通茂）
中院中納言（通躬）　野宮中將（定基）
久世中將（通夏）　安井御門跡　蓮花光院事
尊壽院大僧正　常住　金剛院權僧正（圓恕）

慈尊院權僧正

一、白銀五枚　柳澤出羽守殿家老 藪田五郎右衛門

一、同三枚　同 豐原權左衛門

一、同三枚宛、

土屋相模守殿家老 早川源右衛門　杉村甚兵衛

川口彦左衛門　用人 大月七右衛門

阿部豐後守殿家老 石山嘉右衛門　秋山惣右衛門

加藤三右衛門　五十幡伊兵衛

三右衛門計受納、三人無受納、

佐竹右京大夫殿家老 疋田齋　梅津與左衛門

貳枚　米倉長門守殿家老 相場三右衛門

一、白銀壹枚宛、

土屋相模守殿家來 佐和助右衛門　同上 林甚之丞

佐々木萬次郎　會田庫助

成瀬昌庵　山田市之丞

岡西木立　千葉新助

後藤兼壽　千葉內藏助

旅川矢右衛門　丹羽左京大夫殿家來 五百疋、本山惣兵衛

春日社人 大東主水正

同 中東宮內少輔

此外茶師・町人等ニ御祝義、御目錄段々給、

昌胤君ゟ被進候品々、

一、御刀一腰宛、

御目錄注文入

三原代百五拾貫　柳澤出羽守殿

青江代金六枚　阿部豐後守殿

青江貞次代金拾枚　土屋(政直)相模守殿

景安代金六枚　小笠原佐渡守殿

長谷部代金六枚　秋元但馬守殿

政光代金六枚　稻葉丹後守殿

國宗代金六枚　松平右京大夫殿

義景代金五枚　井上大和守殿

青江守次代金五枚　加藤越中守殿

志津代金五枚　稻垣對馬守殿

法城寺代金五枚　本多伯耆守殿

一、歌仙手鑑　松林院殿

一、掛物一幅昌記筆　松平大學頭殿

一、屛風一雙主馬筆　佐竹右京大夫殿

一、茶碗一高麗　板倉玄眞殿

一、掛物三幅對(狩野)常信筆　同甲斐守殿

一、同　三幅對（狩野）永眞筆　水野肥前守殿
一、同　一幅胡眞夫筆　本多中務太輔殿
一、同　三幅對常信筆　米倉長門守殿
一、同　三幅對永眞筆　內藤右近殿
一、同　三幅對同筆　佐竹壹岐守殿
一、掛物一幅（狩野）探幽筆
　茶碗一高麗　土屋數馬殿
一、掛物一幅
　茶碗一高麗　土屋山城守殿
一、馬道具鞍箱餝入一通
　御太刀銀五枚馬代
　紗綾十卷　土屋（茂直）賴母殿
一、黃金馬代
　御刀一腰師光三枚五兩
　馬道具一通鞍箱餝入
　紗綾十卷　黑川（正敎）與兵衞殿
一、香爐
　屛風一雙筆不知、
　綿三十把　大岡美濃守殿

一、掛物一幅永眞筆
　茶碗一高麗　土屋主稅殿
一、掛物一幅（桑山宗仙）洞雲筆
　茶碗一高麗　渡邊平十郎殿
一、掛物一幅（吉山明兆）兆傳主筆
　茶碗一黃藥　土屋采女殿
一、掛物三幅對土佐筆繪讃物
　茶碗伊良保手　同　左門殿
一、茶碗一高麗　松平阿波守殿
一、掛物三幅對洞雲筆　仙石伯耆守殿
一、茶碗一高麗　米倉一閑殿
一、茶碗一高麗　同忠右衞門殿
一、掛物一幅洞雲筆　同六郎右衞門殿
一、掛物一幅雪村筆　秋田信濃守殿
一、掛物三幅對永眞筆　松平志摩守殿
一、香爐一　御同人　奥方
一、同　一　內藤十兵衞殿
一、茶碗一　神尾備前守殿
一、掛物一幅（天章）周文筆箱肴
　白銀三十枚　藥師寺宗仙院

*土屋政直ニ茶碗釜進メラル

一、花入一　奥山立庵殿
一、花入一　長嶋道仙殿
一、掛物一幅雪村筆
硯箱　曾谷長順殿
一、屏風一雙雪庭筆　御同人内室江、
一、花入一　小嶋昌怡殿
一、茶碗一高麗　渡邊半右衛門殿(完綱)
一、一種三百疋是ハ御禮返、　松平大學頭殿(近鎮)奥方
一、御冠棚
料紙硯箱靑貝　中院大納言殿
通茂卿ナリ、
一、香爐
香盆鹿蒔繪　中院中納言殿
通躬卿ナリ、
一、茶碗一高麗　野宮中將殿
一、同　久世宰相殿(通夏)
一、同　白川三位殿(雅光王)
一、同　常住金剛院權僧正(圓恕)
一、花入唐かね象眼　佐々木萬次郎
一、同　青磁　會田庫助
一、掛物三幅對牧心齋筆(狩野安信)　佐和助右衛門
一、花入唐金　林甚之丞

一、刀一腰重貞代金三枚　柳澤出羽守殿家老 藪田五郎右衛門
昌胤君ゟ御心添之御進物、追而被進、
一、城州國行刀代金拾三枚　柳澤出羽守殿(吉保)
御使者相馬將監
一、釜阿彌陀堂
茶碗伯庵手　土屋相模守殿(政直)
御先代ゟ御傳リノ海鼠手御茶碗也、同　同人
一、茶入丸壺　阿部豐後守殿(正武)
一、茶入金花山　秋元但馬守殿(喬知)
御老中方、其外被進候御道具、
御刀箱　桐白木野郎蓋、鐶煮くろめ緒もへき四打ふさ有り、上ニ銘書之、
折紙箱　桐白木野郎ふた、鐶煮くろめ緒さなた打上銘書之、
折紙箱刀箱ノ内江入、
一、土屋相模守殿江茶碗釜被進、
茶碗内ノ箱黒塗内ヲ内曇ニ而張袋紫縮緬綿入丸袋緒すかり紫箱ノ緒紫絲眞田箱ノ銘金粉ニ而書之、調様茶入箱ノふたニ准、外家白桐もへき絲眞田、
釜辨柄嶋絹ノ裏付ふくさニ而包、箱白木桐ノ野郎ふた緒眞田木綿服紗ニ而包、
右、何茂臺なし、
一、阿部豐後守殿江被進茶入、
茶入袋段子模様唐花緒すかり紫蓋象牙丸家ニ入、此袋紫羽二重緒すかり紫中家黒塗銀かなもの銘金粉、
唐丸壺御茶入ニ行ニ箱ノすミ江書之、

*堀内辰胤歿
*岡田宮内知胤監物ト改ム
*紋胤家督ニ就キ老中ヲ招請
紋胤ノ子圓壽丸歿
傳奏ノ公家衆勅答ニ就キ紋胤登城
淺野長矩吉良義央ニ刃傷
長矩ハ田村建顯ニ預ラレ後ニ切腹
赤穗城召上
昌胤野上へ湯治ノ爲發駕

ふくさ茶羽二重袷、
外家白桐緒もへき絲、眞田上包、唐木綿白、
一、御親類方公家衆抔江被進候品、御先ノ上中下ニより、
箱黑塗金粉ニ而、銘書之、或白桐墨ニ而銘書之、ふくさ淺黃羽二重袷、箱ノ鐶四分一、或煮くろめ絲さなた色、紫或もへき上包唐木綿白、
一、二月廿九日、圓壽丸君御疱瘡ニ而御遠行、
御法名洪元英範大童子、下谷正燈寺葬、
一、三月十四日、傳奏ノ公家衆　勅答ニ付、太守紋胤君
御登　城、
此節於殿中御馳走人淺野內匠頭殿(長矩)播州赤穗城主、知行五萬石、高家
吉良(義央)上野介殿江意趣有之、上野介殿ニケ所被疵、
御目付梶川與惣兵衞殿(賴照)、內匠頭殿ヲ押留、上野介
殿ハ平川口ゟ退出、內匠殿田村右京大夫殿(建顯)江御預
ケ、依之　公方樣御機嫌御伺ノ儀、土屋相模守殿
江御取合不及、御務旨御挨拶同日酉刻內匠頭殿江
縱意趣有之候共、　殿中殊時節柄、旁　上意不相叶、
仍而切腹被仰付旨御檢使を以被仰付、播州赤穗城
被召上、右受取在番共ニ、脇坂淡路守殿(安照)・木下肥後守殿(谷定)、
一、四月十一日、昌胤君御領分野上江御入湯之御願相濟、
御發駕、

一、廿五日、堀内玄蕃辰胤、於江戸病死、歳三十九、
一、五月四日、岡田宮內(知胤)、名ヲ監物与改被仰付、
一、九日、太守御家督ニ付、御老中御招請、
此日九半前御老中御入來、太守御門之內迄御迎、
佐竹壹岐守殿(義長)・式部殿(佐竹義都)・內藤右近殿・土屋山城守(朝直)
殿緣取趣ハ相模守殿(土屋政直)御差圖、佐竹右京大夫殿ヲ初、
御一門方三ノ間御並居御待請、御奏者以下之御役
人、御老中御入、前ゟ大書院二ノ間ノ緣側ニ御着
座、御老中御着座、御熨斗鮑出之、御饗膳三汁九菜、御
土器三方、御老中四人江銘々押共ニ、太守御出座、
御盞御取通、右少以前ゟ觀世大夫・北七大夫・山
田市之丞・春藤源七・大藏八右衞門・同八十郎、
其外地謠、南ノ椙戸口ゟ段々着座、御盃御取通之
內、謠諷之秋元但馬守殿盃ヲ井上大和守殿(正岑)・稲垣
對馬守殿江御巡盃、下座ノ御役人迄廻リ、其御盃
被召上、但馬守殿江御返盃、右御取持大岡美濃守
殿・小倉半左衞門殿也、畢而岡田監物・泉內藏助(胤和)・
相馬將監(胤充)・池田八右衞門(直重)・服部伴左衞門(恒光)・石川
助左衞門(昌弘)被召出、御老中御盃被下、御肴頂戴退座
ノ時、長倉珍阿彌・野村休盛、銘々右之盃ヲ取、

八寸臺ニ戴、御色取取之差上、此節進出御禮、太守御出座、家來被召出、御禮次昌胤君ゟ被進候、檜折内藤十兵衞殿御取合ニ而御使者組頭役大越四郎(廣光)兵衞御口上演述之退出、御納之御肴出之、御老中四人ゟ銘ゝ最前ノ御土器、太守江被進御納役者退出、昌胤君ゟ被進候御餅菓子出、次ニ附後段御茶菓子・御茶・大菓子・薄茶相濟、早速御老中初、各御歸、此時茂太守爲御送、最前之所江御出、御一門方茂初之通、則御老中・若御年寄江御禮御務、御一門方不殘、於大書院御吸物ニ而、御祝儀有之、御歸宅、

御老中
　阿部豐後守殿　　土屋相模守殿
　小笠原佐渡守殿　　秋元但馬守殿
若御年寄
　井上大和守殿　　同　稲垣對馬守殿
御奏者
　朽木伊豫守殿　　同　松平彈正忠殿
御留主居
　大久保玄蕃頭殿　　大御目付　安藤筑後守殿
町御奉行
　保田越前守殿　　京都町御奉行　瀧川山城守殿
奈良町御奉行(元知)
　横山左門殿　　長崎町御奉行　大嶋伊勢守殿
御作事奉行
　小幡備中守殿　　御普請奉行　水野權十郎殿(忻俊)
日光御奉行(正清)
　井上周防守殿　　仙洞付　山中丹波守殿

御老中　御用番稲葉丹後守殿
若年寄　御用　加藤越中守殿
　御用番本多伯耆守殿
寺社御奉行　御奏者　御留守居　大御目付　町御奉行　御勘定奉行　大坂町御奉行　駿河町御奉行
御作事奉行　御普請奉行
右之内御用ニ而御斷、
御勝手
松平大學頭殿・佐竹右京大夫殿ヲ初、御一門方御醫師等、
御同朋永倉珍阿彌　御數寄屋方頭野村休盛　御臺所頭疋田勘左衞門殿　御臺所組頭小林貞右衞門殿
　御坊主組頭　佐ゝ木文齋
　　　　　　　關本宗覺
　御數寄屋方　鈴木一齋
　　　　　　　藤後正順
一、檜折一合御茶一壺、鯛一折、　柳澤出羽守殿
　　　　　　　　　　　　　　　稲葉丹後守殿
　　　　　　　　　　　　　　　松平右京大夫殿
一、鯛一折
　御茶一壺　加藤越中守殿

本多伯耆守殿

右之通被進、

堀内辰胤歿ニ就キ堀内胤近ニ香典

一、同月、堀内大蔵（胤近）江於中村以御使者亡父玄蕃（辰胤）病死、御香典給、白銀貳枚、

江戸本所ニ三十三間堂建立

一、六月八日、江戸本所三拾三間堂建立、助力金高割ニ而被遣、

三十三間堂、諸大名助力依頼、高割ヲ以金拾三両、六萬石ノ分被遣、

*柳澤吉保松平姓ト一字拜領

鎌倉建長寺ノ辨才天堂建立

一、十日、相州鎌倉建長寺ノ辨才天堂建立、江戸中奉加開帳、

右佛躰、櫻田御屋鋪江御請待、小書院江御安置御拜、

白銀　三枚　御初尾
　　　貳枚　御奥方ゟ、

*紋胤登城

堀内胤近亡父跡式ヲ給フ

一、十三日、堀内大蔵雖忌中亡父跡式給之、

於中村老中宅江大蔵一類召呼、可申渡旨被　仰出、廿八日大蔵家人武澤平左衞門ヲ以、捧太刀折紙及御禮、大書院三ノ間江御出座、平左衞門御目見、

岡田知胤侍大將仰付ラル

一、同月、岡田監物（知胤）、侍大將被仰付、堀内玄蕃元組、

家中百石以上ノ者四分一返サルベキ旨仰出サル

一、七月、御家中百石以上之面々、當暮ゟ四分一可被相返旨被仰出、

一、八月、新妻助惣年久御奉公相務候、御褒美新知五拾石被下、

一、九月廿二日、奥方御着帯御祝儀、如御吉例、於中村八幡寺御祈禱御帯加持之、

一、十一月九日、麻布御新宅出來、十九日大奥方御新宅江御移徙、

一、同月、柳澤出羽守（吉保）殿、松平ノ御稱號・御一字拜領、

松平美濃守吉保与御改、

一、十二月朔日、那須與市殿御勘氣御免御目見、新知御拜領、

右御祝義二種五百疋、以御使者被進、

（一七〇二）
元祿十五年壬午

一、正月朔日、御登　城、如御先代御流并御小袖一重御頂戴、

御裝束御先代之通、大紋御風折、

一、二月十一日、火事ニ付増火消被仰付、

紋胤君　南部信濃守（行信）殿
　　　　稲葉能登守（知通）殿
　　　　青山下野守（忠重）殿
　　　　金森出雲守（頼旹）殿

紋胤傳奏馳走仰ラル
*傳奏屋敷ヘ役付面々引移ル
紋胤ノ子誕生
*傳奏衆著
*紋胤登城
紋胤ノ嫡子次郎歿

一、十四日、傳奏（柳原資廉・高野保春）御馳走被蒙仰之、十三日御奉書到來、今日御登城、
勅使御馳走　佐竹壹岐守（義長）殿
仙洞使御馳走　蜂須賀飛驒守（隆重）殿
院使御馳走　森和泉守（長直）殿
大炊御門御用ニ付參向、
一、廿日、高家畠山民部太輔（基玄）殿・品川豐前守（伊氏）殿御用御引請、御伺書等被指出、
一、廿二日、當月奥方御臨月之段、御用番秋元但馬守殿江御屆、
一、廿三日朝七半時、若子御誕生、
御取揚　老池田八右衛門（直重）
御胞取　御用人熊清兵衛（安宣）
御名　鍋千代君
一、同日、太守御血忌、秋元但馬守（喬知）殿江御屆、
一、廿八日、御嫡子次郎君御遠去、此曉ゟ御驚風御早世、
御法名　華岳幻春大童男　牛込寶泉寺葬、
一、三月三日、御出生、七夜之御祝儀、
一、同日傳奏御馳走ニ付、柳原前大納言（資廉）殿・高野前中納言（保春）殿ゟ家司爲御使者參上、御饗應、
多田彈正

一、同日、傳奏屋鋪江役付面々引移、諸道具行列ニ而遣之、
渡邊伊織
詰合役人
伊藤太兵衛（信祐）　池田八右衛門
服部伴左衛門　石川助左衛門（昌弘）
大浦五藤左衛門　御留主居壹人
御用聞壹人、
一、同日、夕七半時、太守御引移、
一、四日、傳奏衆御着、
一、九日、御對顏、紋胤君御登　城、
御對顏之次第
一、勅使・仙洞使・院使登　城、御玄關ゟ高家衆案內、殿上ノ間ニ至ル、出御以前、殿上ノ間ゟ公家衆不殘高家衆案內、松ノ御廊下ニ着座、
一、御白書院江出御、御上段御着座、
一、勅使柳原前大納言殿・高野前中納言殿、仙洞使・院使壹人宛出席、則御右之方ニ着座、從　禁裏進獻之御太刀目錄三枚、馬代、右順々御披露、御頂戴畢而御床之上ニ置之、仙洞其外御進上之次第御作法、右同、

*公家衆饗應ニ就キ敍胤登城

一、親王家・五攝家方ゟ年頭之使者、段〻三度程ニ御
太刀目錄高家衆披露、則引之、
縮珍一卷　　勾當內侍
中高紙十帖
紗綾五卷　　柳原前大納言殿
銀馬代
右進物、高家衆披露、
高野前中納言殿
紗綾三卷銀馬代　　仙洞使・院使
右壹人宛出座、於御下段自分御禮御太刀目錄、高
家披露之、御奏者番引之、右之御方ニ着座、御對
顏、月番之御老中言上之　上意有之、
一、御下段御向之腰障子、高家明之外、落緣ニ親王
方・御攝家方・御門跡方・兩傳奏家來御裝束師・
御冠師・御末廣師・樂人惣代、進物前ニ置、並居
一同御禮平伏、高家披露、御障子閉之、
一、重而御下段、御間ノ御襖障子御老中被開、御敷居
際ニ　立御、御譜代大名其外並居御目見、　入御、
一、公家衆退去之節、大廣間三ノ間迄、御老中被送之、
一、公家衆御對顏相濟候ニ付、公家衆江高家衆爲上使、
御樽肴一種宛被遣之、
一、十二日公家衆御馳走、御饗應ニ付、敍胤君御登　城、
十一日高家衆ヲ以、御能御饗應　上使、
一、公家衆登　城殿上之間ゟ　出御以前、高家衆案內
見物之席江着座、出仕之面〻茂　出御前ニ各着座、
一、大廣間江　出御、御熨斗目、御長袴、
一、御下段間ノ襖障子御老中明之、御敷居際ニ御着座、
公家衆御對顏、末席御譜代大名其外群居、一同御
目見御障子閉之、
一、御能御上覽之席江御着座、
一、翁三番三相濟、公家衆江緩〻可爲見物之旨、月番
御老中　上意ヲ達、
一、御能三番相濟、腰脚廣蓋相濟、御中入公家衆各退
座、殿上之間ニ休息有之而、御饗席江被相詰、
一、御白書院下段、勅使各七五三、御馳走敍胤君、高家衆三人、兩番頭貳人、
配酒二獻過、御盃臺銘〻出之、色花鶸色、三獻目ノ時、
御使御老中着座、畢而膳部相濟、殿上之間江退座、
段〻於席〻御饗應、
一、御中入後、重而大廣間江　出御、四番目御能初り、
祝言終而各於席　御目見相濟、　入御、

一、御能濟、公家衆退去之節、殿上之間迄、御老中送之、公家衆御玄關ゟ被立歸、於殿上ノ間板縁謁、對御老中御禮被述之、退去、

＊勅答ニ就キ各登城

一、十三日、勅答ニ付、各登　城、
御對顔之節之通、殿上ノ間江着座、御老中出座、挨拶畢而退去、高家衆案內ニ而櫻間江出座、

一、御白書院御上段　御着座、以後兩傳奏衆被召出、禁裏江御返答被仰出、兩卿承之、退去、仙洞使・院使、右同兩傳奏壹人宛被召出、女院・女御江御返答、右相濟、御前江御老中・高家衆被爲召、勅使各御暇、拜領物之儀被仰含、於次之間　上意之趣、傳達之公卿一同出座、御禮、御老中及言上、退去、畢而　入御、
白銀貳百枚・綿百把宛、　勅使
同　百枚・綿百把宛、　仙洞使
　　　　　　　　　　　院使

一、公家衆退去之節、大廣間三ノ間迄、御老中送之、
殿中之次第幷御馳走中之事、繁多故略之、

＊紋胤登城　公家衆上野增上寺參詣ニ就キ紋胤詰ム

一、十五日、公家衆、上野・增上寺御佛殿江參詣、紋胤君御詰、
此節御固例之通、御譜代大名御詰衆之內被仰付、
　上野勤番場所
仁王門　惣門中堂廻リ　(徳川家光)大猷院樣二天門　黑門　文殊樓車坂　屛風坂　(徳川家綱)嚴有院樣二天門　淸水坂　(徳川家綱室、伏見宮顯子)高巖院樣御佛殿
　增上寺
山門　表門　石橋　庫裏

＊公家衆江戸發足

一、十六日、公家衆江戸發足、
御跡乘富田五右衞門(政實)・脇本喜兵衞(元明)、川崎御休迄被遣、芝高繩(輪)ゟ兩人共ニ被相返、組頭役也、

一、同日、公家衆發立以後、紋胤君御登　城、於帝鑑ノ間對御老中江御退去、

＊中村本城掦手橋懸替

一、十九日、中村御本城掦手橋懸替、渡リ初、佐ゝ木五(宣久)郎兵衞相務、

一、廿四日、鍋千代君(ノチノ徳胤)、山王御宮參、
　御供　石川助左衞門(昌弘)
如御先例御歸ニ、石川助左衞門小屋江御立寄、

＊徳川綱吉ノ母一位敍位祝儀ノ能アリ

一、廿八日、三ノ丸樣御母公、桂昌院殿、一位御敍位御祝儀御能有之、
紋胤君御登　城、御饗應、

＊松平吉保ノ屋敷ヨリ出火

一、四月五日夜、松平美濃守(吉保)殿屋鋪ゟ神田御門內出火、增火消

之御奉書、小笠原佐渡守殿（長重）ゟ到來、御出馬、六日朝、五時火鎮、

一、廿九日、鍋千代君御名菊千代君（ノチノ德胤）与御改、
太守思召有之、求馬・菊千代・龜之助、
右之御名、歡喜寺江被仰付、於　妙見神前御祈禱
御名幣付ニ而相濟、

岩城及ビ三春領堺相論ニ就キ見分ノ使下向

一、同月、岩城・三春領堺論ニ付、御見分御下向、
瀧十左衞門殿・高室平十郎殿御越、仍之此方領内
御通ニ付、御使者ニ而御進物一種宛、粕漬蚫、御兩所
江被進、郡代三人、代官在鄕江相詰、

信濃善光寺ノ如來廻國

一、同月、信濃國善光寺ノ如來奉加ニ付、戎善院廻國、
凉ケ森花光院　原ノ町松山寺　中村西光寺
右三ケ所ニ而開帳、
於中村開帳中用聞被附置、
岡田儀左衞門（長眞）
門馬長太夫
白銀五枚　太守ゟ以御使者被遣、
川茸一桶
白銀三枚　昌胤君ゟ、

堀内胤近ノ婚禮相整フ

一、五月四日、堀内大藏（胤近）婚禮相整候、御禮箱肴進上之、

下總國樹林寺ノ夕顔觀音

一、廿三日、下總國樹林寺夕貌觀音、櫻田御屋敷江擁護
之、

桂昌院樣御拜候ニ付出府、此觀音ハ相馬御先祖御
由緒有之候、靈佛ニ付、於小書院御拜禮、
白銀　五枚　御初穗、
　　　貳枚　御奥方ゟ、

一、六月二日、夕顔觀音江御戸蝶打敷御寄進、

一、廿一日朝、菊千代君御箸初、
御箸親　岡部五郎兵衞（重綱）

一、七月廿八日、紋胤君御自筆ノ普門品一卷宛御納、
淺草ノ觀音・上野元三大師江御寄進、

*國繪圖評定所ヘ納ム

一、十二月十二日、御國繪圖御評定所江相納、
安藤筑後守殿（重玄）・松前伊豆守殿（嘉廣）・久貝因幡守殿（正方）御受
取、昌胤君御代、元祿十年ゟ被仰付、今日相濟、
繪圖役人半野庄兵衞・中津所兵衞兩人也、

御年譜十五　紋胤君御代

紋胤朝臣御年譜　二

紋胤神田門番仰ラル
*紋胤日光社參
*紋胤中村著城
昌胤不快
*相馬惣侍紋胤ニ御目見
紋胤江戸發駕

元禄十六年癸未（一七〇三）

一、二月十五日、神田御門番被蒙仰之、御相番仙石越前守殿（政明）、

一、十八日、御門番御受取、

一、四月八日、昌胤君御不快、御參府、難御成段阿部豐後守殿（正武）江御斷御奉書被相渡之、

一、十五日、紋胤君中村江御暇、十四日御奉書到來、御登　城、
　時服拾、如御先代御拜領、

一、十八日、日光御廻リ之儀、阿部豐後守殿江御伺相濟、

一、廿日、神田御門番中川因幡守殿（久通）江御引渡、

一、五月十一日、江戸御發駕、御入部、

御供
老　岡田監物（知胤）　　老　水谷長左衛門（堯宣）
御用人　原八左衛門　　御用人　熊清兵衛（安宣）

組頭　都郷（都甲）伊右衛門（綱博）　　組頭　村田久太夫（惟世）
物頭　門馬三右衛門　　物頭　富田専右衛門（實次）
長柄奉行　伊藤三郎左衛門　　長柄奉行御雇、本役御使番　脇本喜兵衛（元明）
中目付　木幡源左衛門　　御使番　田中専助
御使番　佐藤八郎左衛門　　御使番　岡田惣兵衛（常長）
給人　本山權右衛門（安長）　　給人　岡田儀左衛門（長眞）
道中御賄本役御使番　木村源太兵衛

惣御供人數例之通、

一、十五日、日光御社參、

一、十九日、御着城、此朝幾世橋江御入、昌胤君江御對面、爲御祝義御太刀金馬代二種一荷被進、暮時中村御着城、三獻ノ御引渡御相伴、岡田監物・泉内藏助（胤和）兩人江御盞給、御返盃、畢而退去、其外御一家・老中・御用人御禮、
　御在着御使者　組頭役　富田五右衛門（政實）

一、廿五日、惣侍御目見、
　御廣間御上段御出座、御一家・老中捧太刀折紙御目見、相馬將監嫡子金五郎（胤充）箱肴進上、御目見、次ニ御用人獨禮、奏者番披露之、惣侍惣領之子共迄獨禮、奏者番銘ゝ披露、御籏本組御小姓頭ノ御用人披露、御徒士ハ御徒士頭ノ御用人披露、郡代組ハ郡代披露、惣御

家中ゟ三種二荷進上、於御書院老中披露之、
一、廿六日、於江戸御在着之御使者登　城、獻上相濟、
串海鼠一箱　昆布一箔　御樽一荷
一、廿七日、寺社方御目見、

在郷給人千七十人敍胤ニ御目見

一、廿九日、在郷給人御目見、千七拾人、
一、晦日、妙見八幡江御社參、
妙見ニ而先年御部屋住之內、御下向之節、御元服御規式相濟候故、常之御社參ニ而相濟、

*佐竹義長ノ使者中村登城

一、六月三日、在郷給人　御目見、六百七拾三人、
一、四日、惣御家中御饗應、

昌胤馬場野御殿ニ出後ニ中村本城ニ入ル

一、十二日、昌胤君中村江御招請、馬場野御殿江御出、御本城江御入、三獻ノ御引渡、御能御興行、御饗膳相濟、晩刻至而幾世橋江御歸、馬場野御殿ハ、寶前寺ニアリ、

富田實安新知

一、十七日、富田又左衛門（實安）新知百五拾石給、御用人役、
昌胤君御代、元祿十年丑閏三月被召立、貳百俵給、御用人並被仰付、同年七月、御役料五拾俵御加恩、今度知行ニ御直、外ニ五拾石御役料被下、

敍胤ノ實父佐竹義處歿

一、廿三日、御實父佐竹右京大夫殿（義處）御遠行、
御國元江御暇ニ而、五月十六日江戸御發駕、秋田御領內於横手戸村十大夫知行所、御不快、此旨江戸ゟ六月十

一日申來、山中小左衛門（季清）御使ニ被遣、其上御歩行夫被遣、追而物頭役佐藤長兵衛（重信）爲御使者發足、小左衛門廿日夜歸、御大病之段、達御聽御用人大浦五藤（往清）左衛門出足、廿三日御遠行、長兵衛御注進、右京大夫殿（佐竹義處）家老中ゟ茂、此旨ヲ申上、五藤左衛門出羽御領分、本飯田ゟ歸依之、廿六日山中小左衛門被遣、廿八日ゟ廿九日迄、於蒼龍寺御法事御執行、
一、廿八日、佐竹壹岐守殿（義長）ゟ之御使者登　城、
御使者　望月伊太夫
於御書院御逢御返答、惣而國掛御使者御饗應ノ次第、共ニ例格之通、
馳走案內　門馬三右衛門
白銀五枚　御使者ニ給、
一、七月二日、於江戸御忌中御斷書被指出、
佐竹右京大夫六月廿三日致死去、私爲ニ實父ニ而御座候、右死去之左右、同廿六日於在所承知仕候、
忌、從六月廿六日八月十六日迄、
服、從當六月來年六月中迄、
一、同日ゟ六日迄、江戸葉芝總泉寺ニ而中陰御法事、

此節御代香、池田(直重)八右衛門相務、
御香奠　白銀五枚被備之、
一、同日、佐竹源次郎(義格)殿江上使本多彈正少弼(忠晴)殿ヲ以、御香奠白銀三百枚、御拜領之段申來、

佐竹義處葬禮ニ大浦宣清ヲ遣ス

一、十一日、大浦庄右衛門(宣清)、秋田江右京大夫(佐竹義處)御葬禮御代燒香ニ被遣、
十八日、於秋田御葬送御代香相務、喪服ヲ着、
十九日ゟ御法事、寺江御香奠、白銀廿枚被備之、
法名德雲院殿不山宗見大居士
一、八月四日、佐竹源次郎殿ゟ中村江御使者被遣、登　城、
眞崎新左衛門
登城之次第如例御直答、新左衛門別而御心易者故、於御座ノ間御目見、
白銀五枚被下、
一、五日、於江戸總泉寺德雲院殿ノ御法事、此方ゟ御執行、

佐竹義格義處ノ跡式仰出サル

一、十二日、佐竹源次郎(義格)殿江右京殿御跡式被仰出、
右御悦御使者石川助左衛門(昌弘)、江戸江被遣、
御太刀黄金馬代・二種一荷被進、

大浦宣清役料給ル

一、十九日、老臣大浦庄右衛門御役料五拾石給、本知三百五拾石、都合四百石、

一、廿八日、於江戸從中村獻上之初菱喰、御用番御老中江被伺候所、御用ニ不入由ニ而獻上無之、
太守御忌中獻上、御延引之內、諸所ゟ獻上相濟候哉、此年計獻上無之、每年初、鶴菱喰被獻候御方、松平陸奧守(伊達綱村)殿・佐竹右京大夫殿・丹羽左京大夫(秀延カ)殿・南部修理大夫(利視カ)殿・內藤備後守殿、此方初鮭被獻候御方、水戸殿・仙臺・南部・岩城、此方也、初鮭・初鳥ハ、禁裏(東山)・法皇(靈元)江宿次ヲ以被遣之由、御家ゟ右之品被獻候ハ、寬永ノ初、大膳亮義胤君御幼年、長州君(相馬義胤)御後見ノ節ゟ極而被獻、寬永十一年秋、上洛之節、京都迄以飛脚雁兩度ニ二被獻、初鮭ハ其年、當地洪水ニ而八月朔日壹尺被指上、上洛御供ノ御老中、江戸御留守居ノ御執事江茂雁被進候趣、長州君ゟ之御書、藤田家ニ有之、
爲後證右之御書翰寫之、左ニ記、
爲飛脚申遣候、然者、自彈正殿先度如御狀者、初雁・初鮭爲相上可申候、公方樣江以早飛脚可爲上之由ニ候間、雁をハ兩度ニ二ツ爲上申候、洪水故、鮭爰元ニ而ハ、初取候間、壹尺爲上申候、進上仕候而能〻思召候は、御上可被下之由、彈正殿江以

*野馬追紋胤不快ニ就キ岡田知胤名代

*麻布下屋敷類燒

*佐竹義處ノ遺物紋胤以下ニ進メラル

狀被申入候、次雁四爲相上候、毛鳥ニ而は上方江上兼候ハんと存候而、おろし鳥ニ而爲相上候、彈正殿江得御意候而、大炊頭・讃岐殿・伊賀殿江進上可申候樣子之義は、泉縫殿助（乗信）方江狀ニ而申遣候間、狀同前ニ雁上セ可申候、鮭之事ハ、右之御首尾候而、彈正殿御上セ可被成候哉、雁之事は、其方內〻彈正殿江得御意候而、御三人衆江進候事は、手前者ニ爲上可然候、但彈正殿御意次第可仕候、殘而壹ツ之雁をハ、雅樂殿江進候而、能候ハんかと存候、其元萬事之義、油斷申間敷候、恐〻謹言、

八月三日　御略判

藤田佐左衛門（胤近）殿

猶以、虎之助所江雁差越度候得共、先御年寄衆江上候ハんと延引候、一兩日中虎之助所江ハ越可申候、若又此雁上方江不參候ハヽ、河越江可指越候、無申迄事候得共、雁上方江のほせ不申候ハヽ、ぬいの助所江之狀も越候事、無用ニ候、將又狀箱狀之三ツ・四ツ入候ほとのを、四ツ計狀五ツ・六ツほと入候を、三ツ計も合七ツ計もこし可申候、爰元ニ狀はこ無之候間、如此候ぬいの助所江、我等狀上せ候ハヽ、竹つゝニはんし入候而、越候をものほせ可申候、

上洛御祝義御使者ニ、泉縫殿助京都江被遣候節也、

一、九月六日、佐竹源次郎殿江右京大夫殿遺跡被仰出候、

御禮御老中江御使者被差出、

御使者物頭役半　野　吉兵衛（義俊）

一、十七日、野馬追、太守御不快ニ付、御名代岡田監物（知胤）、

一、十八日、麻布御下屋鋪類燒、

此日午刻大風、四谷御門外伊賀町ゟ出火、御屋形・長屋共ニ燒失、

一、十九日、德雲院殿（佐竹義處）御遺物、左之品被進、

御刀一腰左弘安、代金三拾枚、　紋胤君江、

御掛物四幅對琴・碁・書畫　仇英筆、　昌胤君江、

伊勢物語壹部（猪苗代）兼載筆　大奧方、

伊勢物語近衛直道（尚通）筆

御硯箱　奧方

御小脇差一腰則重　代金拾枚　菊千代君（ノチノ德胤）江、

一、廿二日、源次郎殿御家督爲御祝儀、江戸ゟ中村江御使者、

御太刀金馬代　二種一荷
時服五
御使者高垣兵右衞門
馳走案内藤田傳左衞門(胤近カ)
御使者登　城之次第、例之通、
白銀五枚　御使者ニ給之、

*紋胤入部初ノ年始規式

會津柳津ノ虚空藏別當根本坊入部

一、十月廿六日、會津柳津虚空藏別當櫻本坊御入部、御祝義參上、
御札守　御扇子　御手綱　進上、
白銀貳枚被下、

一、十一月廿日、隱山庵室ニ建置候補陀樂〔洛〕觀音、於御座ノ間御拜、
其後同所七躰觀音・補陀樂〔洛〕共ニ御再興、同山江堂御造立、幡・打敷等御寄進、

江戸ニテ大地震

一、廿二日夜半、於江戸大地震、
廿三日、晝夜不絕地震、大君(徳川綱吉)御機嫌伺、御用番御老中江御留守居勤、同日御奥方麻布御屋鋪江御立退、御假小屋江御安座、廿四日迄地震不絕、

*紋胤中村本城大廣間ニ出座

一、十二月朔日、地震ニ付御機嫌伺之御使者岡部五郎兵(重綱)衞上府、二日御連札指出、

一、七日、中村御本城御花畑江稻荷宮御勸請、歡喜寺執行、

(一七〇四)
寶永元年甲申

一、正月朔日、太守(紋胤)御入部、初而之御年始御規式、妙見御社參、御服故無之、御名代岡田監物(知胤)、元朝御膳過御上段江御着座、菊千代君(ノチノ德胤)ゟ之御太刀、老中獻之、如御先代御一家・老中太刀折紙ヲ以、御禮右畢而、御簱本組并岡田監物組一同ニ御禮、老中披露之、御上段御歸座、則御土器御取、肴・御銚子出、御一家・老中御盞頂戴、右相濟、兩組段〻御流ヲ頂戴、終而御通掛、於組頭番所二男・三男御禮、
同日、諏訪・午〔牛〕頭天王御名代泉內藏助、
同日、昌胤君江以御使者御太刀馬代被進之、

一、二日、大廣間御上段江御出座、
相馬將監(胤充)嫡子金五郎(胤賢)御禮、老中披露之、畢而泉內(胤和)藏助・相馬將監・伊藤太兵衞(祐信)・水谷長左衞門(堯宣)組一同御禮、老中披露之、御上段江御歸座、御盞金五郎ニ被下、御肴ノ上退座、御用人御土器ヲ取、御前江差上、金五郎御禮退去、此時三銚子出之、御

流段〻組切ニ頂戴相濟、御通掛之御禮如元朝、
同日、圓藏、熊野、八幡御名代岡田監物、
同日、太守蒼龍寺江御參詣、御香典白銀壹枚、
同日、脇本喜兵衞（元明）年始、　公儀江之爲御使者發足、
御先代〻年始幷御在着ハ、組頭士用寒中之御使者、
物頭役也、

在郷給人敍胤へ御目見ノ御禮

一、三日、在郷給人御禮、
右隱居家督始而之御目見共ニ相濟、於席〻御奏者
披露之、畢而御酒被下之、
同日、御螺初ノ吉日考、歡喜寺上之、
同日、九半時御駒相濟、御前江御熨斗鮑上之、

*相馬家上古ヨリノ年中恒例事

一、四日、御野初、
如例年御鷹飼不殘、中小姓番所ニ而御料理給之、
當番之御使番馳走之、是御吉例也、

寺社方御禮

一番眞言三ケ寺

二番長松寺新祥寺圓應寺

一、五日、寺社方御禮、
御上段御出座、一番眞言三ケ寺、敷居之內ニ而獨
禮、北ノ方敷居之內江着座、御盃被下、御肴給、
盃御前江差上之、退出、其外一宗之御目見例格ノ
能化進上物、自身持出、東之緣頰ニ而御禮、二番
長松寺・新祥寺・圓應寺、眞言三ケ寺ノことく着

座、長松寺　御盞頂戴之、盞　御前江差上、殘ニ
ケ寺ハ御盃頂戴、退、右三ケ寺退去之後、禪宗獨
禮之寺家、西光寺・佛立寺・光善寺ヲ初、右同前、
山伏・社人段〻御禮畢而間之襖障子老中明之、兼
而御目見ノ寺院・山伏・社家、二ノ間ニ並居、進
上物前ニ置、一同御禮、何茂寺社奉行披露相濟、
御酒給之、
一、同慶寺ハ隱居、遷化服ニ付登　城無之、例年登
城之節ハ、二番ノ初、同慶寺也、次長松寺・新祥
寺・圓應寺、
　右年始之御規式、如御先代段〻相濟、
相馬御家、上古〻年中之恒例事幷御傳リ之品出初、
來歷祕傳雖有之、永世流聞ニ而闕傳多シ、仍之其題
目ヲ記、
一、正月三ケ日、精進潔齋之事、
一、元三、白餅禁事、
一、三日、御駒來由事、付、七度半迎使之事、
一、年序螺初之事、
一、同　野初之事、
一、御謠初之事、将軍家ニハ正月三日御謠初、濫觴御祕傳之由、公義年中行事記之、

一、七種之事、公ノ御祕傳之由也、
一、八日、心經會灌頂札御門江掛事、
一、十日、鹿狩恒例之事、
一、十一日、御鏡餅御頂戴之事、
一、十四日、夜笠鳥之事、
一、二月初卯ノ日、御具足之御祝儀之事、將軍家正月十一日出初、御祕傳之由也、
一、三月廿二日・廿三日御神事、付、五尺貳寸ノ的事、
一、國王御勸請之事、
一、野馬追五月ニ定事、付、中申日點定之事、
一、野馬追之節野馬圍之事、
一、六月晦日、名越祓之事、
一、八月十五日、放生會之事、
一、十月玄猪、色餅之事、是　公ノ御祕傳、十三ケ條ノ内也、
一、十二月廿七日、煤掃俳優之事、
一、智劍圓鉦玉造靈寶之事、
寶傳之來由、
一、信田身御刀之事、
一、太白小白御道具之事、
一、高名刀之事、

＊麻布下屋敷地祭柱建

＊中村惣家中向後綿布上著仰付ラル

＊麻布下屋敷新宅出來

寶傳ノ來由

＊本多忠國在所ニテ病氣

一、水精御珠數之事、
一、黑地日丸御小旗之事、
一、八幡御旗之事、
一、繋馬御幕紋之事、
一、九曜幷龜甲菅笠御紋之事、
一、御先代御馬印標相之事、
一、當時柄鶴御馬印之事、
一、百貫ノ御鐙之事、付、中鳥毛、青貝長柄之事、
一、御城中殿營ノ玄關疵ニ限事、付、不明御門之事、
一、二月三日、麻布御屋鋪地祭柱建御祝義、
一、四日、右御屋鋪拘地ノ所、屋鋪御奉行見分如前長屋御普請相濟、
一、三月朔日、中村惣御家中身上爲勝手、向後綿布上着被仰付、
一、七日、麻布御新宅出來、昌胤君ノ御奥方御移徙、
一、十一日、菊千代君御守(傳)役石川助左衞門(昌弘)被仰付、
一、十九日、本多中務(忠國)太輔殿於在所御病氣、播州姫路江御飛札被遣、

御徒士夫　遠藤甚兵衞

中務殿(本多忠國)ハ松平刑部(賴元)太輔殿御二男、昌胤君ノ御奥方

ノ御舍弟、播州姫路城主、御知行十五萬石、

敍胤著府

一、廿六日、太守中村御發駕、
一、四月三日、御着府、

*敍胤神田門番仰ラル

高野山巴陵院へ證狀遣ス

一、九日、紀州高野山巴陵院如願御證狀被遣之、
如前〻宿坊不可有相違、仍證狀如件、

寶永元甲申歳四月九日

奥州中村城主
圖書頭平姓相馬敍胤御判

高野山
巴陵院

姫路へ使者遠藤甚兵衛歸府

本多忠國歿

一、十日、姫路江之御使、遠藤甚兵衛歸府、
本多中務太輔殿御遠去之段、道中ニ而承知、御領分江參着、城下ゟ四里隔而取次出合、御飛札被進之段相達、御不幸ニ付御書翰不指出旨ヲ演達、歸府、中書殿（本多忠國）卒去之旨、最前御承知之節、御叔父半減ノ御服忌被爲請之段、御老中江御屆、中務殿御嫡子、吉十郎殿（忠孝）此節御幼年、御家督無御相違相濟、

*三春岩城堺論ニ就キ老中阿部正武ヨリ仰ラルル事アリ

一、十一日、太守（敍胤）御參勤之御禮相濟、
御太刀金馬代
鹽硝十箱五貫目入、　獻上、

德川綱吉ノ女鶴姫歿

一、十二日、鶴姫君樣御逝去、紀伊中納言綱教簾中、綱吉公姫君、
十三日、爲御機嫌伺御登　城、諸大名惣出仕、

十四日、於增上寺御葬禮御執行、
御戒名
明信院殿

一、五月朔日、神田御門番被蒙仰之、夜中五時過御留守居方ゟ御奉書到來、
右御奉書、松平主計頭殿ゟ御使者ニ而被指越御口上ニ、先月ノ御用番小笠原佐渡守殿（長重）ゟ被仰付候、兼而ケ樣之節之御格合可有之候得共、御心得ニ申入由也、夜中御奉書到來之儀、覺無之、何之御首尾ニ候哉と御留主居者、右之使者江承候所、御奉書御祐筆方ニ而認、御留守居方不殘御退出、依之御判形取ニ遣所〻ニ而滯及延引候、鍋嶋紀伊守殿（元武）西丸火之番被仰付、脇坂淡路守殿（安照）御在所江之御暇、右之御代、此方仙石越前守殿（政明）被仰付之由、越前守（仙石政明）殿ハ暮以前ニ、御奉書到來故、二日ゟ御門番御受取、
一、八日、東叡山供奉被仰付、太守御務、
一、六月朔日、御老中阿部豐後守殿（正武）ゟ御書付ヲ以被仰渡之、
三春・岩城山公事ニ付、御檢使杉山甚兵衛殿・町野惣右衞門殿兩人被指越候、御領分百姓差圖次第被指出候樣ニ被仰付、

江戸大洪水

廿八日、江戸大洪水、

一、七月三日、御内獻上、阿部豊後守殿江被指出候所、御受取被指置之由御答、

御文庫
御硯箱　外家有リ、包熨斗鮑

御内獻上首尾能相濟候段、豊後守殿(阿部正武)ゟ御切紙到來、御内獻上ハ御手寄御老中方御引受、外江不及御禮、豊後守殿江計御務、右之獻上物、五月中被獻候筈之所、太守御服ノ中ニ付、豊後守殿江御執合、御服ニ而茂獻上不苦候得共、右兩品、御身近キ物ニ候故、七月初方可被獻旨、御差圖、

三春岩城堺論ノ検使野上邑ニ止宿

一、廿一日、三春・岩城論山御検使、野上村御止宿、

一、八月八日、御領地山見ノ者七人、江戸江着、郡代門馬二兵衞、代官森仁右衞門、

山田四郎右衞門　高野甚兵衞
熊三郎右衞門　石田十右衞門
佐藤善次　志賀次右衞門
渡邊五左衞門

一、九月三日、菊千代君御髪置御祝義、御白髪、佐々木五郎兵衞(宣久)上之、

一、十一日、奥方御着帯、如御吉例中村ゟ御帯上ル、

三春岩城堺論決著
岩城勝利繪圖裏書渡サル

一、廿二日、三春・岩城論山相濟、

御評定所江岩城・三春百姓被爲召、岩城勝利繪圖御裏書被相渡、此方山見ノ者町野惣右衞門殿宅江御呼、岩城利運ニ被仰付、岩城御裁許之繪圖勝利之譯、御裏書ニ相記、是ヲ借リ拜見仕候様ニ被仰付、尤三郡之堺、其方共申候譯茂立仕合ニ候、勝手次第出足与被仰付、杉山甚兵衞殿江參上、惣右衞門殿ゟ被仰付候趣申達、三春百姓古道村十三郎・岩井澤村三郎右衞門、右兩人遠嶋、殘四人籠舍、

*相馬胤充病氣ニ依リ老中職免

一、十月十日、相馬將監(胤充)依病氣、如願老中職御免、

*紋胤登城甲府綱豊養子仰出サル

一、十二月五日、登　城、面々左之通、四日依御觸、各染小袖半上下、

甲府綱豊卿　御三家
御連枝方　御奏者父子
御詰衆父子　御譜代大名
布衣以上、御役人不殘、

甲府中納言綱豊卿御養君被　仰出、御盃事有之、御腰物被遣之由、同日午中刻、御屋鋪櫻田江　歸御、御作法御成同前、

御供
松平美濃守(吉保)殿　本多伯耆守(正永)殿
稲垣對馬守(重富)殿

申刻御屋敷ゟ（日比谷御門ノ内、今ノ御殿地、）西ノ御丸江御入、（初後共ニ人留、）
御簾中（近衛基熙女、照姫、天英院）同時西ノ御丸江御入、
西ノ丸江被爲附御老中
本多伯耆守殿
御屋鋪御家老三人、西ノ丸御側衆被仰付、
戸田長門守殿（光永）
小出土佐守殿（有仍）
井上遠江守殿（正長）

惣大名登城

一、六日、惣大名登　城、（熨斗目半上下、）
甲府綱豐卿御養君之旨被仰渡、
一、七日、御養君被仰出候御祝、諸大名、御老中、御側
御用人、若御年寄江御務、
此節御供廻リ、駕脇熨斗目、麻上下中小姓歩行者、
服紗小袖・麻上下、

甲府綱豐本丸へ入ル

一、廿一日、中納言様（甲府綱豐）御本丸江御入、惣御禮一同ニ被爲
請之、
御太刀馬代　　兩上樣江獻上、
一位樣（桂昌院）
干鯛一箱（十枚入）　御臺樣（鷹司房輔女）
御樽代三百疋宛、　御簾中樣江、

右御太刀目錄、二丸御門御持御番所迄、御使者壹
人ニ而積之、可獻由ニ而、御留主居金谷市左衞門
上之、
公方樣御同然、

*綱豐へ獻上ノ觸

一、同月、中納言樣江獻上之御觸、
端午白銀三枚（五萬石ゟ九萬九千石迄、）
重陽・歲暮、白銀五枚、年序・八朔御馬代、

寶永二年乙酉（一七〇五）

*綱吉綱豐昇進ニ就キ諸大名登城

一、三月五日、（徳川綱吉・同綱豐）兩上樣御昇進、諸大名登　城、（敍胤君御裝束、熨斗目大紋、）
公方樣　右大臣
中納言樣　大納言
從二位大納言源家宣公

*敍胤ノ女誕生

一、十三日夜半、奥方御出産、御女子御出生、
御取揚　池田八右衞門（直重）
御胞取　御用人原八左衞門
一、十五日、兩上樣御昇進御祝儀、諸大名御太刀馬代被
獻之、
（敍胤）太守御血忌故、御登　城無之、御用番江御斷、
一、廿一日、御血忌明、御太刀獻上相濟、（御本丸ニ而納ル、）

*桂昌院歿

綱吉綱豐昇進祝儀能興行紋胤登城

相馬胤充隱居家督ハ金五郎胤賢相續

*紋胤奧方箱根塔澤へ湯治

紋胤發駕下向

*奧方鎌倉見物

*岡田知胤老中職仰付ラル

*門馬藤右衞門幾世橋老仰付ラル

一、廿五日、御出生七夜之御祝儀、今日相濟、
太守ゟ御名お由与被進、奉書折紙江御自筆ニ而御調、

一、廿六日、御昇進御祝儀御能御興行、太守御登　城、

一、四月三日、相馬將監(胤充)隱居、家督嫡子金五郎(胤賢)給、以名代及御禮、
家來半谷七兵衞爲指登捧太刀馬代、水谷長左衞門(堯宣)披露之、三ノ間ニ而七兵衞御目見、佐藤長兵衞(重信)披露之、
將監隱居之後、名相馬尙綱与改、

一、十五日、中村江太守御暇、御拜領ノ品例之通、

一、十六日、お由御方、山王御宮參、
御供　原八左衞門
御歸之節、如御吉例八左衞門小屋江御立寄、御祝義、

一、閏四月廿六日、御發駕、御下向、

一、同月、　公儀ゟ被仰出候事、

一、四月朔日計熨斗目着用、同十五日・廿八日、五月朔日・九月朔日、服紗袷着用可仕事、

一、九月九日、花色小袖ニ不限、何ニ而茂着用可仕候、

一、十二月朔日・同十五日ハ、ふくさ小袖着用、廿八日計、熨斗目着用可仕事、

一、六月廿二日、桂昌院樣薨御、

一、廿三日、諸大名登　城、
同暮時御尊骸三緣山增上寺江御入、
御戒名桂昌院殿從一位仁譽興國惠光大姉

一、七月四日、右御不幸御使者御連札ヲ以被差出、
組頭役　堀內覺左衞門(胤往)
昌胤君ゟ物頭役　石橋兵太夫

一、十一日、奧方相州塔澤(箱根)江御湯治、御願土屋相模守殿・稻葉丹後守殿(正往)江御狀ニ而被仰達、御返書ニ御願相濟、

一、廿六日、塔澤江御出立、程ケ谷御泊、
御供
老池田八右衞門(直重)　組頭岡部五郎兵衞(重綱)
山岡利左衞門　奧家老末永市郎兵衞
藤岡朔庵　中小姓・御料理方御歩行、

一、八月十五日、塔澤御立、大礒御泊、
十六日、藤澤御泊、鎌倉御見物、廿五日、御歸府、

一、十月十六日、岡田監物實名知胤、老中職被仰付、

一、十二月廿八日、門馬藤右衞門於幾世橋老被仰付、依之捧箱肴御禮、

服部恒光老中職仰付ラル
紋胤著府
*紋胤三寶院門跡馳走役仰付ラル
紋胤神田門番仰付ラル
徳川家宣信仰ノ根津權現造營
紋胤外櫻田門番仰付ラル
江戸大地震
大浦宣清郡代頭服部恒光御普請方支配仰付ラル

（一七〇六）
寶永三年丙戌

一、正月、服部伴左衛門實名恒光老中職被仰付、御役料百石給、本知貳百石都合四百石、
一、四月六日、御着府、
一、十一日、御參勤之御禮相濟、
御太刀金馬代鹽硝十箱、例之通獻上、
御太刀金馬代　大納言様（徳川家宣）江、此年ゟ初而獻上、
白かね五枚　御臺様（鷹司房輔女）
同　三枚　御簾中様（近衛基熈女）　右同、
一、十六日、神田御門番江蒙仰之、御相番蜂須賀飛驒守殿、（隆重）
一、七月三日、大納言様御信仰之根津權現宮御造營、
御手傳藤堂備前守殿、（高堅）九月ゟ毛利飛驒守殿、（元次）
一、八月三日、外櫻田御門番被蒙仰之、御相番松平中務少輔殿、
神田御門番御務之內、外櫻田永井日向守殿御代被仰付、
一、九月六日、於中村老臣伊藤太兵衛（祐信）病死、
一、十五日夜、四時ゟ江戸大地震、十六日及三十度、
一、十一月、大浦庄右衛門（宣清）郡代頭太兵衛代リ服部伴左衛門御普請方支配被仰付、

一、十一日、菊千代君御袴着、御因親岡田監物、
一、廿七日、安養寺伽藍一宇炎燒、自火ニ而此節法流迄燒失、

（一七〇七）
寶永四年丁亥

一、二月四日、太守江三寶院（房演）御門跡御馳走被仰付、三日御老中御連名ノ御奉書到來、御登城、
御馳走所西久保天德寺
御賄方鈴木八右衛門殿
勅使御馳走　秋田信濃守殿（輝季）
仙洞使御馳走　池田內匠頭殿（政倚）
一、六日、天德寺院家爲見分、水谷長左衛門、其外役人被遣、御宿坊榮壽院、下宿坊六ケ寺相定、
攝取院　寶瑞院　光岳院
敎受院　和合院　不斷院
一、十日、土屋相模守殿（政直）・秋元但馬守殿（喬知）、天德寺御見分、
一、廿一日、御門跡御旅行ニ付、沼津迄御歩行、夫被遣、
右御夫廿六日歸府、沼津江御着之段壹人御返書持參、壹人同夜中參着、御徒士增子德左衛門・佐藤彌一右衛門也、沼津御着之段、御老中・御側御用人・高家衆・町御奉行江御通達、

三寶院門跡品川驛著

一、廿七日、品川驛江御門主御着、堀内覺左衛門(胤往)被附置、
御老中・御側御用人御使者、寺社御奉行江御口上
書ニ而被達之、高家衆江御手簡、天德寺江御使者
鈴木八右衛門殿江御手紙ニ而爲御知、
同日、平井治部卿・大谷式部卿爲御使者參上、於
小書院御逢、老中披露之、

*三寶院門跡發駕紋胤天德寺ヨリ引取リ登城

一、同日夕方、天德寺江御引移、
詰合之役人
老　水谷長左衛門(堯宣)　服部伴左衛門(恒光)
御用人　原八左衛門　熊清兵衛(安宣)
御留主居　佐々木五郎兵衛(宣久)　門馬三右衛門　本役町奉行本〆御雇ノ節也、
本役中目付
御用聞　小田切伊左衛門　岡田半藏(長寛)

*紋胤中村著城
*綱豐ノ子誕生
三寶院門跡天德寺ニ著輿

一、廿八日、三寶院御門跡、天德寺江御着輿、
上使　大久保加賀守殿(忠增)
御同道　畠山民部少輔殿(基玄)
一、三月四日、御登　城、御對顏、三日鳥居播磨守殿上使、
一、五日、御能御見物、御登　城、
一、七日、御暇　上使秋元但馬守殿(喬知)
御同道　織田能登守殿(信門)
大納言樣ゟ上使　本多伯耆守殿(正永)
御臺樣ゟ同　布施長門守殿
御簾中樣ゟ同　堀源左衛門殿
一、八日、上野(寛永寺)・增上寺御參詣之所出火有之、上野江計
御參詣、
一、九日、增上寺御佛詣、
一、十三日、御門跡御發輿、太守御馳走之所御引取、御
登　城、
御馳走中之儀、外ニ記之、
一、四月十三日、御在邑御暇、御拜領之品如例、
一、廿六日、御發駕、
一、五月三日、御着城、
一、七月十日、於西ノ御丸、若公御誕生、家千代樣奉稱、
一、十八日、七夜之御祝儀、諸大名ゟ獻上、
中村ゟ御使者組頭富田五右衛門(政實)
一種千疋宛、　兩上樣(綱吉・綱豐)
御產衣代白銀拾枚　家千代樣江、
干鯛一箟
一種五百疋宛、　御臺樣(鷹司教平女、從姬)　御簾中樣(近衛基凞女、照姬)
白銀五枚　御產婦江、(家宣妾、太田氏)

*紋胤ノ子徳胤ト定メラル
高野山巴陵院ノ使僧中村へ下向
*石川昌弘老中職仰付ラル
*立坊立后宣下
江戸地震
*京都大火（禁裏炎上）
*紋胤著府
富士山燒
*紋胤神田聖堂火ノ番仰付ラル
*徳胤麻布屋敷へ移徙
*松姫前田吉徳ト縁組

白銀貳枚宛、　御妳添御乳人
同　壹枚　　御さし江、
同　拾枚　　惣女中
一、九月廿八日、家千代様御逝去、
一、十月廿五日、中村江高野山巴陵院使僧西光院下向、
登　城、
大廣間三ノ間ニ而御饗應　御目見、
御札守・段子一巻・一束壹本進上、
此節御先代讃岐守高胤君御代願文帳一巻、讃州顯胤君以來ノ過去帳持參、老中一覽之、
一、十一月廿三日、江戸地震、神鳴、晝時ゟ砂降、此日ゟ砂如灰降リ、日中如夜、御奥方麻布江御立退、地震繁ク御小屋掛ヲ修補、御逗留、廿四日、不絶地震、神鳴、廿七日、夜中砂降リ、廿三日ゟ天曇、江府不安堵、富士山燒之由注進、延暦十九年庚辰三月十四日ゟ四月十八日迄富士燒、晝ハ煙暗、夜ハ火ノ光照天、其聲如雷灰降事如雨、貞觀六年甲申五月、今度与三度燒候由也、延暦・貞觀年中、富士頂燒之義、歴代備考ニ記、

（一七〇八）
寶永五年戊子
一、正月十五日、太守（紋胤）ゟ菊千代君江御實名被進、津田新助考之、
妙見神前ニ而同月七日幣付ニ而徳胤与御定、右之御實名被相調、池田八右衞門（直重）ヲ以被進、
一、閏正月、古金銀引替無殘相濟、此段　公儀江御届、
一、二月五日、麻布御屋鋪屋形御普請取付、
普請奉行　野坂源太輔
一、十九日、石川助左衞門實名昌弘老中被仰付、
一、三月七日、立坊・立后宣下、先頃相濟、於江戸惣出仕、
一、廿五日、今度禁裏炎燒ニ付、御老中江御使札被指出、
在國・在邑ノ大名御連札被指出、
一、廿七日、中村御發駕、東道御旅行、
一、四月五日、御着府、
一、十二日、御參勤之御禮相濟、獻上如例、
一、十四日、神田聖堂火之御番被蒙仰之、土屋相模守殿（政直）ゟ御奉書到來、
一、十六日、聖堂御役所御受取、
一、廿六日、麻布御新宅江徳胤君御移徙、
一、廿八日、松姫様（尾張徳川綱誠女）、大君綱吉公ノ御養女、御廣惣出仕、
尾張中納言吉通卿ノ御妹也、廿七日、御本丸江御

紋胤改名ヲ老中ヘ申入ル

入、加賀宰相殿(前田綱紀)ノ嫡子松平若狭守殿(前田吉徳)江御縁組、

一、五月十二日、太守御名御改ノ御願、小倉(正仲)半左衛門殿ヲ以、御用番御老中大久保(忠朝)加賀守殿江被仰入、御名御差合ハ無之、圖書頭ハ御唱惡、依之御先代之御名長門守与御願書付ヲ以被仰上、

一、十五日、大久保加賀守殿江御留主居御呼御名御願相濟、

一、十六日、水谷(堯宣)長左衛門名ヲ權兵衛与改、如願被仰付、爲御禮御老中・御側御用人江御自身御務、

一、同月、寶永通寶ノ大錢、初而諸國通用、

一、六月十二日、清胤君、御嫡子成之御內談初、

一、七月廿六日、竹姬樣(德川綱吉養女)御縁組、御祝儀、諸大名出仕、實ハ清閑寺大納言殿(熈定)ノ姬君也、

一、同月、小高山同慶寺、能登國捴持寺輪番發足、去年九月能州普藏院輪番狀、同慶寺江到來、當住職德林和尚、生國肥前、同慶寺開山ゟ此度江九度輪番、金子貳百兩德林江給、

一、九月廿五日、松姬樣江御廣蓋三獻上相濟、黑塗蒔繪、

一、十月十八日、佐竹式部殿(義都)・小倉半左衛門殿ヲ以、御

*土屋政直清胤出府ヲ命ズ

寶永通寶初テ諸國通用

清胤ヲ嫡子トスベキ內談

*不勝手ニ就キ家中百石以上ハ十分一小身ハ二十分一ノ借知仰付ラル

同慶寺能登國總持寺輪番發足

*清胤著府

老中井上河內守殿(正岑)江御內意之御願書被指出、太守(紋胤)御病身ニ付、清胤君ヲ御嫡子ニ御願之趣被得御內意、御承知之上、御願書御取受、

一、廿一日、井上河內守殿亭江式部殿(佐竹義都)・半左衛門殿(小倉正仲)御招被仰談趣、

御願書之通、御老中御仲ケ間御相談ニ而、幸御用番故願書御取受候、追而別而御願書被指出候ニ不及旨御挨拶、右御禮御兩人被相賴被仰入、

一、廿四日、土屋相模守殿(政直)江御留主居御呼、清胤君御出府之義、十一月中旬与御差圖、

一、同月、御不勝手ニ付、御家中百石以上十分一、小身侍廿分一、三ケ年在鄕給人迄、御借知被仰付、

一、十一月三日、清胤(ノチノ尊胤)君爲御迎、水谷(堯宣)權兵衛江戶ゟ幾世橋江被指下、

一、十一日、松平美濃守殿(柳澤吉保)江箙壹餝被進之、

箙一腰　服紗ニ包箱ニ入、

同箙二十四征矢二十 上矢鏑一 楊枝隱一 馬鎮矢二

一、十八日、松姬樣、松平若狭守殿江御入輿、

一、十九日、惣出仕、

一、廿二日、清胤君御着府、

櫻田裏御門ゟ御長屋江被爲入、三ノ間江御出座、
渡邊半右衞門（完綱）殿御對面、御料理過太守御對面、從
清胤君二種五百疋被進、一獻之御祝、御肴ニ敍胤
君ゟ御道具被進、

義景御刀代金六枚　一腰
一乘御脇指同五枚　一腰

大浦庄右衞門（宣清）持出、

大守ゟ被進候品〻御目錄ニ而披露之、

御小袖　二種一荷

右畢而、清胤君御土產之御茶入被進、
御參府之段、相模守（土屋政直）殿・御手寄御老中井上河內守
殿江御差圖ニ而、秋元但馬守（喬知）殿江茂御案內被仰入、

*清胤相馬民部ト改ム
土屋政直ヨリ清胤登城ノ奉書到來
清胤登城

一、十二月二日、土屋相模守殿ゟ御連名御奉書到來、
明三日四時清胤君幷御一類之內壹人御登城申來、

一、三日、御登　城、佐竹式部（義都）殿御同道、
御老中御列座

御書付

相馬長門守（敍胤）
東千代松（相馬尊胤）
佐竹式部

長門守病身ニ付、嫡子菊千代（德胤）在之候得共、長門守
養子ニ罷越候、以後出生候、養父彈正少弼（相馬昌胤）實子千
代松（尊胤）事、筋目ニ茂候間、嫡子ニ仕家督ニ相定、末
〻ハ菊千代江家督讓候樣ニ致度旨、願候通被仰付
之、

御退出之節、西丸江御出、御老中・御側御用人
江御同道、御務御歸亭以後、御座之間江御熨斗
鮑上之、同暮過奧江兩君御入、三獻之御引渡御
祝儀、

一、四日、土屋相模守（政直）殿江御禮相濟候時、獻上物之書付、
幷千代松君御名御改之義御執合、

一、五日、御名替之儀、御老中方江被及御對談候故、御
改候樣ニ与相模守（土屋政直）殿ゟ被仰達、

一、六日、御名御改相馬民部君、
御名折紙江御調被進、
鮮肴一折被指添、
御使者　熊清兵衞（安宣）

一、同日、相模守殿ゟ御供廻リ之儀、先規之通御鑓壹本
与被仰付、

一、十二日、大納言（德川家宣）樣御痲疹ニ付、根津權現別當住心院

江、御祈禱料白銀三枚被遣、被相頼、

一、十三日、此度之御祝義、惣御家中名代組頭役堀越源右衞門上着、

清胤嫡子成ノ御禮相濟ム

一、十五日、御嫡子成ノ御禮相濟、十四日土屋相模守殿ゟ御奉書到來、御裝束御熨斗目長袴、御同道佐竹式部殿、相模守殿御差圖ニ而、紋胤君ノ不及御名代、

御時服五　御太刀銀馬代　獻上、

御老中ヲ初、御役人中江御進物、繁多故不記之、

大浦往清老中職仰付ラル

一、十六日、大浦五藤左衞門實名往清老中被仰付、御役領百石給本知貳百石、都合四百石　御前江、此日箱肴ヲ以及御禮、於中村被仰付、

一、廿二日、於西丸若君様(大五郎君)御誕生、今度ハ惣出仕御祝義物茂獻上無之、

一、廿五日、櫻田於御屋敷御養子成之御祝儀、惣侍御饗應、

一、廿七日、清胤君正月三日御登　城、御席先規之通被仰出之、

岡崎勘左衞門御持筒頭仰付ラル

一、同年御持筒頭岡崎勘左衞門被仰付、(庸清)原新右衞門跡役、

先年被仰遣候通、自今御籏奉行ノ次ノ席ニ被相定、

物頭先官ゟ勘左衞門ヲ被仰付、

(一七〇九)
寶永六年己丑

*清胤登城

一、正月三日、清胤君御登　城、年始之御禮、佐竹式部(義都)殿御同道、

一、六日、(徳川家宣)公方様御麻疹付御祈禱、山王樹下民部御頼、

一、七日、御機嫌御伺惣出仕、

一、九日、大君御麻疹、御酒湯被爲浴、

一、十日、(徳川家宣)大納言様今朝急ニ御本城江入御、

晝時過　還御、今日惣出仕之所、大納言様還御以後、御三家・水戸中將(綱條)殿幷國持大名・御譜代大名、於席々被謁、御老中公方様御様躰御快被成御座候所、今朝俄御差重御養生不被爲叶薨御被遊候、大納言様江不相替大切ニ御奉公可相務之旨被仰置候由、於同席高家衆・御詰衆・御奏者番・大番頭御老中演達之、其外出仕之面々江於席々被達、

*徳川家宣御機嫌伺ノ爲惣大名出仕

一、十三日、大納言様御機嫌伺御登　城、惣大名出仕、

一、廿日、御落髪御院號、

(徳川綱吉室、鷹司教平女)
御臺様　淨光院様

(徳川綱吉妾、於傳之方)
五ノ丸様御部屋　瑞春院様

(徳川綱吉妾、清閑寺定俊女)
御部屋　大典侍殿　壽光院殿京都出生、

(徳川綱吉妾、豐岡有尙女)
新典侍殿　清心院殿

一、廿一日、淨光院様御麻疹御不豫、

徳川綱吉歿

*徳川綱吉法事ニ就キ公家衆上野參詣

*前田利昌織田秀親ヲ意趣ニテ討ツ

松平宣富奥方歿

松平宣富ノ在所ヘ飛札遣ス

寶永ノ大錢通用止メラル

徳川綱吉室歿

*岡田知胤ノ子誕生

一、廿二日、公方樣（徳川綱吉）御尊骸、東叡山江酉ノ刻御出棺、
　御導師　日光御門跡（公辨）
御謚號常憲院殿贈正一位大相國公御齡歳六十四、
一、廿三日、御忌中獻上、
　薯蕷一箱廿本入、
一、廿六日、松平越後守（宣富）殿奥方御遠行、佐竹右京大夫義處御女子、敍胤君ノ御妹、
敍胤君御忌十日、御用番江御居、清胤君江ハ御服忌無之、
右御服忌ノ事、井上河内守（正岑）殿御差圖、林大學頭（信篤）殿
江相達候所、清胤君相馬ノ御家實方ニ茂、養方ニ
モ准シ、其上敍胤君・清胤君二代御養子故、清胤
君ハ御服忌無之、德胤君ハ定式之通、廿日ノ御忌
与河内守（井上正岑）殿・大學頭殿御吟味之上相濟、
一、廿八日、越後守（松平宣富）殿在所美作國津山江御飛札被遣、
　御歩行夫佐藤九郎右衞門
一、同月、寶永ノ大錢通用被相止、
一、二月二日、越後守殿奥方、西久保天德寺ニ而葬送、
　法名眞覺院殿
　御附使者御留守居　川久保貞右衞門（重信）
一、十日、淨光院樣御逝去、大御目付中ゟ御廻狀ニ而御觸、
一、十一日、諸大名登　城、

一、十六日、常憲院樣御法事ニ付、參向ノ公家衆上野（寛永寺）參詣、
御宿坊於惠恩院、前田采女（利昌）殿・織田監物（秀親）殿ヲ意趣
ニ而討之、監物殿則死、
　勅使（今出川伊季）御馳走　溝口伯耆守（重元）殿
　仙洞使（醍醐昭尹）　大村筑後守（純尹）殿
　女院使（綾小路有胤）　佐竹壹岐守（義長）殿
　中宮使（中山兼親）　前田采女殿
　大准后使（町尻兼量）　織田監物殿
　采女殿・監物殿御裝束所御一所、
一、十七日、上樣江御朦氣獻上、
　枝柿一箱
一、廿八日、淨光院樣御法事ニ付、上野江御香典、白銀
三枚被獻之、
　御法號
　淨光院殿從一位圓岸心（眞）珠大夫人（姉）鷹司殿（教平）ノ姫君也、
一、三月朔日、御預人有之候者、書付被指出候樣ニ被仰
出之、
千葉榮久与申盲人、無筋訴狀差上候ニ付、同姓彈（相馬昌胤）
正少弼代御預被成、于今存命罷有候、以上、
　右松平石見守殿江被指出之、
一、四日、岡田監物（知胤）、男子始而出生、御祝儀被下、二種一荷、御

一家、初而男子出生、御格例也、
一、十四日、土屋數馬殿江水谷權兵衞（堯宣）御呼、相模守殿江
紋胤君御隱居御願之儀、土屋賴母殿（茂直）御同道、被得御
內意相濟候由被仰達、

*清胤登城

一、廿八日、御家督御禮之時、上樣江御目見三人被仰付、
岡田監物（知胤）　堀內大藏（胤近）
相馬金五郎（胤賢）

清胤家督御禮ノ時德川家宣御目見仰付ラル

一、四月二日・三日・五日、上樣（德川家宣）御代替之御禮、
五日清胤君御登　城、諸大名ノ御嫡子方御禮、太
守ゟ被獻候御太刀馬代ハ二日ニ相濟、昌胤・清
胤兩君ゟ被獻御太刀馬代、五日ニ相濟、
一、六日、右之御祝義、左之通被獻之、
白銀拾枚、干鯛一箱　御臺樣（近衞基熙女）江、
同　五枚　竹姫樣（德川綱吉養女）
御太刀馬代　御老中御出頭、若御年寄江、
一、廿二日、清胤君五節句御登　城、御願井上河內守殿（正岑）
江被指出、

*紋胤隱居ノ願書秋元喬知へ差出サル

一、廿四日、相馬金五郎名將監与改被仰付、

相馬金五郎將監ト改ム

一、廿七日、清胤君五節句御登　城相濟、
一、五月朔日、將軍宣下、

德川家宣將軍宣下

*渡邊完綱堀內胤近弟ヲ養子トノ願通達

源家宣公被任正二位內大臣・右近衞大將・征夷大
將軍、
萬石以上、布衣以上、諸役人登城、諸大夫以上束帶、
一、五日、清胤君節句、初而御登　營、
一、十一日、將軍宣下相濟候御祝義、御禮惣出仕、紋胤君御病中、無御登城、
十一日・十二日・十三日、右御禮相濟、
御太刀馬代被獻、
御名代御留主居青襖袴着佐々木五郎兵衞（宣久）
昌胤君ゟハ御使札計、
一、廿一日、御臺樣從三位御敍位、
二種五百疋宛、
公方樣（德川家宣）
御臺樣　江被獻之、
一、廿三日、土屋山城守殿（朝直）・小倉半左衞門殿（正仲）ヲ以、紋胤
君御隱居之御願書、秋元但馬守殿（喬知）江被指出御受留、
右之御方、外之御老中方江茂但馬守殿（秋元喬知）御請留之段、
被仰達御廻リ、
一、廿八日、渡邊半右衞門殿（完綱）ゟ家人太田七郎兵衞ヲ以、
水谷權兵衞ニ御通達、
半右衞門殿御老病、仍之堀內大藏（胤近）弟養子ニ御願之

次第被仰越、太守御承知之上、小田切伊左衞門爲
御使者被遣、
　御口上、
御養子之儀被仰聞、此段は先達而承候、堀内大藏
弟、于今幼少、其上先比御聟養子与被仰聞候、只
今ハ左様ニ茂無之候得ハ、彌辭退ニ存候、早速ゟ
御用立候年比之御方御相談可然候、若御一門中相
應之方茂無之候ハヽ、進候様ニ可致由被仰進、
　（渡邊完綱）半右衞門殿御返答、
御使者、忝私養子之儀、只今聟養子之事ニ茂無之、
殊大藏舍弟幼少ニ候得は、一門之内ゟ致相談候様
ニ被仰下、承知仕、御懇意之御事奉存候、先達而
御約諾仕候儀は、御座候得共、暫程歴申候故、又
々申上候、此方一類共ニも、追々相談仕候處、差
當一門之内相應之者無御座候、彌大藏舍弟養子ニ
被仰付、被下候様、親類初、願申事ニ御座候、被
仰付被下候様ニ仕度由被仰遣、

土屋政直ヘ渡邊完綱養子願内達

一、廿九日、土屋（政直）相模守殿江渡邊（完綱）半右衞門殿願之趣御内
達相濟、
一、同日、半右衞門殿江爲佐々木五郎兵衞御使者大藏弟
數之進、彌可被進由被仰遣、御禮之御挨拶、

*渡邊完綱ヨリノ養子願公儀ヘ達セラル

一、六月二日、半右衞門殿ゟ養子之願、（公綱、相馬彈正少弼家臣堀内辰胤男）公儀江被相達、
一、四日、土屋相模守殿ゟ御奉書到來、
明五日民部（相馬清胤）幷其方爲名代一類之內、四時西丸江可
被指出候、御奉書之趣如此、

*敍胤清胤登城

一、五日、御登　城、御白書院緣側御老中列席、御用番
相模守殿台命ヲ傳達、御名代土屋山城守殿、
　相馬（敍胤）長門守
　同（清胤）民　部
長門守病氣付而、願之通隱居被仰付、家督無御相
違、民部ニ被下之旨、右御書付を以被仰渡、則御
書付土屋（朝直）山城守殿御受取、御退出、直クニ御持參、
御老中其外御禮被相務、
　御登城以前ゟ西丸江相詰、
　水谷權兵衞
　佐々木五郎兵衞
　川久保（重信）貞右衞門
一、清胤君御退出、三ノ間御着座、御一家・老中・御
用人・御留主居謁　御前、惣侍於長座敷御目見、
一、暮時過、於御座間敍胤・清胤御兩君御同席、御熨

斗飽、其上三獻御引渡、御盃御取通、初獻御銚子入候時、紋胤君ゟ御刀來國次、被進、老中持出差上、則御勝手江御退去、御指御禮二獻之御銚子入候時、清胤君ゟ御刀來國行、被進、老中持出之、差上三獻、畢而三種二荷・御太刀黄金馬代紋胤君ゟ被進、老中披露、次ニ三種二荷・御太刀黄金馬代、清胤君ゟ被進、是又老中披露之、

土屋政直へ伺フノ次第

一、同日、土屋相模守殿江被相伺次第相濟、
一、紋胤君ゟ獻上物、以使者可被獻事、
一、御隠居當主ゟ之獻上物、書付之通、支度相替儀候は、追而可被仰聞由之事、
一、昌胤君ゟハ以使者、御禮可被仰上事、
一、家老三人、御目見之儀、右名元書付被指出、御留置候事、
一、御城女中贈物之義、書付御並次第与相濟候事、

紋胤隠居清胤家督ノ御禮
紋胤麻布下屋敷へ引移ル

一、六日、聖堂火消、松平長門守殿(忠充)江御引渡、
　右之段書付ヲ以、被相伺御差圖如此、
一、十二日、御隠居御家督之御禮相濟、尊胤君ノ御年譜ニ委ク記、
一、十三日、紋胤君麻布御下屋鋪江御引移、
　御隠居随附侍

御用人ハ御表御用人之内ゟ壹人宛、麻布江移勤仕、

御臺所頭 伊藤七右衛門(春祐)	
大内利右衛門	
御納戸 石川彌助(昌晴)	
中小姓目付 泉三郎左衛門	
御近習 飯嶋友右衛門	馬場久左衛門
泉田以藏	氏家新助
門馬薗右衛門	石川半平
武野九右衛門	室原三太夫
山中小左衛門(季清)	門馬兵右衛門
大内新五左衛門	津田友之進
四本松文右衛門(義眞カ)	杉本孫之丞
御茶道 堀田春可	岡田和朴
御部屋附 遠藤甚兵衛	佐藤專右衛門
門馬善右衛門	
御臺所手代 山岡幸左衛門	羽根田善左衛門
齋藤七郎左衛門	阿部又市

此外御料理人・御徒士等ハ、當分御表ゟ被相附、

敍胤中村下向

（一七一〇）
寶永七年庚寅

一、七月九日、敍胤君江戸御發駕、中村江御下向、西道御旅行、御病身ニ付、爲御保養御在所江御願、太守（敍胤）ゟ六月十八日御用番江被達、同廿一日如御願相濟、御發駕、

御道中御供　老　水谷權兵衞（堯宣）
御用人富田又左衞門（實安）

敍胤中村城二ノ丸ニ住居

一、十七日、暮過御在着、二ノ丸江被爲入御住居、

一、七月廿八日、江戸町醫安藤安齒被指下、御口中御保養、

一、九月六日、安齒御暇、左之通被下、

白銀廿枚　時服二　鹽鮭二尺

醫師瀧本昌庵江戸ヨリ參著

一、十月十二日、瀧本昌庵、江戸ゟ參着、小嶋昌怡老弟子、

一、同月、二ノ丸御用人堀越源右衞門被仰付、

一、十二月六日、瀧本昌庵御暇、左之通被下、

白銀三拾枚　時服二　綿二十把
雁二

（一七一一）
正德元年辛卯

敍胤病惱重シ

一、四月十七日ゟ敍胤君御病惱被爲重、依之御醫師小嶋昌怡老被差下度、御願飛檄ヲ以被達之、佐竹大膳大夫殿（義格）・佐竹壹岐守殿（義長）・佐竹式部少輔殿（義都）・松平志摩守殿（重榮）・松平大學頭殿（近鎭）江以御使者、御病躰委細被仰進、昌怡殿（小嶋）御迎可相務旨、御意ニ而佐藤惣左衞門、江戸江出足、惣左衞門此節組頭役ニ而御隱居、御用人御雇、

*敍胤歿

一、廿日、巳ノ刻、敍胤君御遠行、御齡歲三十五、

一、廿三日、戌ノ刻、御出棺、積雲寺江御入、惣侍大手前相詰、曹洞一宗諷經、寺内ニ而御火葬、於蒼龍寺御供養、

*敍胤葬送

一、五月十二日、卯刻、御葬送、

積雲寺向野外火屋ヲ建、四方ニ矢來ヲ詰廻シ、蒼龍寺ゟ其道ノ左右ニ垣ヲ結、薄縁白布ヲ引、供奉ノ輩喪服ヲ着、惣侍在鄉給人共ニ、矢來ノ内ニ詰ル、洒水安養寺、

御導師小高山同慶寺德林

御法號
香雲院殿霎翁玄韃大居士

諸宗幷本山羽黑山伏共ニ出場勤行、

同日申刻、御灰寄安養寺、住職賢正、加持畢而、導師一宗ノ執行十三日ゟ十七日迄、於蒼龍寺御法事、諸宗諷經、惣侍御葬禮ノ節ゟ絹布ヲ着、百石以上鑓爲持、御法事中組切ニ相詰、

一、同日、佐竹大膳大夫殿御舍弟敍胤君ノ御代燒香被遣、

家老梅津藤太夫

於御葬送場御代香相務、相濟、則歸發、
駈走物頭役　木幡甚五左衛門

一、梅津藤太夫江時服三、白銀五枚、妎添江五百疋給、

一、於江戸大膳大夫殿(佐竹義格)紋胤君御不快、御承知、早速御樣躰爲御伺、川井五郎兵衛被指下、御遠行以後參着、歸府以後、白銀五枚被下、

紋胤奥方薙髪
保壽院殿ト號ス

一、六月、御奥方、御院號下谷正燈寺、先住咄海和尚奉號、
保壽院殿御薙髪八月廿四日、

一、十一月廿日、香雲院殿ノ御石塔五輪、同慶寺江建、御壇杉ヲ植、月海山蒼龍寺ニ築、

御隱居附

高貳百石外百石御役領　堀越源右衛門
御臺所頭　伊藤七右衛門(春祐)
大内利右衛門
御納戸　石川彌助(昌晴)
馬場久左衛門
中小姓目付兼御膳番　泉三郎左衛門(義眞カ)
四本松文右衛門

御近習　飯嶋友右衛門
山中小左衛門(季清)
門馬兵右衛門
手戸百太夫
石川條右衛門
荒川百内
金澤平六
田中三五郎
岡崎友之丞
立野吉之助
大友右馬之助
大内新五左衛門
鹽庄藏
神澤吉左衛門(種倚)
御茶道　堀田春可
岡田和朴
醫師　新谷梅庵
御部屋附　嶋久左衛門
御部屋附　太田金平
坂地權右衛門

御臺所手代
齋藤七郎左衛門
山岡幸左衛門
羽根田善左衛門
御料理方
熊左次兵衛
松岡新右衛門
御徒士目付
中嶋茂左衛門
四倉喜左衛門
御歩行
齋藤近左衛門
門馬清太夫
大龜又市
石川左野右衛門（昌貞）
鹽仁左衛門
熊只右衛門
牛渡甚左衛門
新谷太左衛門
水谷文平
牛渡三郎兵衛
木幡金太左衛門
添田利右衛門

萬榮日錄　一

尊胤朝臣御年譜　一

尊胤誕生幼名ハ東千代松後ニ清胤ト改名

(一六九七)
元禄十年丁丑

一、閏二月十九日、御誕生、御小名東千代松、後民部清胤与御名改、

相馬長門守敍胤君御養嗣、

御養母彈正少弼昌胤君御嫡女、實清胤君御姉、

清胤家督相續

(一七〇九)
寶永六年己丑

一、六月五日、將軍綱吉(徳川)公御治世、敍胤君如御訟御隱居、

清胤(尊胤)君江御家督被仰出、

奥州宇多・行方・標葉三郡、六萬石御相續、中村城主、

老臣

老臣

高千三百三拾六石　　岡田監物知胤

高四百石　　水谷權兵衛堯宣

高五百石　　池田八右衛門直重

高四百石内五拾石役料　　大浦庄右衛門玆清

高四百石　　石川助左衛門昌弘

高四百石内貳百石役料、　　大浦五藤左衛門往清

*土屋政直ヨリ公家衆登城時ノ先例ヲ尋ラル

一、六日、土屋相模守(政直)殿ゟ御先代御諷初、公家衆御對顔之節御登　城、御鷹之鳥御料理御頂戴之儀被相尋之、

御答、

一、御諷初、正月十一日、御具足御祝玄猪、從先規登　城、

一、公家衆御對顔勅答、右御能之節、同氏出羽守代ゟ登　城不仕候、

一、御鷹之鳥御料理被下候節登　城仕候、

別紙、

一、公家衆御對顔勅答、右御能之節、古長門守(相馬義胤)代ニハ登　城仕候様ニ申傳候得共、其節之日記等焼失仕、慥成儀相見不申候、

一、萬治(一六五七)二年亥二月廿九日、古長門守方江阿部豊後守(忠秋)殿ゟ御奉書到來、御鷹之鳥御料理被下候、

一、寛文(一六六七)七年未閏二月二日、古長門守方江久世大和守(廣之)

殿ゟ御奉書到來、鶴之御料理頂戴、
右ハ相模守(土屋政直)殿用人迄御留主居差出之、

老中奉書到來清胤登城家來御目見ノ事

一、十一日、土屋相模守殿ゟ御老中御連名之御奉書到來、
明十二日五半時過、西丸(徳川家宣)江被罷出家督之御禮可被
申上候、以上、

別紙、

家來三人御目見被仰付候間、召連可被罷出候、以
上、

別紙、　上包、相馬長門守江与有之、

隱居御禮獻上物、明十二日五半時過西丸江以使者
可被指上候、以上、

右三通及御請家來　御目見被仰付候御禮相模守
殿江則御出、

清胤西丸へ登城

一、十二日、西丸江御登城、土屋山城守(朝直)殿御同道、
於御白書院御禮相濟、
御太刀馬代黄金二十枚、
御帷子十、
御目錄引合二枚、御太刀御馬ノ間江御帷子書入、
御帷子不及注文、御襟札如端午、銘〻ニ付、
黄金臺下水板くり入黄金壹枚宛はめ十枚宛二通リ

ニならへ、黄金ノ裏ニ少ク紙ヲ付御名ヲ書、壹枚
每ニ中程ヨリ下江糊ニ而付之、
御臺樣(近衛基熙女)江白銀二十枚、目錄臺ニ載、包熨斗臺下札、

御城中女

一、白銀五枚　豊原
一、同　三枚宛、常盤井　高瀨　富岡
川嶋　おひて　御局
一、同　貳枚宛、松井　江嶋
岩城　三坂

敍胤君ゟ獻上、

御太刀馬代黄金拾兩、
御帷子五、
濃州志津御刀　代金三拾枚折紙　一腰、內外家袋、先年昌胤君御隱居ノ時被獻候御脇差ニ准シ、前譜ニ詳也、
一、御柄　白鮫
一、御目貫笄小柄赤銅夕貌紋
一、御緣　赤銅
一、御鍔
一、御切羽鎺鵐目金
一、御鞘黒塗
一、御下緒紫

一、御袋今織
御臺樣江、
後小松院震〔宸〕翰
新古今和歌集代金二十五枚全部
内外家共ニ昌胤君ゟ先年獻上之通、
右御歌書三册、茶縮緬服紗包箱ニ入、

家臣三人御目見

一、御太刀馬代ヲ以、御家臣三人、於御白書院御目見、
岡田監物知胤
堀内大藏胤近
相馬將監胤賢

若年寄等へ祝儀進メラル

一、同日、御老中御出頭、若御年寄中江御祝儀、其外江茂段〻被進、
一、御太刀金馬代
蠟燭三箱宛、百挺入四十目掛、
土屋相模守殿(政直)　秋元但馬守殿(喬知)
井上河内守殿(正岑)　大久保加賀守殿(忠增)
小笠原佐渡守殿(長重)　本多伯耆守殿(正永)
間部越前守殿(詮房)
一、御太刀金馬代
蠟燭二箱宛、
若御年寄
久世大和守殿　加藤越中守殿(明英)
稲垣對馬守殿(重富)　永井伊豆守殿(直敬)

大久保長門守殿(教寛)
京都諸司代
松平紀伊守殿(信庸)　井上遠江守殿(正長)
一、御太刀馬代白銀五枚
御側衆
森川出羽守殿(俊胤)　水野肥前守殿(忠位)
保田内膳正殿(宗郷)
青山備前守殿(秘成)　松平大藏少輔殿(勝以)
一、御太刀金馬代
大坂御城代
土岐伊與守殿(頼殷)
一、御太刀馬代白銀三枚
寺社奉行
鳥居播磨守殿(忠救)　三宅備前守殿(康雄)
本多彈正少弼殿(忠晴)　奏者番 安藤長門守殿(重行)
三浦壹岐守殿(直次)　石川近江守殿(總茂)
松平兵庫頭殿(乘紀)　水野監物殿(忠之)
青山播磨守殿(幸明)　松平備前守殿
土井山城守殿(利意)　池田丹波守殿(輝錄)
松平宮内少輔殿(忠尙)　松平對馬守殿(近禎)
對馬守殿ハ御一門故、金馬代被進、
御留守居
大久保淡路守殿(教福)　松平主計頭殿(康納)
三枝攝津守殿(守治)　久貝因幡守殿(正方)
松前伊豆守殿(嘉廣)　米津周防守殿(田賢)

大嶋（義世）肥前守殿
大御目付 松平（乗邦）石見守殿　折井（正辰）淡路守殿
仙石（久尚）丹波守殿　横田（重松）備中守殿
町御奉行 松野（助義）壹岐守殿　丹羽（長守）遠江守殿
坪内（定鑑）能登守殿
御勘定頭 平岩（親庸）若狹守殿　中山（時晴）出雲守殿
荻原（重秀）近江守殿　大久保（忠香）大隅守殿

一、御太刀馬代白銀二枚
御作事奉行 柳澤（明政）八郎右衞門殿　曲渕（重羽）信濃守殿
御普請奉行 三枝（守繁）左兵衞殿　水野（忠順）權十郎殿
嶋田（政辰）十兵衞殿
京都町御奉行 中根（正包）攝津守殿　安藤（次行）駿河守殿
御目付 鈴木（直武）伊兵衞殿　久留（正清）十左衞門殿
大岡（清相）五郎右衞門殿　河野（通重）勘右衞門殿
丸茂（利雄）五郎兵衞殿　天野（昌孚）彌五右衞門殿
永井（治定）三郎右衞門殿　堀田（通右）源右衞門殿
牧野（成基）傳藏殿　三渕（永正）縫殿助殿
（久）大松（定持）忠次郎殿　大岡（忠相）忠右衞門殿
朽木（定盛）彌五左衞門殿　加藤（明教）右近殿
根來（長安）平左衞門殿　長崎（元勝）半左衞門殿

村瀬（房矩）伊左衞門殿　伊勢（貞數）平八郎殿
平岡（資明）市右衞門殿　鈴木（利雄）源五右衞門殿
原田順阿彌　永倉珍阿彌
半田丹阿彌　大嶋永阿彌
奥村三阿彌　山本傳阿彌
板倉休阿彌

一、白銀貳枚宛、
寺町友三　江間永味
佐々木文齋　鈴木宗齋
田嶋宗永　岡部雲佐
幸田三喜　小坂長春
佐藤永務　廣野道貞
加藤春悅　飯田永順
津川宗巴　星野道喜
岸本閑清　竹內長億
中山文說

御禮ノ日、於御城取持之坊主衆御出入ニ無之方江茂給、

一、白銀三枚宛、
佐藤雲彌　村山清林

野口文碩
一、白銀壹枚宛、
雲彌子 佐藤雲哲　　清林子 村山清務
道貞子 廣野貞佐　　長億子 竹内長林
御徒士目付三人 依田十郎兵衞　　都筑安右衞門
岩室伊右衞門
一、金貳百疋宛、　御出入御小人目付三人、御玄關番七人、
一、鰹節二箱
蠟燭二箱　御用御賴江別而御心入、
仙石丹波守殿　　荻原近江守殿
丹羽遠江守殿　　鈴木源五右衞門殿(利雄)
鈴木伊兵衞殿(直武)　　村瀨伊左衞門殿(房矩)
一、蠟燭二箱
干肴一折　　佐竹式部少輔殿(義都)
一、御太刀馬代黄金拾兩　上野御宮
一、御太刀馬代白銀三枚　同所 御堂
御佛殿
增上寺御佛殿
一、御太刀馬代白銀貳枚　增上寺方丈
一、御太刀馬代白銀貳枚宛、
日光御門跡(公辨)　　梶井御門跡(道仁)

中院内府殿(通茂)　　中院大納言殿(通躬)
野宮宰相殿(定基)　　久世三位殿(通夏)
金剛院權僧正(圓恕) 是ハ壹枚馬代、
一、御太刀黄金馬代
尾張中納言殿(吉通)　　紀伊中納言殿(吉宗)
水戶中納言殿(綱條)　　水戶中將殿(吉孚)
一、御太刀馬代黄金拾兩、二種一荷
松平大學頭殿(賴貞)
佐竹大膳大夫殿(義格)
一、御太刀馬代黄金拾兩
晒布十疋
障泥貳指　　小倉半左衞門殿(正仲)
一、御太刀馬代黄金拾兩
晒布十疋
障泥三指　　土屋數馬殿(喬直)
一、御太刀馬代黄金拾兩
晒布五疋　　土屋賴母殿(茂直)
一、御太刀馬代黄金拾兩
板倉甲斐守殿(重寬)　　藤堂備前守殿(高堅)
小笠原右近將監殿(忠雄)　　內藤山城守殿(政森)
松平越後守殿(宣富)　　黑田甲斐守殿(長重)
松平肥前守殿(綱政)　　黑田伊勢守殿(長清)
松平志摩守殿(直丘)　　松平中務大輔殿

秋田（輝季）信濃守殿　戸田（氏定）采女正殿
佐竹（義長）壹岐守殿　佐竹式部少輔殿
松平（乗邑）和泉守殿　內藤（義孝）能登守殿
相良（頼福）志摩守殿　松平筑後守殿
松平（近禎）對馬守殿　松平（頼豊）讃岐守殿
松平（基知）大和守殿　岩城伊豫守殿
本多（忠孝）吉十郎殿　米倉（昌明）主計殿
松平庄五郎殿　蜂須賀（隆長）飛驒守殿
松平（定基）采女正殿　藤堂（高睦）和泉守殿
松平隼人正殿　五枚馬代　土屋（陳直）左京亮殿

一、御太刀馬代白銀三枚
高木（正陳）主水正殿　森山和泉守殿
小笠原（忠雄）遠江守殿　小笠原（眞方）備中守殿
黑田（長軌）隱岐守殿　土屋（逵直）主税殿
秋田（輝季）伊豆守殿　內藤（清枚）丹後守殿
內藤（正友）式部少輔殿　佐竹（義峯）求馬殿
佐竹（義堅）主膳殿　板倉（重泰）出雲守殿
岡部（長敬）內膳正殿　隼人殿隱居　松平上野介殿
小笠原（長熈）山城守殿　三浦（明喬）備後守殿
松平丹波守殿　松平大隅守殿

岡部（長泰）美濃守殿

一、御太刀馬代黃金拾兩
晒布十疋
土屋（朝直）山城守殿

一、御太刀馬代白銀貳枚
渡邊（武）平十郎殿　神尾（元連）市左衞門殿
板倉（重行）筑後守殿　池田（長清）帶刀殿
內藤（忠種）圖書殿　內藤（忠知）伊織殿
土屋（秀直）兵部殿　內藤（忠如）長次郎殿
藥師寺宗仙院　本多（忠貞）主水殿
小笠原（貞通）內記殿　今大路道三殿
布施出雲殿　松平主馬殿
奥山立庵殿　板倉（重高）越中守殿
黑川與兵衞殿

一、御太刀馬代白銀壹枚
深尾（永相）權十郎殿　諏訪部（定堅）文九郎殿
榊原小兵衞殿　池田（富明）新兵衞殿
國領次郎左衞門殿　諸星（同政）內藏助殿
小倉（正仲）忠右衞門殿　薗部新五郎殿
內藤（正傳）孫十郎殿　大岡主殿殿

一、御太刀馬代白銀三枚
晒布五疋
渡邊（完綱カ）半右衞門殿

一、二種五百疋
松平大學頭殿御母義　松林院殿　　佐竹大膳大夫殿御母義　知清院殿
（綱條）（菊亭公規女）水戸殿御簾中　季君殿　　松平志摩守殿　內室
黒田隱岐守殿　內室　　松平大學頭殿　內室
松平中務大輔殿　內室

一、一種三百疋
板倉甲斐守殿御母義　眞壽院殿　　板倉甲斐守殿　內室
小笠原右近將監殿　內室　　松平庄五郎殿御母義　淸壽院殿
相良志摩守殿　內室　　松平上野介殿　內室
高木主水正殿御母義　柳光院殿　　小笠原山城守殿　內室
三浦備後守殿　內室　　佐竹式部少輔殿　內室
松平釆女正殿　內室

一、一種五百疋　　曾谷長順殿

一、一種三百疋
井關玄說殿　　橘　隆庵殿
赤松休庵殿　　吉田一庵殿
曾谷伯安殿　　林　牛　齋　殿
吉田周竹殿　　曾谷玄逸殿
栗崎道有殿　　小森西倫殿

須磨良川殿　　小林貞右衛門殿
奈佐淸太夫殿　　原田半三郎殿
狩野探雪

一、三百疋
狩野探信　　狩野永叔
礒貝藤兵衛　　石川安成
濱田一學　　淺野小七郎
薗部善左衛門

一、一種三百疋
元光院　　寶性院　　總泉寺
不動院　　寶泉寺　　正燈寺

一、白銀壹枚　　本阿彌庄兵衛
獻上御道具出來ノ時銀五枚給、

一、同　三枚宛、
土屋相模守殿家老四人
早川源右衛門　　川口彦左衛門
赤尾又兵衛　　鈴木友右衛門
同中老貳人
大月七右衛門　　中里利左衛門

一、黄金馬代或二種千疋持參之使者江、白銀壹枚或帷子二
一、銀馬代或一種三百疋持參之使者江、金貳百疋、
一、御肴持參之使者江ハ被下物無之、

敍胤ヨリ進メラルル品々

敍胤君ゟ被進品ゝ、

一、御刀一腰宛、

國行代金拾枚　土屋相模守殿

長谷部代金六枚　小笠原佐渡守殿

備中物代金六枚　秋元但馬守殿

景安代金六枚　大久保加賀守殿

中嶋來代金六枚　井上河内守殿

末了戒代金六枚　本多伯耆守殿

三池代金六枚　間部越前守殿

安則代金五枚　久世大和守殿

爲繼代金五枚　加藤越中守殿

法城寺代金五枚　稲垣對馬守殿

盛景代金五枚　永井伊豆守殿

末青江代金五枚　大久保長門守殿

國光代金拾枚　佐竹大膳大夫殿

　二種五百疋

二王代金三枚五兩　土屋數馬殿

　干肴一折

末三原代金三枚五兩　土屋山城守殿

右同

末了戒代金三枚五兩　小倉半左衞門殿

　右同

政光代金貳枚五兩　渡邊半右衞門殿

一、掛物

一幅一休色紙（宗純）　松平外記殿

三幅對永眞筆（狩野）　同庄五郎殿

　干肴一折

三幅對探幽筆（狩野）　松平越後守殿

　右同

三幅對同筆　本多吉十郎殿

　右同

三幅對洞雲筆（桑山宗仙）　板倉甲斐守殿

一幅兆傳主（吉山明兆）　黑田隱岐守殿

　右同

三幅對　内藤山城守殿

一幅洞雲筆　土屋賴母殿

三幅對探幽筆　佐竹式部少輔殿

　干肴一折

一幅永眞筆　佐竹求馬殿

　右同

一幅永德筆（狩野）　水野肥前守殿

一幅後京極殿懷紙（九條良經）　藤堂備前守殿

三幅對探幽筆　黑田甲斐守殿

一幅（狩野安信）牧心齋筆　土屋忠兵衛殿
一幅相阿彌筆　曾谷長順殿
一、屏風一雙（狩野）安信筆琴基書畫　干肴一折　松平大學頭殿
一、同　一雙（狩野常信）養朴筆　右同　佐竹（義長）壹岐守殿
一、同　一雙探幽筆耕作　右同　松平志摩守殿
一、同　一雙金地花鳥　右同　黑田隱岐守殿　奥方
一、手鑑三十六歌仙　右同　紋胤君實御妹　お順殿
一、古今集　右同　佐竹大膳大夫殿御母義　知清院殿
一、手鑑女房三十六歌仙　右同　松平大學頭殿　奥方
一、同　和歌十躰　右同　佐竹（義都）式部少輔殿　奥方
一、同　歌仙八條殿筆　右同　松平志摩守殿　奥方
一、香爐箱蒔繪秋野　松平大學頭殿御母義　松林院殿

一、重印籠堆朱盆共　土屋左京亮殿
一、茶碗壹ツ宛、
高麗五器手　土屋主税殿
同　白手干肴一折　内藤丹後守殿
同　鹿子手三嶋　藥師寺宗仙院
同　かた手　小森西倫殿
同　かた手淺黃　渡邊平十郎殿
同　ひつミ　今大路道三殿
同　かた手　佐々木萬次郎
一、香爐壹つ宛、
唐金文殊　仙石丹波守殿
同　雁　佐竹主膳殿
一、香爐唐金布衣　花碗高麗　中院（通茂）内大臣殿
一、茶碗高麗片ひつミ　中院（通躬）大納言殿
一、同　高麗御本手雲鶴　野々宮（定基）宰相殿
一、同　高麗半寸　久世（通夏）三位殿
一、同　同同　（圓恕）金剛院權僧正
一、花入唐金丸口　小嶋昌怡殿
一、水指雲鶴　會田庫助

家中名代村田
教高上府

*大浦清英常府
家老仰付ラル

分限ノ書付指
出サル

御讓位御受禪
ニ就キ秋元喬
知京都へ遣ス

渡邊數之進上
著

*清胤南方火消
仰ラル

家中へ借知仰
出サル

*常憲院殿御佛
殿へ石燈籠

一、花入唐金花瓶口　土屋相模守殿家來　佐和金左衞門

一、掛物一幅牧心齋筆　同　林　甚　之　丞

此外、御內證御取通御家中幷京都・江戸町人等

御祝儀給、

一、十五日惣御家中名代村田仲右衞門（教高）中村ゟ上府組頭役、

三種二荷捧之、

一、廿一日、將軍家（徳川）宣公ノ御臺（近衞基熙女）被任從三位、御樽肴二種五百疋被獻、

一、同月、御分限書付被指出、

高六萬石陸奥之內、本國下總生國陸奥居城中村　長門守養子實父彈正少弼　相　馬　民　部　五十四歲

寶永六己丑年六月

一、七月朔日、今度御讓位御受禪ニ付、秋元但馬守殿京都江被遣、

一、三日、御家督御祝儀、江府詰合之侍御饗應、

一、同日、若君樣（ノチノ家繼）御誕生、世良田鍋松樣与被稱、

一、九日、渡邊數之進上着、養父半右衞門殿病死、忌中故一類ヲ以御禮、

一、廿日、御家中江御借地（知）被仰出、

當暮ゟ五ケ年百石以上三分一、百石以下小身江戸詰不仕、御扶持切米ノ輩十分一、在鄕給人共ニ御借地、

一、同月、先年ゟ御家中物成五ツ、五拾俵ノ定免拂、今年ゟ年免年拂ニ被相直之旨被仰渡、

一、八月四日、渡邊數之進御目見、太刀折紙進上、今日引移、

政光御刀一腰　清胤君ゟ給之、

晒布十疋二種一荷　以御使者引移祝義被下、

一種五百疋　半右衞門殿後室歡境院江、

一、同日、大浦五藤左衞門（往清）常府御家老ニ被仰付上着、櫻田御屋鋪住居、

一、十日、御老中大久保加賀守（忠增）殿ゟ石燈籠之儀被仰付、常憲院樣（徳川綱吉）御佛殿江被獻石燈籠寶永六年丑正月十日ト切付、九月中可被相建旨、御書付被指出、寸法嚴有院樣（徳川家綱）上野御佛殿被獻候同前、

一、九月十六日、太守（清胤）、土屋相模守殿亭江御招請御入、

石州直綱御刀代金拾枚相模守殿ゟ被進御馬壹疋、

御嫡左京亮殿ゟ被進、

一、十月九日、南方火消被蒙仰之、井上河內守（正岑）殿ゟ御奉書到來、

一、廿一日、常憲院殿御佛殿江石燈籠被建、

銘

奉獻石燈籠　兩基

武州東叡山

常憲院殿　尊前

寶永六己丑年正月十日

奥州中村城主

平姓相馬氏民部清胤

右被相建候段、大久保加賀守殿・間宮播磨守殿(信明)江

御通達、

相建候奉行　佐々木五郎兵衛(宣久)

諸國巡見仰付ラル

一、廿三日、諸國御巡見被仰付、

將軍家宣本丸へ移徙

一、十一月二日、將軍家宣(徳川)公御本丸江御移徙、

御臺様(近衛基熙女)・大五郎様(母家宣妾、櫛笥氏)・鍋松様(母家宣妾、勝田氏)御同然、御移徙、

一、三日、右御祝儀惣出仕、

一、四日、御移徙御祝儀獻上、

二種一荷　公方様(徳川家宣)江、

二種五百疋　御臺様江、

昆布・鯣獻上、干肴ハひノ言葉御嫌、

二種五百疋　御老中間部越前守殿(詮房)

一種三百疋　若御年寄

一、六日、御移徙御祝儀御能御興行、御譜代大名・布衣以上、御饗應、

内裏新造遷幸

一、十六日、内裏御普請成就新造　遷幸、

東山院崩御ニ就キ江戸城惣出仕

一、十二月廿一日、江城惣出仕、

十七日、新院崩御、朝仁天皇、御齢算三十五、御贈號東山院大政天皇泉涌寺ニ奉葬、

(一七一〇)
寶永七年庚寅

一、正月廿六日、太守(清胤)、月次御出仕、如御願被仰出、

*岡田監物知胤内記ト改ム

一、二月六日、岡田監物(知胤)名ヲ内記与改、土屋相模守(政直)殿御二男、養子監物殿与御改ニ付、

一、廿一日、太守御半元服御袖直、

此日巳午刻御立命昌胤君ゟ御祝儀之品被進、御櫛・御はさミ・御毛ぬき、勝木御小刀上之三獻御引渡、

一、廿六日、親王大准后御築地料被獻之、

御普請御入用金貳拾四兩、銀五兩九分三毛、

*旗本相馬信胤知召上ラル

一、同日、御籏本相馬小次郎殿(信胤)知行被召上被仰付次第、

知行所之仕置不宜段達　上聞、大簞笥奉行御役被召放、知行千貳百石御取上、御藏米八百俵被下之屋鋪替、赤坂被仰付、此家ハ御當家ノ分流也、忠胤君ノ御代ゟ譯有之、御出入無之、

*諸大名登城

一、四月十五日、月次御出仕ハ無之、諸大名登城、

御三家幷萬石以上登　城、四品以上、壹萬石以上之面々同御並居、一同御目見、入御以後御代官付ニ被仰出御條目有之、林七三郎殿(信充)讀聞畢而、何茂

御退出、追而大御目付中ゟ御留主居者ニ被相渡御
書付、
覺
一、先年新金吹直有之處、金之位惡敷折損出來通用不
自由之事候、依之今度古金之位ニ吹直被仰付候、
然共、金之位宜敷吹直候ニ付而ハ、金子之數茂減
シ候間、世間之金子茂增候樣ニ、今度小判壹分判
共ニ小形ニ被吹直候事、
一、貳朱判ハ、向後相止候間、所持之分引替可申事

*紋胤江戸發駕

一、廿七日、松平大學頭（賴貞）殿御母儀、松林院殿卒去、
昌胤君ノ奥方ノ御實母小笠原右近將監（忠雄）殿ノ御姉也、
小石川法傳寺葬、

金銀吹替始

一、同月、金銀吹替始、新小判壹兩目、合貳朱五分乾字
入、
一、六月四日、紀伊中納言吉宗卿簾中（伏見宮貞致女）逝去、當將軍ノ御簾中也、御法號實〔德〕法院殿、

紋胤養生ノ爲歸國ヲ願フ

一、十八日、紋胤君御不快爲御養生、中村江御下り、御
願小倉半左衞門（正仲）殿ヲ以被仰上、

清胤内縁相濟

一、十九日、淸胤（尊胤）君江本田（多）（康慶）隱岐守殿御息女御内縁相濟、近江國膳所城主六萬石、

隱岐守（本多康慶）殿ゟ本多五郎右衞門（忠利）殿ヲ以、加々爪次郎右（信全）
衞門殿江被仰入相濟、
一、廿一日、御内縁相濟、御互ニ御使者御取通、
此方ゟ御使者御留主居佐々木五郎兵衞、彼方ゟノ
御使者、於三ノ間御饗膳於御書院御逢、御直答、
一、同日、紋胤君御在邑之儀、御願書江御張札ニ而相濟
被仰出、
一、七月九日、長州紋胤君、江戸御發駕、
御供家老水谷權兵衞（堯宣）
御用人富田又左衞門（實安）
十七日夜、中村二ノ丸江御着、
一、十八日、公儀ゟ被仰出候趣、
覺
親類之内養子ニ可仕者有之候所、其者ヲ差置、他
人ヲ聟養子ニ願候ハヽ、於其時吟味之上ニ而譯立
候願ニ候ハヽ、各別親類・遠類之内ヲ差置、願之
通、他人ヲ聟養子ニ可被仰付譯立不申願ニ候ハヽ、
相叶申間鋪候事、
七月
一、廿一日、加々爪次郎右衞門殿、本多五郎右衞門殿ヲ

*巡見衆中村發
巡見衆中村止宿

以、御縁組御願御相方ゟ御用番本多伯耆守殿江被仰
上之、
一、八月十三日夜、大五郎様御逝去、御廣ハ無之、
一、十八日、竹姫君(綱吉養女)様有栖川親王(正仁親王)江御縁組、常憲院(徳川綱吉)様御養女、大御目付廻状通達、
一、廿一日、御巡見細井左次右衛門(勝郷)殿・北條新左衛門(氏如)殿・
新見七右衛門(正治)殿、中村江御越、御止宿、
一、北堺迄御迎ニ大浦庄右衛門(茲清)郡代原傳右衛門(宗清)・岡田
又左衛門(長保)・門馬嘉右衛門(寧經)病人代リ本役物頭、・代官佐藤彦右
衛門相詰、醫師三人中田玄珉・山本玄仙・奥山宗
琢、
一、中村町御着之節、北町出はなれ江岡田内記(知胤)・池田
八右衛門(直重)麻上下着用、御迎町奉行岡田半藏(長寛)・中野卯右衛
門相詰町長検斷、
一、此日四時過、中村町江御着、
左次右衛門(細井勝郷)殿宿　佐藤條右衛門
新左衛門(北條氏如)殿宿　大町　忠兵衛
七右衛門(新見正治)殿宿　同町　市左衛門
一、右三人江御使者被進、
太守(清胤)ゟ御使者　岡部五郎兵衛(重綱)
昌胤君ゟ　脇本喜兵衛(元明)
紱胤君ゟ　谷六左衛門
相濟老中三人、追而郡代三人共ニ御旅宿江參謁、
一、廿二日、御巡見衆御立、
一、御通筋大手前ゟ新馬場高ノ須愛宕ノ下川江土橋掛宇多川橋ト稱、長谷寺向笹町御休、
一、為御見送岡田内記・池田八右衛門(直重)・大浦庄右衛門、
愛宕下川原江、麻上下、牽馬、相詰、町奉行兩人町長検斷、原八
左衛門屋敷向江出扣、御跡ゟ郡代・代官・醫師・
御祐筆方、其外笹町江罷越、為御用也、草野御泊、
一、廿三日、御巡見草野御立、大原御休、
小高御泊、右御三人共ニ小高ノ古城江御上リ御見
分、此節妙見堂ハ不開差置候也、古城ノ様子御尋有之、大浦庄
右衛門小高町江相詰、御着以後御三人江參上、段
〻御休、御泊ニ侍被附置、
一、廿四日、高野町御休、
熊川堺ニ而、大浦庄右衛門郡代三人、代官森二右
衛門(忠次)御巡見衆見送、岩城領江御越御雇御歩行拾貳
人、御案内者共先拂、抑共ニ熊川堺ゟ歸り、人馬
駕共ニ岩城領富岡迄送之、岩城ゟ小高御止宿迄、
郡代役大見作兵衛相越、御巡見江原傳右衛門案内

ニ而參謁、此節人馬駕馳走ニ出候、鞍置馬共ニ、
富岡江遣候様ニ申達指遣之、
一、同日、於江戸井上河内守殿（正岑）ゟ太守御家督御祝義、御
老中御招請被仰込候所、御差合有之、十一月御招請
与書付ニ而被達之、

清胤登城

一、閏八月十二日、御登　城、十一日御老中御連名御奉書到來、

尊胤讃岐守ニ改名ノ書付*

十月、常憲院様（徳川綱吉）御法事ニ付、梶井宮（道仁）御參向御馳走
被蒙仰之、於帝鑑間御老中列席、秋元但馬守（喬知）殿台
命ヲ傳達、
妙法院（堯延）御門跡御馳走、松浦壹岐守（棟）殿
一、十三日、秋元但馬守殿江太守御元服之儀被仰込、則
相濟、

清胤元服

一、廿二日、御元服、小書院御着座ノ上、三獻御引渡、
御太刀馬代二種一荷
昌胤君ゟ被進、
兼光御脇差一腰
水谷権兵衛（堯宣）
披露之、
大浦五藤左衛門（往清）

江戸芝口門成就*

清胤敍爵仰出サル

一、廿三日、御敍爵被仰出、廿二日、秋元但馬守殿ゟ御奉書到來、佐竹式部少輔（義都）殿御同道御登　城、
御官位被仰出候付、御名御改之儀、御用番秋元但
馬守殿江御願書被差出、御白小袖之儀被相伺、是
ハ御着用与早速御挨拶、御名御願中、左之通奉書
切紙江、

覺

讃岐守

上總介

閏八月廿三日　御名

一、廿四日、但馬守殿ゟ御名讃岐守与御改候様ニ、御書
付ニ而相濟、
一、廿八日、御官位御禮、於御白書院相濟、廿七日御奉書ニ而、今朝御登城、
御太刀金馬代　獻上、
御太刀馬代白銀三枚御老中間部越前守殿、貳枚若御年寄中江被進、
一、九月四日、鍋松様（ノチノ家繼）根津權現江初而御社參、
一、十日、紅葉山新御佛殿江太守供奉、衣冠御着用、
一、十七日、今度御敍爵ニ付、上野御佛殿江御參詣、
御太刀銀馬代御目録銀白榧ニ載、　御宮江、
廿日・八日・十日、御佛殿江白銀壹枚被獻、
一、廿一日、江戸芝口御門成就、諸人初而往還、新規御門、
御手傳松平飛騨守（利直）殿・佐竹壹岐守（義長）殿・田村下總守（誠顯）
殿被仰付、此御門、後年ニ燒失、以後不被相建、

*梶井宮以下對顏

一、廿四日、上野御馳走、御役所江九時過御引移、明廿五日御參向ニ付、御人數引移、
御本坊上野春性院　御宿坊同所勸善院
御賄方　南條金左衞門殿
詰合役人
老臣　岡田内記(知胤)
水谷權兵衞(堯宣)
大浦五藤左衞門(往清)
御用人　新谷五郎左衞門(信盈)
富田又左衞門(實安)
守谷〔屋〕八太夫(眞信)
御留主居　佐々木五郎兵衞(宣久)
御用聞　佐々木十郎左衞門
池田三太夫(直佳)

*池上本門寺炎燒

梶井宮著輿

一、廿五日、梶井宮(道仁)御着輿、
上使　土屋相模守殿(政直)
高家　織田能登守殿(信門)

清胤緣組仰出サル

一、廿八日、太守御緣組、如御願被仰出、
廿七日、佐竹式部少輔殿(義都)江御奉書到來、此日太守
ノ御名代ニ御登　城、本多下總守殿茂登　城、御
雙方江被仰出、太守御馳走御勤中故、年寄御使者
ニ而御老中江及御禮、
一、十月朔日ゟ御法事、十日ニ相濟、
一、十二日、梶井宮・妙法院(堯延)御門跡・勅使・院使・參向
之公家衆御對顏、
十三日御暇、十八日濱御殿江御出輿、廿二日梶井
宮御發輿、太守御馳走所ゟ直クニ御登　城、御退
出、御人數引拂、
御馳走中之日記、別ニ有之故略之、
一、十三日、武州池上本門寺伽藍炎燒、江戸中ニ無之大伽藍、
一、廿八日、於殿中、太守江大目付横田備中守殿(重松)御玄猪
之節、御先代ゟ御登　城候哉被相尋、依之右御答翌
日被仰入、
讃岐守儀、御諷初御玄猪之節、從前代罷出來候、
以上、
十月廿九日　相馬讃岐守内　小田切伊左衞門
右之趣、備中守殿(横田重松)御用人江御留主居代り伊左衞門
相達之、
一、十一月十二日、本多下總守殿(康命)江御緣組、以後初而御
見舞、加々爪次郎右衞門殿(信全)御同道、

琉球人登城

清胤老中等ヲ招請饗膳ス

一、十八日、琉球人登　城、十七日御奉書到來、烏帽子・大紋御着用、櫻田御屋鋪前通行ニ付、警固侍被指出、

一、同日、御老中御招請、八半時各御出、

御老中 秋元（喬知）但馬守殿	同 大久保（忠增）加賀守殿
若御年寄 大久保（教寛）長門守殿	御奏者 土井（利意）山城守殿
同 松平備前守殿	御留主居 大嶋（義也）肥前守殿
大御目付 折井（正辰）淡路守殿	町御奉行 丹羽（長守）遠江守殿
御作事奉行 柳澤（明政）豐後守殿	御普請奉行 水野（忠順）權十郎殿
太田（好敬）和泉守殿	佐野（直行）豐前守殿
桑山（一慶）甲斐守殿	稲生（正照）下野守殿

右御着座、則御熨斗鮑上之、御饗膳、三汁九菜、但馬守殿・加賀守殿、太守江御盃事相濟、御家老岡田內記・石川助左衞門・大浦五藤左衞門、御用人新谷五郎左衞門・富田又左衞門・富田（政實）五右衞門貳人宛、御盃頂戴、檜重壹組、敍胤君ゟ脇本（元明）喜兵衞御使者ニ而被進、次ニ蜜柑一籠、昌胤君ゟ村田太郎左衞門御使者ニ而被進、御取持之御披露相濟、御茶之節菊千代君・佐竹（義長）壹岐守殿御連立、御老中江御對面、

御勝手御客、

松平（賴貞）大學頭殿	佐竹大膳大夫殿
松平志摩守殿	佐竹壹岐守殿
佐竹式部少輔殿	板倉（重寛）甲斐守殿
小笠原（長熙）山城守殿	米倉（昌明）丹後守殿
內藤（政森）山城守殿	土屋（陳直）左京亮殿
本多下總守殿	牧野靭負殿
神尾（元陳）左兵衞殿	土屋（茂直）賴母殿
土屋（喬直）數馬殿	土屋（秀直）兵部殿
渡邊平十郎殿	水野（忠顯）內藏亮殿
今大路道三殿	加ゝ爪次郎右衞門殿
六郷主馬殿	熊谷玄與殿
岡田利左衞門殿	小林貞右衞門殿
那須玄竹殿	玉置半助殿
池永清右衞門殿	原田順阿彌
山本傳阿彌	鈴木宗清
藤後正順	佐ゝ木文齋
幸田三喜	

此外御出入坊主衆、役者金剛大夫・寶生大夫・大藏八右衞門・鷺二右衞門被召呼、

御出無之御方江左之通被進、

檜重壹組
生肴一折
御茶一箱
　初むかし
　　土屋相模守殿
　　井上河内守殿
　　本多伯耆守殿
　　間部越前守殿

生肴一折
御茶一箱
　後むかし
　　久世大和守殿
　　加藤越中守殿
　　永井伊豆守殿

中御門天皇卽位

一、十九日、天子(中御門)御卽位、去ル十六日相濟候御悅、諸大名出仕、

一、廿三日、琉球人御暇、大紋ニ而御登　城、

柳原ヨリ出火清胤ニ火消仰ラル

一、十二月十九日、柳原ゟ出火、増火消被蒙仰之御出馬、柳原松平伊豆守(信祝)殿屋鋪ゟ出火、永代橋迄類燒及大火、御加勢、

一、廿三日、於秋元但馬守殿亭被蒙　鈞命、今度増火消被仰付候所、早速罷出、火防精出候段達　上聞、此段　上意之由被仰渡之、

*中御門天皇卽位ニ就キ脇本元明京著

一、廿五日、御朱印之儀、本多伯耆守(正永)殿ゟ書付ヲ以、被相達之、

一、萬石以上之面々江御判物・御朱印被下候ニ付而、安藤右京進(信友)・松平備前守殿可被相改旨被仰付候事、

一、御代々御判物・御朱印所持之面々ハ、御判物・御朱印ニ寫を差添出之、右兩人御本書拜見之上、寫を可留置候、勿論國郡鄕村高辻注帳面可被指出候、

御朱印無之面々ハ領知之高國郡鄕村、委細書注、兩人江可被相渡之事、

一、御加増拜領、或所替之面々、或　御判物御朱印高之內、領知分候面々共旨趣、具書注、兩人迄可被相達之事、

右之外可被相伺義者、兩人江可被承合候、以上、

(一七一一)
正德元年辛卯

一、正月十二日、今度天皇(中御門)御元服、惣出仕、

一、十三日、御卽位御使者脇本喜兵衞(元明)組頭役江戶ゟ出足、廿五日京着、五萬石以上、御使者、妡添　御徒士組頭役　高屋政右衞門

此節御名代榊原式部大輔(政邦)殿、

高家　織田能登守(信門)殿
　　　山口安房守(直重)殿
禁裏附　久留伊勢守(通定)殿
　　　山田伊豆守(重伯)殿
仙洞附　荒木志摩守(政羽)殿
傳奏　高野前大納言(保春)殿
　　　庭田前大納言(重條)殿

院傳　梅小路（共方）中納言殿
　　　藤谷（為茂）前中納言殿

諸司代　松平（信庸）紀伊守殿

京都町奉行　中根（正包）攝津守殿
　　　　　　安藤（次行）駿河守殿

廿七日、松平紀伊守殿江御使者喜兵衞相勤御狀差出之、

　鰹節一箱　被進、

（中根正包・安藤次行）町御奉行江鹽雁二ツ宛、御狀不添、御口上御壹人ハ御在江戸、依之御使者不相務、御太刀獻上相濟、以後御祝義物ハ、京都ニ而御在江ノ方被進、禁裏并院附ノ御方・兩傳奏・院ノ傳奏衆江茂御使者御口上務、

脇本元明榊原政邦ニ御目見

二月二日、榊原式部大輔殿（政邦）江喜兵衞（脇本元明）爲御使者箱肴一種被進、御狀不被遣御口上ニ而、但御進物無御受納、　織田能登守殿同前、

十一日、榊原式部大輔殿江喜兵衞御目見、可被爲逢旨申來參上、干肴被進、

十六日、諸司代（松平信庸）江御使者被爲呼參上、其節紀伊守（松平信庸）殿御差合、中根攝津守殿（正包）江參上之御差圖ニ而、彼方ニ而書付ヲ以、來ル十八日獻上物納候樣ニ被仰付、

*參院ノ次第

　右御書付之趣、

一、惣門之外ニ而乘物・鑓・沓・籠等差置、人少ニ召連可申事、

一、御唐門ゟ入長橋奏者所江御太刀目録可有持參事、

　附、唐門ゟ內江者御太刀目録・御馬代、其外白銀等持候者并若黨壹人草履取之外、可爲無用候、

　御馬代ハ御長屋江相納、御臺所門ゟ可有退出事、

一、新女院（承秋門院）・大准后（敬法門院）江進上之目録、白銀同日直ニ可指上候、受取之場所之儀者、案內之者被出置候事、

一、仙洞（靈元）江ハ同日可致獻上候、御唐門ゟ入御內玄關江持參、御臺所門を可有退出事、

　附、御唐門ゟ內供ノもの前准し御馬代ハ御臺所御門ニ而納候事、

一、女院（新上西門院）江獻上物茂右同所ニ而受取候事、

一、官位之順次第、使者呼出可有之候條、混亂無之樣ニ可相心得事、

一、右獻上物披露相濟候段、可被申渡候間、同日未刻過ゟ申之刻迄之內、高野前大納言・藤谷前中納言亭江可被相越事、

　參內之次第

一、十八日辰ノ刻出宅、六門ゟ下乘、供ノ者六門ニ殘

置、御唐門ゟ内江ハ若黨上下着貳人、草履取壹人幷留主居若黨壹人、妳添侍壹人、草履取召連、獻上物ノ宰領壹人、右之通召連候事、

但、諸司代之御書付ニハ、若黨壹人与有之候得共、獻上之首尾壹人にて難成候付、追而諸司代御家來江承合、右之通召連候、尤喜兵衛壹人之外ハ、侍下ゞ迄瓶子御門內江ハ不入候事、

御唐門之內ニ、使者溜所有之惣使者集居、此所江雜掌四・五人出帳面ニ引合、瓶子御門ゟ長橋御玄關迄薄縁敷、瓶子御門之內ゟ雜掌出向使者壹人宛內江呼入、此御門前ニ而袴ノくゝりをとき、御太刀幷折紙共ニ、雲足臺ニ載、兩手ニ持之內江入、長橋御玄關迄使者壹人宛同道、御玄關ノ上リ口ニ御簾かゝり候所ニ而、主人ノ御名ヲ雜掌披露被仕、夫ゟ又御簾をくゝり、三間奥ニ禁裏附壹人着座、御太刀・折紙載候臺御手ニ掛る程ニ着置、半間程退、平伏して退出、銀子ハ御臺所御門脇ニ而相納之、今日獻上物相濟、高野前大納言殿江喜兵衛參上、庭田前大納言殿列座ニ而御逢、御返答有之、此時ノ裝束青襖袴ヲ着用、

同日、仙洞江獻上物納之、如禁裡御玄關御簾かゝり、御式臺ゟ二間向ニ女院附之御方着座、右之脇を折まハし、奥ノ御座敷江通り、又三間過候而、仙洞附山田伊豆守殿・荒木志摩守殿着座、御太刀目錄雲足臺ニ載持參、兩人之間ニ置や、御主人ノ御名ヲ謹而申上退出、女院樣之御目錄、右之女院附衆着座之所ニ而、相納之銀子ハ御臺所御門脇ニ而納之候事、

右獻上物相濟、藤谷中納言殿江參上、梅小路中納言殿列座、御逢、獻上物御悅被　思召之由、御返答被仰出御使者裝束青襖袴、先年ハ長袴、御役人中江御祝儀二種五百疋、或一種三百疋被進、右相濟、喜兵衛出足、

寛文三年卯四月御卽位（靈元天皇）御使者
　目付役　岡和田勘助（政重）

貞享四年卯四月御卽位（東山天皇）御使者
　組頭役　志賀三左衛門（直之）

右今度脇本喜兵衛參內、獻上物納之次第、大略如先年、御目錄ハ今度獻上、御名・御實名書之以前ハ、進上御名無之、雜掌差圖、紙大高檀紙壹枚、

御太刀馬代、白銀拾枚　禁裏（中御門）江、
御太刀馬代、白銀五枚　仙洞

白銀三枚宛、女院　新女院

大准后

天皇即位ノ祝儀トシテ将軍家ニ樽肴獻上

一、二月十九日、御即位ノ御祝儀、公方様（徳川家宣）江御樽肴獻上、

一、廿一日、神田御門番被蒙仰之、御相番伊東大和守殿（祐實）、

標葉郡泉田村ヲ幾世橋村ト改ム

一、同月、標葉郡泉田村向後幾世橋村与唱候様ニ被仰付、今度郷村帳ニ幾世橋与御書加、

代々ノ朱印領地目録寫ヲ松平備前守ニ差出ス

一、三月七日、御朱印幷寫御領地目録、松平備前守殿〔之〕江亭江、岡田内記持參差出之、案内御留主居佐々木五郎兵衛、

嚴有院様（徳川家綱）御朱印　高祖父　相馬長門守頂戴、

寛文四年四月五日

常憲院様（徳川綱吉）御朱印　祖父　相馬彈正少弼頂戴、

貞享元年九月廿一日

郷村帳ハ追テ差出スベシ

領地目録差出申候、郷村帳追而指出可申候、以上、

三月七日　相馬讃岐守使者（知胤）岡田内記

同道　佐々木五郎兵衛（宣久）

御見屆相濟、御朱印幷領知目録寫被留置、本書被相返、郷村帳ハ、重而差出候様ニ御差圖、御見屆相濟候段、大久保加賀守（忠增）殿江御屆、

一、廿一日ゟ歡喜寺傳法灌頂庭儀執行、日數三七日、住職俊光、

一、同月、御先祖ニ彈正大弼・大膳大夫御任官之儀、大御目付方ゟ御尋有之、

相馬彈正大弼盛胤

天文廿二年癸丑四月、四品被任之由、

右者、盛胤自分ニ上京參内仕、四品之綸旨頂戴仕、大弼与改申由、舊キ覺書等ニ相見申候、乍去、口宣・位記、慶長年中、中村出火城中幷城下類燒、殊寛文十年庚戌五月四日、雷火、城内之天守燒失之節、古來之　口宣・感状等、過半燒失ニ付、右之口宣燒失仕、日限等茂相知不申候、

相馬大膳亮利胤

慶長元年、謁　關白豐臣秀吉公、同時敍從五位下、

右之趣、舊キ覺書等ニ相見申候、位記・口宣等ハ、是又燒失仕、月日相知不申候、

如此御書付被指出、

*敍胤中村ニテ大病

一、四月十七日、敍胤君、於中村御病惱御變症ニ而御大病、此段廿日ニ江戶江達、御醫師小嶋昌怡殿御賴、外ニ那須玄竹殿御賴被置、廿二日御用番大久保加賀

守殿江加々爪次郎右衛門殿(信全)ヲ以、御頼同書昌怡殿(小嶋)
江御奉書ニ而被仰付之旨、加賀守殿(大久保忠增)ゟ被仰聞、
時服二　袷羽織二　　昌怡殿江被進、
同道物頭役石橋彌五左衛門
騎馬役本役御納戸　鹽　嘉左衛門
御徒士五人賄　森　傳兵衛
昌怡殿家來弟子壹人、侍分四人、中間九人、御醫師御願相濟候、御禮佐竹壹岐守殿(義長)ヲ以、井伊掃部(直該)頭殿御老中御出頭江被仰入、

*昌胤室歿

廿日、敍胤君御遠行之段、廿三日江戸江達、御服忌御用番江御斷、廿三日昌怡殿小金驛ゟ歸府、

一、廿四日、神田御門番長御忌中、大久保加賀守殿江御伺、則御免外之御番所ハ、御免無之候得共、神田ハ御成道筋故、御免之由御代リ、淺野土佐守殿(長澄)被仰付、

牛込寶泉寺ニテ法事執行

一、五月朔日ゟ二日江、牛込於寶泉寺御法事御執行、
御法號
香雲院殿前長州太守鑁翁玄鑁大居士

*諸大夫以上ノ衣冠狩衣ニ就キ仰出サル

一、廿七日、土屋相模守殿(政直)ゟ御書付ヲ以被仰付儀、左之通、
鞍皆具九疋分　　相馬讃岐守
但壹疋分　足輕壹人　手傘紙合羽
口付貳人　合羽籠持
沓籠持　挑燈持
右者、當七月・八月比、朝鮮國信使歸國之節、江戸ゟ京都、それより淀迄可被出事、
一、鞍皆具、淺草本願寺江役人差添罷越、馳走人并馬割之御代官江相達、宗對馬守(義方)役人申談可任差圖事、
一、信使發途之日限等、本多彈正少弼(忠晴)・仙石丹波守(久尚)・荻原近江守(重秀)江可被承合事、

一、六月四日、昌胤君奥方御不快被爲重、暮比御遠行、御歳五十三、
一、五日、御忌中御用番江御斷、
一、六日申刻、御出棺、牛込寶泉寺江被爲入、委ハ昌胤君ノ御年譜記、
一、十九日、高野山巴陵院ゟ香雲院殿(相馬敍胤)御遠行ニ付、爲名代常福院出府、於寶泉寺諷經中村迄下向、
一、廿九日、糀町長福寺江本立院殿ノ御位牌被相建度段、御留主居伊藤太兵衛(重祐)ヲ以被仰入、此寺ノ住持幾世橋興仁寺法類ニ付而也、
一、同月被仰出趣、
諸大夫以上、衣冠并狩衣之心掛可被仕候、
一、侍從以上、薄紫
一、四品　　濃紫

清胤端午ノ時服獻上
*高野山巴陵院宿坊ノ證狀遣ス
*清胤中村ヘノ暇仰出サル
舊功アル者ヲ給人ニ召立ラルベキ次第
*清胤在所暇ニ就キ德胤家督ノ段大久保忠增ニ書付ヲ差出サル

一、諸大夫　淺黃
裝束之節、指貫之色、向後右之通可被相心得候、
以上、
一、七月二日、本立院殿ノ御位牌、長福寺江御安置、此寺後改栖岸院、
一、五日、御忌明御出勤、香雲院殿ノ御忌中ニ、本立院殿ノ御重忌、
一、六日、端午之御時服獻上、御忌中ニ而不被獻、今日相濟、
一、同日、御用番阿部豐後守(正喬)殿江小倉半左衛門(正仲)殿ヲ以、御在所江御暇御願、
一、七日、敍胤君御病中御賴ノ御醫師小嶋昌怡殿江御進物、
白銀五十枚
干肴一折
一、八日、新發在鄕給人被仰付候次第、
覺
一、御當家ハ久敷御家ニ而舊功之筋目在之、御譜代之者埋居候、依之足輕・小人・長柄之者、諸職人・百姓・町人等ニ至迄、慥成筋目有之候ハヽ、從只今來辰之暮迄之內可申出、新發被仰付、給人ニ可被召立候、左候ハ高五石ゟ拾石迄ハ、何方成共勝手次第開發可致候、尤屋敷茂勝手ノ山野ニ而、望次第可被下之、且又近年何角御物入共差支、御不勝手ニ被爲成候付、御城下侍鄕給人迄、御借地被遊候時節候間、新發之面々高壹石ニ付、金五兩宛貸上可申候、新發之儀ニ付、御かり地ハ御免可被成事、
此年新發願候給人、都合百八人、外ニ社領・寺領願新發有之、
一、十六日、高野山巴陵院ゟ御宿坊御證狀御代替故願之、如御先代御證文被遣、
如前々宿坊不可有相違、仍證狀如件、
正德元辛卯年七月十七日
奥州中村城主
讃岐守平姓相馬淸胤御判
高野山
巴陵院
一、廿六日、中村江御暇被仰出、廿五日阿部豐後守殿ゟ御奉書到來、
時服拾　如御先代御拜領、
一、同月、佐竹大膳大夫(義格)殿、今度入部ニ付、爲御使者佐藤惣左衛門羽州秋田江被遣、御太刀金馬代・時服等被進、
妡添御徒士黑木甚五兵衛
一、八月七日、今度太守御在所御暇ニ付、德胤君御家督ニ相濟候段、御書付加々爪次郎右衛門(信全)殿ヲ以、大久

保(忠增)加賀守殿江被指出、
一、同日、阿部豊後守殿ゟ御書付ニ而被相尋事、
一、帝鑑之間、席江前〻ゟ御登　城之節、御出被成候由、此段ハ何比何代以前ゟ帝鑑之間席江御出候哉、御代〻御家督之時分、御譜代列、又ハ帝鑑之間江御出被成候樣ニ与被仰渡茂有之候哉、御書付可被指出候、
一、同日夕方御答、
一、帝鑑之間席江相詰候儀、同氏先長門守儀、萬治二年亥二月廿九日阿部豊後守殿ゟ御奉書を以被爲召登　城仕候所、御譜代並ニ被仰付旨被仰渡、此節ゟ帝鑑之間席江相詰申候、
一、同氏出羽守家督之節之儀、延寶元年丑十二月廿五日、久世大和(重之)守殿江相伺候所、先規之通長門守席同前可仕旨、御差圖ニ御座候、
一、同氏彈正少弼家督之節、席之儀、延寶七年未十二月廿一日、大久保加賀守殿江相伺候所、先規之通ニ仕候樣ニ而御差圖御座候、
一、同氏長門守家督之節、席之儀、元祿十四年巳二月十二日、秋元但馬守殿江相伺候所、先規之通可仕旨御差圖ニ御座候、
一、私家督之節、席之儀、寶永六年丑六月六日土屋相模守殿江相伺候所、先規之通可仕旨御差圖ニ御座候、

八月七日　　御名

＊清胤江戸發駕　西道旅行　須賀川ヨリ三春領野川泊

一、十一日、江戸御發駕、西道御旅行日光御登山ハ御服故、御廻リ無之、須賀川ゟ三春御通御領分野川御泊、高野町御止宿、幾世橋御殿江御入御對面、御饗應、江戸御供之侍不殘御料理被下、

御入部御供

御迎　堀内大藏(胤近)　　老中　池田八右衛門(直重)
御用人　新谷五郎左衛門(信孟)　　富田五右衛門(政實)
組頭　村田十左衛門　　物頭　岡田惣兵衛(常長)
長柄奉行　岡田丹下(清房)　　門馬嘉右衛門(寧經)
同御迎　高城覺右衛門　　同本役御使番御雇　久米織部
中目付　野坂竹右衛門　　御使番　金谷平左衛門
給人　俵口吉左衛門　　同本役御使番　増尾藤左衛門
同御雇　笠井與右衛門　　同　原幸右衛門(庸友)
御道中御賄(安清)　本役御使番　富田郷右衛門　　御近習、其外定式御人數、

＊清胤中村著城

一、十七日、七時御着城、
御迎之面〻、先規之通、

*清胤惣家中御目見

*淨土三箇寺仰付ラル
興仁寺
阿彌陀寺
西光寺

*大久保忠增ヨリ書付到來

*巡見使言上ノ趣

*風俗衰ヘ四民困窮

御一家老中・御用人・組頭四百石以上、野川境七八丁程三春領迄、
中目付御使番差合、郡代ハ郷見、
物頭　太田ノ川原迄、
百石以上、並侍在鄕給人中頭舟奉行
原野町木戸際原迄、
御用番ノ老岡田內記、立谷町南外迄、
御城下小身侍　同所北ノ原迄、
兩町奉行町年寄檢斷、　西光寺脇東ノ方、
御普請奉行　病人大身・小身立谷江不參面々、
堀內大藏（胤近）脇
當番物頭兩人　大手御門ノ內、
前髪立子共、二男・三男共ニ、　隱居　同所御番所西ノ方、
御一家ノ隱居、　中御門ノ內泉田掃部向
大浦庄右衞門（玆清）郡代三人、郷見ノ內故、
丸土張坂ノ上、
御伽ノ面々、老中ノ嫡子、　同所北ノ方、
惣當番御近習輩御用ニ而殘人、御玄關前
在鄕給人ハ鄕々江御迎、
御着城、於御座間岡田內記・堀內大藏麻上下着用、御相伴、
御引渡畢而御一家・老中・御用人御前ニ而御祝義

申上之、御在着御使者村田太郎左衞門組頭役被爲指上、

一、廿一日、惣御家中御目見、
御廣間上段江御出座、御一家太刀折紙ヲ以御目見、老中披露、次ニ老中捧太刀折紙御奏者披露、御用人壹人宛、御奏者披露、右畢而組切段々獨禮其組ノ組頭披露、御簱本組御小姓頭披露、御歩行ハ御歩行頭披露、郡代組ハ郡代御扶持切米ノ小身嫡子迄壹人宛御目見、

一、同月、興仁寺・阿彌陀寺・西光寺、淨土三箇寺与今度被仰付之、
興仁寺ハ淨土僧錄与御定、昌胤君ゟ御自筆之御證文被相渡、西光寺江加增廿五石、阿彌陀寺廿石內拾石、切次御寄附、到十月昌胤君命ニ而小泉普明院江本立院殿ノ御位牌被相建、爲御拜禮也、享保十三年申十月、昌胤君御遠行、御位牌西光寺江被建時、本立院殿ノ御靈牌、普明院ゟ西光寺江被移、

一、同月、大久保加賀守殿（忠增）ゟ御書付到來、
諸道巡檢使言上之趣に就て、國郡の治否悉ク御聽に達る所に、御料・私領の間、其善政、特に著れ聞ゆる所なく、大抵風俗衰へ、政事煩しく四民一ツに困窮に及ふ由被聞召、御憂慮尤淺からさる所

*清胤幾世橋ニ入リ具足始

高野山巴陵院ノ使僧中村登城御目見

*佐竹義格ノ使者中村登城

堀内胤近侍大將仰付ラル

在郷給人千百八十七人御目見

也、雖然御代始之日、猶近く且ハ思召御旨有之によりて、いまた御紀問之事あらす、自今以後御料の御役人國郡の諸領主、凡大小の政事自分懈る所なく、四民各其生を遂しむへし、若他日に至りて、舊弊猶改まる事なきにおゐてハ、嚴に御沙汰を經るへき由被仰出者也、

正徳元卯年八月

一、九月朔日、高野山巴陵院使僧差遣登　城、御目見、御入部ニ付而也、

御札守　扇子二箇　油煙十挺　昆布一折　進上、

白銀五枚　巴陵院江、

同　壹枚　使僧ニ給之、

一、三日、寺社方御入部之御目見、

一、五日、堀内大藏（胤近）侍大將被仰付、泉内藏助組支配病氣ニ而御免跡組、

一、八日、在郷給人御目見、千百八拾七人出仕、

一、九日、於江戸、井上河内守殿（正岑）ゟ御諷初、玄猪ニ前〻ゟ御登　城候哉ヲ被相尋、依之御留主居書付指出之、

一、御諷初、玄猪御祝儀之節、相馬長門守代ゟ登　城仕、同出羽守・同彈正少弼・同長門守・同讃岐守、右之節段〻登　城仕候、

追而正月御具足御祝御出候哉与被相尋、是又前〻ゟ登　城仕來候与書付差出之、

一、十一日、太守幾世橋江被爲入御具足初、御吉方聞神ノ方江御向、昌胤君御出座、御上帶御〆被遊、御熨斗鮑ノ御祝儀、昌胤君御座之間江被爲入、太守御具足被爲執、廉御上下御着用、御盃事ノ内、

國行御刀代金二十枚一腰

昌胤君ゟ被進、

一、十九日、佐竹大膳大夫殿（義格）ゟ御使者、御本城江登　城、御饗應之上、御囃子三番、老松・東北・金札、

御太刀黄金馬代　縮緬十巻　二種一荷

御入部御祝儀被進、

御使者　駒木根丹下

馳走案内山口六郎左衞門

右小書院二ノ間江置之、

御出座御使者御口上、御太刀・折紙、岡部五郎兵（重綱）衞披露、御奏者役、終而自參之太刀折紙、同人披露之御禮、退去、大廣間上ノ間ニ而饗膳、三汁九菜、膳之內太守御出、追而於小書院御吸物・御盃被下、御肴

野馬追
*朝鮮人登城
惣家中饗應中村城ニテ能興行
*清胤中村町踊ヲ本城ニテ見物

之上、御返盃、
右相濟、御直答退出、以後、
白銀五枚　御使番御使者　丹下ニ給、
時服二
一、廿二日、野馬追、
廿一日原ノ町江御出馬、御服故陣ケ崎江御假屋掛之、御本陣例之所江かゝる御餝之次第同然、小高江七半時御着、二年御忌故御名代堀内大藏、廿三日卯ノ刻過、御野馬場江御出垣ノ外、西ノ方江御小屋掛、
御供等ハ、御野馬御掛ニ御出候節之通也、
一、廿九日、於幾世橋、富松君去ル十日御出生、御祝儀被進、
御産衣二重二種一荷　御使者　水谷權兵衞
石州直綱御刀代金十枚一腰
一、十月六日、惣御家中御饗應、於御本城御能御興行、
一、九日、三日市太夫次郎御入部ニ付、名代差下、
御祓
二種一荷　進上、
一、十一日、本立院殿・香雲院殿御石塔、高野山江被相建ニ付、守屋八太夫（眞信）・藤崎五左衞門・御徒士目付牛來伊賀右衞門被遣、

十一月晦日、於高野山御石塔建立、巴陵院江御位牌建、御法事執行、日牌御供養、
一、十八日、江戸江朝鮮人來聘、
將軍家宣（徳川）公御代替ニ付而也、朝鮮人着府之行列等繁多故略之、
一、十一月朔日、朝鮮人登城、
同三日御饗應、四日於吹上曲馬上覽、
十一日御暇、十九日發途、櫻田御屋鋪向通行ニ付、
御門之内御幕屏風等ヲ以餝之、警固被出、
鞍皆具九疋分被相出、淀迄送之、
右役人　中目付役　小田切伊左衞門
御納戸役御免以後　石川彌助（昌晴）
御徒士組頭　青田忠右衞門
御馬方　門馬彦九郎
十二月八日淀着之注進以後、十四日無恙送屆候段、
朝鮮人御用掛リ土屋相模守殿・本多（忠晴）彈正少弼殿・仙石（久尙）丹波守殿・荻原（重秀）近江守殿江御屆、
先達而爲宿割御徒士目付澁佐六右衞門被遣、
一、廿八日、中村町踊於御本城御見物、御入部御吉例、
二種一荷　町人共獻之、月番老中披露之、
一、同月、原釜居住佐藤善左衞門新知百石二十人扶持被

下、御勝手御用ニ付、
一、十二月三日、會津領柳津櫻本坊御入部ニ付參上、

*清胤參府
會津柳津櫻本坊參上

一、同日、德胤君附御用人富田五右衞門(政實)被仰付、

德胤付御用人ニ富田政實仰付ラル

一、同月、紀伊中納言吉宗(德川)卿御嫡子御出生、大納言家重樣也、
御書翰ヲ以、御祝儀被仰達、

(一七一二)
正德二年壬辰

一、正月、御佳例之御規式之內、定日今年ゟ左之通御改、
五日御貝初、六日御野初、七日寺社方御禮、

*清胤登城

一、十一日、於江戶被仰出、
來ル未ノ年　權現樣(德川家康)百廻御忌ニ付、日光御參詣可
被遊由被　仰出之旨、今日出仕之面々江於席々被
仰渡、右ニ付在國在邑ノ御方御使者勤、

清胤入部ノ祝儀トシテ大赦

一、同月、太守(清胤)御入部、爲御祝儀大赦被　仰付、
一、二月、被相尋候儀御觸、井上河內守(正岑)殿ゟ被相渡候御書付之由、
寬文三卯年
先年日光山御成之節、諸向々勤方其向々より書出
候樣ニ可被相觸候、以上、
二月　河野勘右衞門
平岡市右衞門
橫田備中守

一、四月三日、御參府、
一、十三日、御參勤之御禮相濟、獻上、
御太刀金馬代
鹽硝十箱五貫目入
御臺樣江、白銀五枚
一、十五日、御登　城、十四日御老中御連名御奉書到來、
於浪之間御老中列席、大久保加賀守(忠增)殿御書付ヲ以
被仰渡之、
相馬讃岐守
只今迄勅使・院使御對顏、御能御返答之節、登城
無之候得共、向後者、外之御譜代列之通面々罷出
候通可有出仕候、
一、十九日、御登　城、十八日御奉書到來、
御朱印御頂戴、御先江兩御留主居熨斗目半上下ニ而、半長持もたセ登　城、徒士目付壹人・御徒士壹人・足輕四人・中間四人召連、
御屋敷ニ而者老中・御用人御取次並番給人麻上
下着用、
內ノ箱御封印、御自身　外箱御留主居封印、長持
江入、御屋鋪迄御留主居壹人、騎馬於御屋敷大門
ヲ開キ、老中・御用人御取次、白砂ニ薄緣際ニ而、

*江戸木挽町ヨリ出火

*德川家綱三十三回忌ニ就キ東叡山ニ供奉

*領地目錄松平備前守亭ニテ渡サル

*敍胤ノ女歿

*千葉妙見本所彌勒寺ニテ開帳

新上西門院歿

御徒士者四人受取、長座敷上之間ニ居、内ノ箱御留主居取出、御用人江相渡、御座之間御床之上江居置、

一、廿二日、御朱印御用掛リ大久保加賀守殿江、以御使者貳種・五百疋被進、

一、廿三日、大久保加賀守殿ゟ御書付ニ而被仰渡候趣、

覺

一、諸大名參勤之節召連候人數之事、元和元年之御定も有之候所、近年以來召連候江戸詰之人數次第相增、主人幷諸家中之もの不勝手ニ罷成候由被聞召候、且又諸國居城居所等、留主之人數も減候事、旁以不可然被　思召候、自今以後、參勤之節召連候人數、分限ニ應し其心得可有之候、但其員數之事ハ、追而可被仰出事、

一、隱居領之事、子たるものハ孝養ノため、何程もわかちたく可存事ニ候へ共、過分之事ニ而御公役も勤り兼、且ハ又家中之輩難儀ニも及候樣ニ在之候而ハ、不可然事ニ候間、自今以後、大身・小身ニよらす、其心得を以、隱居領受用可有之事、

一、廿四日、女院（新上西門院、鷹司房子）御所崩御、惣出仕、

一、同日、木挽町ゟ出火、暮以後防火被蒙仰御出馬、

一、五月八日、東叡山御佛殿江供奉、（束帶、御劍帶、）
（德川家綱）嚴有院樣三十三回御忌

一、十一日、參向之御門跡方、公家衆御對顏ニ付御登城、（御裝束、御狩衣、）

一、十九日、御領地目錄、松平備前守殿亭ニ而、安藤右（信友）京亮殿御同席、御留主居佐々木五郎（宣久）兵衛被召出、備前守殿被相渡之、

右之御禮、太守御出駕、

一、廿日、敍胤君ノ御息女、（お由御方、）晝時ゟ大急驚風ニ而、夜亥刻御遠去、（御齡八歳、）牛込寶泉寺江葬、
御法名 大照院殿寶光玄珠大姉、（御石塔寶泉寺、於中村御位牌蒼龍寺建、）

一、廿六日、禁裡御築地料高割ニ而上納、（寶永七寅ノ年ノ御普請料也、）

一、廿九日、下總國千葉妙見、江戸本所彌勒寺ニ而開帳、

白銀五枚　御初尾御代參ニ而被遣之、

一、六月十二日、本多（康慶）隱岐守殿御息女江御結納被進、

御小袖二重　本使 大浦五藤左衛門（往清）

御帶三筋　副使 佐々木五郎兵衛

末廣壹本　妁添御納戸役 鹽嘉左衛門

三種二荷　中小姓躾方 野坂那須之丞

江戸抱ノ屋敷書付差出スベキ旨仰出サル

御結納之次第、別記有之故略、
一、十五日、五半時、本多隠岐守殿江御見舞、加々爪次郎右衛門殿御同道、(信全)
御歸亭以後、(本多康慶)隠岐守殿櫻田御屋鋪江御入、本多五郎右衛門殿(忠利)御同道、於小書院一獻之御祝義、
一、七月廿一日、江戸惣抱屋敷書付可被差出旨被仰出之、

覺

一、中屋鋪　麻布谷町　五千四坪
一、抱屋敷　同所伊奈半左衛門(忠逵)支配所　貳千貳百九拾三坪
年貢地
家作圍相濟申候、
右者、中屋敷地續求添一所圍込致所持候、日本橋迄壹里五丁五間
一、同向屋敷　同所同人支配　七百拾九坪
年貢地
家作圍相濟申候、
右者、中屋敷向道隔求置申候、日本橋迄右同斷、
一、下屋敷　角筈村　七千四拾壹坪
一、町屋敷　南八丁堀五丁目町奉行支配　四百四拾八坪餘
表口廿間半
裏行廿壹間五尺七寸
右町屋鋪附向川岸
同所町奉行支配　百七拾四坪餘
但、願相濟土藏四十八坪建置申候、
一、抱屋敷　青戸村伊奈半左衛門支配　千四百九拾坪
年貢地
內建家八十七坪半建置申候、家作圍御改無御座場所ニ而御座候、
右者、根岸村大坂屋七郎右衛門与申者、名代ニ而求置致所持候、日本橋迄三里、
一、家來町屋敷　櫻田善右衛門町　貳百拾貳坪餘
表口九間半
裏行十四間入相
同所伏見町裏通
表口五間
裏行十四間三尺
右者、拙者家來佐々木十郎左衛門所持仕候、
右之外抱屋敷預地井町屋敷無之候、以上、
正徳二壬辰年九月廿三日　御名
中川淡路守殿(成慶)
嶋田佐渡守殿(政辰)

遊行上人中村へ回國伴僧四十九人逗留

一、九月廿九日、中村江遊行上人回國、
三春ゟ宿坊西光寺江着、伴僧四拾九人逗留中、以
御使者御進物三度、十月朔日朝・十日朝御饗應上人・大衆共ニ、
天和二年
元祿十一年、此度与三度廻國、
用聞被附置給人氏家文右衞門
下役人　佐藤五右衞門

將軍家宣不例ニ就キ住心院へ祈禱依賴

一、十月四日、將軍家宣（徳川）公御不例ニ付、根津住心院江御
祈禱御賴、
白銀五枚　御初尾
一、十一日ゟ毎日御機嫌伺御登　城、

將軍家宣歿

一、十四日薨御、御齡歳五十一、
今日惣出仕之所、於御黑書院井伊掃部頭（直該）殿御老
中・若御年寄中出座、
公方樣（徳川家宣）御養生不被爲叶、今曉薨御被遊候、鍋松（ノチノ家繼）
樣江御相續被遊候、不相替御奉公可情出候、御幼
君之事ニ候間、別而可勵御忠節之旨被仰置候、猶
又御書置被指置候間、拜聞可被致旨、掃部頭殿演
達之、
御遺書白木三方載

林七三郎（信允）殿被奉讀之、
不肖之身
東照宮（徳川家康）の神統を承しよりこのかた、天下の政事常に
神德を嗣ん事を以て心とす、然るに、在世の日短く
して、其志の遂ざる事、今に及ていふへき所をしら
す、古より主幼く國危キ代〻を見るに、其世の人權
を爭ひ黨をたて、其心和らかすして、相疑ふにより
さるハなし、胡越の人も舟を同しくして、水を渡に
其心を一つにして、其力を共にする時ハ、風波の難
をも渡るへし、況や、今の世の人、當家創業の後、
治平百年之間に、相生・相長となる事、誰かハ東照
宮の神恩によらさることのあるへき人〻、其神恩に
報ひ、なかく世のため人のためを存セハ、古の主幼
く國危キ代〻の事共を以て、深キ戒とすへし、もし
其志なからんにおゐては、當家の厄難といふのミに
ハあらす、尤是天下人民の不幸たるへし、凡天下の
貴賤大小によろしく相心得へき事に思召者也、
正德二年十月九日　御墨印
右讀畢而、
元祿年中以來之金銀位惡通用差支候樣ニ被聞召候、

*清胤南方火消仰付ラル

金銀之儀、萬國通用之寶たる之所に、右之通之儀不可然、(徳川家康)權現樣御代御定置被遊候通、御改可被　仰可被思召候内、御延引被遊候、追而御書付可被指出候、何茂可致承知之旨被仰置候段、秋元但馬守(喬知)殿演述之、追而右之御書付被相出、別記ニ留置候故略之、

一、十五日、若君樣(徳川家繼)御機嫌伺惣出仕、

上樣与可奉稱之旨被仰渡、

一、同日、御尊骸三縁山增上寺江御入、御導師祐天和尚、

假御法名淨岳院殿

御謚號文昭院殿贈正一位大相國

御法號天英院樣(近衞基熙女)　御臺樣

法心院殿　一ノ御部屋、右近殿事、御寄合、太田内記(政資)殿妹、

蓮淨院殿　二ノ御部屋、おすめ御方、櫛笥(隆賀)殿息女、

月光院殿　左京御方、御寄合、勝田備後守(典愛)殿妹、

薨御之節執權之面〻、

三拾五萬石　江州彦根城主　御大老井伊掃部頭

八萬五千石　常州土浦城主　御老中土屋相模守(政直)

六萬石　武州川越城主　秋元但馬守(喬知)

拾壹萬三千石餘　相州小田原城主　大久保加賀守(忠增)

五萬石　常州笠間城主　井上河内守(正岑)

拾萬石　武州忍城主　阿部豐後守

五萬石　上州高崎城主　御出頭間部越前守(詮房)

五萬石　總州古河城主　本多中務太輔(忠良)

五萬三千石　總州關宿城主　若年寄久世大和守(重之)

六萬石　參州岡崎城主　水野監物(忠之)

三萬石　野州壬生城主　鳥居伊賀守(忠英)

壹萬六千石　駿州松永　大久保長門守(教寬)

(徳川家康)權現樣江文昭院樣御對合考、

權現樣	文照(昭)院樣
壬寅年御誕生、	壬寅年御誕生、
慶長六丑年ゟ御治世四年、	寶永六丑年ゟ御治世四年、
元和二辰年御他界、	正德二辰年御他界、
(存應)觀智國師御引導、七十六歲、	祐天和尚御引導、七十六歲、

一、廿五日、太守南方火消被蒙仰之、大久保加賀守殿ゟ御奉書到來、

白銀町ゟ芝口御門迄、

將軍代替ニ就キ清胤誓紙差出ス

一、十一月七日、上樣（德川家繼）御代替ニ付、太守御誓詞相濟、
早朝阿部豐後守殿亭ニ而御誓詞被遊候ニ付、御判
形茂御調箱ニ入、御駕之內江被爲入御持參、彼方
御門御下乘之所ニ而、御留主居佐々木五郞兵衞（宣久）ニ
被相渡、式臺ニ而御前江上之御神文相濟、途中ゟ
御歸御禮被仰置、

一、十五日、增上寺ニ而、去ル二日ゟ御法事御執行、今
日御香典上之、
御香奠　白銀五十兩

清胤外櫻田門番仰付ラル

一、廿二日、外櫻田御門番被蒙仰之、御相番秋田信濃守殿（輝季）、

將軍代替ニ就キ登城

一、十二月十八日、上樣御代替御禮ニ付御登　城、
太守御裝束御狩衣、
御太刀銀馬代　獻上、
昌胤君ゟ茂御同樣被獻、
白銀拾枚　天英院樣
同　五枚　月光院樣

一、廿五日、上樣御官位御名之字御改、御譜代大名登　城、
正二位大納言家繼（德川）公　奉稱、
右御祝儀、
二種一荷　獻上、

家繼將軍宣下*

清胤神田橋門番仰付ラル

家中ヨリノ借知相返サル

德川家繼元服

尊胤朝臣御年譜　二

（一七一三）
正德三年癸巳

一、正月四日、上様（德川家繼）御袴着之御祝義御登　城、

　一種千疋　一種五百疋宛、天英院様（德川家宣室）月光院様（德川家宣妾）

　右御祝儀、五日ニ獻上、

一、二月廿一日、神田橋御門番被蒙仰之、御留主居松前伊豆守殿（嘉廣）ゟ御奉書到來、

　櫻田御門番被相勤內御番所替、神田御相番、黑田伊勢守殿（長清）、

一、三月十七日、御家中ゟ御借地之內被相返分被仰出之、

　去辰ノ年、上納之分半分宛、此度御返シ、當巳暮ゟ未ノ暮迄三分一、五分一、十分一、半分宛、御借地被仰付、

一、廿四日、文昭院様（德川家宣）御靈屋江石燈籠可被獻之旨、秋元但馬守殿（喬知）ゟ被仰付、寸法常憲院様（德川綱吉）江被獻候通、

一、廿六日、上様御元服、

　御加冠　井伊掃部頭殿（直該）

　御三家幷溜詰御譜代大名御登　城、御祝義八廿七日被獻、

　二種千疋　一種五百疋宛、天英院様・月光院様、

一、四月二日、將軍宣下、

　今日ゟ公方様（德川家繼）与奉稱、天英院様（近衞基凞女）ヲ一位様与奉稱、

　出仕之大名・諸大夫以上束帶、

一、三日、德胤君、佐竹大膳大夫殿（義格）江、初而御見舞、

　御太刀馬代、其外知淸院殿お順殿江卷物等御持參、

　御脇差一腰　大膳大夫殿ゟ被進、

一、五日、勅使・院使御馳走御能ニ付、御登　城、七日御返答、此節御登營、

一、十一日、將軍宣下御禮、狩衣御着用、御登城、

　御太刀銀馬代　白銀十枚　一位様
　　　　　　　　同五枚　　月光院様

　昌胤君ゟ御太刀馬代、

　　御留主居勤伊藤太兵衛（重祐）

　右八十三日被獻、

一、十五日、將軍宣下ノ御祝儀御能、御饗應、

　御能組

翁三番叟傳右衛門　松龜風流仁右衛門

高砂三十郎　開口權右衛門　麻生傳右衛門

田村七太夫　茂右衛門

東北寶生　新次郎　入間川仁右衛門

張良金剛　彦太郎
祝言丹次郎　久右衞門
一、十六日、天英院様一位御位階之御祝儀獻上、
　一種五百疋宛、公方様・一位様（天英院）江、
一、同日、中村江御暇被仰出、御拜領物、例之通、

清胤江戸發駕東道旅行

一、廿九日、江戸御發駕、東道御旅行、
一、五月六日、御着城、

清胤妙見社參

一、廿八日、妙見江御社參、御元服御規式、御裝束・御束帶、
　御神酒御頂戴、其上褰神牒、　妙見ノ御神躰ヲ御
　拜、御一字御頂戴、御實名宗胤与御改畢而、御狩
　衣ニ御改、末社不殘圓藏江御拜禮、於　妙見宮歡
　喜寺江拜領物被仰付、晒布壹疋、御規式次第、前譜ニ詳
　也、仍而畧之、

清胤名ヲ宗胤ト改ム

　御實名ハ昌胤君ゟ被進、御歸城以後御祝儀有之、

野馬追

一、閏五月廿六日、野馬追、
　廿七日小高御庭、初而御野馬被爲掛之、御入部之節ハ、御服故御名代、
　此節御野馬數百八拾九疋、他領ゟ之見物、堺々ニ而改之、
　六千七百四拾八人、

*巡見使中村止宿

大目付廻狀到來

一、六月九日、大御目付御廻狀到來、
　屋鋪改被仰付、江戸廻リ今度石川三右衞門（政郷）・山岡

傳五郎（景顯）・堀八郎右衞門・井上隼人、本庄深川ハ飯
田四郎左衞門・諏訪源六、武家・寺社・町屋等、
右面々之中江相達、得差圖候而、如前々書付等可
被指出候、或新規屋鋪・寺社・町屋等ニおゐて、
前之法不知、案內事可有之間、猶以右之面々指圖
受候而、萬事違格無之様ニ、急度其旨相守へく候、
以上、
一、七月晦日、石川三右衞門殿・山岡傳五郎殿江書付被
指出、
　　覺
今井谷町御代官伊奈半左衞門（忠逵）殿御支配、
一、抱屋鋪年貢地　三千十貳坪
　內百四坪、元祿八亥年御檢地打出、
　內屋作坪數合七百四坪貳合五勺
南八丁堀五丁目町御奉行御支配
一、町屋鋪　四百四拾八坪餘表口貳十間半、裏行貳拾壹間五尺七寸、
　但、從前々裏行廿間有之所、卯十一月町御奉行所ゟ御改之節、壹間五尺七寸增申候、
一、同日、出羽・奥州御巡見、中村町止宿、
　八木清五郎（茂時）殿・竹嶋與五左衞門殿・岩城領久保田
　爲見分被通以御使者一種被進、

江戸井草村半右衛門ニ扶持米給與

一、八月十六日、江戸井草村半右衛門ニ扶持米貳人分給之、

居宅之地、宜ク江戸表火災等之節、御座所ニ被相賴、半右衛門兄半兵衛、其所之名主故、兩人ニ貳人扶持宛給之、

小泉田中觀音堂ヘ前机等寄進ス

一、十七日、小泉田中觀音堂江前机・唐金ノ燭臺御寄進、

一、廿二日、於江戸增上寺、文昭院様(徳川家宣)御靈屋江、石燈籠被建之、

漂人請取ノ爲久米半右衛門肥前長崎ヘ出足

一、廿六日、肥前國長崎江漂人請取之御使者、久米半右(依時)衛門被仰付、出足、

廣東之船江、日本人五人乘渡候内、四人仙臺領之者、壹人御當領之者、依之長崎御奉行之達可被受取之旨、十二日阿部豐後守(正喬)殿ゟ被仰渡、十四日豐後守殿江御留守居伊藤太兵衛(重祐)參上、長崎御奉行御交代之節ニ而、難得御差圖旨演達、大御目付江可訟之段御挨拶、依之仙石丹波守(久尚)殿江相達之前ノ長崎奉行佐久間安藝守(信就)殿江可承由、御指圖參上、受取人可被指越ニ相濟、御使者中目付役半右衛門漂人受取、御徒士目付鈴木源兵衛、右之漂人棚鹽村之者之由、同村ノ百姓壹人召連、九月七日江戸出

*仙臺ヨリノ使者吉田左太夫長崎著

足、廿二日大坂江着、町御奉行鈴木飛驒守(利雄)殿江御使者相務、御狀御進物、和紙二箱、御他出故差置、御同役北條安房守(氏英)殿同然ニ相務候處、江戸江御下リニ付、御狀御進物指置、廿四日飛驒守(鈴木利雄)殿ゟ御返札被指出候故、則大坂出船、尼ケ崎江同暮時着、廿五日出立、播州江掛リ、陸地ヲ旅行、十月十二日晝八半時到着、町年寄高嶋四郎兵衛ニ通達、佐久間安藝守殿御差圖ニ而、御家人松村淺右衛門書狀遣、十三日右四郎兵衛ニ對談、其上書時兩御奉行所江一左右有之、御用番久松備後守(定持)殿寄合日ニ而、駒木根肥後守(政方)殿御出會之所江、半右衛門御使者勤御狀差出、兩御奉行ゟ十八日漂人可被相渡旨、備後守(久松定持)殿家老庵原所右衛門ヲ以、被仰出候、駒木根(政方)殿江御使者相務、御口上申置、

一、長崎町數八拾町外小町有之、長壹里、橫拾丁餘、

右之町年寄六人、

兩人ハ支配役、　高嶋四郎兵衛
　　　　　　　　福田十郎右衛門

藥師寺又三郎　　高木勘兵衛

後藤惣左衛門　　松永市右衛門

一、仙臺ゟ之使者吉田左太夫物頭役、十四日長崎着、

十八日四時前半右衛門可罷出之旨、御奉行ゟ御口上書十七日、到來、御使者廉上下受取、役人裏附上下着用与高嶋四郎兵衛申遣、

十八日久松備後守殿江參上、駒木根肥後守殿列座ニ而御演達、

今度漂流人御詮儀之上、相違無之ニ付被相渡候、別而御構ハ無之候、むさと他領江不指出住居仕候樣ニと被仰渡之、

請取證文相調、宗門改役人江相渡之、

相馬宗胤領内棚鹽村助七異國漂流ニ就キ詮議

一、差上申一札之事

相馬讃岐守（宗胤）領内
棚鹽村　助七

右助七儀、異國江漂流仕候ニ付、御詮議之上、別條無御座候ニ付、在所江被成御返候、尤他國江むさと不罷出、他領住居不仕候樣ニ可仕旨、被仰渡奉畏候、右助七、今日被成御渡、無相違慥受取申候、爲後日證文差上申候、以上、

正徳三年巳十月十八日

久米半右衛門印形

松崎又右衛門殿

井上左忠殿

右之通二通相調、兩御奉行衆宗門改役人壹人宛、立合證文、兩所江差出、

右相濟、勝手次第可致出足旨ニ而、御返札被相出、

漂人受取候節、足輕貳人、布羽織袴、百姓壹人、鈴木源兵衛召連、

漂流人首尾能被相渡候ニ付、役人中江目錄、

久松備後守殿家士

三百疋宛、家老兩人　庵原所右衛門
　　　　　　　　　　黑川奥右衛門
貳百疋　用人　中嶋喜三右衛門
貳百疋宛、宗門改役人　瀧下三左衛門
　　　　　　　　　　　松崎又右衛門
　　　　取次兩人　太田數右衛門
　　　　　　　　　富田丈右衛門

駒木根肥後守殿家士

三百疋宛、家老兩人　諏訪彌五兵衛
　　　　　　　　　　尾崎彦惣
貳百疋　用人　三輪治部左衛門
貳百疋宛、宗門改役人　井上左忠
　　　　　　　　　　　前田只右衛門

取次両人　尾崎文平
　　　　　後藤城右衛門
白銀五枚（半右衛門、長崎出立ニ付、）
　　　　　高嶋四郎兵衛
三百疋（生肴一折、）　長崎町宿　笹上才十郎
其外軽キ者共ニ、或貮百疋、
或百疋宛遣之、

十九日長崎發足、廿四日豊前ノ小倉江參着、廿六日暮出船、川口ニ舟ヲ掛、廿七日追風ニ而出船、十一月三日大坂着船、（海上小倉ゟ七日積リ着、）同月廿五日櫻田御屋鋪江着、廿六日佐久間安藝守殿（信就）御宅江參上、漂流人於長崎請取致歸府候段、松村淺右衛門ニ對談、安藝守殿（佐久間信就）半右衛門ニ御逢、彼地之様子委細御尋、此上ハ右被仰渡候、御老中在府ノ長崎御奉行江御屆、長崎御兩所江茂御書通可有之由被仰聞、十二月五日中村江下着、六日半右衛門　御目見、御小袖賜之、

一、中村ゟ水戸通リ、江戸迄七拾八里、
一、江戸ゟ東海道・美濃路、京都迄百貳拾里、
一、京都ゟ大坂迄拾三里、
一、大坂ゟ中國路・九州路・長崎迄百八拾七里拾丁、
　合道法三百九拾八里拾丁、
　往還七百九拾六里貳拾丁、
長崎江相越候節中國通、（中村出足ゟ長崎迄四十七日着、）
往還日数九拾八日、

*石川昌弘病氣ニ依リ老中役免ゼラル

一、九月三日、石川助左衛門（昌弘）依病氣、如願老中役御免、
一、十一月廿八日、月光院様（徳川家宣妾）御叙位従三位、

*泉胤和隠居嫡子胤秀家督

一、十二月十一日、泉内藏助（胤和）隠居家督、嫡子小市郎ニ被仰出、
　十二日小市郎太刀折紙ヲ以御禮、（御一家御目見御格式ニ相濟、）御一字被下、
一、廿四日、泉小市郎、依願左衛門与名改、
　　　　　實名胤秀

（一七一四）
正徳四年甲午

一、正月廿五日、高倉村文殊堂江香爐燭臺御寄進、

*利根川荒川ノ普請仰ラル

一、廿九日、於江戸、上州土（利）根川・荒川御普請被蒙仰之、
廿八日於殿中土屋頼母殿（茂直）江、明廿九日相馬讃岐守（宗胤）江御用候間、為名代登　城候様ニ被仰付、頼母殿登營、於波之間御老中列席、井上河内守（正岑）殿演達、

*岡部重綱江戸へ遣サル

*利根川普請役人仰付ラル大奉行水谷堯宣

上州土（利）根川・荒川御普請御手傳被仰付、
松平肥後守（保科正容）殿
名代稲葉丹後守（正往）殿
酒井雅樂頭（忠擧）殿
此方御名代賴母（土屋茂直）殿

右御書付、

相馬讃岐守

利根川・荒川御普請御手傳被仰付之松平肥後守・酒井雅樂頭茂被仰付候間、可被得其意候、

井上河内守殿ゟ此方御留主居佐々木五郎兵衛ニ被相渡候御書付、

今度御手傳就被仰付候參府之時節被伺不及事候、最前相濟候通可有參勤候、且又右御普請奉行堀八（直方）郎右衛門・細田彌三郎（時以）被仰付候間、可被得其意候、

右書付被相渡之、

御用掛リ　御老中　秋元但馬守（喬知）殿
御書院番　堀八郎右衛門殿
御勘定方　細田彌三郎殿

此御普請場所、酒井雅樂頭殿廐橋城下江流掛リ候川筋ニ而、石垣等破損、自力ニ而難叶及御届、

右御奉書、御歩行者、山澤喜右衛門・山岡平助、持參、江戸ゟ三日積參着、

一、二月四日、岡部五郎兵衛（重綱）御手傳御受、御使者ニ江戸へ被遣、

一、六日、利根川御普請役人被仰付、

大奉行　水谷權兵衛（堯宣）
本〆　郡代役（佐々木十郎左衛門
吟味方（門馬作右衛門
副役人　御用人　新谷五郎左衛門（信孟）
御留主居役　伊藤太兵衛（重祐）
中目付　門馬求右衛門

追々被仰付役人、

奉行　松本新平
奉行　佐伯十右衛門
櫻井治左衛門
木村次郎左衛門
大内與一左衛門
志賀三左衛門
岡善兵衛
富田辦右衛門（實詮）

*秋元喬知ヘ利根川普請役人ノ名元書付差出ス

*紋胤室角筈屋敷ヨリ麻布屋形ヘ引移ル

*宗胤中村發駕

*荒川普請取付

本方 新妻助惣

黒木伴右衛門

御祐筆 志賀助太夫

賄方 山崎甚兵衛

久下會所ニ而勘定方 佐藤彦七

手來伊賀右衛門

佐藤四郎左衛門

杉彌次右衛門　田井七兵衛

嶋久左衛門　遠藤甚兵衛

原六太夫　佐々木十左衛門

高野五左衛門　黒木勘右衛門

新妻助右衛門　室原次右衛門

高野喜右衛門　熊上治部右衛門

大和田縫右衛門　門馬勝右衛門

鈴木又右衛門　岡田安右衛門

大悲山(重房)兵右衛門　御徒士 大亀又市

御徒士 佐藤儀右衛門　同上 渡邊孫右衛門

佐藤覺右衛門　脇本(嘉明)十治

御徒士目付 門馬長右衛門　同 澁佐六右衛門

同本役御歩行組頭 高屋三郎右衛門　御料理方 但野助右衛門

醫師 新妻安悦　外科 木幡道陸

針醫 山本玄仙

一、十八日、秋元(喬知)但馬守殿江、今度利根川江役人・大奉行・添役人・本〆、右五人、名元書付被差出、

一、三月十五日、今度本多(康慶)隱岐守殿御隱居御家督相濟候、御悦御使者江戸彼方屋鋪江被遣、

御使者物頭役 田中新五左衛門

二種千疋 (本多康慶)隱岐守殿江、

御太刀大馬代 二種一荷 (本多康命)下總守殿

御太刀馬代銀三枚 (本多俊普)主膳殿江、

御分知ニ付而也、

一、廿六日、保壽院殿角筈御屋敷ゟ麻布屋形江御引移、櫻田御屋鋪ゟ方惡候ニ付、廿四日夕角筈江御越、

一、廿七日、太守(宗胤)、中村御發駕、

一、四月朔日、御手傳御普請場、阿部(正喬)豐後守殿領分久下村江惣人數引越候段、秋元但馬守殿江御屆、

一、三日、御參府、

一、十一日、御參勤之御禮相濟、獻上例之通、

一、同日、荒川御普請取付、秋元但馬守殿江御屆、

一、五月十一日、御留主居佐々木(宣久)五郎兵衛、六十歳病身

不行歩ニ付、駕御赦免之御願被指出、

金銀ニ就キ仰出サル書付

一、十五日、金銀之儀、被仰出御書付、

覺

慶長年中定置れ候金銀之法、元祿年中ニ至て、始而其品を改られ、寶永のはしめ二たひ銀の品を改られ候より此かた、諸物の價も年〻ニ高直ニなり來り、世の難儀ニおよひ候ニよりて、前御代御治世の始より、金銀の品、慶長の法のことくニなし返さるへきよしの御本意に候といへとも、近世以來、諸國山〻ゟ出來候金銀の數、古來のことくニ無之候を以て、たやすく其沙汰に及はれす候所に、

元祿ノ金ハ打損ジ

就中、元祿の金ハ打損し候ニつきて、其通用難儀候由を聞召及はれ、先其御沙汰有之候、其後に至

寶永ノ銀モ通用難澁

りて、寶永の銀も其通用難澁し候事、御聽ニ達し、其故を尋ねきはめられ候ニおよひ、世に通新し候所の銀次第ニ、其品宜しからさる物とも出來り候事相知、早速ニ銀吹出し候事を停止せられ、其事の由來を御紏明の上、其御沙汰あるへき御旨ニ候處ニ、既ニ御不例日〻ニ重らせられ候ニ付、去〻年辰ノ十月十一日ニ御書付を以、思召の程を被仰出候、是ニよりて、當御代ニ至り候より、此かた世の人のさたし候事をも尋きはめられ、各僉儀の上を以て、金銀の品、慶長の法のことくニなし返さるへき事ニ議定せられ候、其通用の法の事ハ、つまひらかに別紙ニ相見候ことくニ候、今度此御沙汰ニおゐてハ、前御代の御旨によられ、天下後代迄のためを以ての御事ニ候上は、貴賤・貧福を撰はす、皆〻御定のむねを相守り、其功の終るへき所をよろしく覺悟あるへき事ニ候、もし一身の利潤をはかり候ためニ、何事ニよらす其通用相滯候事をも仕り出し候ニおゐてハ、前御代の御旨、當御世の御沙汰を違犯候のミにあらす、天下後代迄の罪人たるへきものニ候へハ、急度其罪を紏され候て、嚴科に行はるへき事ニ候、是又其旨を相心得候へき者也、

一、廿九日、本多下總守(康命)殿御招請、

下總守殿　主膳殿(本多俊普)　牧野駿河守殿(忠辰)　青山大膳亮殿(幸秀)

加藤和泉守殿(嘉矩)　本多五郎右衛門殿(忠利)

*利根川荒川普請相濟

一、六月九日、利根川・荒川御普請相濟、御奉行中御受取、人數引拂之儀、秋元但馬守殿江御伺相濟、

利根川普請役人歸著

一、十二日、水谷權兵衛(堯宣)其外之面〻歸着、
一、十六日、御家老・御用人・御留主居・本〆、歸府ニ
付、御料理給之、
　御手自被下、宇津御脇差　水谷權兵衛
　晒布貳疋　新谷五郎左衛門
　同　壹疋充、　伊藤太兵衛
　　　佐〻木十郎左衛門
　　　門馬作右衛門
一、廿七日、菊千代君、御名内膳与御改、
一、七月五日、太守阿部豐後守(正喬)殿江徳胤君御同道、初而
御出合、
　此節御目見之御願書被指出、

徳胤御目見

一、廿一日、徳胤君御目見、
　御太刀銀馬代
　時服五　獻上、
　御老中御出頭、若御年寄江銀馬代御持參、
一、廿七日、徳胤君明細書、大御目付松平石見守(乘宗)殿江被
指出、
　本國下總　養父相馬讃岐守 實父相馬長門守 嫡子　相馬内膳　午十三歳
　生國武藏

一、廿八日、御手傳相濟候、爲御褒美於御白書院御目見、
　時服拾　御頂戴、

*徳胤麻布屋形へ移徙

一、同日、徳胤君於麻布御屋形出來、御移徙、
一、廿九日、御普請役人召而登　城、御褒美拜領、
　時服三羽織　白銀三拾枚　水谷權兵衛
　時服三羽織　白銀二拾枚　新谷五郎左衛門　伊藤太兵衛
　時服二羽織　白銀拾枚　佐〻木十郎左衛門　門馬作右衛門
一、同日、御普請出來付、以御使者左之通被進、
　御太刀金馬代　二種五百疋　秋元但馬守(喬知)殿
　白銀三拾枚　二種五百疋　堀八郎右衛門(直方)殿
　白銀二拾枚　二種五百疋　細田彌三郎(時以)殿
　　右両家來江茂白銀給之、

*岡田知胤靭負ト改ム

一、同月、岡田内記(知胤)、名ヲ靭負与改、

*徳川家宣三回忌法事執行

一、十月十五日、增上寺御固御務、十一日大御目付ゟ御廻狀ニ而、被蒙仰之、
文昭院樣(徳川家宣)三廻御忌御法事、十四日迄御執行ニ付、
　御靈屋辻固、
一、十六日、公家衆御馳走、御能ニ付御登　城、

徳川綱吉七回忌法事執行

一、十一月朔日ゟ常憲院様（徳川綱吉）七廻御忌御法事、東叡山ニ而御執行、

一、十二日公家衆御馳走、御能ニ付御登　城、
　此節十四日增上寺江公家衆參詣ニ付、御固被蒙仰之、

一、十四日、增上寺表門御固被相務、
　御相役　松平備前守殿
　　　　　牧野因幡守殿（英成）

本所二目邊ヨリ出火宗胤出馬

一、廿五日、本所二目邊出火、增火消御奉書ニ而御出馬、林町御防留、

琉球人登城ニ就キ宗胤殿營へ詣ヅ

一、十二月二日、琉球人登　城ニ付、殿營江御詰、御装束狩衣、
　四日音樂御饗應、六日御暇、此節茂御登　城、

*小野忠一ヨリ兵法傳授

一、七日、御老中松平紀伊守殿（信庸）ゟ九日琉球人上野參詣御固被仰付、

*徳川家康百回忌法事日光山ニテ執行

一、九日、上野中堂表門通御固、文殊樓ノ外、戸田采女正殿（氏定）、同内中通松原、板倉近江守殿（重治）、
　櫻田御屋鋪裏御門前通行爲、警固侍六人・徒士八人被出、

近年萬物高直ニ就キ小身面々ニ御救金ヲ給フ

一、十七日、御家中御惠被仰出、
　百石以上ノ面々、近年ハ萬物高直取分、今年米穀高ク及迷惑候段、御聽當年御借地御免小身ノ面々御救金給、

一、廿二日、菱光院殿、中村天水ニ而御遠行、御歳三十、
　出羽守貞胤君ノ御息女實ハ太守江御従弟御養方ニ而大伯母、此旨御用番江御斷、
　御法名菱光院殿香室貞鑑大姉
　萬年山長松寺觀堂長老御導師此寺ニ御石塔、五輪、

（一七一五）
正徳五年乙未

一、正月廿六日、徳胤君五節句御出仕、御登　城、御願井上河内守殿（正岑）江被指出、翌日相濟、

一、二月七日、將軍（徳川家繼）御不例、根津別當昌泉院江御祈禱被相願、

一、三月二日、小野助九郎殿（忠一）ゟ兵法御傳受ニ付、御誓詞相濟、

一、四月十五日、中村江御暇、時服例之通御拜領、

一、十七日、東照宮（徳川家康）百廻御忌、於日光山御法事、七日ゟ十七日迄御執行、
　先達而被仰出趣、
　廿一日在府幷在國在邑之諸大名爲御祝儀、以使者朝六時ゟ五半迄之內、御玄關迄左之通獻上、

*宗胤江戸發駕

*水谷堯宣中村ニテ病歿

*泉田胤重初テ御目見

*泉田胤冬侍大將仰付ラル

宗胤德胤東叡山ヘ參詣

*伊達郡大石村靈山寺

二種一荷、拾萬石以上、一種一荷、壹萬石ゟ九萬九千石迄、同、拾萬石以上嫡子・隱居、

十七日、御太刀御馬代黃金壹枚四品以下十萬石以上、

右同同嫡子、同隱居、

御太刀御馬代白銀壹枚四品以下之壹萬石ゟ九萬九千石迄、

右同同嫡子、同隱居、

東叡山本坊江以使者奉納、使者長袴着用、十七日朝六時ゟ五時迄、

同日、壹萬石以上之諸大名同嫡子、

御譜代衆・高家衆・詰衆・御奏者番衆・同嫡子詰衆並同嫡子番頭衆、芙蓉間御役人中、奧衆・布衣以上之諸役人・醫師參詣、

十九日、寄合衆・諸御番衆・小役人參詣、

右諸大夫以上束帶、無官長袴又半袴、

十八日、御法事相濟候、御祝儀惣出仕、熨斗目着用、

在國在邑之面〻ハ御法事相濟候段承候、以後使札、

一、同日、東叡山御宮江太守、束帶御着用、德胤君長袴御參詣、

御太刀馬代　御本坊江以御使者御奉納、

昌胤・德胤兩君ゟ茂被獻、

御目錄、寬文五年五拾年御忌御法事之節、日光山

御宮江奉納之通ニ而相濟候由ニ而、雄劍龍蹄与調候ニ不及、常ニハ白銀壹枚馬代代付無之、此節者可書付旨也、

奉獻上　奉獻　獻上　諸家ゟ兼而御宮江上ケ來候通、

依之奉獻上御名御名乘調之、引合貳枚、眞文字、

一、晦日、江戸御發駕、東道御旅行、

一、五月三日、老臣水谷權兵衞(堯宣)於中村病死、

一、六日、御着城、

一、九日、水谷權之助ニ御使者ヲ以、亡父法事執行ニ付、御香典給、

一、十五日、泉田掃部(胤冬)嫡子又太郎(胤重)、初而御目見、捧御太刀馬代御盃頂戴、御一字給之、號胤重、

一、廿七日、德胤君御疱瘡、御酒湯相濟候、御祝義惣侍登城、御祝義有之、

一、同日、泉田掃部、實名胤冬、侍大將被仰付、水谷權兵衞跡組、

一、同月、福嶋御領御代官下嶋甚右衞門殿ゟ江戸御屋鋪迄、以使者演達之趣、

奧州伊達郡大石村靈山寺申出候ハ、靈山之山王奧院ニ壹間四面之萱葺社、自分之入用ヲ以致再興度旨願申候、右奧院場所、當御領与伊達郡入合之所

*秋田へ村田太郎左衛門遣サル

守屋眞信堀內往長家老職仰付ラル

大浦茲清老身ニ就キ月番免ゼラル

幾世橋大聖寺ノ文殊開帳

德川家繼不豫

佐竹義格秋田ニテ病歿

ニ付而、爲御相談被達之候、古來之社跡ニ候得者、新規ニ建立申度与申事ニ茂無之候故、寺社奉行江御屆ニ茂及申間鋪与、甚右衛門殿ゟ靈山寺願書幷口上書を以通達、此方御家老相談之上、小社之事ニ候故、仰之通相建苫間敷与江戸江御挨拶、依之靈山奥院江壹間四面萱葺堂建、石佛ノ觀音相立之、

一、六月五日、守屋八太夫實名眞信・堀內角左衛門實名往長御家老職被仰付、

御普請方支配八太夫屋鋪奉行誓詞見屆、覺左衛門被仰付、

一、同日、大浦庄右衛門（茲清）老身ニ付、月番御免、

一、廿五日、幾世橋大聖寺ノ文殊開帳、惣侍參詣被仰付、

一、七月十四日、將軍（德川家繼）御不豫、惣出仕、

在國在邑之御方、御使札被指出、依之十八日高城角右衛門御使者ニ被指登、是先規之御格合之由也、

一、八月朔日、佐竹大膳太夫殿（義格）在所秋田ニ而去頃ゟ御大病之由申來、御飛札被遣、其上村田太郎左衛門爲御使者、今日出足、

七月十九日御卒去之段申來、依之太郎左衛門道中ゟ呼被返、太守御服忌無之、德胤君御伯父半減ノ

御服忌被爲受、

一、十一日、秋田江御代香村田太郎左衛門被遣、組頭役對御鑓若黨五人、上下拾六人、牽馬ニ而相越、

御法名
天祥院殿　佐竹大膳大夫義格御齡廿歲、

介添御徒士佐藤儀右衛門

御香典白銀拾枚

一、廿七日、於幾世橋、富松君御遠去、

神道御取置、都玉宮稱、

一、九月廿四日、佐竹義格ノ遺跡、同苗壹岐守殿（義長）嫡子求馬殿（義峰）江被仰出、

右ニ付、江戸江御使者野坂竹右衛門被遣、御祝義物御一家中江被進、

一、廿九日、將軍家繼公（德川）御契約之儀被仰出之、

法皇（靈元）ノ姬宮八十宮樣（吉子）与奉稱、六歲、

松尾神主松室能登守娘ノ御腹也、

法皇樣御寶算六十六右御祝義、至十一月於江戸御使者被指遣之、

一、十一月七日、佐竹求馬殿ゟ爲御家督御祝儀、江戸ゟノ御使者登城、

御太刀大馬代二種千疋

御使者　大嶋平太夫

駈走案内金谷平左衛門

國懸御使者御饗應如例、

一、廿一日、今度玉野靈山江堂建候儀ニ付、幾世橋江池田八右衛門(直重)・大浦庄右衛門(茲清)・守屋八太夫(眞信)被召呼、昌胤君御用被仰付、

泉田胤冬病歿

一、十二月十九日、泉田掃部胤冬病死、

一、廿五日、泉田又太郎亡父法事ニ付、以御使者御香典白銀壹枚給、

相馬胤賢侍大將仰付ラル

一、晦日、相馬將監實名、胤賢侍大將被仰付、泉田掃部跡組、

正徳金銀通用ニ就キ元祿金停止

一、同月、新金銀通用ニ仍テ、元錄〔祿〕金來ゝ年酉十二月限リ、戌正月ゟ世上一切通用停止被仰出、

享保元年丙申（一七一六）

*勝手ナラザルニ就キ借知仰出サル

一、正月朔日、江戸本多中務大輔(忠良)殿屋敷ゟ出火、大名丁燒失、

一、二月廿三日、八十宮(靈元姫宮、吉子)様江御結納、御使阿部豐後守(正喬)殿御勤之、禁裏(中御門)・院中御饗應幷被下物在之由、法皇(靈元)様ゟ御膳下、

末期養子ノ緩和仰出サル

一、廿七日、於江戸被仰出御書付之趣、

五十以後之面ゝ急養子之事御許容無之儀、御代ゝの御制條旨候、然とも五十歳之後、其子たるもの死去し、いまた養子あらさる間に、重病にのそミ病を扶けて、其支配其頭之宅江對面之上、願書相渡すにおゐてハ、五十歳以後急養子の例に准せす、願申所を御許容有へし、若は病危急にして支配頭之宅罷越候、及はすして願申旨あるにおゐてハ、御代ゝの御制條由任せられ、御許容有へからす候、然る上、五十歳ノ後遺跡つくへきもの無之面ゝハ、早速其人を撰ひ養子之事申へき者也、

正徳六年申二月廿六日

一、廿八日、泉田又太郎繼目御禮相濟、捧太刀・折紙、

一、晦日、御不勝手ニ付、百石以上六分一以下、十分一、廿分一、當暮ゟ五ケ年御借地被仰出、在鄉給人迄、

一、閏二月十二日、靈山御用ニ付、新谷五郎左衛門(信孟)・岡田又左衛門(長保)、江戸江舊冬被遣下着、
去年、伊達靈山奥院江觀音堂相建候、以後玉野堺目之者共、古來ゟ大切ニ相守リ、石ノ少佛立候をも取捨、爲立不申以來之障ニ成リ可申事ニ候間、證文取置申度段申出候、依之五郎左衛門を以、土

屋數馬(齋直)殿江、忠胤君御舎弟、昌胤君御伯父、御通達、數馬殿御勘定奉行水野因幡守(忠順)殿江被遂御内談候所、右之堂建置候儀、相方ノ爲ニ不宜候、下嶋甚右衛門江被達、堂爲破可然与、右之趣甚右衛門殿江相達、且ハ寺社御奉行江御代官不申出儀、無念ニ付被致承知、靈山寺江其旨被申付、當二月廿七日右之堂破らせ悉ク相濟、

大目付ヨリノ廻狀

一、廿二日、大御目付ゟ御廻狀、
三月朔日・五月朔日、右節句近候ニ付、月次御禮無之候、惣出仕ニ不及由被仰出、

公儀ヨリ仰出サル儀

一、廿九日、公儀ゟ被仰出候儀、

條々

一、惣領家所領之内分知し、別御朱印ハ頂戴なき面々、惣領家を相續すへきものなく、其つゝき近きによりて、一子を以て本家の養子とすへき由ヲ望申、御恩許ニおゐてハ、自分ノ養子を以て相續に及ふへからす、其身一代之後、其分知ハ本家江還し附らるへき事、
附、息男多くして一人を以て自分ノ家を相續せしめ候ハ、其願に任らるへき事、

一、前條のことくに、一子を以て本家を相續せしめ、或ハ老後ニ及ひ、或ハ病身に至るといへとも、其家を讓るへきものなき故ニよりて、隱居之願も難申輩ハ、其旨を言上すへし、別儀を以、公儀ノ勤仕ハ御免許あるへき事、
附、分知之所領も身一代後に、本家江還し入候上ハ、常々召仕候家人等、流浪無之樣ニ、本家ニおゐて扶助之事ハ、勿論たるへき事、

一、惣領家所領之内を分知して、別御朱印を頂戴し、其家相立候面々惣領家を相續すへきものなきニ仍而、御恩許を蒙り、其一子を以本家ノ養子に遣すといへとも、既に本家の外に其家を立下され候上ハ、自分もまた親族之中を撰ひ、其家を相續せしむへきにおゐてハ、其旨を言上して上裁を伺ふへき事、
附、たとひ別に其家相立候共、其身本家を續き候ニおゐてハ、此例に准すへからさる事、

右之條々宜得其意候者也、
中川淡路守(成慶)殿ゟ相達、

*大浦茲清靈山仕方不屆ニ就キ家老職召放

一、三月八日、大浦庄右衛門(茲清)儀、今度靈山之仕方不屆ニ

付而、御家老職被召放、知行之内百石御取上被仰付、

池田直重郡代頭仰付ラル

一、同日、池田八右衛門(直重)郡代頭被仰付、大浦庄右衛門跡、郡代組支配、

守屋眞信侍大將仰付ラル

一、同日、守屋(眞信)八太夫侍大將被仰付之、池田八右衛門之組、

＊將軍家繼歿

七道ノ讀ミ山ノ字ヲせんト讀ム

一、四月十七日、於江戸殿中當番之御役人中江被達御書付、

東山道《トウセントウ》　山陰道《センイントウ》　山陽道《センヤウトウ》

いつれも山の字をセントよみ申候、東山道之内の中筋之道ニ候故ニ、古來ゟ中山道ト申事也、

海道と申事

東海道　南海道　西海道

いつれも海國の道筋を申候、海なき國と申傳へ候ハ、

下野の國　甲斐國

此道に海道と申事のあるへき事にもなく候得ハ、

日光道中甲州道中

日光道中　甲州道中

右之通ニ而可然候、

此御書付、急度被仰出ニ而ハ無之候得共、爲心得有合之御役人衆江、大御目付衆被相達之、

將軍德川家繼不例ニ就キ吉宗二ノ丸ヘ入ル

一、晦日、將軍家繼公重キ御不例、

同夕方御三家方御登　城、紀伊中納言吉宗卿御後見被仰出、則刻二ノ御丸江被爲入、夜中諸御役人爲伺御機嫌、追々登　城、

今夜中薨御、御齡八歲、

＊松平賴致紀伊家相續

一、五月朔日、爲伺御機嫌惣出仕、席々群居、

於帝鑑間、御老中井間部越前守(詮房)殿・本多中務大輔(忠良)殿列座、御月番久世大和守(重之)殿演達、

御不例、就不被遊御勝、文昭院(徳川家宣)樣被任御遺言、紀(徳川吉宗)伊中納言樣御後見被仰出之段、席々江被仰渡、

右之被仰渡、暫時有之、又御老中出座、左之通

被仰渡之、

公方樣(徳川家繼)御不豫、御養生不被爲叶、昨晩被遊　薨御候、且又紀伊國御家左京大夫殿(松平賴致、ノチノ德川宗直)江被遊御相續候樣ニ、被仰出之旨被仰渡、

＊御機嫌伺ノ爲二ノ丸ヘ惣出仕

一、二日、御機嫌伺、二ノ御丸江惣出仕、

上樣(徳川吉宗)与可奉稱之旨、於殿中被仰渡之、

一、三日、惣出仕、

四日萬石以上面々、五日不及出仕、六日萬石以下、

一、七日、申ノ上刻、御出棺、增上寺江御入、御道筋、糀町御門ゟ櫻田上杉民部大輔(吉憲)殿表門向、御成橋通町增上寺表門ゟ御入、

一、十二日、中村ゟ御使札御老中江被指出、

組頭役佐藤七右衛門

昌胤君ゟ物頭役木幡次郎右衛門

徳川家繼葬送增上寺ニテ執行

一、十五日、御葬送、於增上寺御執行、

御諡號有章院(徳川家繼)殿贈正一位大相國

一、十九日、薯蕷一箱獻上、

一、廿一日、今度御代替ニ付、徳胤君御神文之御願被指出、

一、六月七日、徳胤君御老中井上河内守(正岑)殿亭ニ而御代替之御誓詞相濟、

宗胤名ヲ尊胤ト改ム

一、九日、太守御名乘宗胤、上樣御諱吉宗(徳川)公ノ宗ノ字御差合ニ付、尊胤君与御改、此段、御用番井上河内守殿江御通達、尊ノ御字、昌胤君ゟ被進之、歡喜寺住職祐嚴反字舨納考之、

*尊胤在國ニ就キ名代太刀馬代等ヲ獻ゼラル

四品以上ハ狩衣五位諸大夫ハ大紋著用アルベシ

一、同日、大御目付御廻狀、

近年諸大夫面々茂、狩衣着用候得共、向後ハ御代々之通、四品以上ハ狩衣、諸大夫ハ大紋可有着用候、

一、同日、土用中之御使札被差出箱肴、例之通可被獻處、御忌中故、御機嫌御伺之御使札迄ニ而相濟、

*享保ト改元

徳川吉宗本丸へ移徙

一、廿二日、上樣御本丸江御移徙之御祝儀獻上、

二種一荷 干肴ハひノ字御嫌候故、鰑一箱・昆布一箱被獻、

*尊胤參府

右ハ五萬石ゟ九萬九千石迄也、

御老中・若御年寄江二種五百疋宛被進、

一、廿六日ゟ御代替之御禮、

廿六日　正月朔日出仕之分、

廿七日　同　二日出仕之分、

初日・二日御禮ハ、直垂・狩衣・大紋・布衣・青襖着用、

廿八日　同　三日出仕之分、

三日之御禮ハ長袴、

在國在邑之面々名代之以使者、年始之通以使者御太刀可有獻上、使者青襖着、前々御觸有之、

一、廿八日、御在國ニ付、御名代御使者ニ而被獻、

御太刀馬代白銀壹枚

御留守居兩人伊藤太兵衛(重祐)

同

昌胤君ゟ久米半右衛門(依時)

右御祝儀、御太刀馬代御老中・若御年寄江、

太守ゟ被進、

一、七月朔日、年號享保改元、月次出仕江阿部豐後守(正喬)殿被仰渡之、

一、同日、太守御參府、六月廿三日中村御發駕、

午ノ年、利根川・荒川御普請御手傳、依之未ノ年
四月御暇、當六月迄御休息ニ而被仰出候也、
一、五日、御參勤之御禮相濟、獻上例之通、
一、十二日、阿部豐後守殿亭ニ而御代替之御神文相濟、
去ル二日ニ御願被指出、

*德胤御半元服

諸國巡見仰付ラル

一、十八日、諸國御巡見被仰付、奥州筋御三人、
御使番　曾我平次郎(長祐)殿
御書院番　小笠原三右衛門(信凭)殿
同上　高木孫四郎(清胤)殿
一、同日、德胤君月次御出仕御願、同月廿七日月次御願、阿部豐後守殿ゟ御書付ニ而濟、

尊胤外櫻田門番仰ヲ蒙ル

*德川吉宗ニ將軍宣下

*公家衆馳走御能ニ就キ尊胤德胤登城

一、十九日、外櫻田御門番被蒙仰之、御相番加藤和泉守(嘉矩)殿、
一、廿二日、紀州ゟ被召連候衆諸大夫被仰付、
小笠原主膳(胤次)殿　肥前守ト改、
有馬四郎右衛門(氏倫)殿　兵庫頭ト改、
加納覺兵衛(久通)殿　近江守ト改、
一、廿五日、御朱印御用、阿部豐後守殿被仰付之、
一、廿九日、御代替之獻上物之御使者ニ拜領物於　御城
被仰付、
御帷子三宛、内御單物一　伊藤太兵衛
久米半右衛門

一、同月、高野山巴陵院、依願繫馬ノ御幕一束被遣之、
御法事之節、御幕無之ニ付願申出之、
一、八月二日、久世大和守殿(重之)ゟ被仰達趣、
長福様(ノチノ家重)、近日二ノ丸江被爲入候、御輕ク被遊候故
登城幷御祝儀物獻上等、無用之由被仰出之、
一、七日、德胤君御半元服、御袖留御願御用番久世大和
守殿江被達、
一、八日、右御願相濟、
一、十二日、德胤君御袖直御祝儀、太守(尊胤)麻布御屋敷江御
入、
一、十三日、將軍宣下、巳ノ上刻ゟ御規式初リ、午ノ刻ニ相濟、
一、十五日、公家衆御馳走御能ニ付、太守・德胤兩君御
登　營、
御能組
翁　三番叟權之進　風流傳右衛門
弓八幡今春八左衛門　開口彦太郎
麻生　仁右衛門
箙寶生丹次郎　六右衛門
羽衣寶生太夫　權右衛門
いくゐ(井 杭)　傳右衛門

*徳川吉宗御成ノ節門番罷出御目見ト仰出サル

*増上寺徳川家継佛殿ヘノ石燈籠献上有ルベシ

*堀内胤近老中職仰付ラル

*女御入内ニ就キ惣出仕

橋辨慶金剛太夫

祝言大藏本馬　新次郎

一、十八日、御返答ニ付御登　城、

一、廿三日、年始・八朔之御太刀并御盃臺三節之獻上物之外、年中之獻上物之品、其内在所有之物、又ハ求候而指上候品、書付可被指出旨被仰出、

一、廿五日、左之通書付被指出、

覺

御當地ニ而支度仕候、

一、干肴　一箱年始爲伺御機嫌、在所罷有候節計、以飛札獻上仕候、

右同

一、干肴　一箱土用爲御機嫌伺、在所罷有候節計、以使札獻上仕候、

一、在所之初鮭一尺

一、同　初雁一

一、同　初鶴一右三品、在府在邑共ニ獻上仕候、

一、同　子籠鮭十尺寒中爲伺御機嫌、在府在邑共ニ獻上仕候、

右之通、年中獻上仕候、以上、

一、御太刀金馬代、在所之鹽硝十箱參勤之御禮之時、

一、二種一荷、御暇被下、在着仕候御禮之時、

右兩度之獻上ハ、御差圖ニ付相除、

一、廿六日、將軍宣下之御禮相濟候付、太守御登　城、

御太刀銀馬代（マヽ）　被獻之、

廿七日・廿八日御禮三日被爲請、昌胤・德胤兩君ゟ廿八日御太刀馬代獻上、

一、九月廿四日、向後所々　御成之節、御門番之面々御通リ近キ所江罷出、御目見与被仰出之、大目付仙石丹波守（久尚）殿ゟ被相達、

一、廿九日、德胤君玄猪之節、御登　城之義、戸田山城守（忠眞）殿江御伺相濟、

一、晦日、久世大和守（重之）殿ゟ御書付被相出、

增上寺　有章院（德川家繼）様御佛殿、石燈籠可有獻上候、寸法去ル巳ノ年之通、來年二月上旬迄ニ出來与被仰出、

一、十月七日、大御目付ゟ被相觸書付、左之通、

覺

一、老中振舞之節、勝手座敷江通され候儀可爲無用事、

一、玄關前掛廊下、無用たるへき事、

附、雨天之節ハ、玄關前手傘可用事、

一、門内莚ハ敷せ候共、薄縁ハ可爲無用事、

一、座敷餝之書付出し候儀、可爲無用事、

一、勝手江相詰候親類中、其外之面々名書付出候儀者、只今迄之通ニ而可然候事、

一、同月堀内大藏實名胤近、老中職被仰付、名改玄蕃与、從昌胤君被下之、

一、十一月十九日、今度女御（近衞家凞女、常公）入内ニ付惣出仕、熨斗目御着用、

朽木稙元ヘ朱印状差出サル

一、十二月十二日、朽木民部少輔(稙元)殿江御朱印被指出、

一、嚴有院(徳川家綱)様　御朱印

寛文四年四月五日

高祖父相馬長門守(忠胤)頂戴之、

*小石川馬場ノ近邊ヨリ出火

一、常憲院(徳川綱吉)様　御朱印

貞享元年九月廿一日

祖父相馬彈正少弼(昌胤)頂戴之、

一、文昭院(徳川家宣)様　御朱印

正徳二年四月十一日

當時相馬讃岐守(尊胤)頂戴之、

*八丁堀ノ屋敷燒失

領知目錄差出申候、

鄕村帳、追而指出可申候、

御使者　守屋八太夫(眞信)

徳胤敍爵仰出サル

一、十八日、內膳徳胤君御敍爵被仰出、十七日久世大和守(重之)殿ゟ御奉書到來、尊胤君御同道御登城、

御名御改之儀、大和守(久世重之)殿江御願書被指出、

因幡守
備前守　如此被仰上、

*尊胤婚禮

徳胤因幡守仰付ラル

一、十九日、大和守殿ゟ御名因幡守与御願書江御點(カ)ニ而被仰付、

一、廿八日、御官位御禮相濟、廿七日御奉書到來、尊胤君御同道御登城、御太刀銀馬代、

享保二年丁酉(一七一七)

一、正月廿二日申ノ刻ゟ、江戸出火、增火消被蒙仰之、

小石川馬場ノ近所ゟ出火、風烈及大火、小石川・小川町・駿河臺・神田橋・一ツ橋・常盤橋內、大手前・大名小路・築地八丁堀邊迄燒失、萬石以上屋敷七十貳軒、萬石以下小身面々屋敷三百四十九軒、此節外櫻田御門番中御非番ニ而御番所江御詰被遊候處、御奉書ニ而御出馬、水野壹岐守(忠定)殿屋敷ニ而御防留、

一、同日、八丁堀御屋鋪燒失、土藏計殘、

一、廿七日、阿部豐後守(正喬)殿宅ニ而尊胤君被蒙　仰趣、

此間之火事、御城江火かゝり可申所、精ヲ出防キ、太儀ニ被　思召之旨　上意之段、被蒙仰之、

一、二月六日御婚禮御道具、今日卯ノ刻ヨリ、參初、

本多下總守(康命)殿　留守居　村瀬茂左衞門
御新造附　岡　仁兵衞

一、十五日、御婚禮、

本多下總守殿屋鋪類燒、依之牧野阿波守(忠壽)殿愛宕下ノ屋鋪ゟ御輿入、

御輿迎　土屋數馬(喬直)殿目立不申樣ニ而、被仰合御壹人ニ而相濟、

晝八半時御輿入　行列之次第別記略之、

御輿渡　鈴木幸右衛門

請取　岡田靭負（知胤）

御貝桶渡　本多喜八郎

受取　大浦五藤左衛門（往清）

御輿受取、御貝桶受取、櫻田御屋鋪御玄關前ニ而相濟、大書院三ノ間ニ而、右両人御料理、二汁七菜、二ノ間江太守御出座、鈴木幸右衛門被召出、持參太刀折紙、佐藤七右衛門持出之、大浦五藤左衛門披露、本多喜八郎持參太刀折紙、半野次郎太夫持出之、五藤左衛門披露、右畢而三方御土器上之幸右衛門ニ、御盃被下、御肴御道具給之、

金貳枚五兩札貝三原刀　岡田靭負持出之、

右配膳、御坊主佐藤雲彌、

本多喜八郎被召出、右同前、御道具給之、

金貳枚重弘刀　同人持出之、

右畢而、岡仁兵衛被召出、青銅壹貫文捧之、

守屋八太夫披露、

一、下總守殿（本多康命）屋鋪類焼ニ付、諸事目立不申様ニ、輕ク御調可然与、土屋相模守殿（政直）御内意ニ而、御客方松平大學頭殿（賴貞）・佐竹右京大夫殿（義峯）初、御斷御上客黒田甲斐守殿（長貞）・土屋左京亮殿（陳直）等也、

御新造随附

高百石五人扶持　奥家老岡　仁兵衛

玄米七石貳人扶持　御徒士土井久左衛門

同六石貳人扶持　御料理方堀池權四郎

*三ツ目祝儀

一、廿一日三ツ目御祝儀、皆子餅御取通、

御使者御小姓頭谷　六左衛門（格盈）

御太刀金馬代・二種一荷

下總守殿江、　御使者新谷五郎左衛門（信孟）

御太刀金馬代・二種

隱岐守殿江、　同　同人

白銀五枚・二種

下總守殿奥方江、　同　石川助左衛門（昌弘）

昌胤君ゟ、

御太刀馬代銀三枚・二種

下總守殿江、　同　佐藤七右衛門

御太刀馬代銀三枚・一種

隱岐守殿江、　同人

白銀三枚・二種

下總守殿奥方江、　同人
保壽院殿ゟ、
白銀三枚・二種
(本多康命)下總守殿
同　三枚・一種
(本多康慶)隱岐守殿　同　笠井與右衛門
白銀三枚・一種
下總守殿奥方江、御使者笠井與右衛門
德胤君ゟ、
御太刀馬代白銀貳枚・一種
下總守殿江、　同　原左近右衛門
右同
隱岐守殿江、　同人
一種三百疋
下總守殿奥方江、　同人
御新造ゟ、
紗綾五卷・二種五百疋
下總守殿江、　同　岡　仁兵衛
紗綾五卷・二種三百疋
隱岐守殿江、　同人

色縮緬三卷・二種三百疋
下總守殿奥方江、　同人

*尊胤婚禮御禮ノ爲登城

一、同日、御婚禮相濟、廿日御老中御連名御奉書到來、御登　城、
御小袖二重花色熨斗目御腰明、茶綸子、茶羽二重、白羽二重、
御老中江二種五百疋宛被進、
一、同日、三ツ目爲御祝儀、下總守殿江岡田靭負・大浦五藤左衛門參上、
太刀折紙進上之、
金貳枚五兩刀　(岡田知胤)靭負
同貳枚刀　(大浦往淸)五藤左衛門
右兩人被下　御婚禮一卷有之故、御年譜ニ略之、

*御用人谷格盈御暇

一、廿八日、御用人谷六左衛門(格盈)御婚禮御用引受、去春ゟ江戸ニ相詰御暇、
一、廿九日、大御目付御廻狀到來、
三月朔日、月次御禮無之、
五月朔日、月次御禮有之、
右之通向後相濟、

*尊胤登城

一、三月十一日、御登　城、十日御奉書到來、

武家諸法度相出サル

武家諸法度被相出之、別記ニ詳故略之、

*大地震

一、四月三日、大地震、四十八年以來之由、

一、七日、德胤君御前髮被爲執之、

德胤具足召初

一、同日、御具足召初、

太守ゟ御采幣、

末三原御刀代金五枚被進、

一、十五日、中村江御暇、御拜領物例之通、

一、十七日、櫻田御門番御仕廻、

尊胤江戸發駕

一、廿二日、御發駕、東道御旅行、

一、廿八日、御着城、

一、五月三日、德胤君紅葉山供奉御務、

佐竹義格入部

一、六月五日、佐竹右京大夫殿入部ニ付、秋田江高城覺右衛門組頭役御使者ニ被遣、

妎添御歩行齋藤庄左衛門

御太刀金馬代・晒布拾疋・二種一荷、

野馬追

一、十三日、野馬追、

御儉約ニ付、今年ゟ御留主ノ格与相濟、十二日中村ゟ御出馬之節茂、御騎馬少原江、十三日之朝御出馬之時、新田川原ゟ之行列御用捨、御軍法茂無之、惣士ノ陣小屋茂不掛之御本陣計、尤甲具足ノ小道具茂差置、輕ク御祭禮相濟、

一、廿一日、昌胤君中村江御入、於二ノ丸御囃子三番惣侍御目見、馬場野御殿御止宿、廿二日於二ノ丸御操御興行、惣御家中拜覽被仰付、廿三日幾世橋江御歸、

＊江戸上屋敷書出スベキ旨廻狀到來

一、廿七日、於江戸御上屋鋪可被書出旨、御屋敷奉行ゟ廻狀到來、

嶋田佐渡守殿（政辰）　佐々木五郎右衛門殿（正庸）

山岡助右衛門殿（景寛）

一、七月五日、御屋鋪之書付被差出、

覺

拜領
一上屋敷　外櫻田　貳千九百五坪

右之屋鋪住宅仕候、

右之外、所持之屋鋪ハ、先達而書出候通、相違無御座候、

＊池田直重病ニ依リ家老職免ゼラル

一、七日、池田八右衛門（直重）病氣、依願御家老職御免、

一、廿七日、佐竹右京大夫殿ゟ御使者被遣登　城、

御太刀金馬代　大山六左衛門

蠟燭二箱　御取次　村田太郎左衛門

二種千疋　案内馳走木幡次郎右衛門

御本城、於小書院右披露、御口上之上、自分之太刀進上、

右國懸之御使者之次第、例之通相濟、退出以後、

以御使者、
時服二帷子仕立候而、
白銀五枚　　御使者江被下、

諸國大風雨

一、八月十六日、諸國大風雨、巳刻過ゟ辰巳嵐強ク、江戸麻布御屋形破損多ク、保壽院殿櫻田御上屋鋪江御入御、修覆出來、廿八日御歸亭、

乾字金ノ通用停止ノ大目付廻狀

一、廿日、大御目付御廻狀、新金出來候ニ付、乾字金追日減少、乾字金通用當酉年ゟ來亥ノ年迄三ケ年ヲ限、子ノ年ゟ通用一切停止、久世大和守殿(重之)ゟ被仰付候也、

堀內角左衞門病歿

一、廿八日、老臣堀內角左衞門(往長)病死、法事ノ節、御香典被下、

一、九月朔日、御巡見中村町御止宿、晝時以前、仙臺領ゟ御移、
御使者有馬內膳殿(長祐)　初ハ御使番曾我平次郎殿被仰付候所、當春火災之節、屋鋪類燒ニ付御免、
小笠原三右衞門殿(信凭)　高木孫四郎殿(清胤)

一、北堺江御迎、守屋八太夫(眞信)・郡代岡田又左衞門(長保)・田村助右衞門・宇多鄕ノ代官佐藤源右衞門罷出、羽織立付、乘馬ニ而、醫師安士玄達・早川安信・山本玄仙相詰、

一、中村町御着之節、北町出はなれ江、岡田靭負(知胤)・堀內玄蕃(胤近)御迎、麻上下着、牽馬、同舛形之內町奉行中野卯右衞門・岸平兵衞罷出、二日中村御立、笹町御休、草野御泊、三日大原御休、小高御泊、四日高野町御休、

岩城領江御越、熊川堺目迄、御使者石川助左衞門(昌弘)、

一、太守御巡見御止宿江御見舞、御巡見ノ次第先格之通、

將軍吉宗ヨリ朱印頂戴德胤登城

一、十二日、御朱印御頂戴、御名代德胤君御登　城、十一日井上河內守殿(正岑)ゟ御奉書到來、於將軍吉宗公(德川)御前御朱印阿部豐後守殿(正喬)被相渡、德胤君御頂戴御退出、御老中・若年寄御朱印御用掛リ朽木民部少輔殿(稙元)・石川近江守殿(總茂)江御禮御務、御留主居伊藤太兵衞(重祐)御城江相詰、御徒士目付壹人御徒士壹人、足輕召連、御朱印箱ニ入、御封印外箱封印、御留守居半長持江入、太兵衞附御屋敷江御朱印入候節、大門ヲ開キ、御家老・御留守居・御取次並番麻上下御着用御式臺江出向、於御座鋪御祐筆富田勘右衞門(明實)麻上下着用寫之御朱印村上三郎兵衞物頭役御在所ゟ右持參ニ被指登、相渡御徒士荒勝右衞門附、同日暮江戸發足、御朱印ト札ヲ指シもたせ、足輕宰領六人、羽織着、中村江差下、御在府之面々十一日御頂戴、

一、同日、御判物御朱印御用掛リ阿部豐後守殿・朽木民部少輔殿・石川近江守殿江御刀被下之由、

朱印狀預ル村上三郎兵衞下著

一、十八日、御朱印預村上三郎兵衞下着、則御頂戴爲御祝儀、御一家老中・御用人登　城、

朱印頂戴ノ御禮トシテ堀内胤近江戸出足

*千葉榮久病歿

*領地目錄御禮ノ飛札差出サル

*岡田知胤嫡子春胤御目見

*抱屋敷ノ屆大目付横田重松へ達セラル

*妙見遷宮

谷格盈佐藤以信家老職仰付ラル

右御禮、堀内玄蕃（胤近）十九日江戸出足被仰付、

一、廿六日、御朱印御頂戴御禮御連札、堀内玄蕃御老中方石川近江守殿・朽木民部少輔殿江相務、御奉書被相出候ニ付、玄蕃十月三日江戸發足、

一、十月朔日、御朱印御用掛リ江以御使者御祝義被進、

一種五百疋宛、　石川近江守殿
　　　　　　　　朽木民部少輔殿

阿部豐後守殿九月十九日御老中御役御免、追而到十一月、右御祝儀被進、

一種三百疋宛、　御祐筆頭飯高市郎兵衛殿
　　　　　　　　御祐筆　小池與左衛門殿
　　　　　　　　　　　　本目杢右衛門殿

右兩人之御祐筆、此方ノ御朱印御領知目録被相調候ニ付、

一、十一日、大御目付松平石見守殿（乘邦）ゟ御書付被相達、

百姓地に近年抱屋鋪數多有之、御鷹場之障ニ茂罷成、其上猥リニ屋鋪所持候ハ、無益之事ニ茂候條、抱屋鋪構之、圍取拂勿論、向後新規之抱屋鋪、彌停止之旨被仰出、

一、廿五日、谷六左衛門實名格盈・佐藤惣左衛門實名以信、御家老職被仰付、

一、廿九日、御領知目録被相出之、

一、十一月十日、千葉榮久病死ニ付、門馬三右衛門中目付役被指上、

十五日久世大和守殿江御屆、榮久儀、不及御檢使ニ由被仰出、西光寺江葬、

一、十二日、御領知目録御禮御飛札被指出、

一、十五日、岡田靭負（知胤）嫡子專之助、初而御目見、捧太刀折紙、御盃頂戴、御手自御一字被下號　春胤、

一、廿三日、御抱屋鋪御屆、大御目付横田備中守殿（重松）江被達、

江戸近邊御鷹野場ニ成候故、屋鋪之圍家共ニ取拂候樣被仰出、笠井・青戸村屋鋪元地主方江可被相返之由、備中守殿（横田重松）江御屆、久世大和守殿江被相伺候樣ニ、御差圖依之伺被指出候處、勝手次第与相濟、

一、十二月三日、妙見遷宮、

御宮御修覆出來、今朝卯ノ刻原釜江御濱下リ、太守晦日之暮ゟ御潔齋、大手物頭番所江御出、御神輿御通之節、御下座御行列之跡ゟ、原釜江御越、御假殿ニ而御神拜還幸之御跡ニ御歸城、御裝束衣冠、行列

之次第、先規之通、委細扣記有之故略之、
一、四日、辰刻過、妙光院江御下リ、諸士御庭假屋江出席、御庭ニ而社家火劒キ神樂、十二番、湯祭、右御法樂相濟、御拜禮、
一、同日、於江戸青戸村御抱屋敷年貢地、坪數千四百九拾坪、百姓元地主庄兵衛ニ被相戻、
一、五日、右御屆、横田備中守殿御代官伊奈半左衛門(忠逵)殿江被相達、

大浦往清常府御免郡代頭仰付ラル

一、廿四日、大浦五藤左衛門(往清)江戸ゟ被召呼、常府御免郡代頭被仰付、
一、廿六日、徳胤君江富田五右衛門(政實)御附ケ常府若年寄被仰付、

(一七一八)享保三年戊戌

土屋政直老年ニ依リ老中役御免

一、三月三日、土屋相模守殿(政直)御加増壹萬石拜領、依御老年御老中御役御免、三拾二年之勤功、
右御祝儀御太刀金馬代、二種一荷、御使者物頭役木幡甚五左衛門
左京亮殿(土屋陳直)・外記殿江茂御祝儀物被進、江戸江九日ニ出足、

一、十日、御領分諸堺御見分、高野町御殿江御入、
十一日、幾世橋江被爲入、直クニ南標葉内高平山江御上リ御遠見、其晩高野町御止宿、
十二日、小高釘野山下ゟ大峠越、段々堺御覧ひるそね御休、津嶋御泊、
十三日、つゝら峠ニ而御遠見、草野町御休、中倉山ニ而靈山御遠見、笹町御泊、
十四日、金谷原御休、晝時御歸城、
一、廿一日、御持鑓貳本共ニ直鑓ニ御改、すゝたけ羅紗掛ル、
一、廿六日、御發駕、

*尊胤參府

一、四月三日、御參府、十三日御禮相濟、獻上例之通、

*神田ヨリ出火增火消出馬

一、廿日、神田ゟ出火、增火消御出馬、御奉書到來、紺屋町鬼橋御防火、
一、五月朔日、將軍吉宗公(徳川)ノ御母公淨圓院樣紀州ゟ江戸江御着、

*中橋通ヨリ出火尊胤出馬

一、同日、中橋通ゟ出火、北風及大火、御奉書ニ而御出馬、諸所御防留、

*徳川吉宗母淨圓院出府ニヨリ惣出仕

一、二日、淨圓院樣(徳川吉宗母)御出府ニ付惣出仕、
一、同日、御老中水野和泉守殿(忠之)ゟ御奉書到來、三日公家

衆御馳走御能御見物被仰付、德胤君御同道被蒙仰之、
右御禮、八時前御熨斗目御半袴ニ而御出御、退出
以後、御用人新谷伊兵衞ニ御意、今夕御登　城之
御方ニ、のしめ(熨斗目)着用ハ少ク、依之御同席江御聞合
候所、御袷之內御目見被遊候時ハ、御熨斗目ニ候、
被爲召御登　城ニ而茂、御勝手ニ而事濟候時ハ、何
時茂服紗ノ御袷能候由、重而ケ樣之節ハ、服紗ノ
御袷与可相心得旨被仰付、兼而帝鑑之間ニ御詰被
遊候所、今夕ハ菊之間御緣頰江御詰相濟候由、
一、五日、端午御出仕之時、井上河內守(正岑)殿傳達　台命、
松平伯耆守　　松平和泉守(乘邑)
相馬讃岐守(尊胤)　　松平紀伊守(信庸)
丹羽左京大夫(秀延)　　仙石信濃守(政房)
去ル朔日之火事、何茂精ヲ出、大火ニ不成之段被
蒙　上意、

公家衆增上寺參詣

一、六日、公家衆增上寺參詣、山門石橋表門御堅御務、
四月晦日、御法事ニ付、公家衆參向、右之御固、
去ル四日勅答之節、太守御登　城被蒙仰之御相役、
秋田主水正(賴季)殿・安部攝津守(信賢)殿、

舞樂見物ノ爲尊胤德胤登城

一、十三日、舞樂御見物御登　城、德胤君御同然、十二日御奉書到來、

一、廿六日、井上河內守殿ゟ御書付を以被仰出、
角筈村之拜領屋敷江、明日・明後日之內爲見分役
人可參候間、可被得貴意候、尤掃除等ニは不及候、
以上、

*守屋眞信常府家老仰付ラル

一、同月、守屋八太夫(眞信)常府御家老被仰付、

*角筈屋敷見分役人越

一、六月十五日、角筈御屋鋪御見分、御役人御越、
御小納戶松下專助(當恒)殿　小從人頭能勢三十郎(賴成)殿
鳥見組頭平山六左衞門(義言)殿
伊奈半左衞門(忠逵)殿ノ手代壹人
御屋鋪中見分惣坪數、畑ノ坪數、家步數等拜領之
時節書付可差出之旨、御留守居久米半右衞門(依時)ニ被
相達之、
大內與一左衞門出合、

*角筈ノ下屋敷ハ延寶六年拜領

角筈村之下屋鋪、延寶六年(一六七八)戊午四月廿一日拜領仕
候、
惣坪數七千四拾壹坪
內貳百四十壹坪　　家坪
同六百坪　　畑坪
右之通ニ御座候、以上、
戌六月十五日　　相馬讃岐守內
久米半右衞門

平山六左衞門樣

此節、右之通相濟候由、

延寶六年午四月廿一日ハ、御老中江御願被指出、

御買屋敷与相濟、

元錄十二年己卯五月廿七日、御拜領屋鋪ニ極ル、

甲斐庄(正永)喜右衞門殿・奥田(忠信)八郎右衞門殿・水野(忠順)權十郎殿、御首尾有之段、日記ニ茂詳也、

此段、重而兩變ニ而ハ如何与記之、

相馬尊胤外櫻田門番仰ヲ蒙ル

一、廿日、外櫻田御門番被蒙仰之、御相番永井飛驒守(直期)殿、

一、七月、遍照山西光寺江御母堂ノ御位牌御安置、

御法名

冷光院殿秋譽身清大姉寶永五年子七月十一日御遠去、

青木市左衞門(玄可)殿ノ孫女也、

御祖父市左衞門殿ハ小從人ノ組頭、

谷格盈侍大將仰付ラル

一、同月、谷六左衞門(格盈)侍大將被仰付、守屋八太夫之組、

近衞家久江戸參向ニ就キ馳走役仰ヲ蒙ル

一、八月五日、近衞右大臣(家久)殿、今度御參向御馳走被蒙仰之、

御老中御列席ニ而御傳達、

梶井御門跡(道仁)御馳走　鍋嶋攝津守(直恒)殿

三寶院御門跡(房演)御馳走　細川伊豆守(典生)殿

御代リ　嶋津淡路守(惟久)殿

毛利周防守殿

近衞殿(家熈)御宿坊西久保天德寺

御賄方　河原清兵衞殿

御臺所方湯淺源右衞門殿

梶井宮御宿坊愛宕下青松寺

三寶院御宿坊谷中瑞林寺

一、六日、外櫻田御門番御免、

一、廿一日、本多下總守(康命)殿江太守御婚禮以後之御招請、

德胤君、土屋數馬(喬直)殿、御同道御入、

太守御太刀銀馬代御持參、

御奥方御入

御饗應御勸盃ノ上、爲御引手物御道具被進、

末延壽御刀代金拾枚

信國御小脇差同七枚　下總守(本多康命)殿ゟ、

末包永御刀代金七枚

吉平御脇差同五枚　隱岐守(本多康慶)殿ゟ、

一、廿六日、本多下總守殿御招請、

下總守殿　主膳(本多俊普)殿　牧野阿波守(忠壽)殿

本多（忠利）五郎右衛門殿

下總守殿ゟ御太刀馬代御持參、

奥江御通、御祝儀相濟、表御座鋪江御饗應、

御勝手 佐竹求馬殿　土屋平八郎殿

栗崎道有殿

*近衛家久天德寺著

一、九月十六日、近衛殿御着輿之段、先達而申來、沼津御止宿迄御歩行、使ヲ以御飛札被進、

御進物一種　御夫 江井久右衛門

大友喜左衛門

十二日、風雨川〻滿水、三嶋御逗留、十六日御着御延引、

十八日、御着輿之段、飛脚歸府、十六日夜中品川江木幡十右衛門組頭役爲御使者、干菓子一箱被進、御精進日ニ付、十右衛門被附置、羽織袴ニ而御跡乘、

*近衛家久登城

一、十七日、太守御宿坊榮壽院江御引移、惣御人數相詰、

老　守屋八太夫

佐藤惣左衛門

御用人　新谷伊兵衛（信孟）

田村助右衛門

御留主居　久米半右衛門

村田太郎左衛門

御用聞　本役吟味方 大內與一左衛門

本役中目付 門馬三右衛門

一、十八日、右府殿（近衛家久）天德寺江御着、

上使　御老中 水野和泉守（忠之）殿

一位樣（天英院）ゟ上使、　本間豐前守（季孝）殿

近衛殿（家久）被召連候諸大夫　今大路治部大輔（孝在）

中川石見守（長堅）

醫師 高木英淳法眼

參向ノ公家衆

正親町一位（公通）殿　中院前大納言（通躬）殿

廣橋中納言（兼廉）殿　三條西宰相（公福）殿

難波中將（宗建）殿　飛鳥井少將（雅香）殿

萩原民部太輔（兼武）殿　舟橋式部少輔（尚賢）殿

一、廿一日、近衛右大臣家久公御登城、御對顏相濟、太守御先江御登營、

一、廿二日、西ノ丸江御登城、

天英院樣御對顏、一位樣ハ（近衛）家久公ノ御父家熈公ノ御妹、

一、廿三日、御能御饗應、御登　營、此節右府殿御裝束、紅ノ御直垂太守御先江御登城、

近衛家久増上寺参詣

一、廿四日、上野増上寺御参詣、太守御先ニ上野江御出駕、同所御宿坊等覺院、
増上寺御裝束所、於廣度院此方ゟ御晝食被獻之、
一、廿五日、上使戸田山城守（忠眞）殿ヲ以御暇、
白銀五百枚　綿五百把　被進、
上使以後、尾張中納言（徳川繼友）殿江御入、夜中御歸輿、
一、廿六日、西ノ丸江御入、
一、廿七日、尾張殿御守殿江御入、綱君ハ右府殿ノ御妹也、
一、廿八日、右府殿天徳寺ノ山御慰覽、
一、廿九日、西丸ゟ上使、上使相濟以後、尾張中納言繼友卿江御入、
一、晦日、御發輿被　仰出候ニ付、御餞別、
白銀三拾枚　蠟燭貳百挺　紗綾十巻
箱肴二種　　被進之、
外ニ道中爲御慰、左之通被進、
御茶二種　干菓子一箱
徳胤君ゟ御餞別、
巻物五　干肴一種
一、西丸江爲御暇請被爲入、
一、明朔日御發輿御届、御老中・若御年寄・三高家江御口上書、御用番ノ寺社御奉行江御使者、

近衛家久歸洛

一、十月朔日、御發輿、
品川迄御跡乗木幡十右衛門、神奈川驛御止宿迄、
御飛札被進、御發輿以後、御役所御引拂、
御用番水野和泉守（忠之）殿江御届、
右御馳走中之次第、別記有之畧、
一、十六日、公家衆御馳走御能ニ付、徳胤君御登　城、
太守御不快御登城不被遊、依之十七日公家衆上野・
増上寺參詣、山門石橋表門御固被仰付、徳胤君御
名代可被相務旨、松平對馬守（知楨）殿被仰渡之、
一、十七日、右御固御勤、二天門御固裏門
内藤主殿頭（政貞）殿
加藤和泉守（嘉矩）殿
文昭院（徳川家宣）様七廻御忌御法事、十四日迄御執行ニ付、
公家衆參向相濟、人數御引取、

*金銀通用ノ書付

乾字金

元祿金

一、閏十月廿八日、久世大和守（重之）殿ゟ金銀通用御書付被相
出、乾字金引替、當戊年ゟ來ル寅年迄五ケ年ニ限る
へし、元祿金引替ハ來亥年ニ可限事、
一、同月、土屋數馬殿名ヲ刑部与御改、
一、十一月朔日ゟ新金銀通用乾金、亥年限与被仰出、

*琉球人登城

一、十三日、琉球人登　城、兩君大紋御着用、御登　營、
一、十四日、本多隱岐守（康慶）殿御在所、於膳所御大病、下總（本多康命）
守殿御看病、御暇ニ而江戸御發駕、

輕キ御使者可被遣旨被仰出、中小姓・目付野坂那須之丞出足、去ル九日夜御遠去之段、品川ノ先於大森下總守殿御承知御歸府、依之那須之丞大森ゟ歸リ、御奥方ゟ之御使土井久左衞門ハ、膳所江相越、江戸深川靈岩寺ニ而御法事御執行、

御法號曉雲院殿

德胤君御母方御祖父ノ御服忌被爲受、

琉球人登城

一、十五日、琉球人登　城、音樂其上御暇、

一、十七日、於御在所高松都玉宮遷宮、

都玉ノ尊骸、幾世橋興仁寺ゟ高松山江御改納、昌胤君十六日坪田村眞德院御一宿、十七日未明ゟ八幡ノ社内江御入神幸、

*佐藤以信侍大將仰付ラル

一、廿二日、戸田山城守殿ゟ火事有之節、神田橋ノ外江可被相詰旨、御書付ヲ以被蒙仰之、

上野境内ヨリ出火

一、十二月十一日、上野境内ゟ出火、

神田橋外御役所江、太守御詰、及大火、御使番被任御差圖、淺草御門柳原通江御出馬、又御差圖、兩國橋米澤町壹丁目御防留、

*中村ニテ新金通用

一、十三日、被爲　召、十二日御老中御連名御奉書到來、御白書院緣頰ニ而御老中列席、井上河内守（正岑）殿被仰渡之、

大久保加賀守（忠方）　南部大膳亮（利幹）
相馬讃岐守（尊胤）　松平主殿頭（忠雄）
伊東修理亮（祐永）　青山因幡守（忠重）
龜井隱岐守（茲親）

右何茂近キ比、出火ニ付、度〻罷出、其上一昨夜之火事防之儀、御使番を以、　上意有之候所、精を出シ、其上防之仕形思召ニ相叶候、向後茂必火を消留候儀計を、宜敷　思召候との御事ニハ無之候、御差圖之通相守、人數を立、手配を合防候儀を、專一ニ可相心得候、一昨夜防之仕形、宜鋪思召候段可申聞旨　上意ニ候、

一、同日、佐藤惣左衞門（以信）侍大將被仰付、岡田靭負（知胤）病氣ニ付、御役御免跡組被仰付、

一、廿四日、於中村新金通用、從公儀被仰出候趣被仰付、當十月御家中物成、切米乾金ニ而被相渡候ニ付、新金ニ被相直御渡被下之旨、大浦五藤左衞門（往清）申渡之、

萬榮日録　三

尊胤朝臣御年譜　三

尊胤鶴料理頂戴

*尊胤朝鮮國信使來朝ニ就キ遠州舞坂ヨリ江戸迄警衞仰付ラル

養子ノ儀仰出サル

享保四年己亥（一七一九）

一、正月十六日、御鷹之鶴御料理御頂戴、五日御奉書到來、御登　城、

一、三月十五日、式日御出仕、

此節、若君様（徳川吉宗子）御誕生之段被仰出、御名源三様与被稱、

一、廿五日、養子之儀被仰出趣、戸田山城守（忠眞）殿ゟ御書付、

覺

一、養子願之義、續無之候共、元來一家ニ而、當時取かはしも致候程之内ニ而、相應之者を可相願筈ニ候間、向後ハ養子願之時、親類書指出候節、右一家之内存寄之者無之におゐてハ、其品書加可申事、

一、他人を聟養子ニ致候ハ、同姓之內養子ニいたすへき相應之もの無之時之儀ニ候之間、同姓を差置、他人を聟養子に願申間鋪候、然共同姓之內養子ニ可仕筈之者、病身か又ハ何とそ存寄有之におゐてハ、其わけを立、他人を聟養子ニ願候ハ、各別之事、

一、惣而養子之儀、同姓相應之ものを撰ひ、若無之におゐてハ、由緒を正し願候様にとの事、御條目ニも有之候間、右二ケ條之趣、彌相心得可申事、

一、四月四日、御詰場所御免、

一、十五日、御在所御暇、御拜領物例之通、

一、廿三日、井上河内守（正岑）殿ゟ被仰付御書付、

相馬讃岐守（尊胤）

鞍皆具　拾疋分

但、壹疋分　足輕壹人　口取貳人

沓籠持　合羽籠持

挑燈持　手傘紙合羽

右、當秋從朝鮮國信使來朝ニ付、遠州舞坂ゟ江戸迄可被相出之事、

一、鞍皆具改不及取繕可被用之事、

一、當秋も前之通美濃路通ニ候事、

一、鞍皆具御定之所江、役人差添罷越、御馳走人幷馬

*朝鮮人江戸著
尊胤江戸發駕
*朝鮮信使登城
土屋政直隠居陳直家督相續
*將軍吉宗朝鮮曲馬ヲ覽ル
*朝鮮信使江戸出立
*朝鮮人來朝年數

割之御代官江相達、其以後宗對馬守(義誠)役人申談可任
差圖事、
一、信使到着之日限等、松平對馬守(近禎)・横田備中守(重松)・大
久保下野守(忠位)江可被承合事、
一、廿九日、江戸御發駕、東道御旅行、
一、五月五日、御着城、
一、六日、源三様御逝去、上野凌雲院江被爲入、七日、惣出仕、
一、廿八日、土屋相模守(政直)殿如御願御隠居、左京亮(陳直)殿江家
督被仰出、
一、六月、朝鮮人鞍皆具被指出候ニ付、遠州舞坂迄宿取
ニ御歩行、目付新谷彌太郎江戸出足、
一、八月三日、皆具役人舞坂江、江戸出立、松平對馬守殿ゟ朝鮮人壹岐國風本江差船申來候付、出足被仰付、
　中目付役　門馬三右衞門
御並ゟ被指出候皆具役人組合有之、
　添役人　御納戸役御免以後　鴇田新五兵衞
　御歩行目付　鈴木四郎左衞門
　遠侍御番ゟ　大井平太左衞門
一、廿六日、麻布御屋舖裏御門前辻番廻り、番初而相濟、
右廻り番無之ニ付、三宅大學頭(康敬)殿江達之、御徒士

目付出合、内藤備後守(弌信)殿寄合、辻番廻り番被仰付、
一、九月廿七日、朝鮮人江戸着、人數四百七拾餘人、
客館東本願寺鞍皆具役人送屆之、
御馳走人牧野駿河守(忠辰)殿・中川内膳正(久忠)殿
一、十月朔日、朝鮮信使登　城、
德胤君衣冠重御着用、御太刀御帯御登　城、廿九日御奉書、
紀伊中納言(宗直)殿・水戸中將(吉孚)殿初、國持大名、其外萬
石以上、同嫡子幷布衣以上、御役人登　營、出御
以前、席々列居、大廣間　出御、御規式相添、
一、五日、田安之内於馬場朝鮮曲馬　上覽、
御譜代大名御詰衆、菊之間御縁頰衆・諸番頭・諸
役人・御番衆見物、　德胤君御出覽、
　曲馬
立一さん　左七分右七分
さるたち　脇添　横乗　貫拔通し
雙馬　馬上用鐙　馬上偃月刀
一、十一日、朝鮮信使以　上使御暇、久世大和守(重之)殿・水野和泉守(忠之)殿
一、十五日、朝鮮三使、江戸出立、品川泊、
　朝鮮人來朝年數
天正十八年庚寅(一五九〇)　慶長元年丙申(一五九六)

（一六〇七）慶長十二年丁未　（一六一七）元和三年丁巳
（一六二四）寛永元年甲子　（一六三六）寛永十三年丙子
（一六四三）寛永廿年癸未　（一六五五）明暦元年乙未
（一六八二）天和二年壬戌　（一七一一）正徳元年辛卯
（一七一九）享保四年己亥

＊久世重之へ打物鍛冶ノ御答書付ヲ差出サル

一、十一月三日、久世大和守殿(重之)ゟ被仰聞御書付、

覺

一、領分之内ニ居候打物仕候、鍛冶何人程有之哉、人別ニ名書付可指出候、此内誰〻別而打物能仕候者有之儀、附札ニ成共可被書付候事、

一、右鍛冶共之内、當時打物細工ハ、はやり用不申候得共、此内誰〻ハ家筋ニ而、古來ゟ作候筋目ニ而、今以打物仕、家業相續いたし有之候と申儀、是又附札成共書付可被出候事、

佐藤以信家老職組支配免ゼラル

一、五日、佐藤惣左衞門(以信)病氣依願、御家老職組支配共ニ御免、

小泉田中觀音堂造營出來

一、七日、宇多郡小泉田中觀音堂御造營出來、正入佛、此千手観音堂ハ、正保三年戊八月、松岩院殿ノ御建立、今度太守(尊胤)御再建、

一、同日、観音堂ノ邊殺生禁斷被仰付、田町ノ出はなれゟ海道を限打廻シ、鑓町通之中道堀際通リ、東西江七町壹反、南北江五丁四反之所殺生禁斷、

一、十一日、久世大和守殿江打物鍛冶之御答書付被指出之、

覺

大坂越前守助廣弟子
扶持人伏見右衞門尉大和守廣近
同人子五太夫重光

同　大和守吉道弟子
扶持人亡父播磨守子横山彌五右衞門吉國

山城守秀辰弟子
扶持人鍛冶近江守國正

右之者共打物仕候、乍去不宜候故、はやり用不申候、以上、

十一月十一日　御名

＊相馬胤賢家老職仰付ラル

一、十五日、相馬將監、實名胤賢、御家老職被仰付、

＊泉胤秀侍大将仰付ラル

一、廿四日、泉左衞門、實名胤秀、侍大將被仰付、佐藤惣左衞門跡組、

＊本多康命歿

一、晦日、本多下總守殿(康命)在所、於膳所御病死、御實名康命、
御法名通性院殿江戸深川靈岩寺ニ而御法事御執行、

徳胤君御叔父ノ御忌服被爲受御用番江御届、

來ル正月ヨリ借知ノ内島臺進上免ゼラル

一、十二月十四日、來子ノ正月ゟ御家中御借知之内、御諷初之節、嶋臺進上御免被仰出之、

*紋胤室保壽院殿火葬

一、廿五日、本多下總守殿跡式、舎弟主膳殿（俊普）江如御願相濟、

皇子御降誕

一、晦日、王子（ノチ櫻町）御降誕、

（一七二〇）
享保五年庚子

*尊胤著府

一、正月十五日、昌胤君ゟ太守（尊胤）御軍術御相傳之御契約、段々御講譯御傳受、

新中和門院歿

一、廿日、新准后女御（新中和門院、藤原尚子、近衛家煕女）御事、薨御、

承秋門院歿

一、二月十日、女院（承秋門院）御所崩御、

紋胤室不快

一、三月三日、保壽院殿御不快、紋胤君御後室、太守御養母、實御姉、

大浦往清家老職召放タル

一、十三日、御家老大浦五藤左衞門（往清）無念之儀有之、御役被召放、御用人新谷伊兵衞（信孟）同前ニ被仰付、

岡田知胤隱居
岡田春胤家督相續

一、十六日、岡田靱負如願隱居、專之助（春胤）家督被仰付、

一、十八日、岡田專之助實名春胤、家督御禮相濟、捧太刀折紙御禮之次第、御一家先例之通、

一、廿三日、保壽院殿御遠行、朝七半時麻布於御屋鋪御落命、御齢四十歳、

尊胤中村發駕

一、廿六日、太守中村御發駕、

保壽院殿御不快、御大病之旨、廿五日夜半江戸ゟ達、廿六日御發駕、御定日故急速未明御發立、御不幸之段、原ノ町江飛檄到着、御承知、

一、廿七日、亥刻保壽院殿御出棺、牛込寶泉寺江御入、

御法名保壽院殿慈僊榮祐大姉
武州野中ニ而御火葬、

一、廿九日ゟ二夜三日御法事、於寶泉寺御執行、

一、四月三日、御着府、

一、十三日、保壽院殿御遺骨、寶泉寺ゟ中村江御降下、

御供　守屋八太夫　中目付岡勘左衞門
奥家老手戸甚右衞門　給人　關七郎左衞門
中小姓御徒士

一、十九日、月海山蒼龍寺江御着、曹洞一宗御迎、

一、廿二日、辰刻御葬禮、申ノ刻御灰寄、洒水、加持、久保山安養寺住職賢雄、積雲寺向野外御葬送御導師、同慶寺石水諸宗拜禮、惣侍幷在鄉給人矢來ノ内江相詰、二夜三日御法事御執行、惣士絹布ヲ着組切相詰百石以上鑓爲持、

一、五月十三日、三宅大學殿（康敬）ゟ增火消之節、騎馬幷人數高釣燈等之數認、可被指出之旨被仰付、

騎馬拾壹騎　惣人數三百貳拾人程、

高釣燈五十六

内十五戊ノ年減殘四十一

右之内拾手廻リ　十六諸道具附

十五騎馬内ハ家老壹人、用人貳人、留主居壹人、右貳ツ宛爲持申候、

*尊胤ヨリ徳胤へ具足等進メラル

一、神田橋之外江相詰候時、騎馬拾三騎、惣人數三百九拾人程、高釣燈六拾五、内十五、戊年減申候、殘五拾内十二手廻リ、同廿一諸道具ニ付、同十七騎馬、家老・用人・留主居、火之御番之儀、先年同姓彈正少弼山王鐵炮洲、同長門守聖堂火之御番相務候、右之節場所ニより人數多少有之候、

五月十三日　相馬讃岐守内(依時)久米半右衞門

一、十七日、御忌明、御老中・若御年寄江御務、

中村住伏見廣近作ノ刀一腰獻上

一、十八日、伏見大和守廣近打置候刀一腰獻上、貳尺五寸七分、

領内鍛冶能打候与存候刀脇差打置候を差上、新規ニ打立候ニハ不及旨、三月廿五日久世大和守殿(重之)より被仰付上ル、

捧鞘　御刀箱桐

捧鞘江、

奥州中村住大和守廣近作　貳尺五寸七分　相馬――

指表江合口ノ下より書之、

箱

刀　奥州中村住大和守廣近作

御名

一、同日、太守より徳胤君江左之品被進、

銀覆輪

御具足一領　御立物黒車前子

御陣太刀　祐定　御拵ニ而、

御陣脇差　祐光　右同、

御母衣御母衣出シ、半月同籠共ニ、　御差物

御具足羽織天鵝絨　御具足肌紗織綿入、

同御袴繻珍、

一、廿二日、久世大和守殿(重之)より御書付被相出之、

諸國堤川除・旱損等之儀、貳拾萬石以上ハ自分普請、廿萬石以下自力ニ而難叶方國役、從　公儀茂入目御加与被仰出之、

一、廿四日、太守被仰出之儀、

向後御夜詰不引内ニ茂、五半時より表ヲ仕廻、御奥江御入之節共ニ、右之刻限ニ仕廻、御次与御料理之間ハ被仰出次第、御見舞帳ハ暮六半時迄之内可差上事、當御代ハ、右之通江戸中村共ニ可相心得之旨被仰出、

*尊胤梶井宮馳走役仰ヲ蒙ル

一、廿八日、御參勤之御禮相濟、獻上例之通、御忌中ニ而御延引、

*德川綱吉十三回忌

一、廿九日、德胤君中村江之御暇御願、水野和泉守殿（忠之）江被仰込、

尊胤參府時ノ面々笠著用ヲ免ゼラル

一、六月九日、江戸御行キ御供之面々、酷暑之節、笠何時茂御免之旨、太守被仰出、

御曲輪之內ハ、只今迄之通、笠用捨与被　仰出之、

一、十一日、德胤君、中村江之御暇、初而被仰出之、十日御奉書到來、

時服五　御羽織一　御拜領

*前田吉德室歿

一、十二日外櫻田御門番被蒙仰之、御相番內藤伊賀守殿、（賴卿）

德胤江戸發駕

一、廿一日、德胤君江戸御發駕、東道御旅行、

廿六日、幾世橋江御入、昌胤君江初而御對面、御太刀馬代、白銀三枚、二種一荷被進、

一、廿八日、二ノ丸江御着、御在着、御使者物頭役富田彥太夫、（兼重）

谷格盈郡代頭仰付ラル

一、七月五日、谷六左衞門（格盈）郡代頭被仰付、大浦五藤左衞門（往淸）代リ、

富田政實家老幷ニ侍大將仰付ラル

一、同日、富田五右衞門、實名政實、御家老幷侍大將被仰付、谷六左衞門元組支配、

中村本城大書院損

一、八月、中村御本城大書院損候而、たゝミ被指置、

此御廣間大書院、長貳十壹間ニ八間かわらふき、

一、廿九日、梶井宮（道仁）御馳走被蒙仰之、廿八日御奉書到來、

十月常憲院（德川綱吉）樣十三回御忌御法事ニ付、御參向ニ付而也、御賄御手前ニ而水野和泉守殿御演達、

青蓮院（尊祐）御馳走　伊東修理亮（祐永）殿

公家衆御馳走　龜井隱岐守（玆親）殿

太田原飛驒守（扶淸）殿

御代リ　毛利讃岐守（匡廣）殿

梶井宮御本坊　上野　觀成院

御宿坊　同所　精進院

一、九月廿一日、松姬君樣（前田吉德室、德川綱吉養女、尾張綱誠女）御逝去、御歲廿二、加賀宰相殿（前田綱紀）御嫡若狹守殿（前田吉綱）江御輿入、

御戒名

光現院殿傳通院江御尊骸御入、

一、同日、上野御宿坊江御引移、明廿二日御參向ニ付、御人數引移、

詰合役人　老臣　相馬將監（胤賢）

守屋八太夫（眞信）

御留主居久米半右衞門

村田太郎左衞門

御用人　佐ゝ木嘉右衞門

藤田源六

岡田又左衞門（長保）

御用聞　吟味方役　大門與市左衞門

梶井宮著府

*四谷門外ヨリ出火麻布屋敷類焼

*南八丁堀ノ内五百三十坪召上ラル

梶井宮發輿

相馬胤賢將監ヲ伊織ト改ム

日本橋新道ヨリ出火

*高野山ヘ紋胤後室ノ石塔建立

中村ニテ會所ノ沙汰アリ

中目付 門馬三右衛門

一、廿二日、梶井宮御着府、

一、廿三日、上使松平右京大夫殿、

一、廿四日、青蓮院御門跡・梶井宮(道仁)御宿坊江御入、太守御對面、

一、廿六日、日光御門跡(公寛)・梶井宮江御入、太守御對面、

一、廿七日、中堂御內見、此節太守、御先江御詰、

一、廿八日、萬部御執行初、

一、十月十日、御法事相濟、東叡山江御成、

一、十三日、御能御饗應、

一、十九日、梶井宮御發輿、品川迄御跡乘、佐藤七右衛門被遣、御出立則御役所御引拂、御馳走中之次第、別記有之略、

一、十二月、相馬將監(胤賢)名伊織与改、板倉甲斐守(勝重)殿御隱居、將監殿与被改候付而也、

(一七二一)
享保六年辛丑

一、正月八日、日本橋新道ゟ出火、及大火、京橋明地邊御防、御奉書ニ而御出馬、

一、同日、八丁堀御屋鋪燒失、表通ゟ押廻シ、長屋三十間程外長屋十四間燒失、

一、十六日、中村於會所御沙汰、初例年寄合之面〻江御饗應給、當年ゟ御祝儀一通ニ相濟、御料理相止、御吸物迄也、

一、廿五日、火事之節御防被蒙仰之、

一、二月九日、晝八半時ゟ四谷御門外ゟ出火、此節太守(尊胤)御出馬、尾張殿(徳川繼友)長屋江御人數被揚之、

一、同日、火災ニ麻布御屋敷類燒、赤坂筋飛火ニ而御屋敷北ノ方長屋江火移リ、屋形江火かゝり燒失、東ノ方長屋拾六間、殘向屋敷茂類燒、御屋鋪土藏計殘、御菜園之方迄燒通、夜九時火鎭、

一、十日、麻布御屋敷類燒之段、水野和泉守(忠之)殿江御屆、

一、廿一日、井上河內守(正岑)殿ゟ御書付ニ而被仰付趣、南八丁堀之內、町屋抱屋鋪五百三拾坪貳合程之所、御用ニ付被召上候、尤普請奉行江可被承合候、

一、廿二日、町御奉行中山出雲守(時春)殿ゟ被仰付儀、八丁堀御屋鋪抱屋敷之事ニ候間、變地ハ不被下候、拜領屋鋪ニ候得ハ、變地被下候、爲御心得被仰聞由、

一、三月十三日、紀州高野山江保壽院殿(相馬紋胤室)ノ御石塔建立、五輪、同所巴陵院江御位牌建之、御法事執行日牌御供養、登山 奥年寄手戸甚右衛門

保壽院殿御臺所方村田彥左衞門

德胤參府

一、廿五日、德胤君御參府、

一、四月朔日、御參勤之御禮相濟、
　時服五　御太刀銀馬代
　　德胤君ゟ被獻之、

一、十三日、大御目付御廻狀、
　　諸大夫御譜代大名
　　同　同　嫡子
　右向後、四月十七日紅葉山御社參之節、行列可罷出旨被　仰付候間、可被存其趣候、還御以後、拜禮可被仕候、

一、十五日、太守中村江御暇、御拜領之品例之通、

一、十七日、御防御免、御免之御沙汰無之ニ付、御留主居村田太郎左衞門相伺候所、御暇被仰出候故、御發駕、御勝手次第御受ニ茂不及由也、

一、十八日、德胤君昨十七日供奉御禮御登　城、
　上意之由ニ而御吸物・御酒御頂戴、御退出之節、御老中・若御年寄江御禮御務、

*尊胤發駕

一、十九日、御發駕、

一、五月九日、八丁堀御屋敷丸茂〔毛〕美濃守（利雄）殿江相渡、井上河内守殿ゟ先達而被仰付候故、御留守居自分居、

一、六月廿三日、大御目付御廻狀、
　諸國領知之村〻田畑之町步郡切ニ書記、并百姓・町人・社人・男女・僧尼等、其外之者ニ至迄、人數都合領分限ニ書付可被指出候、奉公人并又者ハ不及書出候、惣而拜領高之外、新田等高ハ不及記、町步計可被書出候、但無高ニ而反別計也、新田茂可爲同前候、
　右書付之儀、難心得事候は、御勘定所江可被聞合候書付ハ、下之御勘定所江可被出候、

*京都商人芝田善右衞門ニ吳服御用所仰付ラル

一、同月、京都町人芝田善右衞門吳服御用所ニ被仰付、向後京都役人不被遣相濟、左之御方江御書通、
　京都諸司代　松平伊賀守（忠周）殿
　町御奉行　諏訪肥後守（賴篤）殿
　　　　　　河野豐前守（通重）殿

*借知返還八ケ年延期

一、七月九日、六分一・廿分一、當暮ゟ御返之筈申ノ年迄、八ケ年御借知被相延、

一、十五日夜、若君樣御誕生、御名小五郎（ノチノ一橋宗尹）樣与奉稱、

*相馬領洪水

一、廿日、御領分去ル二日洪水、損毛御届、水野和泉守（忠之）殿江被指出、
　壹萬貳千石餘損毛、

堀内胤近死

一、廿五日、堀内玄蕃胤近於中村病死、

堀内胤近跡式胤總ニ仰付ラル

一、八月十六日、堀内玄蕃嗣子無之、卒去、依之跡式堀内十兵衞(胤總)ニ被仰付、

一、十九日、堀内十兵衞繼目之御禮、

捧太刀折紙御目見、御盃頂戴、右畢而御一字被下

號胤總、

勘定所へ相馬領町歩改帳ヲ納ム

一、同日、於江戸町歩御改帳面御勘定所江納之、村田太郎左衞門持參、

陸奥國之内、

標葉郡五十一ケ村

田畑千四百九拾六町五反貳畝八歩　標葉郡五拾壹ケ村

内九百九拾壹丁七反三畝五歩　田方

五百四丁七反九畝三歩　畑方

外新田畑千拾五町四反五畝廿五歩　拜領高之外

内

五百九十三丁四反廿三歩　田方

四百廿貳丁五畝貳歩　畑方

人數壹萬六千貳百六十五人

内

九千貳百十四人　男

七千五十壹人　女

*行方郡九十四ケ村

田畑三千四百八拾壹町八反三畝拾五歩　行方郡九拾四ケ村

内

貳千四百九拾町五反八畝十歩　田方

九百九十壹丁貳反五畝五歩　畑方

外新田貳千貳百貳拾九丁八反七歩　拜領高之外、

内

千三百廿六丁壹反三畝四歩　田方

九百三丁六反七畝三歩　畑方

人數三萬貳千八百七拾三人

内

壹萬八千七百八人　男

壹萬四千百六十五人　女

*宇多郡三十六ケ村

田畑千三百六拾六町壹反六畝三歩　宇多郡三拾六ケ村

内

九百七十八丁四反壹畝貳歩　田方

三百八十七丁七反五畝壹歩　畑方

外新田九百九拾壹丁七反八畝拾三歩　拜領高之外、

内

六百五拾貳丁八反九畝六歩　田方

三百三十八丁八反九畝七歩　畑方

人數壹萬三千八百七拾人

内

七千九百廿壹人　男

*在江戸中相應ノ人數定メラル

田方四千四百六十町七反餘
畑方千八百八十三町七反餘

人數六萬三千八人

五千九百四十九人　女
田畑合六千三百四拾四町五反壹畝貳拾六步
陸奥國標葉郡
行方郡
宇多郡
内
四千四百六拾町七反貳畝十七步　田方
千八百八十三丁七反九畝九步　畑方
外
新田畑合四千貳百三拾七丁四畝拾五步
拜領高之外、
内
貳千五百七拾貳丁四反三畝三步　田方
千六百六十四丁六反壹畝拾貳步　畑方
人數合六萬三千八人　當歳迄今年改、
内
三萬五千八百四十三人　男
貳萬七千百六十五人　女
右、陸奥國標葉郡・行方郡・宇多郡之内、相馬讃岐守領分田畑町步男女人數、書面之通ニ御座候、
以上、
享保六年丑八月
相馬讃岐守内
村田太郎左衞門
御勘定所

一、廿一日、堀内十兵衞本知五百六拾七石、弟庄左衞門相續被仰付之、
一、十月二日、水野和泉守殿ゟ被仰付書付、
覺
一、諸大名參勤之節、從者之員數不可及繁多旨、御代ゝ御條目ニ茂被仰出候、然共在江戸中御番所火之番等被仰付候ニ付而、人數多被差出候、依之自今以後、在江戸相應ニ大概人數之御定被仰出候事、
一、近年者、江戸ニ而御用被仰付候節、下人之内江雇人を指加勤させ候樣ニ相聞候、向後右躰之儀、堅無用ニ候、殊今度人數之儀被仰出候上ハ、御定之通急度人數召置可被申候、若又少ゝ餘リ之人數有之候共、差出被申間敷候、尤不相應之場所ハ、被仰付間鋪候、萬一人數御用之時ハ勿論、領内ゟ人數召寄、御軍役之通堅可被相務事、
貳拾萬石以上、但、自身被召連候共、
馬上　拾五騎ゟ廿騎迄、
足輕　百貳三拾人
中間人足　貳百五拾人ゟ三百人迄、
拾萬石

馬上　十騎
足輕　八拾人
中間人足　百四五十人
五萬石
馬上　七騎
足輕　六拾人
中間人足　百人
壹萬石
馬上　三四騎
足輕　廿人
中間人足　三拾人

一、只今迄、小人數ニ而被相勤事濟候場所ハ、尤其通たるへき事、

一、貳拾萬石以下、此外之知行高者、右御定ニ准し、心得可被申事、

麻布屋敷長屋普請出來

一、十二月廿五日、麻布御屋鋪長屋御普請出來、

(一七二二)
享保七年壬寅

田中ノ観音へ數日參詣

一、正月十七日ゟ田中ノ観音江數日御參詣、

一、二月十八日、高倉文殊江從當年佛供料米御寄附、

北堺見分*

一、三月九日、北堺御見分、小野村ゟ天明江御上リ、御遠見はた卷御休ニ而、長老內御巡見御歸城、

小泉不亂院三萬日回向結願*

一、十五日、小泉不亂院三萬日廻向結願、御代參、御一家ゟ堀內十兵衞(胤總)勤之、

念佛堂以前、西光寺建立供養院与號、寶永六年丑三月十五日、二萬日廻向相濟、於幾世橋昌胤君御建立之念佛堂不亂院ヲ、此地江御移、供養院不亂院日數、合三萬日廻向被仰付之、

代々ノ年忌法事ニ就キ仰出サルル事アリ*

一、同日、於江戶被仰出御書付、

一、御代々御年忌御法事之節、每度勅使被　仰付候得共、兼々　思召之品有之付而、當四月之御法事ゟ御辭退被仰上候、且又讀經之儀、自今以後、千部ヲ限、或三百部或百部可被仰付候間、私之法事茂准之分限相應ニ可致執行事、

但、作法等ハ畧すへからさる事、

獻上ヲ下サル際ノ御禮員數減少ノ事仰出サル*

一、同日被　仰出之、

被下獻上御禮物員數減少之覺、

只今迄　　此度ゟ、

一、金百枚以上、　拾枚

一、同五拾枚ハ、　五枚
一、同三拾枚廿枚　三枚
一、同拾枚五枚　貳枚
但五枚以下ハ壹枚、
一、銀千枚以上ハ、　百枚
一、同五百枚ハ、　五十枚
一、同三百枚、貳百枚　三拾枚
一、同百枚　貳拾枚
一、銀五拾枚　拾枚
一、同三十枚、二十枚　五枚
一、同十枚、五枚　三枚
但、五枚以下ハ壹枚、
一、時服百以上ハ、　縮緬紗綾之内三拾巻、
一、同五拾三十ハ、　右之内　貳拾巻
一、同貳拾ハ、　右之内　拾巻
一、同拾ゟ五ツ迄ハ、　右之内　五巻
一、同四ツハ、　右之内　三巻
一、同三ツ、貳ツ　右之内　貳巻
一、綿三百把以上ハ、　五拾把
一、同貳百把ハ、　三拾把

一、同百把ハ、　貳拾把
一、晒布百疋以上ハ、　三拾疋
一、晒布五十疋三十疋ハ、　貳拾疋
一、同貳十疋ハ、　拾疋
一、同拾疋ハ、　五疋
一、此外領内土産献上物、是又減少之節ニ候、并常式ニ而も御樽肴之外、領分土産ニあらさる物ハ、献上相止候事、
一、惣而数種差上候類ハ、其品之内減し申筈候事、
一、端午・重陽・歳暮時服數之儀、大身・小身共ニ一重宛可被指上事、
一、隠居并遺物御道具類献上相止候事、
一、香奠被下候儀、右白銀減少之員數たるへき事、
一、御褒美又ハ公役ニ付、臨時之被下物ハ、只今迄之通たるへき事、
右之通ニ相極候間、私之禮物等茂、右ニ准し可申候、且又献上物之儀、今度改リ候事ニ候間、此砌ハ其時〻月番之老中江可被相伺候事、

*泉田胤重侍大將仰付ラル

一、十九日、泉田掃部實名胤重、侍大將被仰付、泉左衛門（胤秀）病氣、組支配御免代リ、

*尊胤中村發駕

一、廿八日、中村御發駕、

熊野三山大破ニ就キ公儀ヨリ寄進仰出サル

一、四月五日、御參府、十三日御禮相濟、獻上例之通、

一、同日、熊野三山權現大破ニ付、此度　公儀ゟ茂御寄附之品有之候、信仰之輩ハ寄進可有之旨被仰出、

一、十七日、紅葉山御宮供奉御務、

尊胤小石川門ヨリ四谷門邊迄防火ノ仰ヲ蒙ル

一、同日、小石川御門ゟ四谷御門邊迄之內、火事之節御防被蒙仰之、

尊胤登城

一、十八日、御登　城、
水野和泉守(忠之)殿被仰渡之、
昨日於日光御祭禮首尾能相濟、可申御悅被思召候、豫參供奉相務、太儀御酒被成下段被達　台命、
御老中戸田山城守(忠眞)殿ゟ被相出候書付、

端午時服

一、端午時服、只今迄三以上被指上候面〻ハ、向後染御帷子・御單物可被差上候、
但、只今迄ニ被指上候面〻地品、有來通ニ候、

重陽歳暮時服

一、重陽・歳暮時服、只今迄三以上被指上候面〻ハ、向後御のしめ染御小袖可被差上候、
但、只今迄ニ被指上候面〻ハ、地品有來通ニ候、

覺

*年中獻上物

年中月次獻上物

一、年中月次獻上物、只今迄度〻被指上候類ハ、領內土產物計被指上外ハ相止候事、

右只今迄、度〻獻上物候所領內土產物無之候者、魚鳥御菓子、何ニ而茂差加、都合四・五度之積リニ可被指上候、只今迄或一度、或二・三度獻上候ハヽ、尤可爲其通事、
但、前〻ゟ不時獻上物無之面〻ハ、是又可爲其通事、

一、酒肴・御菓子類ハ、領內土產ニ而無之候共、領內近所之名物ニ而獻上致付候類ハ、領內之物同樣ニ、其儘可被致獻上候事、

一、獻上減候付、暑寒御機嫌伺之差上物無之面〻も可有之候間、其類ハ見計緣合獻上物可被伺候事、

先達而被相伺候事、年中獻上物之儀ニ付、別紙書付ニ相達候間、右書付之趣被致承知、其上ニ而最前之通、只今迄之年中獻上物書付、自今ハ何〻を何ケ度可被差上与被存候段、附札被致可被相伺候、

年中獻上物之事、

參勤御禮申上候節獻上物、

(戸田忠眞)山城守殿ゟ御はり札

一、御太刀黃金馬代

在所物ニ而御座候、

此通可被指上候、

一、鹽硝　五貫目入　十箱

端午

一、御帷子　三
内 染御帷子一
白御帷子一
同　單物一

八朔

一、御太刀銀馬代

秋中

一、初鮭

一、初菱喰

一、初鶴

右者、於在所留次第獻上仕候、

重陽

一、御小袖　一重
内 御熨斗目
□御小袖

寒中

山城守殿御張札
一、子籠鮭　十尺
右只今之通、可被指上候、
右在所罷有候節者、從在所以使者獻上仕候、

歳暮

一、御小袖　一重
内 御熨斗目一
□御小袖

山城守殿ゟ御張紙、

一、年始・八朔、御盃臺獻上物、只今迄之通、

一、參勤御禮獻上物、只今迄之通、

一、在所到着御禮獻上物、只今迄之通、

一、端午ニも時服二、

右之通可被指上候、

四月

年始

一、御太刀銀馬代
正月三日御諷初之節、

一、御盞臺　蘆原帆懸舟

一、御酒代　鳥目百疋

右者、在府之節計獻上仕候、
在着爲御禮、使者差上候節獻上、

御當地ニ而調差上候品ニ御座候、
一、昆布　一箱

同
一、干肴　一箱

同
一、御樽　一荷

土用中

御當地ニ而調指上候品ニ御座候、
一、干肴　一箱

右者、在所ニ罷有候時計、爲伺御機嫌以使者獻上仕候、

右同斷
一、干肴　一箱

右者、年始御祝儀申上候節、在所ニ罷在候時計獻上仕候、

右之通獻上仕候、此度被仰出候趣ニ付奉伺候、以上、

三月廿八日　御名

此通可被指上候、但、伺御機嫌ニ干鯛ハ被相止外
之御肴可被指上候、
参勤之御禮申上候節、御女中衆江贈物、
一、白銀貳枚宛、　　　　御年寄衆
御張札銀壹枚ツヽ、
一、同　壹枚
同貳百疋ツヽ、右之通可被贈候、
徳胤君、中村ゟ獻上物被相伺、左之通相濟、
同氏因幡守私在所ニ罷有候中、獻上物之覺、
在着御禮申上候節、
御はり紙、只今迄之通指上候様可被致候、

*田安宗武一橋宗尹御三家同然タルベシ

一、干肴　　一箱
八朔年頭
一、御太刀銀馬代
参勤御禮

*尊胤登城

一、御太刀銀馬代
時服五
御はり紙、参府御禮獻上物、御太刀銀馬代、白縮緬、白紗綾之内五巻、右之通可被指上候、
一、五月朔日、徳胤君中村江御暇、巻物五御拜領、

徳胤江戸發駕

一、三日、江戸御發駕、
一、十日、大御目付御廻狀、
一、養子致候者、若養子を返し候儀有之時、最前養子
を致候、以後實子出生候共、其實子家督ニハ被仰
付間鋪候間、又養子可奉願候、然共、右返シ候養
子、何とそ行跡惡敷候品有之候か、病氣ニ而決而
御奉公難成儀相究、養子返シ候ハヽ、頭支配とく
と承屆、實方江茂相尋、無相違候ハヽ、其品申上、
頭支配ゟ實子を家督ニ可奉願候、輕キ病氣、又ハ
養父ノ心ニ叶不申一通之儀迄ニ而、養子返し候跡
は、實子ニ家督ハ被仰付間鋪候、但、實子御奉公
被仰付間敷との儀ニは、無之候分知奉願候か、外
江養子なとニ遣候義ハ勝手次第たるへく候、
一、同月、小次郎様(田安宗武)・小五郎様(一橋宗尹)御事、向後御三家御同然
可申旨被仰出、
奉書等ニハ、殿と認候間、此旨存可罷有旨、戸田
山城守殿被申渡之、
一、七月三日、御登　城、萬石以上江　上意之趣、戸田
山城守殿被仰渡趣、
覺
一、御簱本被召置候御家人、御代〻段〻相增候御藏入
高茂、先規よりハ多候得共、御切米御扶持方、其
上表立候御用筋渡方ニ引合候而ハ、畢竟年〻不足
之事ニ候、然共、只今迄ハ所〻の御城米を廻され、
或御城金を以、急を辨せられ、彼是漸御取つゝき

上ゲ米*

壹萬石ニ就キ米百石差上ラルベシ

*參勤ノ時期三月勤九月暇

參勤交代ハ三月及九月ニ仰付クベキ事

の事ニ候へ共、今年ニ至而御切米等茂難相渡、御仕置筋之御用茂御手支之事ニ候、それニ付、御代ゝ御沙汰も無之事ニ候へ共、萬石以上之面ゝゟ米差上候樣可被仰出与　思召候、左候ハねハ、御家人之内、數百人も御扶持可被召放より外ハ無之候故、御耻辱をも不被顧被　仰出候、高壹萬石ニ付米百石之積可被指上候、且又此間和泉守（水野忠之）被仰付、隨分遂僉儀、納リ方之品、或新田等取立候義申付樣ニとの、御事ニ候得共、近年之内ニハ難相調可有之候條、其内年ゝ上ケ米被仰付ニ而可有之候、依之在江戸半年宛ニ被成、御免候間緩ゝ致休息候樣ニ与被仰出候、

覺

一、參勤御暇之儀、只今迄外樣四月、御譜代六月交代被仰付候得共、向後者一同ニ三月中・九月中交代可被仰付事、

一、嫡子御暇被下候者ハ、其父在所到着以後、六十日過候而可致參府候事、

一、在所又者居所有之面ゝニ而茂、幼少若年之者江ハ、

御暇被下間鋪候、併一年半ハ御暇之格ニ准し、御門番・火之番等被仰付間鋪候、尤半年宛ハ在府之格ニ而、右御用等可被仰付候事、

一、上ケ米之儀、大坂御藏江成共、當地御藏江成共、面ゝ勝手次第上ケ米高半分宛、春秋兩度ニ可被相納候事、

但、米ニ而難納面ゝハ、金子ニ而、其節之張紙、直段ヲ以可被相納候事、

一、當年ハ上ケ米高半分之積、秋中可被相納候事、

國持外樣・御譜代大名交代、

卯三月參勤、同九月御暇、

松平大隅守（島津繼豐）	松平右衞門督
松平甲斐守	松平民部大輔
宗（義誠）對馬守	松平（基知）大和守
中川（久忠）内膳正	京極（高或）縫殿助
黑田（長貞）甲斐守	金森（賴旨）出雲守
津輕（信壽）土佐守	龜井（玆親）隱岐守
小出（英貞）信濃守	木下（谷定）肥後守
池田（政倚）内匠頭	九鬼（隆寛）大隅守
久留嶋（光通）信濃守	谷（衞衝）出羽守

*辰三月參勤九月暇
卯九月參勤辰三月暇

青木（一典）出羽守　新庄（直祐）駿河守
一柳（末昆）對馬守　酒井（忠眞）左衛門尉
太田（資晴）備中守　水野（忠恒）隼人正
松平采女正　有馬（一準）左衛門佐
植村（家敬）右衛門佐　西尾（忠尚）隱岐守
小笠原（貞通）近江守　増山（正任）河內守
松平豐後守　土井（利實）大炊頭
石川（總慶）主殿頭　板倉（重治）新十郎
青山（幸秀）大膳亮　土岐（頼稔）丹後守

卯九月參勤、辰三月御暇、

松平陸奥守　松平淡路守
松平千次郎　上杉（吉憲）彈正大弼
松平長門守　松平左兵衛督
立花（貞俶）飛驒守　加藤（泰統）出羽守
木下（俊量）右衛門佐　相良（長在）遠江守
森　越中守　鍋嶋（直英）加賀守
九鬼（隆抵）丹後守　松平（勝以）豐前守
堀（直爲）左京亮　伊達（村豐）和泉守
細川（興生）伊豆守　織田（信朝）出雲守
關（長治）備前守　片桐（貞起）石見守

伊東（長丘）伊豆守　前田（利理）丹後守
小笠原（忠雄）右近將監　眞田（幸道）伊豆守
酒井（親愛）雅樂頭　牧野（忠壽）駿河守
戸澤（正庸）上總介　岡部（長敬）內膳正
秋田（頼季）信濃守　松平（信岑）紀伊守
本多（助芳）若狹守　阿部（正福）伊勢守
永井（直期）飛驒守　三浦（明敬）壹岐守
三宅（康雄）備前守　京極（高長）備後守

辰三月參勤、同九月御暇、

松平（淺野吉長）安藝守　有馬（則維）玄蕃頭
細川（宣紀）越中守　佐竹（義峯）右京大夫
松平淺五郎　丹羽（秀延）左京大夫
伊達（村年）遠江守　松平備後守
南部（利幹）大膳亮　溝口（直治）信濃守
藤堂大膳亮　秋月（種弘）長門守
堀（親庸）若狹守　遠山（友將）勝三郎
鍋嶋（直恒）攝津守　毛利（廣豐）但馬守
岩城（隆韶）河內守　鍋嶋（直堅）和泉守
市橋（直方）壹岐守　松平近江守
土方（雄房カ）河內守　立花（種周）出雲守

建部丹後守　堀（直英）淡路守
加藤（泰貫）大藏少輔　榊原（政邦）式部太輔
本多（忠良）中務太輔　松平（忠喬）遠江守
松平（定英）隱岐守　松平孫四郎
松平（忠雄）主殿頭　加藤（嘉矩）和泉守
水野（忠幹）日向守　松平飛驒守
本多（忠方）肥後守　本多（忠英）兵庫頭
牧野（貞通）越中守　小笠原（長熙）佐渡守
井上（正之）河内守　青山（俊春）因幡守
內藤（賴卿）伊賀守　松平（親純）市正
板倉（勝里）甲斐守　酒井（忠篤）越前守
松平（長恒）勘九良　板倉（勝清）伊與守
米倉（忠仰）丹後守　酒井（忠武）右京亮

辰九月參勤巳
三月暇

辰九月參勤、巳三月御暇、
松平（前田吉德）加賀守　松平（清武）出羽守
藤堂（高敏）和泉守　松平大炊頭
松平（山内豐常）土佐守　織田（信就）美濃守
仙石（政房）信濃守　伊東（祐永）修理亮
稻葉（董通）能登守　嶋津（忠雅）但馬守
六鄉（政晴）伊賀守　毛利（高慶）周防守

太田原（扶清）飛驒守　毛利（匡廣）讃岐守
京極（高寛）土肥之助　田村（誠顯）下總守
分部（光忠）左京亮　南部（廣信）甲斐守
大關（增恒）信濃守　細川（興榮）長門守
森（長記）安藝守　池田（政晴）丹波守
一柳（賴德）因幡守　松浦（鄰）豐後守
京極（高通）壹岐守　織田（成純）播磨守
戶田（氏長）伊賀守　堀田（正虎）伊豆守
內藤（弌信）豐前守　奧平（昌成）大膳大夫
松平（定輝）越中守　內藤（政樹）備後守
本多（康敏）主膳正　相馬（尊胤）讃岐守
脇坂（安興）豐之助　諏訪（忠虎）安藝守
小笠原（信成）能登守　酒井（忠豫）石見守
本多（忠如）時之助　小笠原（長興）喜三郎
松平周防守　朽木（稙綱）大膳
土井（利知）甲斐守　板倉（昌信）讃岐守
內藤（正敬）下總守　松平縫殿助
松平（信祝）伊豆守　森川（俊胤）出羽守
牧野（康周）內膳正
如前交代、

定府*

卯御暇 尾張中納言殿(繼友)　卯御出府 紀伊中納言殿(宗直)

水戶宰相殿(宗堯)

卯暇

卯御暇

松平肥後守　松平下總守

松平丹後守　大村伊勢守(純庸)

松浦肥前守(篤信)

卯參府

卯參府

松平讚岐守(賴豐)　井伊掃部頭(直惟)

松平筑前守(黑田繼高)　五嶋大和守(盛佳)

卯二月參勤八月暇

半年交代(半年務一年休)、卯二月參勤、同八月御暇、

阿部豐後守(正喬)　鳥居丹波守(忠瞭)

土屋但馬守(陳直)　戶田大隅守(忠囿)

內藤丹波守(政森)　酒井信濃守(忠告)

稻葉丹後守(正知)　秋元伊賀守(喬房)

本多豐前守(正矩)　稻垣和泉守(昭賢)

安部鐵三郎(信平)　保科彈正忠(正壽)

井上筑後守(正鄰)

松平右近將監(清武)　大久保加賀守(忠方)

久世隱岐守(暉之)　永井伊豆守(直陳)

阿部因幡守(正鎮)　內田信濃守(正偏)

定府

松平攝津守　松平左京太夫

松平大學頭　松平播磨守

松平龜丸　松平求馬

松平靭負佐

蜂須賀隱岐守(宗員)　細川備後守(利恭)

佐竹壹岐守(義道)　佐竹豐前守(義堅)

上杉駿河守(勝周)

間部下總守(詮言)　松平備中守

高木主水正(正陳)　丹羽式部少輔(薰氏)

堀田信濃守(正峯)　堀田出羽守(正陳)

松平河內守　松平備前守

稻垣能次郎　本庄宮內少輔(道章)

土井淡路守(利庸)　松平助十郎

井伊兵部少輔(直矩)　松平玄蕃頭

松平志摩守　井伊因幡守(直定)

松平刑部少輔　松平式部少輔

松平金之助　內藤銀市郎(政醇)

柳生備前守(俊方)　堀遠江守(直恒)

戶田右近將監(氏房)　井上遠江守(正敦)

大久保長門守（教寛）　本多伊與守（忠統）

御役人

老中

御老中

戸田山城守（忠眞）　水野和泉守（忠之）

松平右京太夫　安藤對馬守（重行）

松平左近將監（乗邑）

若年寄

若御年寄

大久保佐渡守（常春）　石川近江守（總茂）

松平能登守（乗賢）　水野壹岐守（忠定）

寺社奉行

寺社奉行

牧野因幡守（英成）　松平相模守（近禎）

黑田豐前守（直邦）

大番頭

大番頭

小出備中守　植村土佐守（正朝）

山口伊豆守（弘豐）　永井播磨守（直亮）

京都諸司代

京都諸司代　松平伊賀守（忠周）

大坂　酒井讃岐守（忠音）　松平大藏少輔（勝以）　渡邊備中守（基綱）

伏見　北條遠江守（氏朝）

一、九日、戸田山城守殿ゟ左之通被仰渡、

覺

一、國持大名歸國之御禮參勤伺、暑寒御機嫌伺は可爲使札候、其外之御禮事なとハ可爲飛札候事、

一、諸大名は在所到着御禮參勤伺、此時分計使札、其外は可爲飛札候、尤只今迄飛札ニ而勤來候品は、向後茂可爲其通候事、

但、參勤伺も只今迄飛札之面々ハ勿論、向後も其通たるへき事、

一、年始・八朔之御太刀ハ萬石以上之面々、當地之者を以可有獻上候事、

家督之御禮被申上候節之覺

一、五萬石以上より御馬可被指上候事、

一、只今迄眞御太刀被差上候面々、自今は作り御太刀幷御馬差上、且又御刀可被指上候、

但、三拾萬石以上ハ、御馬貳疋、其外は壹疋可被指上事、

一、格別重キ御祝儀御禮事有之節者、眞御太刀可被指上候、此節者御馬鞍置可被差上候事、

一、御一字被下候節は、作り御太刀幷御馬差上、且又御刀可被指上候、

一、只今迄一門御禮有之節者、眞御太刀差上候得共、
向後作り太刀并御馬可被指上候事、
一、向後御刀被指上候節者、代金貳拾枚迄之內可被指
上候事、
但、目貫・笄・小柄、新古之無差別在合を可用
候事、
一、箱ハ桐白木一重箱たるへき事、
一、袋ハ繻珍段子之內たるへく候事、
但、銘抔縫付候ニ不及事、

*熊野三山ヘノ寄付

一、右之節ゝ、金銀・絹布・綿等差添獻上之儀者、當
春相達候書付之通たるへく候、
一、惣而禮式一通之品ニ而取かハし刀脇差は、右ニ可
被准候、其外由緒有之道具抔、代付高下之沙汰ニ
不及候條、格別之事、

作事奉行普請奉行ヨリ廻狀到來

一、八月十六日、御作事奉行・御普請奉行ゟ御廻狀到來、
覺
一、慶長年中ゟ寛永年中迄之間、 御城廻御普請等有
之候節、御手傳御勤候方ハ、何年場所は何方ニ而、
いつれよりいつれ迄之所、何御普請之御手傳御勤
候と申譯書付并繪圖仕樣書可被指出候、若繪圖等
無之候ハヽ、書付計成共可被指出候、且又相掛之
御手傳方有之候ハヽ、其儀御書加可有之候、
一、右御手傳御勤候時、 公儀之奉行役人ハ、誰ゝニ
而在之候哉、相知候は、是亦書付可被差出候、
一、右年來之間御手傳御勤候儀無之候ハヽ、其譯を茂
書付御出し可有之候、
右之通被遂吟味、委細ニ書付相認、拙者共四人之
內江勝手次第、近日可被指出候、此方御役所留書
ニも致候付、相尋申事ニ候、柳澤備後守(信尹)殿・久松
豐前守(定持)殿・朽木丹後守(定盛)殿・丸茂美濃守(利雄)殿、
一、九月四日、先達而被仰出候、熊野三山勸化金、
白銀五枚　昌胤君
同　壹枚宛、德胤君ゟ、
貳百疋　御奧方　銀七枚惣御家中
一、八日、朽木丹後守殿江御留、
寛永年中、御普請御手傳相勤候申傳ハ有之候得共、
慥成儀不相知段被仰達、
一、十日、朽木丹後守殿、追而之御通達、
比日被差出候御書付之內、御手傳之義、御當代ゟ
幾代御先ニ御座候哉之譯、御書加候之樣ニ申來認

直引替、追而被指出候書付ノ扣無之、

慶長ゟ寛永年中迄之御普請、今度御年譜集録ニ

考之八十度也、人夫奉行被相出場所ノ不知茂在之、

尊胤上米六百石ノ内三百石ヲ差出ス

一、十三日、上納米御藏奉行鈴木新藏殿江差出書付證文、

覺

米三百石　　　相馬讃岐守

右上ケ米六百石之內、當秋半分之積三百石買米を

以、上納仕度奉存候間、御斷申上候、以上、

寅九月十三日　　　相馬讃岐守内　原　六太夫印形

御藏御役所

寺社奉行ヨリ常ノ法事輕ク執行スベキ旨仰渡サル

一、十五日、常之法事等、輕ク可致執行旨、寺社御奉行

土井（利意）伊與守殿ゟ被仰渡之、

一、十六日、上納米御藏江相濟、

出火ノ節ノ防ノ儀仰付ラル

一、十八日、出火之節御防之儀被仰付、

水野（忠之）和泉守殿ゟ御書付ヲ以、防火場只今迄ハ、淺

草方小石川方与分リ、當番・非番兩所ニ而立候所、

向後打込六人宛、當番・非番と分リ可被相務旨被

仰付、

堀田伊（正虎）豆守　　　蜂須賀隱（正員）岐守

内藤豐（式信）前守　　　伊東修（祐永）理亮

内藤伊（賴卿）賀守　　　京極土（高寛）肥之介

丹羽（秀延）左京大夫　　　大久保（忠方）加賀守

内藤備（政樹）後守　　　相馬讃岐守

牧野越（貞通）中守　　　溝口信（直治）濃守

＊忠胤五十回忌法事執行

一、十一月二日、廣德院殿長州忠胤公、五十廻御忌御法事、中村

ニ而蒼龍寺、江戸牛込寶泉寺ニ而御執行、

御先代ゟ三十三廻忌迄、御法事之所、自今者百五

拾年忌迄可有御執行旨、昌胤君ゟ被仰出、

＊土屋政直歿

一、十六日、土屋相（政直）模守殿卒去、

廿二日、出棺、於淺草海禪寺御葬送、

法名德相院殿

＊尊胤鷹狩ノ雁初テ拜領

一、十二月六日、御鷹之雁、初而御拜領、

上使　　　御使番宮崎七郎右衞門殿

櫻田御屋鋪御門前ニ而御留主居兩人ニ而雁受取、

御徒士目付衆立添被渡之、緣取ニ而御家老森谷八太夫（眞信）・富田五右衞門（政實）、兩人ニ而受

之、大書院上段江白木臺陶置之、此臺江南頭ニ陶

之、太守御門前迄御出向、土屋刑（喬直）部殿・本多五（忠利）郎

右衞門殿、御式臺緣取江御降り、於大書院御頂戴

畢而、御自身御熨斗鮑、三方御陶、刑（土屋喬直）部殿御引御

傳馬町ヨリ出火尊胤出馬

馳走ノ上御退座、御送初之通、上使相濟、爲御禮
御登　城、御老中・若御年寄、宮崎七郎右衛門(成久)殿江御禮御務、同七日、上使江爲御祝義、御太刀馬代白銀三枚、以御使者被遣、御徒士目付・御小人目付・宰相御鳥持共ニ御目録給之、

一、十六日、御鷹之雁御披御門葉各御招請、

徳川家康誕生ノ支干ニ當リ尊胤登城

一、廿六日、權現樣(徳川家康)御誕生支干ニ御當候ニ付、御奉書ニ而御登　城、
御目見爲御祝儀、御料理御頂戴、
天文十一年壬寅御誕生、當年壬寅百八拾壹年、
御譜代大名御詰衆、菊之間御緣頰、布衣以上之御役人被爲召御祝、

*大目付ヨリノ廻狀葵紋著用一切停止但シ御三家幷ニ御免ノ大名ハ格別

(一七二三)
享保八年癸卯

徳胤緣組內緣相濟ム

一、二月三日、徳胤君御緣組御內緣相濟、
越後國村上城主內藤伊與守(信輝)殿御養女實ハ父豐前守(式信)殿息女、今日御先手六郷主馬(政慶)殿を以被仰入、御挨拶相濟、
伊與守殿ゟ御先手小倉孫太郎(隆政)殿を以御禮、

*尊胤江戸發駕

圓照院殿五十回忌法事執行

一、十日、圓照院殿(大膳亮義胤女、於龜)五十回忌御法事、中村蒼龍寺、江戸下谷ノ正燈寺ニ而御執行、

一、十六日、赤坂外通傳馬町貳町目ゟ出火、
赤坂御門之內ゟ虎御門之內江、太守(尊胤)御出馬、芝ノ方江燒通リ、北風烈、麻布御屋鋪江火移、表御門通長屋六十間類燒、向御屋鋪不殘燒失、

一、廿一日、徳胤君御緣組、安藤對馬守(信友)殿江御願書を以被達之、
此方ゟ六郷主馬殿・伊與守(內藤信輝)殿ゟ小倉孫太郎殿を以被仰上、右御願書被指出候、御祝義兩所江被進、
二種千疋、主馬殿、二種五百疋、孫太郎殿、

一、同日、大御目付御廻狀、
葵ノ御紋拜領仕候者之外、一切着用仕間鋪、縫紋織物・蒔繪諸道具等江附候事御停止、
但、御三家幷御免之大名ハ各別、

一、三月十五日、中村江御暇、
縮緬五卷　御拜領、

一、廿一日、江戸御發駕、東道御旅行、

一、同日、麻布向屋敷御用地ニ被召上之由、御老中水野和泉守(忠之)殿ゟ被仰渡之、御留主居被召呼、村田太郎左衛門參上、

一、廿六日、中村御着城、

一、四月廿一日、徳胤君御緣組被仰出之、

德胤君御出府以前、故御名代黑田甲斐守(長貞)殿江、於
御白書院御老中列席、戸田山城守(忠眞)殿御演達、
一、閏四月十六日、大手御番所後、御勘定所江御留主居
御呼被仰渡之趣、
中村城ゟ江戸江道程何里有之段、書付を以被相尋、
新規道程改候儀ニハ無之、前ゝ申傳候道程書付可
指出旨被仰付、
一、十七日、右御請書付被指出、
中村城ゟ江戸江道程七十八里、
一、五月十一日、昌胤君ゟ太守江御采拜被進之、太守幾世橋江御入御、直ニ被進、
一、十三日、石川助左衛門(實名昌清)御家老被仰付、
一、十五日、麻布向屋鋪相渡、
朽木丹後守(定盛)殿家來幷公儀輕キ役人入來、御留守居
原六太夫破損奉行出合相渡、右御屋水野和泉守(忠之)殿
江、兼而被仰付置候由ニ而、相達之屋鋪御奉行江
連書ニ御狀被指出候樣、伊藤傳十郎殿差圖御案文
之通御狀被遣、
一、廿八日、德胤君中村御發駕、
一、六月六日、御着府、麻布御新宅江御引移、

中村城ヨリ江戸ヘノ道程七十八里
*石川昌清普請方仰付ラル
昌胤ヨリ尊胤ヘ采拜ヲ進メラル
*谷格盈老役免ゼラル
*中村大風雨
石川昌清家老職仰付ラル
*當秋ノ上納米淺倉御藏ヘ納ム
*小泉田中觀音開帳
徳胤著府

一、十一日、御參勤之御禮濟、
御太刀馬代　紗綾五卷　獻上、
一、十三日、麻布辻番所鳥居丹波守(忠瞭)殿与寄合勤ニ濟、
此方向屋鋪被召上、鳥居丹波守殿拜領之、
一、七月九日、德胤君御縁組相濟、内藤豐前守(弌信)殿江御見廻、
豐前守(内藤弌信)殿・伊與守(内藤信輝)殿江御太刀馬代御持參、六郷主馬(政慶)殿御同道、
一、廿一日、内藤伊與守殿、此方御屋敷江御見舞、小倉
孫太郎(隆政)殿・京極右近(高長)殿御同道、御太刀銀馬代御持參、
一、同月、石川助左衛門(昌清)御普請方引受被仰付、
一、八月十日、谷六左衛門(格盈)病氣依願老役御免、
一、同日、中村大風雨、破損多シ、損毛御届有之、
一、廿五日、當秋上納米、淺草御藏江納之、
一、九月廿七日ゟ小泉田中觀音開帳、十月十七日閉帳、
此觀音ノ傳説、長州義胤君ノ曾祖父大膳大夫盛胤
君ノ奥方、會津蘆名遠江守盛舜ノ御息女ゟ御傳リ、
運慶ノ作立像也、義胤君、寛永三年泉田ゟ中村城
江御還住之節、兼而被召出、眞言ノ僧黑木村護摩
堂先黑木城代祈禱ノ護摩修スル所ニ而、于今舊跡有之、庵室江被移、此千手觀音ヲ
安置、彼僧後ニ龍花山實相寺江入院、其後隱居シ
テ小泉田中江堂ヲ建立、千手院与號、夫ゟ一寺ト

成、十二ケ寺之門ニ而、寺領拾石御寄附観音院与
改、實相寺ハ利胤君、慶長十六年小高城ゟ中村江
御移以後、行方郡高村ゟ黒木江移、元來此寺古跡
也、文安六年(一四四九)七月十二日高胤朝臣御寄進ノ撞鐘有
之、

富田政實郡代頭仰付ラル
石川昌清侍大將仰付ラル

一、十月十六日、富田五右衞門(政實)郡代頭被仰付、谷六左衞門代リ、
一、晦日、石川助左衞門(昌清)侍大將被仰付、富田五右衞門之組、
一、十一月二日、大御目付御廻狀、
出火之節、中屋鋪・下屋敷・抱屋敷ゟ之火事ニ候
は、居屋鋪同然差扣、可被相伺之旨被　仰出、

享保九年(一七二四)甲辰

上納米淺草御藏へ納ム

一、三月二日、御上納米淺草御藏江相濟、
一、十四日、妙見社前ノ橋掛替出來、今日渡リ初、

德胤將軍吉宗ニ供奉シテ紅葉山へ

一、四月十七日、德胤君紅葉山供奉御務、
一、閏四月十一日、將軍吉宗(德川)公御前厄御祈禱、山王觀理
院御頼、

老中松平乘邑ヨリ萬事儉約ノ趣仰出サル

一、六月廿三日、御老中松平左近將監(乘邑)殿ゟ御書付、
覺
一、音信贈答嫁娶之規式・饗應等、萬事可用儉約旨、
前〻ゟ毎度被　仰出候、彌以右之趣、急度被相守、
猶又此度被仰出候條〻、左之通相心得可被申候事、
一、婦人之衣服、近年結構ニ相見候、向後大名ノ妻女
たりといふ共、輕キ縫金絲等を用ひ、猥ニ結構成
衣類拵申間鋪候、殊ニ召仕之女に至てハ、猶以上
下之差別有之樣ニ、堅ク可被申付候、此度定直段、
町中江相觸候間、其趣を可被存事、
一、新規塗物之事、國持大名之調度たり共、輕キ梨子
地蒔繪に過へからす、妻女之乘物・挾箱・長持等
之類ハ、黒塗蒔繪之紋ゟ上の結構いたすへからす、
その餘之輩ハ黒塗輕キ蒔繪、或いつかけ(沃懸)等を用、
乘物ハ黒塗のし金物、又ハ天鵝絨包挾箱・長持之
類ハ黒塗、或溜塗を用へし、蒔繪之紋無用之事、
但、湯殿道具類ハ、木地溜塗之外、一切致へか
らさる事、
一、夜着蒲團、或ハ貝桶・挾箱之覆、唐織金入之類不
可用之、長持・屛風箱等之覆ハ、絹布又ハ革を可
被用事、
一、婚姻之行列乘物拾挺に過へからす、
一、祝儀之饗應、彌近例に隨ひ、其內菜數等、省略有

へし、常の參會ハ大身たりといふとも、二汁六菜
に過へからす、但、香物共ニ右之數たるへし、惣
而吸物・肴ハ料理の菜數に准し、減少すへき事、
一、婚姻祝義物之取かハし、近年禮物被仰出候趣ニ准
し、可有斟酌事、
右之品〻萬石以上、其分限相應を計ひ可被用之候、
以上、
一、七月廿一日、大御目付彦坂壹岐守殿（重敬）ゟ明細書年久古
成候故、可被差出旨被相達、

麻布奥屋形普請出來

一、廿五日、麻布奥屋形御普請出來、
一、八月八日、明細書被指出、先年被指出候通、御歳辰廿九歳、
一、同日、六郷主馬殿（政慶）御賴、德胤君御婚禮御結納之時節
被仰込、

昌胤ヨリ尊胤へ軍法免狀進メラル

一、十四日、昌胤君ゟ太守江御軍法御免狀被進、
一、十六日、右御祝石川助左衞門（昌清）爲御使者、左之通被進
之、
御太刀馬代黄金三枚　二種一荷
時服五

尊胤著府

一、九月五日、太守（尊胤）御着府、當年ゟ半年御詰、

利胤百年忌ノ法事執行

一、十日、二照院殿大膳亮利胤君也、百年忌御法事、於中村蒼龍寺
江戸寶泉寺ニ而御執行、
一、十一日、太守御參勤之御禮濟、獻上例之通、

*出火ノ節ノ防仰付ラル

一、十七日、出火之節、御防被仰付、
大手組　松平越中守　戸田伊賀守（氏長）
松平周防守　脇坂豐之助（安興）幼少ニ付家來計差出、
蜂須賀隱岐守（正員）
櫻田組　奥平大膳大夫（昌成）　相馬讃岐守
稲葉能登守（董通）　田村下總守（誠顕）
田村下總守殿、此家古來ゟ譯有之、御通達無之候
得共、公務之事故御案内相定リ候通ニ、被仰入候
儀、如何御留主居之內參、右之譯申達可然与思召
ニ而、下總守殿（田村誠顕）留主居江對談之趣、只今迄は御通
達茂不致來事候得共、今度御同樣ニ相務候事故、
勤役中ハ諸事申合候樣ニ可致旨、得御意置候樣ニ
申付候由申達、一通リ之御口上相達之相應之御返
答、追而彼方ゟ茂及御使者、

*尊胤德胤見廻

一、十九日、太守・德胤君御同道、內藤豐前守殿（弌信）江御緣
組以後、初而御見廻、
御太刀銀馬代御持參、
一、廿一日、御緣女江御結納被進之、

御小袖二重

定式之御祝儀物、

本使御家老　森谷〔守屋〕(眞信)八太夫

副使御留守居原　(信英)六太夫

介添御納戸役佐藤勘左衛門

同中小姓躾方水谷淺右衛門

御先ニ而八太夫ニ御盃ノ上、御道具給之、御饗應定法之通、

御客

土屋(陳直)但馬守殿　本多(康敏)主膳正殿

佐竹(義道)壹岐守殿　土屋(喬直)刑部殿

土屋(茂直)頼母殿　土屋(亮直)平八郎殿

本多(忠利)五郎右衛門殿　栗崎(正羽)道有殿

荒木(清行)十郎右衛門殿

內藤(弌信)豐前守殿幷同伊與守殿(信輝)ゟ御禮御使者淺井齋、

小姓頭役目、伊與守殿ノ奥方ゟ赤川三郎左衛門・御留守居鈴木新五右衛門案內、大書院江兩君御出座、齋ヲ被召出、御口上土屋刑部殿(喬直)・本多五郎右衛門殿御同席、德胤君齋ニ御熨斗鮑給之、太守御直答退出、次ニ三郎左衛門・新五右衛門被召出、御熨斗鮑德胤君被下、齋ハ三ノ間、兩人ハ御廣間ノ上ニ

而一獻之御祝酒、

一、十月四日、德胤君御婚禮、日限十一月三日相濟、

*德胤中村ヘ暇仰出サル

一、九日、德胤君中村江御暇之御願、太守安藤對馬守殿(信友)江被仰込、

一、十五日、如御願中村江御暇被仰出、

卷物五　御拜領

一、廿一日、就吉辰、御婚禮御道具參初、

一、廿八日、內藤豐前守殿・伊與守殿　御城御退出之節、御見舞御兩所奥江御通リ、表ニ而御馳走被相出之、御太刀馬代御持參、

*德胤婚禮

一、十一月三日、德胤君御婚禮、

御迎　佐竹(義道)壹岐守殿　土屋平八郎殿

御輿入吉例申刻、麻布御屋鋪江御入、

御輿渡　久永惣右衛門

受之　森谷八太夫

御貝桶渡　用人役嶋田五郎右衛門

受之　德胤君御用人岡崎本右衛門

太守幷御一門方內、玄關江御出座、

奥御規式相濟、太守奥江御入御對面、御熨斗鮑ニ而相濟、

御輿送　三宅(康德)能登守殿　金森(近供)左京殿

御新造被召連候侍知行扶持米共ニ豐前殿ゟ給ル、
高百石五人扶持奥年寄神谷傳兵衛
玄米六石貳人扶持貳兩
御徒士岡　安　淸　治
此方御譜代与相濟、御合力御家ヨリ給、
御婚禮一通リ扣在之故略之、
一、五日、三ツ目御祝儀、皆子餠御取通、
御使者原　六　太　夫

徳胤新造ノ櫻田屋敷ニ入ル

一、七日、御新造櫻田江御入、三獻御引渡御祝儀、
御奥方御新造御入、
一、十二日、豐前守殿江御聟入、御太刀目錄御祝義物御持參、
兩君　土屋刑部殿　土屋頼母殿（茂直）　土屋平八郎殿
六郷主馬殿（政慶）　本多五郎右衞門殿　御同道、
御饗應御祝儀之上、徳胤君江御道具被進、
備前守家御刀代金拾五枚一腰
長守御脇差同拾枚　一ゝ
御輿受取、御貝桶受取、兩人被召寄、伊與守殿盃給之、
其上金貳枚ノ刀　森　谷　八　太　夫
金壹枚五兩ノ刀　岡崎本右衞門
右給之、

*内藤弌信信輝父子麻布屋敷へ招請

一、十三日、豐前守殿御父子（内藤弌信・信輝）、於麻布御屋鋪御招請、
御客　御父子　三宅能登守殿
金森左京殿　内藤玄蕃殿
御取持前嶋太郎左衞門殿（重命）
同　小倉孫太郎殿（隆政）
御勝手土屋刑部殿　土屋平八郎殿
六郷主馬殿　本多五郎右衞門殿
平賀玄純老　荒木十郎右衞門殿
御客御入來御對面、御熨斗鮑、次ニ豐前守殿ゟ被進候御進物、御通之者持出之、上置御太刀折紙門馬三右衞門披露、則引之、同徳胤君江御進物、御通之者持出之、上置御太刀折紙、佐藤七右衞門披露引之、伊豫守殿ゟ兩君江之御太刀披露、右同樣御同道ノ御方ゟ徳胤君江御持參之御太刀、御奏者番披露、右畢而豐前守殿・伊豫守殿江昌胤君ゟ御使者石川十太夫（昌明）、生鯛一折宛被進、是ハ御目錄持出、御口上演述、御取持六郷主馬殿御取合御目錄不上之、御料理前、豐前守殿・伊與守殿奥江御通、伊豫守殿奥方ニ茂御入、三獻之御引渡、御盃事相濟、表江御出席、御饗應、徳胤君江豐前守殿ゟ御刀被

進、
　末延壽御刀代金拾五枚一腰
御勸盃相濟、御家老森谷八太夫・石川助左衞門、御用人岡崎本右衞門・門馬三右衞門、御兩所ゟ御盃給、右畢而御客御立以後、伊豫守殿家老久永惣右衞門・用人嶋田五郎右衞門、右兩人徳胤君被召出、御盃之上御刀一腰宛給之、

*徳胤中村著

　兼元刀代金貳枚　久永惣右衞門
　關刀同壹枚五兩　嶋田五郎右衞門

尊胤登城徳川長福披露目

一、十五日、式日御登　城、此節長福樣(ノチノ家重)御廣メ、尾張中納言(繼友)殿・水戸宰相(宗堯)殿、長福樣江御對顏、松平肥後守(保科正容)殿・松平下總守殿・松平大膳大夫(保科正甫)殿後肥守殿嫡子、御目見、長福樣御成長ニ付、今日ゟ若君樣与可奉稱之旨、被仰渡之、御老中安藤對馬守(信友)殿・若御年寄松平能登守(乘賢)殿、其外御役人若君樣江被爲附、
一、廿一日、若君樣(徳川家重)御禮被爲請、兩公樣(徳川吉宗・家重)江三千石以上之面々、御太刀目錄獻上之御目見、

岡田良山門馬對影家老仰付ラル

一、同日、於中村岡田良山(春胤)監物祖父、實名伊胤六十九歳、・門馬對影、本右衞門養父、先名藤右衞門、實名房經、五十四歳、御家老被仰付、良山(岡田)七拾人扶持、對影(門馬)五拾人扶持給之、不斷鑓ヲ爲持、可勤仕之旨被仰付、良山ニ屋鋪ヲ給、
一、廿五日、徳胤君、中村御着、
一、十二月朔日、若君樣江御名乘被進之由也、
一、二日、惣出仕御名乘之御祝儀、席々江御老中出座、家重樣与御附被遊候段被仰渡之、

*大目付ヨリ徳川長福ヘノ獻上物ノ廻狀

一、廿九日、大御目付御廻狀、
　若君樣江獻上物覺
一、端午・重陽・歳暮之御祝儀物之儀、公方樣(徳川吉宗)江當時被指上候通、時服二宛可有獻上候、
一、年頭・八朔御太刀御馬代、公方樣江獻上、員數之通可被差上候、
一、參勤御禮獻上物、公方樣江當時被指上候通之白銀員數、拾萬石以上外之品被相添ニ不及候、
　金壹枚五萬石ゟ九萬石迄、　外之品ニ不及、
　銀三枚壹萬石ゟ四萬九千石迄、　右同、
　同壹枚萬石以上、　右同、
右御太刀相添候事、
一、歸國・歸城御禮獻上物、
公方樣江御樽肴并外之品相添、被指上候面々ハ御

樽肴計、

三種二荷被指上候面々ハ二種一荷、

二種一荷被指上候面々ハ一種一荷、

一種一荷被指上候面々ハ箱肴一種、

一、若菜之御祝義差上來候面々ハ、公方様江獻上員數之通可被指上候、

一、七夕御祝儀之鯖代差上來候面々ハ、公方様江獻上員數之通可被指上候、

一、口切御茶差上來候面々、右同、

一、諸大名ゟ年中御機嫌伺之獻上物之品、度數共ニ、公方様江獻上之通可被差上候、

一、御諷初之節、御盃臺被指上ニ不及候、來年始ゟ右書面之通可有獻上候、年頭・八朔之御太刀目錄幷端午・重陽・歳暮之御祝儀之時服ハ、御本丸江可被相納候、此外之獻上物ハ、二ノ丸江可被指上候、右之趣可被相觸候、

（一七二五）

享保十年乙巳

一、正月廿五日、御鷹之雁御拜領、

上使　御使番　竹中主水殿（定矩）

御頂戴之次第、先例之通、御馳走御斷ニ而、御熨斗鮑迄也、

一、二月五日、御鷹之雁御披、御一門方御招請、

一、三月十二日、中村江御暇、

縮緬五卷　御拜領

一、廿六日、御發駕、

廿九日、（徳川吉宗）公方様小金原ニ而御鹿狩ニ付、千住御旅行難成、（直陳）永井伊豆守殿領分江御掛リ、岩槻御通西道猿手御止宿、

一、廿九日、總州小金御成、松戸川江舟橋掛之、今曉八時前出御、暮過還御、

鹿七百五拾四、内猪三同狼一、御物數如此之由、

一、四月五日、御着城、

一、九日、（徳川家重）若君様御元服、御官位ニ付惣出仕、

大納言様与被任、

一、十八日、（徳川家重）大納言様御元服、御官位御祝儀、御禮被爲請、

一、同日、（徳川吉宗・家重）兩公様江御太刀銀馬代被獻、太守御在國故、追而御使者ニ而被獻之、

一、同日、徳胤君江富田五右衛門（政實）ヲ老臣ニ被爲附、

一、同日、門馬對影郡代頭被仰付、富田五右衛門代リ、

一、五月十五日、昌胤君ゟ徳胤君江御軍法御免狀於幾世

*尊胤江戸發駕

*將軍吉宗下總小金原ニテ鹿狩　鹿猪狼

*徳川家重元服

*徳胤ヘ富田政實ヲ付ラル

*門馬對影郡代頭仰付ラル

尊胤鷹狩ノ雁拜領

*昌胤ヨリ徳胤ヘ軍法免狀進メラル

相馬胤賢老役組支配免ゼラル
伊藤三郎左衞門鑓奉行仰付ラル
*岡田良山月番免ゼラル
*土屋喬直歿
德胤參府
*南都興福寺燒失ノ伽藍勸進心指次第
*當秋上ゲ米代金ヲ納ム
*鬼怒川渡良瀬川通普請ハ陸奧下野國役
岡田春胤侍大將仰付ラル
諸役人入札仰付ラル
*大判吹替ノ儀酒井親本ヨリ仰付ラル

橋被進、
一、十六日、相馬將監(胤賢)依病氣、老役幷組支配御免、
一、六月三日、德胤君中村御發駕、
一、同日、御鑓奉行伊藤三郎左衞門被仰付、
御簱本ノ御鑓奉行ハ、重キ事故、先官ゟ向後可被
仰付之由被仰出、
一、九日、德胤君御參府、
一、十九日、大納言樣西ノ御丸江御移徙、
一、廿一日、右ニ付惣出仕、
一種一荷　御祝儀獻上、五萬石ゟ九萬九千石迄獻上、此通 尤西ノ丸江計在國在邑、追而御使者ニ而被獻、
一、同日、於中村正德年中筋目新發給人知行老中ノ判物、
於會所石川助左衞門渡之、寺社領新發共ニ、
一、廿四日、岡田監物(春胤)侍大將被仰付、相馬將監元與、
一、廿八日、德胤君御參勤御禮相濟、御太刀銀馬代 紗綾五、獻上、
一、同月、諸役人入札、左之人數江被仰付、
御一家組持計、御家老不殘、御用人不殘、
組頭不殘、郡代不殘、物頭月番壹人、
長柄奉行月番壹人、中目付不殘、町奉行不殘、
御破損方　御臺所頭不殘、在郷中頭月番、
御臺所頭、評定ニ茂自今出席被仰付、
一、七月十二日、於幾世橋内匠君御遠去、昌胤君御年譜 御法名等記、
於江戸林大學頭(信充)殿差圖ニ而、御伯父御服忌半減、
德胤君ハ御叔父ノ御服忌半減被爲受、
一、晦日、岡田良山月番御免、
一、八月廿三日、土屋刑部(喬直)殿御卒去、昌胤君ノ御伯父、淺草海禪寺ニ御入、法名鐵心院殿號、
一、九月十七日、南都興福寺燒失ノ伽藍造立諸國勸化心
指次第与、從　公儀被仰付、
一、十八日、當秋御上ケ米代金濟、
一、晦日、御勘定所ニ而被仰付御書付、
去辰年、下野國鬼怒川・渡良瀬川通御普請ニ付、
此入用ハ陸奧・下野江國役掛リ候筈ニ候、右入用
金、高之内十分一ハ、從公儀被指加之、其餘ハ右
貳ケ國御料・私領・寺社領共ニ不殘、高百石ニ付
金壹兩、銀壹匁三分宛、村〻ゟ取立之、當十一月
廿九日を限可被上納之事、
一、十月六日、大判吹替之儀、酒井雅樂頭(親本)殿ゟ被仰付、
一、大判吹直、元祿年中吹直有之、古來之大判ゟ位劣
候ニ付、此度吹直以前之大判之位ニ、吹改被仰付

渡良瀬川ノ役金上納ス

*吹直ノ大判通用ス

之、當十一月ゟ兩替屋共相渡、
　壹枚ハ金七兩貳分之積、
一、十一月廿八日、渡良瀬川高役金上納、
一、高五萬千百四拾壹石六斗貳升壹合
　陸奥國行方郡
　九拾四ケ村
　但、拜領高幷改出新田共ニ、
一、高貳萬貳千七百貳拾五石七斗九升
　同國標葉郡
　五拾壹ケ村
　但、右同斷、
一、高貳萬四千五百四拾六石貳斗六升五合
　同國宇多郡
　三拾六ケ村
　但、右同斷、
高合九萬八千四百拾三石六斗七升六合
內三萬八千四百十三石六斗七升六合改出新田、
此高役金千七兩三分、銀四兩三分後藤常是包、
高百石ニ付金壹兩、銀壹匁三分宛、
　兩替五拾四匁
外寺社領無御座候、
右者、去辰年下野國鬼怒川・渡良瀬川就御普請、陸奥高役金書面之通、領知村々取立之御代官池田喜五郎殿江相納候段、御勘定所江御留主居、右之書付差出之、
一、十二月朔日ゟ吹直大判通用之、
（以下缺ク。）

萬榮日録　四

尊胤朝臣御年譜　四

*千葉山海隣寺ノ守護佛江戸牛込穴八幡ニテ開帳

大目付ヨリ渡邊半右衛門ニ就キ尋出サル

*昌胤息女板倉勝里ヘ縁組内達

*將軍吉宗小金原ニテ鹿狩

德胤ノ明細書差出サル

（一七二六）
享保十一年丙午

一、二月十九日、大御目付彦坂壹岐守（重敬）殿ゟ被相出書付、

元祿三午年十月廿四日御免、

渡邊半右衛門

相馬讃岐守（尊胤）江、

年號月日相違無之候哉、

一、廿日、右之御答、年號月日相違無之段、書付被指出之、

一、廿三日、德胤君、明細書被指出、廿二日彦坂壹岐守殿ゟ御通達御案文之通認之、

本國下總

生國武藏

養父相馬讃岐守、實父相馬長門守（敍胤）

相馬因幡守

午廿五歲

享保十一丙午年二月

一、同日、大御目付北條安房守（氏英）殿ゟ之廻狀、

覺

去丑年被指出候通、諸國領地之百姓・町人・社人・男女・僧尼等、其外之ものとも迄、不殘今年相改、惣人數郡切ニ書記、領分限に可被指出候、田畑町歩被書出候ニハ不及、人數計書付、子ノ年と午ノ年ニ、七年目〱ニ可被書出候、

一、同月、千葉代ゝ守護佛開帳、阿彌陀如來、下總國千葉山海隣寺、江戸牛込穴八幡境内ニ而開帳之由、海隣寺櫻田御屋鋪江參上、此旨ヲ達、御代參不被遣、

一、三月三日、昌胤君ノ御息女、お秋御方 板倉甲斐守（勝里）殿江御縁組御內達、

板倉氏ハ奥州福嶋城主領知三萬石、江戸彼方留守居堀內庄左衛門參上、此方對御留主居、此旨及內談、

一、廿七日、將軍吉宗（德川）公、總州小金原御鹿狩、

一、四月六日、板倉甲斐守殿江御內緣ノ御挨拶相濟、御留主居原六太夫參上、（信英）

一、五月十五日、甲斐守（板倉勝里）殿御緣女爲御貰、細井左次右衛（勝鄕）門殿被相越、此方ゟ六鄕主馬（政慶）殿ヲ以、可被進旨德胤君御挨拶、

*相馬領分中ノ人別改書幕府へ納ム六萬二千九百四人
昌胤尊胤德胤ノ明細書二ノ丸へモ差出サル
*守屋眞信家老職免ゼラル
*堀内重長家老職仰付ラル
*尊胤參府
丹羽正伯藥草御用
*老中ヨリ尊胤火消ヲ仰ラル
出雲大社へノ勸化
德胤登城
將軍吉宗ノ母歿
*德胤中村へ暇

一、同日、大納言家重（德川）公御袖留御祝儀相濟、
　月次御出仕過、於席々謁御老中在國在邑御飛札、

一、十六日、明細書二ノ御丸江茂御本城之通可被指出由ニ而、今日太守（尊胤）幷昌胤君・德胤君、三代如例認、彥坂壹岐守殿江被指出、

一、十九日、板倉甲斐守殿江之御縁組御願、御用番松平左近將監（乘邑）殿江御相方ゟ被達之、

一、同日、駒木根肥後守（政方）殿ゟ被仰聞趣、
　丹羽正伯藥草御用ニ付、仙臺南部領江相越候、萬一御領分通候事可有之候、馳走等曾而被仰付事ニ無之、人馬之儀ハ正伯斷次第可被指出旨被仰付、

一、廿九日、出雲國大社勸化、去年十二月御觸ニ付而也、
　白銀貳枚、　勸化料
　金貳百疋宛、奥方　昌胤君　德胤君ゟ、
　白銀貳枚、惣御家中、

一、六月七日、德胤君御登　城、御奉書到來、
　板倉甲斐守殿江縁組、如御願被仰出、

一、九日、淨圓院樣御逝去、
　將軍吉宗公ノ御母公、御尊骸、東叡山江御入、

一、十一日、將軍御機嫌伺惣出仕、

一、同月、御領分中人別改書付、公儀江上ル、六萬貳千九百四人、男女、

一、同月、藥草御用ニ而、丹羽正伯水戸通ニ而、仙臺方江通候ニ付、中村晝休、爲御用鹽與右衞門物頭役被附置、

一、七月十三日、森谷（守屋）八太夫（眞信）御家老職御免、常府共ニ、

一、八月三日、堀內覺左衞門實名重長御家老被仰付、

一、九月三日、御參府、

一、十三日、御參勤之御禮相濟、獻上例之通、

一、十八日、御老中水野和泉守（忠之）殿ゟ御書付ニ而火消被蒙仰之、
　大手組
　　奥平大膳大夫（昌成）
　　脇坂豐之助（安興）　幼少ニ付家來計差出、
　　間部若狹守（詮方）
　櫻田組
　　相馬讃岐守　右同、
　　京極縫殿助（高矩）
　　稻葉能登守（董通）
　　田村下總守（誠顯）
　出火之節、防被仰付候間、右之通隔番可被相勤候、

一、十月朔日、德胤君中村江御暇、御拜領物如例、

昌胤息女松平武雅ヘ内縁

一、十一月六日、昌胤君御息女、お初御方・お秋殿御姉、松平肥前守(武雅)殿江御内縁、依之御貰使小野次郎右衛門(忠一)殿入來、

肥前守殿ハ上州舘林城主領知五萬五千石、松平右近將監殿實名清武、養子實父御連枝松平攝津守義行ノ二男、實名武雅、松平清武ハ初名越知、下總守、文昭院樣(德川家宣)御舍弟也、右小野氏江御祝儀勸盃相濟、御引取以後、六郷主馬(政慶)殿ヲ以可被進旨御挨拶、

一、七日、右御縁組御願御用番松平左近將監(乘邑)殿江六郷氏ヲ以被達之、肥前守殿ゟハ小野次郎右衛門殿ヲ以被仰達、

昌胤息女縁組仰出サル

一、廿五日、御縁組被仰出、廿四日御奉書到來、御名代御登城、

此節尊胤不快

此節太守御不快爲御名代、佐竹豐前守(義堅)殿登　城、

一、十二月朔日、御縁組相濟候ニ付、御祝儀御取通シ有之、

肥前殿名代松浦豐後守(篤鄰)殿、

松平武雅ヨリ結納進メラル

一、十八日肥前守(松平武雅)殿ゟ御結納被進、

御小袖二かさね　寶つくし、

紅梅松竹鶴龜もやう、

白あや幸ひし、

白羽二重、

御帯三筋

末廣二本

三種鹽鯛　するめ　こんぶ一荷

本使家老小澤賴母

副使留守居和田甚五左衛門

御太刀馬代御祝儀物　御銘〻被進、

太守御不快故、於御客之間、右兩人被召出、御口上、御太刀折紙披露相濟、賴母自分ノ太刀進上之、

御吸物・御盃御肴給之、御取持朝倉甚十郎(重長)殿、

定行刀代金貳枚札堀內角左衛門持出渡之、

和田甚五左衛門箱肴ヲ以、御目見御盃被下、御勝手ニ而銀子給之、右兩人ニ御料理給、

御客　小書院

大學頭殿御嫡松平若狹守殿

御相伴小嶋昌怡殿

大書院本多修理(忠敝)殿　內藤玄蕃殿

平賀玄純殿　栗崎道有(正羽)殿

六郷主馬(政慶)殿　陰山數馬(親廣)殿

朝倉甚十郎(景孝)殿　土屋平八郎(亮直)殿

土屋宮內(繩直)殿　渡邊半右衛門(長綱)殿

荒木十郎右衛門(清行)殿

佐藤以信寺社奉行仰付ラル

*藥草御用阿部友之進二本松領ヨリ通行

*尊胤伊豆熱海ヘノ湯治ヲ願出ル

昌胤中村本城廣間建直ヲ仰付ラル

*大久保忠方ヘ根府川關所通行ニ就キ使者ヲ遣サル

*當春上ゲ米三百石上納ス

*尊胤熱海ヘ發駕

右御祝儀被進候御禮肥前守殿江、
御家老御使者（昌清）石川助左衞門ヲ被遣、
一同月、佐藤惣左衞門（以信）御奏者ヲ兼、寺社奉行被仰付、惣左衞門義、組頭相勤候處御免、江戸番ハ組頭同然、席ハ組頭与先官次第、此節ゟ組頭四人ト成、
四組江壹人宛被仰付、

（一七二七）享保十二年丁未

一二月中村御本城御廣間御建直、昌胤君ゟ被仰付之、元祿十年丑十二月、被相立候御廣間、其節新材木ニ而御普請出來候故、損シ候ニ付、享保五年子八月、たゝミ置候事、昌胤君御殘念、依之御立直、昌胤君ゟ御普請被遊、大奉行先年堀内玄蕃辰胤相務候例ヲ以、堀内十兵衞（胤總）被仰付、
一三月十五日、中村江御暇、西ノ丸江茂御登城、
御卷物五、
同　三　大納言樣ゟ御拝領、今年ゟ初ル、
一十八日、御防場御免御代リ、松平肥前守殿（武雅）被仰付、
一廿一日、松平肥前守殿初而御入來、御太刀馬代御持參、
於小書院御勸盃、御取持六郷主馬殿（政慶）・細井左二右衞門殿（勝郷）・土屋平八郎殿・渡部平吉殿、相濟、太守御案内、奥江御通、肥前守殿御歸亭以後、此方ゟ細井佐次右衞門殿（勝郷）御同道、御見舞、彼方中屋敷江御入御養母隨心院殿江御對面、

一同日、中村江藥草御用阿部友之進二本松領ゟ段々通行、
廿四日、仙臺領江相越、
一廿三日、伊豆國熱海江御湯治御願、六郷主馬殿ヲ以、御老中松平伊賀守殿（忠周）江被達、
一廿四日、中村御本城大廣間建、
一廿六日、松平伊賀守殿ゟ御書付ニ而御湯治御願相濟、
相馬讃岐守（尊胤）
痛有之付、豆州熱海江湯治被致度由、願之通三廻リ可有入湯候、若不相應ニ候は、相州塔澤江直入湯有之度旨、勝手次第可被致候、
一同日、大久保加賀守殿（忠方）江、今度御湯治ニ付、根府川御關所、殊御領內御附屆之儀、爲御斷御使者被遣、
一同日、當春御上ケ米、如例三百石上納、
一廿七日、御老中・若御年寄江御見舞、御側衆・大御目付江御案內御使者、
一廿八日、熱海江御發駕、品川迄ハ江戸御供廻リ、

*中村本城廣間普請出來

御供　御家老石川助左衛門(昌清)
　　　御用人門馬三右衛門
　　　中目付立野與次右衛門
　其外御手廻リ之面々御供、

尊胤熱海著

一、四月五日、熱海江御着、

一、十三日、熱海ゟ御機嫌伺御連札被指出、

增湯ノ願御用番松平乘邑へ差出サル

一、十六日、御入湯御相應三廻リ之上、一廻リ御增湯之御願、御用番松平左近將監(乘邑)殿江御飛札被指出、追而可及御挨拶旨被仰出、其上彼方御用人ヲ以、御飛札之御文言ヲ御口上書ニ認、可被指出旨被仰聞、十七日ニ御口上書差出之、

一、十八日、御增湯御願相濟、廿二日、右之御請御狀被指出、廿四日、御奉書被相出、

尊胤湯本立鎌倉江ノ嶋見物

一、廿六日、湯本御立、三嶋・箱根江御掛リ御歸旅、鎌倉・江ノ嶋御見物、

*相馬胤賢弟次郎左衛門ヲ養子トス

一、五月二日、品川御泊ゟ直ニ御老中・若御年寄江御廻リ御歸亭、御側衆・大御目付江御案内御使者、

一、十二日、江戸御發駕、

尊胤中村著城

一、十八日、中村御着城、

一、六月廿四日、御廣間御普請出來、昌胤君ゟ御作事被遊被進、大奉行堀内十兵衛御普請引請、奉行高野左兵衛幾世橋江相越、

一、廿八日、右御普請出來候ニ付、爲御禮太守幾世橋江御出、
　御太刀黄金馬代　二種一荷
　御帷子五　内御單物二
　　昌胤君江被進、
　右被進候御使者　石川助左衛門
　太守御入御對面相濟、高野町御殿江御歸、夜中御歸城、

一、七月五日、御廣間之爲御祝儀、昌胤君ゟ御使者被進、
　御太刀銀馬代　御使者御用人愛澤十郎兵衛
　二種一荷

一、七日、御廣間御普請成就、御祝儀惣御家中登城、御囃子有之、
　三種二荷　御家中ゟ進上、

一、同日、相馬將監儀、依長病養子願之通、弟武岡次郎左衛門被仰付、
　武岡家次郎左衛門嫡子熊之助被仰付、知行貳百石

相馬次郎左衞門尉胤英ト名乗ル

來年四月日光山御社參ノ大目付廻狀

德胤著府

相馬胤賢隱居胤英家督ヲ相續

*板倉勝里ヨリ結納

諸大名ノ員數改メラル

*二百六十二人

無御相違被下之、次郎左衞門、此節組頭役相務、

一、九日、相馬次郎左衞門養子成御禮、捧太刀折紙、

御盃頂戴、御一字被下之、實名胤英

一、十七日、大御目付御廻狀、

覺

一、來年四月、日光山御社參可被遊之旨被仰出候付、

爲御祝義十八日惣出仕、西丸江茂出仕、在國在邑御飛札、

一、十八日、德胤君、中村御發駕、

一、廿四日、御着府、

一、廿八日、御參勤之御禮相濟、獻上御太刀銀馬代、紗綾五卷、

一、八月十六日、相馬將監如願隱居、家督次郎左衞門(胤英)ニ

被仰付、

一、十七日、相馬次郎左衞門家督之御禮、捧太刀折紙、

一、同日、松平相模守(近禎)殿ゟ御廻狀、

先年、日光山御社參之節、御留主中勤方書留有之

分者帳面認、當月中我等方江可指出候、務方不相

知分者、其段書付、來ル廿六日迄之內可被指出候、

一、同月、於　公儀、諸大名員數御改、

御譜代・外樣大名　百六拾五人

御詰衆　三拾壹人

御詰衆並　貳拾五人

溜詰　四人

諸役人　三拾七人

老中・若年寄・御奏者番・寺社奉行・御側衆・

大番頭、

壹萬石以上大名不殘、

右貳百六拾貳人

此知行高千六百貳拾三萬八千百五拾九石

外　百五拾貳萬四千石　御三家

惣合千七百七拾七萬貳千百五拾九石　御日記被記之、

一、十一月七日、板倉甲斐守(勝里)殿ゟ御結納、

御小袖御帶二重

御樽肴定式之通、

本使家老松原作右衞門

御太刀馬代御祝儀物　御銘〻被進、

副使　堀内庄左衞門

德胤君、於御前作右衞門御口上、御太刀折紙披露

相濟、自分之太刀進上之、御盃・御肴御道具被下、

金貳枚ノ刀一腰　富田五右衞門(政實)持出渡之、

副使箱肴ヲ以、御目見御盃被下、於御勝手銀子給之、

右両人ニ御祝義、御料理被下、
両人引取以後、御禮御使者富田五右衛門被遣、

養子等ニ就キ目付通達

一、十三日、御役人中江御目付中被達向寄通達、
一、惣領を養子ニ遣候儀、本家なとへ遣候ハ格別、其外一切有之間敷事候、願出候共取上ケ申間鋪事、
一、一子を無據子細にて本家なとへ養子ニ遣シ、實子出生候ハヽ格別、養子仕間敷旨申届、其以後實子致出生、其段頭支配江相届置候者、吟味之上家督可被下事、
右之通、向後可相心得候、併只今之通一子を自分勝手ニ付、高增等江養子ニ遣し置、此時實子出生候ハヽ、家督之義願出候ものも候ハヽ、是茂吟味之上、家督可被下事、
右之通組支配有之面々江、為心得より〳〵可被相達候、
一、十五日、大納言様(徳川家重)御前髪被為執之、月次出仕之面々御禮過被相殘、於席々謁御老中御祝義、西丸江も出仕、
一、廿二日、大納言様御前髪被為執候、御祝義御能御興行、
御譜代衆幷布衣以上之御役人拜見、

*在々ノ神事佛事新規ニ取立ベカラズノ仰出サル趣

一、廿六日、被仰出候趣、
於在々所々神事・佛事、其外不依何事ニ、新規之義堅不可取建、若無據子細有之ハ、奉行所又ハ地頭江相達可任差圖、假令有來儀ニ而茂例に替たる品不可仕出候、
右相背候ハヽ、可為曲事者也、

享保十三年(一七二八)戊申

*下總高野ノ海禪寺へ代參

一、二月朔日、下總國高野海禪寺江御代參、稲垣平右衛門被遣、物頭役也、

*相馬將門八百年忌未滿取越法事執行

相馬將門八百年忌未滿取越法事執行、此段寺社御奉行江達、法會之旨海禪寺江戸御屋鋪江御代參ノ儀願出、此寺之來由、此節迄傳説無之、
白銀拾枚　被供、
同　五枚　昌胤君
同　五枚　徳胤君
同　三枚　主膳君
同　壹枚　御奥方
同　壹枚　徳胤君ノ御奥方

將門ノ靈牌ハ常陸國信田郡船子村海眼寺ニモ有リ

岡田良山家老職免ゼラル

＊昌胤福胤中村ヘ越駕老中松平乘邑日光御社參時ノ御留主ヲ演達ス

＊妙見ヘ昌胤福胤社參

相馬郡大雄山海禪寺、臨濟宗ニ而、御旗本相馬小（信胤カ）次郎殿先祖、小次郎胤晴・嫡子整胤法名實山、墓所等有之、此外將門ノ御靈牌ハ、常陸國信田郡船子村海眼寺ニ茂有之、曹洞宗也、右何ノ譯ニテ御位牌有之哉、

御法名春溪淨心大禪定門

一、二月七日、岡田良山如願御家老御免、御手自御小袖被下之、老年之勤役爲御褒美、扶持米拾人分給之、

一、三月二日、大納言樣御疱瘡惣出仕、

十二日、御酒湯御祝儀、一種一荷、西ノ丸江被獻、

一、廿一日、左之通御老中列席、松平左近將監（乘邑）殿演達之、

日光御留主中百人番所勤番

肥前嶋原城主七萬石　松平主殿頭（忠雄）

江州膳所城主六萬石　本多主膳正（初名俊普、康敏）

御留主中火事之節、御用被仰付、松平伊豆守（信祝）受差圖可相務也、

播州姫路城主拾五萬石　榊原式部太輔（政祐）

遠州掛川城主六萬石　小笠原佐渡守（長熙）

丹波龜山城主五萬石　青山因幡守（俊春）

奥州三春城主五萬石　秋田信濃守（賴季）

火事之節兩國橋勤番

在所三州衣壹萬石　本多兵庫頭（忠央）

火事之節勤番

赤坂喰違勤番　御寄合　水野十兵衞（忠英）

水道橋勤番　同　室賀兵庫（正普）

元柳原新シ橋勤番　同　淺野左兵衞（長時）

芝口勤番　同　安藤内藏助（廣猛）

芝土橋勤番　同　有馬宮内（則武）

右何茂假番所出來、永代橋・新大橋・正平橋・新シ橋・和泉橋、此所ハ〆切、往來相止、

一、四月五日、昌胤君・主膳福胤君御同道、中村江御越駕、

御本城江御入、御饗應、御膳前百石以上ノ侍御目見、

鮮肴一折　昌胤君ゟ、

御太刀銀馬代
二種一荷　福胤君ゟ被進、

御時服一重
鮮肴一折　昌胤君江太守ゟ、

雲州忠貞御刀一腰　福胤君江被進、

一、六日、妙見江昌胤・福胤兩君御社參、

御歸城、御膳畢而福胤君幾世橋江御歸立、

昌胤君二ノ丸江御入、御慰御操、惣士拜見御操ニ流ノ内、一流濟御歸發、

将軍吉宗日光社參ノ爲發輿供奉面々

一、十三日、將軍吉宗公日光御社參御發輿、
供奉面ゝ
尾張殿(繼友)　紀伊殿(宗直)　水戸殿(宗堯)

御老中
御老中
三州岡崎城主六萬石　水野和泉守(忠之)

御詰衆*
同
總州佐倉城主六萬石　松平左近將監(乘邑)
　日光御用引受、
御供押
上州高崎城主七萬石　松平右京大夫(輝貞)

若年寄
若年寄
野州烏山城主貳萬石　大久保佐渡守(常春)
　日光御用引受、
同
在所武州ノ內壹萬石　水野壹岐守(忠定)
江州彦根城主三拾萬石　井伊掃部頭(直惟)

御奏者
御奏者
在所奧州伊具貳萬石　松平玄蕃頭(忠曉)
　日光御供御祭禮奉行相兼、
伊與松山城主拾五萬石　松平隱岐守(定英)

御奏者　大澤ゟ今市入口勤番、
常州笠間城主六萬石　井上河內守(正之)
今市ゟ日光出口町ノ內ニ有之、奧州道
　共ニ勤番、
御詰衆
日向延岡城主八萬石　牧野越中守(貞通)
　新町口勤番
信州松本城主五萬石　松平丹波守(戸田光慈)
　瀧尾地藏堂前同所行者堂入口外山遠見
　共ニ、
石州濱田城主五萬石　松平周防守(松井康豐)
　寂光口足尾口
御詰衆
信州高遠城主三萬三千石　內藤大和守(賴卿)
　善智坊坂
在所奧州泉壹萬石　板倉伊與守(勝淸)
　飛圓坊坂
御奏者
日光御供

武州川越城主七萬石　秋元但馬守（喬房）

右同

上州沼田城主四萬石　本多豐前守（正矩）

攝州尼崎城主四萬石　松平遠江守（忠喬）

今市鉢石之間古道口

下野壬生城主三萬石　鳥居丹波守（忠瞭）

日光火消勤番

（松平忠周）伊賀守嫡子松平左衞門佐（忠愛）

右同

御側衆

有馬兵庫頭（氏倫）　加納遠江守（久通）

戸田肥前守（政岑）　土屋兵部少輔（秀直）

高家

高家

長澤壹岐守（資親）　中條大和守（信實）

御書院番頭四人組頭四人

御小姓組番頭四人組頭四人

大目付壹人　新番頭三人組頭四人

御勘定奉行壹人　御作事奉行壹人

御普請奉行壹人　御簱奉行壹人

百人組頭四人　御鑓奉行貳人

御持頭貳人　御持筒頭貳人

惣御弓頭五人　惣御鐵炮頭拾人

御鐵炮改壹人　定火消貳人

御目付六人當分御目付四人、御使番ゟ、

御使番六人　御徒士頭拾貳人

小徒人頭六人　中奥御小姓三人

中奥御番貳人　御納戸頭壹人組頭壹人、

御膳奉行三人　奥御祐筆四人

表御祐筆四人　御幕奉行貳人

御弓矢鑓奉行貳人　御具足奉行壹人

御書物奉行壹人　御簞笥奉行貳人

御醫師四人　外科貳人

御目醫師壹人　御歯醫師壹人

御針醫貳人　儒者壹人

御馬方壹人

日光御用掛り

松平左近將監（乘邑）

大久保佐渡守（常春）

奧州棚倉城主五萬石寺社奉行　太田備中守（資晴）

大目付　奥津能登守（忠閭）

御勘定奉行　稻生下野守（正武）

御作事奉行（マ、）
御普請奉行稲葉丹宮（正房）
御目付　稲垣求馬（種信）
本多彌八郎（正庸）

御老中
野州宇津宮城主七萬石　戸田山城守（忠眞）
居城宇津宮江御成ニ付御先江相越、
武州岩槻城主三萬三千石　永井伊豆守（直陳）
居城岩槻江十三日晩着御、
總州古河城主五萬石　本多中務太輔（忠良）
居城古河江十四日晩着御、

江戸御留主

江戸御留主
讃州高松城主拾貳萬石　松平讃岐守（頼豊）
御老中
信州上田城主五萬八千石　松平伊賀守（忠周）
若年寄
在所河内西代壹萬石　本多伊與守（忠統）
御留主御側衆　安藤出羽守（愛定）

人數御定

人數御定
一、高四萬九千石以下半軍役
一、五萬石ゟ九萬九千石迄　騎馬貳拾騎
鐵炮八十挺　弓二十張　長柄六拾本
簱四本
一、十萬石ゟ拾五萬石迄　騎馬四拾騎
鐵炮百挺　弓三十張　長柄七十本
簱五本
一、三百石ゟ九（マヽ）百九十石迄、
人數拾人鑓壹本、馬壹疋、
一、六百石ゟ九百九十石迄、
人數拾貳人鑓壹本、馬壹疋、
一、千石ゟ千五百九十石迄、
人數拾三人鑓壹本、鐵炮壹挺、馬壹疋、
一、千六百石ゟ千九百九十石迄、
人數廿人鑓壹本、鐵炮壹挺、馬貳疋、
一、貳千石以上可爲半役事、
一、布衣以上之御役人五百石以上ハ鑓貳本、人數拾五人、
千石ゟ千九百九拾石迄ハ鑓貳本、馬貳疋、人數貳拾人可召連事、

*日光宮御堂參詣

一、十七日、日光御宮御堂御參詣、

十八日、御山出御、同晩宇津宮着御、御晝御休、大澤龍藏寺、
十九日、辰刻、宇津宮城出御、同晩古河着御、御晝小金井慈眼寺、
廿日、辰刻、古河城出御、同晩岩槻着御、御晝、幸手聖福寺、
廿一日、辰刻、岩槻城出御、川口御休所、錫杖寺、
同晩江戸還御、
諸向於所々御通掛御目見、但、御譜代大名者於御玄關前　御目見、
大納言（德川家重）樣被爲入、　還御以後　歸御、今日登城之面々、大名并御役人、山城守對面、於席々謁之、

日光社參相濟祝儀ノ爲惣出仕

一、廿五日、日光御社參相濟候、爲御祝儀惣出仕、
御祝義獻上、三種三荷　三拾萬石以上、
西ノ丸江、三種二荷
三種二荷
同　拾萬石以上、
二種一荷
二種一荷
同　五萬石以上、
一種一荷
一種一荷
同　壹萬石以上、
一種

御祝儀ノ能有リ

一、廿八日、右御祝儀御能有之、大納言樣被爲入、

御三家并御家門方・國持大名・壹萬石以上、登城、御能拜見、於席々御饗應、於御白書院諸大名御目見、附、町人共御能拜見被仰付、御菓子・御酒被下、人數五千六百廿人、朝ノ内雨天、傘壹本ツヽ被下、

御能組
翁三番叟　仁右衛門
如意寶珠風流　彌右衛門
開口　君か代ハ豐にてらす日の光およふ八州の外までも惠になひく民の戸のことにさかゆくときとかや
弓八幡　觀世大夫
八嶋　丹次郎
熊野　寶生大夫
國栖　十大夫
祝言　榮之丞
養老

右日光御成一巻、雖有之繁多故略之、
一、御成之節、御領分堺目江物頭兩人相詰、
玉野野川
二枚橋比曾　四口廻番　鹽與右衛門
氏家文右衛門

足輕召連、
北堺熊川江八番人被指出、

大雨中村城下迄押水

一、六月廿一日、惣出仕、十一日立防相濟候、御祝義御登城也、

松平武雅病歿

一、七月廿八日、松平(武雅)肥前守殿於江戸病死、
法名顯德院殿

中村四十年來ノ大洪水
尊胤幾世橋へ入ル

一、八月四日夜、中村大雨、四拾年來ノ大洪水、
一、十一日、(尊胤)太守幾世橋江御入、
昌胤君ゟ御軍法連年御相傳、依之　御印可御極メ、
此節愛澤十郎兵衞・草野平右衞門・草野半右衞門・
四本松(義廣)忠治、右四人ニ茂御印可給頂戴、

*尊胤參府
*石川昌清常府家老門馬景經家老仰付ラル
*野馬追

一、十六日、御印可爲御祝儀、百石以上役人登城、御目
見、及御祝酒、
御一家御家老・御用人御祝義捧之、
昌胤君江御祝義御取通有之、

昌胤不快
尊胤參府延引ヲ願出ル

一、十八日、昌胤君御不快、御不勝之御樣躰、七月中ゟ御瘧《ギャク》症、
太守御發駕之御時節ニ到、依之御延引之御願、御
用人伊藤(重祐)太兵衞爲御使者、江戸江被遣、
一、廿七日、御參府御延引之御願相濟候ニ付、御老中江
御禮、以御使者御連札被差出、
御使者組頭役　岡和田忠左衞門

一、九月二日、辰巳風ニ而大雨、川々滿水、
去月四日之洪水、四十年以來それゟ水かさ大分多
ク、中村御城下迄押水、此節諸國大風雨、江戸表
朔日卯ノ刻ゟ雨降、滿水、國々流家、怪我人多シ、
當秋兩度之大風雨、損毛、水野(忠之)和泉守殿江御屆有
之、
高三萬千六百拾貳石餘
一、十五日、御發駕、昌胤君御不快、御快然、仍而御發立幾世橋江御入、御對面、
一、廿一日、御參府、
一、廿二日、石川(昌清)助左衞門常府御家老、門馬嘉右衞門實名
景經、御家老被仰付、
一、廿五日、野馬追、
此節、昌胤君御不快、殊當年大洪水、郷々橋々掛
替普請人足拔群、依之百姓取仕廻おくれ候故、御
祝義迄与相濟、御一家御家老・御用人・組頭・郡
代御簱本ノ物頭・中目付・御使番草野半右衞門、
御本陣江相詰、
御本陣ヲ御幕御簱ニ而餝之、原ノ町御殿江ハ、何
茂不相詰、廿六日小高御庭江小屋ヲ掛、右之面々
御酒頂戴、御祝儀相濟、御先代延寶二年寅五月廿一日野

公儀薬草御用青柳眞計中村へ相越サル

*尊胤急ギ江戸發駕

德胤中村へ暇

昌胤ノ病悩重キ段江戸へ達セラル

德胤發駕

*昌胤歿

*尊胤常州鹿岡ヨリ歸府

*德胤岩城平ヨリ中村へ下ル

馬追、圓照院殿ノ百ケ日ニ御當リ、爲御名代木幡庄兵衞組頭役麻上下着、原江御小簱ヲ爲持出、御祝儀相濟、

此外ニハ野馬追、御賽候事無傳說、

一同月、公儀薬草御用青柳眞計、中村江相越、岩城領江通行、

一十月朔日、德胤君中村江御暇、御拜領物如例、

一二日、昌胤君御病悩被爲重之段、江戸江達、

御醫師平賀玄純老數原通元老ノ內被相賴、

一同日、德胤君御發駕、

一三日、御醫師平賀玄純、小野次郎右衞門殿（忠一）ヲ以、御用番松平左近將監殿（乘邑）江御願被達、

同夕、玄純老被仰付旨被仰渡、依之御老中方江御禮御自身御務玄純老、今夜江戸發立、

白銀拾枚　干菓子一箱　鯛一折

御使者ヲ以被進、

道中同道物頭役末永又右衞門

賄御徒士四倉次右衞門

一四日、御看病御暇御願、小野次郎右衞門殿ヲ以御用番江被達之、

暮過松平左近將監殿ゟ御切紙到來、明五日被仰談義有之候間、御宅江御越候樣ニ申來、

一五日、早朝左近將監殿（松平乘邑）江御出御願之通、御暇被仰出、

御關所御判紙、松平左近殿ゟ御直ニ御渡、房川中田御番所御判紙也、西道本道故、房川中田与被相出、東道御旅行不苦由ニ而、急速御發駕、

御供

家老　門馬嘉右衞門（景經）

御用人岡庄右衞門

物頭　木幡甚五左衞門

中目付新谷五郎兵衞（信安）

御使番久米半右衞門（暉時）

此外御手廻リ、

一六日、申刻、昌胤君御遠行、御齡歲六十八、

一七日、幾世橋ゟ右之御注進、御徒士使鹿岡驛江着、

常州鹿岡ニ而御不幸御承知御歸府、德胤君ニハ岩城平ニ而御聞、中村江御下リ、玄純老（平賀）鹿岡北濱ニ而被致承知歸府、

一十日、御遠行御承知御屆、并御服忌御忌掛リノ書付、御用番水野和泉守殿（忠之）江被指出、

一十一日、御歸府、

十二日、昨晚御歸府之段、御老中・若御年寄・御

昌胤一七日ノ法事執行
岡田春胤谷左内上府
*堀内重長侍大將門馬景經普請方仰付ラル
貞胤五十回忌法事執行
*尊胤登城
尊胤忌明老中殘ラズ廻リ直ニ登城
尊胤彈正少弼ト改ム
*昌胤息女三人出府

側衆・大目付江御使者ヲ以被仰入、
一、十二日、建徳院殿(相馬昌胤)一七日之御法事、糀町栖岸院ニ而御執行、
一、同日御不幸ニ付、御一家名代岡田監物(春胤)、御家中名代谷左内上府、
一、十六日、平賀玄純老江以御使者、左之通被進、
白銀五十枚　紗綾五巻　干肴一折
綿三把　御内室江、
羽二重貳疋　御嫡玄孝殿江、
一、十一月廿三日、光明院殿出羽守貞胤君、五拾回忌御法事、中村蒼龍寺・江戸牛込寶泉寺ニ而御執行、
一、廿七日、明日御忌明御出勤之段、御老中安藤對馬守(重行)殿江御屆、
酒井讃岐守(忠音)殿御老中被仰付候ニ付而、太守御名御改御伺書被差出候御時節之儀、御用番ノ御用人江御留主居之者遂對談、明日中御勝手次第、被指出候樣挨拶、
一、廿八日、御忌明、御老中不殘御廻リ、直クニ御登城、御名彈正少弼君与御改、御伺書水野和泉守(忠之)殿江御留守居ヲ以、被仰込御名御伺之御願、御勝手次第御改候樣ニ与御挨拶、依之原傳右衛門(信英)登　城、右之段太守江謹達、直クニ御老中・若御年寄中御勤、
一、同日、御參勤之御禮相濟、獻上例之通、
一、同日、堀內覺左衛門(重長)侍大將被仰付、石川助左衛門元組　門馬嘉(景經)右衛門御普請方支配、
一、廿九日、御名御祝儀、惣御家中三種二荷進上、
一、同日、御鷹之雁御拜領、
上使　高林市左衛門(利要)殿
御拜領之次第前格之通、
一、十二月五日、雁御披キ御一門方御招請、
一、十八日御饗應ニ付御登　城、去ル十五日御出仕之節、上意之旨被仰渡之、當四月、日光御社參首尾能相濟、　大納言樣(徳川家重)御疱瘡御仕廻旁、御祝儀　大納言樣御鷹野御弓ノ鳥御料理被進、依之御譜代大名御饗應御能御拜見、
高家衆　詰衆父子　御奏者番
御留守居　大番頭

享保十四年己酉(一七二九)
一、二月七日、火事之節大手組御防被蒙仰之、
一、三月朔日、幾世橋ゟ昌胤君御三人ノ御女子御出府、

お初御方御歳十七、お秋御方御歳十六、お祢爲御方御歳二、

御供　門馬嘉右衛門

物頭立野久左衛門

おはつ御方奥年寄木幡甚五兵衛

おあき御方奥年寄川勝新兵衛

醫師高川昌碩

一、三月十五日、中村江御暇、御拝領物如例、

扶持米ニテ廣間番ヲ務ムル七十歳以上免ゼラル

一、廿二日、御扶持切米ニ而相務候、七十歳以上之者共、
御廣間御番御免、

八十六歳　山澤六右衛門
八十六歳　木崎彌平次
八十五歳　牛渡安兵衛
八十三歳　鈴木十郎右衛門
八十貳歳　鈴木善左衛門
八十歳　富田四郎右衛門（實直）
七十八歳　門馬久左衛門（長親）
七十八歳　岡田彌五兵衛
七十七歳　立野安左衛門
七十六歳　石川彌助
七十六歳　大井惣右衛門

七十六歳　木幡久右衛門
七十六歳　富田六郎右衛門（實宣）
七十五歳　小倉七郎兵衛
七十五歳　坂地權右衛門
七十五歳　小貫半兵衛
七十五歳　增尾權右衛門
七十四歳　小野田惣兵衛
七十四歳　脇本勘助（重明）
七十四歳　富田金兵衛
七十三歳　遠藤權左衛門
七十三歳　荒門右衛門
七十壹歳　村田彦左衛門
七十壹歳　青田茂右衛門
七十壹歳　鈴木源助
七十歳　木幡惣兵衛
七十歳　森傳兵衛
七十歳　青田所左衛門
七十歳　佐藤庄左衛門

何茂及極老候迄相務、太儀ニ被　思召候、依之御
扶持切米ニ而相勤候、七十以上之面ゝ御番御免被

遊候、尤御扶持切米ハ、只今迄之通無御相違被下
置之旨、　御意被遊候、
但、御在國之節、月次之御出仕等も成候時ハ罷
出、御目見仕可然事、
御神事之節ニ候故、於御的場惣御家中江組頭演達、
向後七十歳ゟ御番御免之段申渡、
一、同月、御法事數茂多ク成候ニ付、向後御遠忌ハ蒼龍
寺ニ而、禪三ケ寺宇多鄕寺領寺計ニ而御執行与相濟、
興仁寺ニ而之御執行、淨土三ケ寺、小高・標葉・
淨土計、
一、四月十二日、御痛所ニ而、當分御旅行難被爲成、暫
時御發駕御延引、御居松平左近將監殿(乘邑)江被指出、

大森川又領ノ百姓騷動

一、同月、御代官岡田庄太夫殿(俊惟)扱所大森領・川又領百姓
騷動、
右御領ノ百姓及飢候而、扶食種籾拜借願差出、御
代官取請無之、大森ノ百姓貳千人、板倉甲斐守殿(勝里)
城下福嶋江相詰、川又百姓貳百人餘、丹羽左京大(高寛)
夫殿城下二本松江相詰、助被下候樣ニ願出候ニ付、
暫ク扶助被指置、江戸江及御注進、庄太夫殿(岡田俊惟)下向
仕置候間、在々江相返候樣ニ御差圖有之、城下ゟ
御拂、丹羽殿江庄太夫殿ゟ差圖次第、足輕貳百人
可相出旨被仰付、尤堺等稠敷固被仰付候、此段相
聞候故、爲御用心左之通、堺目江役人爲相詰、四
月五日ゟ十六日迄差置、役人引拂、事靜リ候迄ハ、
足輕幷在鄕給人殘シ置、御代官歸府以後、同廿八
日ニ惣人數引拂、玉野堺江郡代村田半左衛門、勘
定奉行佐藤又兵衛、
番人足輕ハ玉野ノ者、
山中代官門馬與右衛門
比曾堺江、物頭木幡八郎右衛門
在鄕中頭石川卯右衛門
在鄕給人拾人・足輕十五人、
二枚橋堺江、物頭岡田市左衛門
在鄕中頭幸田伊右衛門
給人・足輕右同、

*尊胤江戸發駕

一、五月十二日、太守江戸御發駕、
一、十九日、中村御着城、

*大赦

一、同月、大赦、去年被仰出、段々次第を以御憐愍有之、

*竹姫君嶋津繼豐へ御再緣

一、六月四日、於江戸、竹姫君樣(徳川綱吉女)御再緣相濟、
薩摩國主松平大隅守殿(實名繼豐)(嶋津)將軍御座ノ間江被爲召、

竹姫君御再縁被仰出、御手自御熨斗鮑頂戴之、此
節、大納言（徳川家重）樣御本城江被爲入之由、
一、五日、御再縁被仰出候御祝儀、登　城面々、
溜詰并御詰衆、布衣以上御役人計登城、壹萬石以
上ノ面々、御用番御老中江使者在國在邑ノ御方御
飛札、

廣東舟ヨリ象二疋渡サル

一、十三日、廣東《カントウ》舟ゟ象貳疋相渡、
説ニ去年唐人江被仰付ヲ及聞太尼國ト云國江申遣引
寄、
男象七才、出生七年ニ成、・女象四才、長崎江着、
牝　長サ八尺五寸、高サ五尺五寸、牙壹尺貳寸、
牡　長サ壹丈、高サ六尺、牙壹尺五六寸、
女象ハ船中ニ而殯候由、

江戸濱御殿へ象屋建ラル

江戸御濱御殿江象屋建繋之、
一、同月、於御家鐵炮改御簱奉行兼役之所被相止之、
常憲院（徳川綱吉）樣殺生御停止故被仰付置候處、今度被相止、
一、十七日、藥草御用阿部友之進、仙臺領江中村ゟ相
越、

西光寺へ昌胤位牌安置ス

一、七月五日、遍照山西光寺江　建德院（相馬昌胤）殿御位牌御安置、

御位牌殿御建　本立院殿ノ御位牌、普明院ゟ今日
西光寺江御移、御齋料玄米拾俵、青銅五貫文、自今御寄附、
一、十七日、德胤君江地紫白丸御小簱被進、
御使者御用人門馬三右衛門

*徳胤參府

一、十九日、德胤君中村御發駕、
一、廿六日、御參府、
一、同月、幾世橋ゟ引移候、御家中ニ於清水新屋鋪割被
下之、
一、八月十一日、建德院殿ノ御石塔、高野山江御建立ニ
付奉行出立、
幾世橋御用人　幾世橋作左衛門
中村ゟ御徒士目付　遠藤喜太夫
於高野山巴陵院、九月九日ゟ十日之朝江〔迄〕御法事御
執行、御石塔五輪、日牌御供養、
一、十五日、德胤君御參勤御禮相濟、獻上例之通、御痛所有之、御禮御延引、

*福胤中村二ノ丸へ移ル

一、廿八日、主膳福胤君、幾世橋ゟ中村二ノ丸江御引移、
御用人　福嶋次郎右衛門

*將軍吉宗ノ二男宗武元服

一、九月廿七日、將軍吉宗公御二男小次郎（田安宗武）樣御元服、
將軍御出座、御敷居之外ニ而御禮、酒井讃岐守（忠音）殿
披露、上意有之、則御下段、御敷居之內、御左ノ

方ニ御着座、此時御名ノ折紙御硯蓋ニ載之、御側衆持出御、左之方ニ置、此節酒井讃岐守殿取被渡之、御名被遣之旨被相達、則小次郎様御中座御頂戴之、被任紋位三位中將之旨上意有之、御老中被及御挨拶、御名之折紙御次江御持被退、其後御禮有之、御道具御祝儀物被進之由、

徳河右衛門督宗武(田安)

一、廿八日、右御祝儀、萬石以上御使者在國在邑御方、追而御飛札、

一、閏九月廿九日、竹姫様江御獻上御道具相濟、

角たらい(盥)　はんぞう(半挿)　大火とり

中村城堀ノ落葉取ラル様仰出サル

一、十月廿一日、中村御城廻リ御堀ノ落葉、秋冬爲取候様被仰出、

太守御筆
城廻リ毎秋冬落葉、爲取候様ニ可申付勿論、毎年之義ニ候、無油斷取捨、落葉不積様ニ可仕候、別而圓藏續キ、無油斷爲取可申候、

*三ツ目ノ祝儀

一、十一月朔日、小高郷小屋木天王寺江摩利支天ノ廚子、御寄進被仰出之、

一、三日、於江戸板倉甲斐守殿(勝里)江御婚禮御道具被遣初、

昌胤息女婚禮

一、七日、御婚禮、

御輿迎　堀田出羽守殿(正陳)
板倉帯刀殿(勝晉)

巳上刻、櫻田御屋鋪御出輿、行列次第別ニ有之、故畧之、

御輿渡　石川助左衛門(昌清)
受取　松原作右衛門
御貝桶渡　御用人岡庄右衛門
受取　長谷川平左衛門
御輿送　佐竹壹岐守殿(義道)
土屋平八郎殿(亮直)
隨附奥年寄川勝新兵衛
同　中小姓服部文治

當日、於中村惣侍爲御祝儀登　城、御能御興行、

御酒給之、

三種二荷　惣御家中進上、

一、十五日、三ツ目御祝儀、皆子餅御取通、

同晩、板倉甲斐守殿・板倉帯刀殿御招請、奥江御通御祝儀相濟、表ニ而御饗膳、徳胤君御勸盃御取持、朝倉甚十郎殿(景孝)・土屋平八郎殿・甲斐守殿(板倉勝里)ノ奥方御入、惣御家中ニ種一荷進上、御輿受取、御貝桶受取江御饗應之上、徳胤君御

盃被下、兩人江御道具給、

金貳枚刀　　松原作右衞門

同壹枚五兩刀　　長谷川平左衞門

一、同日、御婚禮御禮相濟、

御名代德胤君御登城、

紗綾三巻　獻上、

白銀三枚　西ノ丸江、

御老中・若御年寄江一種三百疋宛被進、

五ツ目ノ祝儀

一、十八日、五ツ目御祝儀、德胤君甲斐守殿亭江御招請、御同道朝倉甚十郎殿・土屋平八郎殿、

石川助左衞門・岡庄右衞門被召寄、御料理之上、甲斐守殿ゟ御盃給、右兩人ニ御刀被下、

德胤室歿

一、十二月八日、德胤君御奥方御遠去、内藤豐前守（弌信）殿御息女、御名おそよ御方、九月廿二日ゟ御不快、今朝御落命、御歳廿二、九日夜、亥ノ刻、御出棺、牛込寶泉寺江御入、假御法名智光院殿与號、十日御灰寄、十二日ゟ二夜三日御法事、廿日御遺骨、寶泉寺ゟ中村江御立、

御供　　御用人原　八左衞門

門馬八郎兵衞

奥年寄神谷傳兵衞

廿四日夜、小高山同慶寺江御着、

御導師　秀音　小高鄕一宗諷經、

御法名直持院殿見質自性大姉

御先代ゟ之御格合之通、御執行相濟、二夜三日之御法事、御石塔同慶寺建、内藤豐前守殿御願之由ニ而、牛込寶泉寺江茂御石塔被建、

神谷傳兵衞ハ、小高ゟ直クニ歸府、

*竹姫島津繼豐へ輿入

一、十一日、竹姫樣御城ゟ松平大隅守（嶋津繼豐）殿江御輿入、櫻田御屋鋪前御通リ筋、

一、十二日、右御祝儀、諸大名獻上、箱肴御樽代、

（一七三〇）享保十五年庚戌

一、四月朔日、中村末松山專明院文殊開帳ニ付、太守（尊胤）御參詣、

文殊幷大日江廚子、同寺ノ稲荷江宮殿御寄進、

*上ゲ米停止ノ旨大目付ヨリ廻狀

一、十五日、於殿營諸大名江被仰出有之、追而大目付御廻狀、

御勝手向不調ニ付、近年上ケ米被仰付、御用茂被辨御機嫌ニ被　思召候、右上ケ米之儀、近年ニ茂御用捨被遊度被思召候得共、未御勝手向難相調候

*岡田春胤森谷親信家老仰付ラル

*岡田良山春胤ノ後見仰付ラル

家老門馬對影病歿

*田中觀音堂萱葺屋根替

*尊胤中村發駕

*尊胤日光宮拜禮

伊達吉村北堺巡見ニ就キ代官相詰

旨、役人共申ニ付、従來年上ケ米御用捨被遊候、依之來年ゟ參勤交代之義、可爲前之通候、來年參府之面々ハ、當秋參府之時節、可被相伺候、其節可相達候、

但、半年代之面々茂、來年ゟ可爲如前々之通候、

一、六月廿五日、板倉甲斐守(勝里)殿奥方御袖留、

一、七月七日、御家老門馬對影病死、

一、十一日、當秋御出府之節、日光御社參之御願被指出、御勝手次第与相濟、

一、廿四日、佐竹右京大夫(義峯)殿家老今宮大學、櫻田御屋敷江參上、石川助左衛門(昌清)ニ對談、

右京大夫殿御男子無之、德胤君御貰被成度之旨、近日御一門方ヲ以、可被仰進由及内通、

一、同月、板倉甲斐守殿奥方、お秋御方、御名お辰御方ト御改、

御家中辰ノ字遠慮可仕旨被仰付、

一、同月、松平陸奥守(伊達吉村)殿、此方北堺巡見ニ付、堺目江代官相詰、

一、八月朔日、佐竹壹岐守(義道)殿・佐竹豐前守(義堅)殿・神尾内記(元陳)殿・細井佐次右衛門(勝郷)殿入來、

佐竹右京大夫殿御養子御願之儀、御演達、此方御家門方、此節御差支ニ而土屋數馬(安直)殿・朝倉甚十郎(景孝)殿御出合、右之趣、中村江可被相達旨御挨拶、

一、三日、於中村岡田監物實名春胤・森谷(守屋)八太夫實名親信御家老被仰付、

一、同日、岡田良山被爲　召、監物(春胤)年若ニ候故、後見可仕旨被仰付、

一、十二日、門馬對影御家老御役中病死ニ付、門馬八郎兵衛法事致執行候故、御香典貳百疋以御使者被下、

一、十八日、田中觀音堂萱葺屋根替、瓦葺ニ御直シ正入佛、

一、廿二日、中村御發駕、西道御旅行、日光御廻リ、

一、廿九日、日光御宮御拜禮、

晦日、大風雨、道惡、川々滿水、御道中十三日積御着府、

一、同日、大目付御廻狀、

實子有之所、兼而老中并頭支配江茂不相達置、當分養子等願之、追而實子有之由申聞候儀、近來間々有之、不都合成事ニ候旨、御沙汰ニ候、實子出生有之、病身等ニ而老中并頭支配江茂不相達、家

來等ニ遣シ置、入用之節ニ至、俄ニ嫡子仕度段、被相願候儀者難成候、右之通之品茂候ハ丶、病氣茂快成候間、嫡子ニ可仕存候、則前以老中幷頭支配等江可被達置候、尤末子ニ而茂同様之事ニ候、

＊河內國譽田八幡修營ノ勸化

＊日光廟修復ニ就キ尊胤手傳仰付ラル

富田政實月番免ゼラル

尊胤著府

一、同月、佐竹右京大夫殿御宅江、板倉甲斐守殿・朝倉甚十郎殿ヲ以、德胤君御養子ニ御願之儀被仰分之、長門守敍胤君、御病身ニ付、德胤君御幼少、當太守御筋目ニ候故、御養子ニ被相立、末々ハ德胤君江御家督御讓リ被成度段、御願其通リニ被仰出候得ハ、他家江御養子ニ被遣儀ニ無之段、御兩人ヲ以被仰分相濟、

一、同月、於中村先年ゟ御使番、先官御作事奉行兼役被仰付置候得共、先年与違御用茂御普請方ニ而引受候故、此役被相止、

一、同月、御家老富田五右衛門（政實）月番御免、

一、九月四日、御着府、

此節御持鑓直鑓、對すゝたけらしや掛ル、被相止、前ノ山形十文字与直鑓黒羅紗掛御改、千住ゟ御もたせ、

一、十五日、御參勤之御禮、獻上例之通、

一、十八日、板倉甲斐守（勝里）殿御婚禮以後、御招請、

此節御引手物被進、

雲次御刀金拾三枚一腰、

大石永家御脇指金五枚一〻、

一、同月、組頭役如前八人ニ被仰付、

壹組ニ壹人宛ニ、先年被仰付置候所、病人等之節御用差支候故、如元八人、其內貳人、寺社奉行兼役被仰付、

一、十月十五日、河內國譽田八幡修營勸化、公儀ゟ御寄附有之、心指次第ノ寄進与被仰出、

一、十一月十一日、御鷹之雁御拜領、

上使　八木主馬殿（補賴）

御拜領之次第、前格之通、

一、十二月二日、被爲　召候所御不快、御名代佐竹豐前（義堅）守殿御登　城、於波之間御老中御列座、御用番松平伊豆守殿（信祝）演達、

來年日光御宮御靈屋幷本坊御修覆ニ付御手傳、

御宮　役高七萬石丹羽左京大夫（高寛）

御靈屋　役高四萬石內藤備後守（政樹）

本坊　役高貳萬石相馬讚岐守（尊胤）

右之通被仰付候間申談、可被相務候、

柳原ニ御小屋場建ラル

惣奉行酒井忠音

相馬藩惣奉行守屋親信

來年日光御宮御靈屋御修覆ニ付而、

四月十八日、暮時外遷宮、

同月廿日、暮時御靈屋外遷宮、

右之通、御日限被仰出候間、爲心得相達候、

御用掛リ　酒井讃岐守(忠音)

一、廿一日、於柳原御小屋場御釿立、

御掛リ合御役人

惣御奉行　御老中 酒井讃岐守殿

御作事奉行　小菅因幡守殿(正親)

御目付　本多彌八郎殿(正庸)

副奉行　布施孫兵衞殿(直郷)

御疊奉行　米津庄八郎殿(方強)

御大工頭　近藤鄕左衞門殿(勝盈)

下御奉行　笹瀬杢左衞門殿

野澤伴次郎殿(清庸)

御手前日光役付

惣奉行　森谷〔守屋〕八太夫(親信)

副奉行　岡庄右衞門

留主居　原傳右衞門(信英)

本〆　大内與一左衞門

目付　門馬作右衞門

石橋五左衞門

一、取木役　遠藤淸右衞門

石橋兵左衞門

大友新六

一、會所附　石川卯〔宇〕右衞門(昌次)

松岡荻右衞門

一、乙女河岸役　卯右衞門役替ニ付代リ原三郎右衞門

手戸甚右衞門

嶋仲右衞門

一、同所御役舟方　門馬彌右衞門

今村三郎右衞門

一、材木方古木方　般若源左衞門

石川小兵衞(昌久)

高野喜兵衞

一、大工方木挽方　佐藤惣内

山岡幸左衞門

四本松忠治(義廣)

一、鍛冶方鐇方　鈴木武右衞門

田井與惣右衞門

志賀十郎右衛門
一、屋根方　増尾五郎左衛門
只野六郎右衛門
大悲山（重房）兵右衛門
黑木甚五兵衛
大内次兵衛
佐ゝ木右衛門作
一、石方壁方　軍地半右衛門
木幡平太夫
一、張付方、塗師方、繪方
山岡長左衛門
鳶惣右衛門
新妻助右衛門
木崎伊兵衛
一、人夫割、普請方割本
齋藤三郎左衛門
鈴木源兵衛
江井久右衛門
一、勘定方本方　四倉喜左衛門
門馬六左衛門

一、押切役　佐藤利兵衛
遠藤七左衛門
一、小買物役　青田喜藤次
一、御本坊御門番　大内五藤兵衛
大龜又市
一、同裏御門番　石田十三郎
熊次郎兵衛
一、御殿地木戸番　川村三左衛門
荒勝右衛門
一、同裏木戸番　日下石文治
荒藤左衛門
是ハ内藤備後守殿与十五日代リ、
一、御祐筆　脇本十治（嘉明）
一、物書　草野菅右衛門
一、御徒士目付　佐藤傳左衛門
佐藤彌市左衛門
一、醫者　荻迫陽庵
外科高野良仙
一、火消　木幡八郎右衛門
江戸柳原相勤候役付、

一、本〆　中嶋太左衛門
一、場所附　池田三太夫（直展）
　普請方兼役
一、取木役　武野半兵衛
　立野久兵衛
　富田儀左衛門（貞清）
　玉木甚右衛門
一、會所附　末　孫七
　鈴木文右衛門
一、押切役小買物　渡邊三左衛門
　矢川甚藏
一、普請方小役　鈴木伊右衛門
　長尾三左衛門
右之外下役五人
一、本方　村津貞兵衛

岡田春胤弟ヲ堀内十兵衛ノ養子ニ仰付ラル

一、同月堀内十兵衛、如願岡田監物弟鶴之助養子被仰付、

（一七三一）
享保十六年辛亥

德川秀忠百回忌法事執行

一、正月廿四日、台德院様（德川秀忠）百廻御忌御法事、於増上寺御執行、

一、二月六日、公儀ゟ御書付　相馬弾正少弼（尊胤）
當四月在所江御暇可被下候間、今度日光御宮外遷宮之節被相越、在所江被立歸、正遷宮之節被相越、直ニ可被致參府候、

＊富田政實家老職免ゼラル

一、同月、富田五右衛門（政實）中症ニ付、如願御家老御免、
一、三月十二日、德胤君御縁組松平安藝守（淺野吉長）殿ノ御息女御貰、小野次郎右衛門（忠一）殿ヲ以被仰入、大嶋織部（義浮）殿ヲ以、可被進旨御挨拶、

＊中村本城袋橋掛替出來

一、十三日、中村御本城袋橋掛替出來、三十五年ニ而掛替、
先例ニ而組頭・物頭之内、兩親存生之者ヲ渡初被仰付、此節長柄奉行佐藤八郎左衛門務、
一、十六日、德胤君御參勤之御禮相濟、獻上如例、
德胤君御痛所有之、舊冬ゟ御滯府、去ル四日御快然、御出勤此日御禮濟、
一、四月朔日、太守（尊胤）御暇、御拝領物例之通、
一、三日、公儀ゟ被仰出趣、
日光御宮之奥院御本尊
四月十七日、暮時先御宮迄外遷座、翌十八日之暮、御宮御神體与同時ニ御假殿ニ外遷座、

尊胤江戸發駕
*尊胤日光發立
江戸目白ヨリ出火
櫻田屋敷類燒
*門馬景經郡代頭仰付ラル
*江戸城營惣出仕
*德川家重ニ伏見宮比宮入輿
*德胤縁組仰出サル

右之通、御日限替リ候條、爲心得相達候、
一、十一日、晝過、江戸御發駕、日光江御越、
十三日、日光御宿坊觀音院江御着、十八日、外遷宮、廿一日、御本坊御普請所、酒井讃岐守（忠音）殿御見分、
一、十五日、未ノ上刻、江戸目白夏目吉五郎屋敷ゟ出火、戌亥風烈、及大火、櫻田御屋鋪類燒、
同時糀町貳丁目裏通リゟ茂出火、井伊掃部頭（直惟）殿・松平安藝守殿・松平筑前守（黒田繼高）殿屋鋪江火移リ、此方櫻田御屋鋪、晝八時類燒、屋形奥御座敷、御臺所土藏表裏御門長屋一宇無殘燒失、穴藏八殘、外櫻田愛宕ノ下ゟ段々燒失、丑ノ刻火鎭、御屋鋪江火不移以前ニ、御奥方麻布御屋鋪江御退、夜中ゟ御屋鋪之外板ヲ以圍之、此旨日光江以飛脚御注進、御居屋敷類燒之段、御用番松平左近將監（乗邑）殿江御屆、辻番所燒失、當分ニ假番所修補御目付河野勘右衛門（通喬）殿江御屆、
一、十八日、日光ゟ以御使札御手傳之儀御願、
御屋鋪類燒ニ付、御普請御手傳御免之御先格被爲聞、御務掛リ之事故御勤被成度段、御用番左近將（松平乗邑）

監殿江被仰達之、內藤備後守殿御同然、　御使者西內善右衛門（宗政）
一、十九日、左近將監殿ゟ御奉書被相出、御歩行夫土井幸助・宇佐見貞右衛門兩人、江戸ゟ日光江十二時積リニ御奉書持參、
如御願御普請可被相務旨被仰出、右之御受御飛札、
一、廿一日、太守日光御發立、中村江御下リ、
一、廿五日、御着城、
一、廿七日、門馬嘉右衛門（景經）郡代頭被仰付、
一、五月十八日、江戸殿營（城）惣出仕、
德胤君江十七日大目付御廻狀ニ而御登城、於席々御老中列座、酒井讃岐守殿演達之趣、
今度伏見殿（邦永親王）ノ姫君、比《ナミ》ノ宮ノ御方御下向ニ付而、兼而被仰合御儀茂有之、大納言樣（德川家重）江御入輿、但當六月中御結納、當冬御入輿与被仰出之、
一、十九日、比宮ノ御方、姫宮樣与可奉祢旨被仰出之、
一、六月十二日、德胤君御縁組、如御願被仰出御書付、
雙方再縁　松平安藝守（淺野吉長）娘
彈正少弼（昌胤）嫡子相馬因幡守（德胤）江、
願之通、縁組被仰付之、
細井佐次右衛門（勝郷）殿江松平伊豆守（信祝）殿被相渡、小野次（忠

郎右衞門殿ヲ以、御願被仰上候所、御當番故也、
右之御禮、德胤君御老中松平右京大夫殿(輝貞)、若御年
寄中江御務、
一、十八日、大納言樣ゟ比宮樣江御結納御祝儀、
紀伊殿(宗直)御登城、於　御座之間御對顏、終而西湖ノ
間ニ而、御吸物・御酒被進、右ニ付溜詰衆・御譜代
衆・詰衆・御奏者番、菊之間御緣頰詰、何茂嫡子共ニ
布衣以上ノ御役人登　城、於席々老中謁之、御吸物・御酒、
西ノ丸ゟ御使者　安藤對馬守(信友)
御小袖七重　紅幸菱二　白幸菱二　縫紅三　白七
御帶七筋　紅幸二　金入模樣二　御服紗帶三
縮緬十卷
鹽雉子十番　鹽雁二十
鹽鰡二十　鮮鯉二十
鹽鯛十懸　鹽鱈二十
鮮鱸二十　海老二十媒
鯣二十連　昆布二十把
御樽十荷
二種一荷　公方樣(德川吉宗)江大納言樣ゟ、
御使　石川近江守(總茂)

德川家重ヨリ比宮ヘ結納
*岡田良山病歿
*黒田長貞養母歿
*日光御用金坂下御藏ニテ渡サル
*妙見社ヘ戸牒寄進

二種一荷　公方樣ゟ大納言樣江、
御使　酒井讃岐守(忠音)
一、十九日、右御祝儀惣出仕、
一、廿三日、岡田良山病死、七十六歲、
一、七月五日、德胤君御緣組被仰出候付、松平安藝守殿(淺野吉長)
江御祝義被進、
御太刀銀馬代二種三百疋、安藝守殿江、
干肴一箱　御嫡岩松殿(ノチノ宗恒)江、
德胤君ゟ茂右御同樣ニ被進、
一種五百疋宛、　小野次郎右衞門殿(忠一)
大嶋織部殿(義浮)
一種三百疋　細井左次右衞門殿(勝鄉)
一、十日、黒田甲斐守殿(長貞)御養母養眞院殿御死去、黒田隱岐守殿(長軌)後室、
佐竹前右京大夫義處ノ御息女、長門守紋胤君實御
妹、
一、八月廿九日、日光御用金坂下御藏ニ而御三手江六千
兩被相渡、
御一手江貳千兩宛、
御留主居代リ　立野與次右衞門受取、
一、九月十二日、妙見江御戸牒御寄進、

一、廿七日、一位様（徳川家宣室、天英院）二ノ丸江御移徙、

*尊胤日光普請役人ニ褒美下サル

一、同月、幾世橋瑞雲臺養眞殿ノ神躰・佛像・神器・佛具等、寺社方江配分被仰付、

借知仰付ラル

一、十月二日、御借知、別而被仰付、

數年御不勝手ノ上、御手傳御奉公、其上御屋鋪類燒、猶以御差支、當暮ゟ百石以上三分一、百石以下藏前取・地形取、御扶持切米取迄十分一、江戸致勤番候、小身廿分一、在鄕給人役人ハ十分一、無役ハ五分一、御借知被仰付之、

一、九日、於日光從准后様（公寛）中目付以上ノ役人ニ御饗應被下、

日光普請造畢ル

一、十三日、日光御普請御造畢、

御本坊御引渡相濟、同晩諸役人惣御人數引拂、

*徳胤ヨリ結納進メラル

一、廿三日、日光御宮・御靈屋・御本坊、無滯相濟候ニ付、御老中江御使札被指出、

一、廿六日、松平安藝守（淺野吉長）殿留主居谷田勘右衛門、此方御留主居ニ對談、御結納、十一月可有御受納由御通達、

一、廿七日、大嶋織部殿江御執合ノ筋也、十一月十二日就吉辰、御結納可被進旨、大嶋織部殿江御通達之趣、小野次郎右衛門殿江御留主居被遣、

一、十一月三日、太守ゟ於中村日光勤候役人ニ、御饗應幷御褒美被下之、

金道御刀　森谷（守屋）八太夫（親信）

綿三把宛、　岡庄右衛門

　原傳右衛門（信英）

綿貳把宛、　大内與一左衛門

　門馬作右衛門

綿壹把　石橋五左衛門

其外之面々登　城、御酒頂戴、

一、五日、酒井讃岐守（忠音）殿ゟ御書付ヲ以、日光　正遷宮十二月三日相極候段被仰達、

一、十二日、卯ノ刻、徳胤君ゟ御結納被進、

御小袖二重　すぬい寶つくし

　地紅りんす松竹鶴龜模様

　白あや幸ひし

白羽二重

御帯貳筋　赤白あや幸ひし

末廣壹本　金地鶴龜松竹ノ繪

御樽肴定式之通、

本使石川助左衛門(昌清)
副使新谷五郎兵衛(信安)
妢添御納戸役富田市左衛門(高詮)
舭方野坂那須之丞

麻布御屋鋪ゟ安藝守殿(淺野吉長)赤坂今井屋鋪江、櫻田屋鋪類燒以後故、安藝守殿江御太刀馬代、岩松殿(淺野宗恒)江茂御太刀馬代、安藝守殿御在國、右御三方江御使者ゟ直ニ受取可申旨內通、依之御小袖等餝之、助左衛門(石川昌清)着座之節、御緣女江之御目錄、富田市左衛門持出、奏者淺野帯刀江助左衛門御口上、演達之內、市左衛門中座ニ扣、御口上相濟、御目錄助左衛門江渡、帯刀受取之、野坂那須之丞・安藝守殿江之御太刀折紙、中座江持出、助左衛門江渡、帯刀受取之、岩松殿江之御太刀折紙、市左衛門持出、奏者伴甚左衛門江御口上演達相濟、助左衛門江渡甚左衛門受取之相濟、岩松殿前江助左衛門被召出、御太刀折紙披露、終而自分ノ太刀折紙進上之、右相濟、御吸物・御盃御肴被下之、

若狹冬次刀金貳枚五兩、助左衛門頂戴、

副使被召出、箱肴ヲ以御目見、御盃頂戴之、其上兩人御料理給之、引取、

岩松殿ゟ右之御禮御使者、

番頭役 森嶋多治見
案內留主居 吉田勘右衛門

德胤君、御前江被召出、御取持衆幷土屋平八郎殿御同席、多治見江御熨斗鮑給之、御返答、吉田勘右衛門ニ御熨斗鮑給之、於御勝手御吸物・御酒御祝儀相濟、

一、廿二日、當秋日光於 御宮御嘉瑞茂有之、其上去ル十四日之朝、甘露降御機嫌被思召候ニ付、左之面々江御酒被下、

於日光御普請中、 御宮內江青銅降リ、今度於江戸甘露降リ、 正遷宮前与申、旁御機嫌被思召、御吸物・御酒於席々被下之旨、御老中列座、讃岐守殿(酒井忠音)演達之、若御年寄侍座、

高家 雁之間詰 布衣以上ノ御役人、

一、廿七日、於御勘定所被仰渡趣、

覺

一、今度渡良瀬川御普請ニ付、此入用者陸奥・下野江國役掛リ候筈ニ候、右入用金高之內拾分一者、公

*江戸甘露降ル

*渡良瀬川普請ニ就キ勘定所ヨリ仰渡サル趣

入用金ノ內十分一ハ公儀ヨリ加ヘラル

儀ゟ被差加之、其餘ハ右貳ケ國御料・私領・寺社共ニ不殘、高百石ニ付金壹分、銀七匁四分宛、村〻ゟ取立之、當亥十二月を限、上納之筈ニ候間、御代官小林又左衛門・森山勘四郎・日野小左衛門・後藤庄左衛門、右四人之内江可有御納候事、

尊胤日光へ登山

一、晦日、太守日光江御登山、去ル廿四日、中村御發駕、

日光正遷宮

一、十二月三日、正遷宮、

一、四日、正遷座、

一、五日、太守、日光御發立、

江戸惣出仕

一、七日、江戸惣出仕、

日光山御宮・御靈屋御修覆出來、去ル三日・四日、正遷宮・正遷座相濟候、御祝儀登　城、西丸共ニ在國在邑拾萬石以上、使札十萬石以下飛札勤被仰付之、

一、同日、姫宮様（伏見宮比宮）西丸江御移徙、

一、八日、御目見、

日光正遷宮御名代　高家長澤壹岐守殿（資親）

同　正遷座御名代　堀川兵部少輔殿（廣益）

一、同日、日光山御本坊御修覆出來之御祝儀被差上之、

巻物五

昆布一筥　　日光准后ゟ使僧元光院、

＊尊胤麻布屋敷へ著府

一、九日、江戸麻布御屋鋪江御着府、

＊尊胤登城

一、十一日、御登　城、十日御奉書、御普請出來御祝儀御能御興行、

日光准后於御座之間御對顔、

辰ノ刻、　公方様・大納言様出御、

御修覆御用被相務候ニ付、於御座之間御目見、御手自御刀拜領、

青江代五百貫　　酒井讃岐守殿（忠音）

御手傳相濟候ニ付、　丹羽左京大夫殿（高貴）

内藤備後守殿（政樹）

箱肴被獻、　此方様

御目見相濟、於殿上之間酒井讃岐守殿承ニ而御拜領、

時服二拾　丹羽左京大夫殿

同　拾　内藤備後守殿

同　拾　尊胤君

日光御用相務候ニ付御目見、　小菅因幡守殿（正親）

本多彌八郎殿（正庸）

布施孫兵衛殿（直郷）

巳ノ刻、大廣間江渡御、溜詰御譜代、高家雁之間、
御奏者番菊之間、縁頰詰同嫡子、御本丸・西ノ丸
布衣以上之御役人、法印・法眼ノ醫師、御目見御
能見物被仰付、於席ゝ御料理被下、

御能初　　水野壹岐守(忠定)殿

翁　三番叟　彌右衛門
弓八幡十太夫　彦太郎
八嶋七太夫　茂右衛門

*日光造營手傳面々へ褒美下サル

羽衣觀世太夫　源七
張良寶生太夫　久右衛門
祝言庄左衛門　茂十郎
ゑひす(惠比壽)、大こく(黑)　仁右衛門
今參リ　傳右衛門

一、十二日、紀伊(宗直)殿初、萬石以上面ゝ、昨日之爲御祝儀
登　城、

尊胤中村へ暇仰出サル

一、同日、太守中村江御暇被仰出、來年御參勤、四月中之筈候得共、御手傳被相務候付、御用捨九月中御參府与被仰出、
丹羽左京大夫殿・內藤備後守殿、在所江之御暇、
一、同日、左之面ゝ於芙蓉之間、御老中列席、松平伊豆
守殿演達、

金拾枚宛拜領、　小菅因幡守殿
本多彌八郎殿
布施孫兵衛殿
銀拾枚　御疊奉行米津庄八郎(方强)殿
金三枚　御大工頭近藤鄉左衛門(勝盈)殿
金貳枚　御作事下奉行野澤伴次郎(清庸)殿
時服二宛、　日光奉行林備後守(忠勝)殿
日光在山竹中周防守(定矩)殿

一、同日、日光御用相濟候、御手傳面ゝ家來江御褒美拜
領物、於檜之間酒井讃岐守殿被申渡之、

時服五 羽織一 白銀五拾枚　丹羽左京大夫殿家來 惣奉行 江口三郎右衛門
時服四 羽織一 白銀三拾枚　副奉行 麻尾主計
時服三 羽織一 白銀三拾枚　元〆 原太右衛門 中井小右衛門
時服三 羽織一 白銀二拾枚　普請奉行 黑田傳太夫 岡本求右衛門 寺西安左衛門
時服三 羽織一 白銀三拾枚　內藤備後守殿家來 惣奉行 內藤治部左衛門

時服三
羽織一　白銀廿枚宛、
副奉行 千葉新左衛門
元〆 長坂三右衛門
相木市兵衛

時服二
羽織一　白銀拾枚宛、
村田新五兵衛
加藤喜右衛門

時服三
羽織一　白銀三拾枚
御手前惣奉行 森谷八太夫（親信）

時服三
羽織一　白銀廿枚宛、
副奉行 岡庄右衛門
原傳右衛門（信英）

時服二
羽織一　白銀拾枚宛、
元〆 大内與市左衛門
門馬作右衛門

徳川家重婚禮

一、十五日、大納言様御婚禮、
溜詰御譜代大名、雁之間詰　御奏者番、菊之間縁
頬詰、同嫡子布衣以上、御役人登　營、於席〻御
老中謁之、西丸江出仕、無地熨斗目返シ小紋ニ無之、半袴、
德胤君御登　城、
姫宮様御事、今日ゟ御簾中様与可奉稱之旨御書付
出ル、

尊胤江戸發駕

一、同日、太守江戸御發駕、東道御旅行、
一、十六日、大納言様御婚禮、爲御祝儀惣出仕、御本城西ノ丸共ニ、

右御祝儀、御三家初、萬石以上御樽代、箱肴次第
ヲ以獻上、
五萬石ゟ九萬石迄、
二種五百疋　公方様
大納言様江、
一種五百疋　御簾中様江、

*徳川家重室へ祝儀獻上

一、十八日、御簾中様江三季御祝儀獻上、被仰出之、
白銀壹枚　五萬石ゟ九萬石迄、
同　三枚　參勤之節
拾萬石以上ハ別段也、
一、十九日、御婚禮相濟候御祝儀御能、
國持大名御嫡子溜詰、御譜代大名嫡子、外様大名
同嫡子、
一、廿一日、右ニ付御能、
高家衆雁之間詰、諸役人布衣以上面〻、且又御目
見以上、役人寄合御番衆、儒者・醫師、西丸共ニ
被仰付、
一、廿二日、太守、中村御着城、

*森谷親信普請方支配等仰付ラル

一、廿六日、森谷八太夫御普請方支配幷御兵具方御用之
引請被仰付之、

佐竹義峯義堅ヲ養子ニ仰付ラル
*櫻田屋敷出來
*靈元法皇崩御ニヨリ江城惣出仕
*櫻田門出來
*尊胤中村發駕
堀内重長病氣ニ依リ家老職免ゼラル
相馬胤英侍大將仰付ラル
泉田胤重家老職仰付ラル

萬榮日録　五

尊胤朝臣御年譜　五

（一七三二）
享保十七年壬子

一、三月廿五日、大御目付御廻狀、
部屋住ニ而罷有候者ハ、養子願之儀、差扣來候得共、部屋住之者茂養子可仕候、年比迄、實子出生無之、筋目相應之者有之歟、又ハ娘等在之、聟養子願申儀可爲勝手次第候、勿論願之儀ハ親共ゟ可相願候、

一、四月十三日、堀内覺左衞門（重長）病氣、依願御家老御免、

一、同月、櫻田御屋鋪屋形幷御門長屋御普請取付、

一、五月三日、（伏見宮貞致親王女、比宮）御簾中様江端午御祝儀、五萬石以上、當年より獻上、

一、七日、相馬將監實名、胤英、侍大將被仰付、堀内覺左衞門元組、

一、同日、泉田掃部實名、胤重、御家老被仰付、

一、九日、佐竹右京大夫（義峯）殿願之通、同苗豊前守（義堅）殿養子被仰付、
豊前守殿新田知壹萬石、右京大夫殿江被相返、

一、七月廿九日、御奥方、櫻田御屋作出來、御移徙、御立命、未ノ刻麻布ゟ氷川明神江御參、直ニ御移、

一、八月十一日、江城惣出仕、
去ル六日、法皇（靈元）崩御ニ付而也、

一、廿二日、櫻田御門出來、通初石川助左衞門（昌清）勤之、
此日卯ノ刻、助左衞門御門通初、直クニ山王江社參、則歸入、

一、廿八日、中村御發駕、

一、九月朔日、松平安藝守（淺野吉長）殿ゟ御婚禮御道具、麻布江被遣初、

一、五日、御參府、
櫻田御屋鋪御普請出來、御參府、直クニ御新宅江御入、御移徙之御祝義、段〻相濟、
右御普請奉行
本役徳胤君附目付兼御駕脇　池田三太夫（直展）
高野左兵衞

一、十三日、松平左近將監（乘邑）殿江徳胤君御婚禮之御屆、

徳胤婚禮

*尊胤奥方おねいヲ養女ト爲ス

一、同日、於中村、江戸御新宅出來、御移徙御祝儀、惣
士登　城、
一、十五日、御參勤之御禮相濟、獻上例之通、
一、十六日、徳胤君御婚禮、
朝六時過
御輿迎　内藤(政里)山城守殿
　　　　内藤(忠英)數馬殿
辰ノ刻
御輿入　(淺野吉長)安藝守殿、赤坂今井屋鋪より、
御輿渡　久保田圖書
受取　泉田掃部(胤重)
御貝桶渡　寺尾正左衞門
受取　石川(昌清)助左衞門
御輿送　松平近江守殿
　　　　瀧川(元長)播磨守殿
御取持　小野(忠一)次郎右衞門殿
徳胤君御出座、久保田圖書・寺尾庄左衞門御目見、
御熨斗鮑給之、
御奥御規式以前、御客方御吸物、御嶋臺ニ而内藤
山城守殿・高木(正恒)若狹守殿御祝盞、右相濟、御客御
引取、
御客　内藤山城守殿　高木若狹守殿
　　　内藤數馬殿　細井(勝郷)佐次右衞門殿
　　　小野次郎右衞門殿　土屋(繩直)宮内殿
　　　平賀玄純殿
御勝手　荒木(清行)十郎右衞門殿
　　　　渡邊(公綱)半右衞門殿
奥年寄　川原藤右衞門殿
隨附之中小姓、其外被召連候面々、奥年寄ヲ初、
何茂交替之勤仕也、
一、十七日、おねい御方、昌胤君ノ御末女、(尊胤)太守御奥方御養女御契約、
一、十八日、三ツ目御祝儀、皆子餅御取替シ、
同日、(淺野吉長)安藝守殿亭江兩君御招請御入、此方ゟ御使者御留主居新谷(信安)五郎兵衞
御同道高木若狹守殿　小野次郎右衞門殿
御新造御里入、
御饗膳御盃事之上、安藝守殿ゟ徳胤君江爲御引手
物、御道具被進、

備前正恒御刀代金貳拾枚折紙　一腰
備前兼光御脇指同拾枚折紙　一腰
此節、泉田掃部（胤重）・石川助左衞門（昌清）被召寄、御饗應之
上、從安藝守殿御盃給之、右兩人ニ刀被下、
一、廿一日、御新造櫻田奥方江、初而被爲入、御引渡ノ御規式御祝義、
一、廿二日、於中村御婚禮之御祝儀、惣御家中登城、御酒被下之、
一、廿六日、五目御祝儀、麻布御屋敷江松平安藝守殿（淺野吉長）御招請、

御客
松平安藝守殿　同　刑部太輔殿（淺野宗恒）岩松（淺野宗恒）殿御事、御官位相濟、
同　宮内少輔殿御不快御斷、
松平近江守殿　大嶋織部殿（義浮）

御勝手
土屋平八郎殿（亮直）　小野次郎右衞門殿
細井左次右衞門殿　平賀玄純殿

右御客御出席、御熨斗鮑、其上安藝守殿初、御持參之御太刀披露畢而、奥江御通、安藝守殿（淺野吉長・宗恒）御父子御引渡之御祝儀相濟、表御座鋪ニ而御饗應、二汁七菜、嶋臺御盃事、此節安藝守殿ゟ德胤君江御道具被進、

末青江御刀代金拾五枚折紙　一腰
末信國御脇指同五枚折紙　一ゝ

御祝儀相濟、德胤君御前江、久保田圖書・寺尾正左衞門被召出、御盃・御肴給之、刀兩人ニ被下、

備前清光刀代金貳枚五兩札　久保田圖書
關兼定刀右同　寺尾正左衞門

一、十月朔日、德胤君御在所江御暇、御拜領例之通、

*德川綱吉二十五年忌法事執行

一、十日、於東叡山常憲院樣（德川綱吉）二十五年忌御法事相濟、太守供奉御務、

*下總國相馬郡海禪寺へ代參
*將門公御堂修覆

一、十二日、下總國相馬郡高野村海禪寺江御代參被遣、將門（平）公御堂修覆、十四日正遷宮、

御代參組頭江戶詰合ゟ大越四郎兵衞

白銀五枚
御初尾　金子三百疋　德胤君
同　貳百疋　奥方ゟ、

一、十九日、主膳福胤君、於中村長友御新宅出來、二ノ丸ゟ御移徙、

*德胤江戶發駕

一、廿七日、德胤君、江戶御發駕、西道御旅行、

尊胤神田門番仰ヲ蒙ル
*尊胤江戸發駕
系圖書繼等富田市左衞門ニ仰付ラル
德胤中村發駕
*野馬追
凉ケ岡八正宮正遷宮

一、十一月五日、御着城、
一、同日、於江戸御鷹之雁御拜領、
　　上使　石丸藤藏殿
一、廿五日、松平安藝守殿、櫻田御屋鋪江御夜會御招、
一、十二月廿五日、神田御門番被蒙仰之、松平左近將監殿ゟ御奉書、
　御相番　京極(高矩)佐渡守殿
一、十八日(マヽ)、御家御代ゝノ御年譜集錄幷御系圖ノ書次、共ニ富田(高詮)市左衞門ニ被仰付之、
(一七三三)
享保十八年癸丑
一、正月六日より神田御門御勤番、
一、二月十二日、凉ヶ岡八幡ノ宮御修覆ニ付、假殿江下遷宮、
一、廿四日、德胤君、中村御發駕、東道御旅行、
一、三月朔日、江戸御着府、
一、廿一日、御參勤之御禮相濟、獻上例之通、
一、四月十五日、太守(尊胤)中村江御暇、兩大君より御拜領物、例之通、
一、同日、神田橋御門番御免、
一、廿七日、凉ケ岡八正宮屋根替、神路橋掛替出來、正遷宮、

此節、放生池迄神幸、廿八日御戸開、右御普請ニ付、宇多郷中ゟ爲御手傳人足壹軒壹人、坪田村ゟ六百人、町方小人・諸職人志次第、人足式日用代差出之、
一、五月十二日、太守江戸御發駕、
此節下總國海禪寺江御廻リ、(平)將門堂江御參詣、海禪寺ニ御止宿、金襴御戸帳御寄進、
一、十六日、於江戸於初御方、毛利但馬守(廣豐)殿江御內緣相濟、
毛利氏ハ、在所周防德山三萬石領主、御貰使田村(顯寬)主馬殿、自是小野次郎右衞門(忠一)殿ヲ以御挨拶、
一、十八日、中村御着城、
山口休進御在所江之御供願候而、今度被召連、
一、廿二日、主膳福胤君、於御本城御半元服、御具足召初、
太守御因御親右御元服相濟、以後於御勝手御具足被爲召、小書院江御出座、太守御上帶御〆、御祝義相濟、
一、廿八日、野馬追、福胤君初而御出馬、山口休進茂原江御騎馬ニ加ル、
一、六月十五日、御簾中樣御着帶、

溜詰御譜代大名、同嫡子、高家雁之間、菊ノ間縁
頰詰、同布衣以上之御役人、御本丸・西ノ御丸江
登　城、十四日御觸、御出座之節、御七夜之御祝義獻上之
次第御觸有之、
御產衣　一重
御道具　御大小ノ内一腰五枚ノ
一種一荷　六萬石以上九萬石迄、
壹萬石以上(下)ゟ六十萬石以上迄、段々次第有
之、
一、御腋指ハ御小脇差たるへく候、御大小共ニ御拵、
常々獻上、御道具之通、三所物御紋ニおよハす、
一、御產衣廿萬石以上ハ御上召、唐織御下召羽二重、
其以下ハ綸子御下召、羽二重たるへく候、
一、廿六日、毛利但馬守(廣豐)殿江御緣組御願、小野次郎右衛
門殿ヲ以、松平左近將監(乘邑)殿江被達、
一、七月三日、今度集錄被仰付候、御家累代記御用引受、
岡田監物(春胤)被仰付、
一、十三日、東門跡代僧尊長寺一宗末寺爲見舞、光善寺
江相越候ニ付、御使者被遣、
一、同月、幾世橋興仁寺ヲ、同所永祥寺ノ寺家江被移、

*昌胤紋胤兩代ノ系圖書繼ヲ富田市左衛門認ム
*昌胤息女初姫ト毛利廣豊ト縁組仰出サル
*堀内胤總養子鶴之助大藏ト改名仰付ラル
御家累代記岡田春胤ニ仰付ラル
*徳川家重室歿

興仁寺當分ノ寺家ニ而及大破、依之高松ノ寺地江
被移迄ハ、小泉大仙寺江幾世橋ゟ永祥寺ヲ移、大
仙寺寺領・寺號共ニ、永祥寺兼帶、永祥寺客殿崇
德山興仁寺被移、
一、八月十五日、御系圖之内、昌胤・紋胤兩君ノ御代文
記富田市左衛門(高詮)認之書次、筆者脇本十治(嘉明)、
一、十九日、毛利但馬守殿江御緣組、如御願被仰出、
松平左近將監殿ゟ小野次郎右衛門殿江被仰付之、
一、同月、堀内十兵衛(胤總)養子鶴之助、如願大藏与名改被仰
付、
一、九月十二日、御觸、
御簾中樣、御小產ニ付、溜詰ゟ布衣以上諸役人、
今日四時西丸江可有登城旨被仰出、
御出生樣江獻上、御支度物相止、友次ノ御刀御心掛、
一、廿一日、德胤君附若年寄役岡庄右衛門被仰付、御加
增五拾石被下、
岡庄右衛門都合貳百五十石、常府ニ被仰付、
一、十月三日、西丸御簾中樣(德川家重室、伏見宮邦永親王姫宮、比宮)御逝去、
一、十三日、西ノ刻御出棺、東叡山江被爲入、十四日ゟ廿
一日迄御法事御執行、

*相馬胤英伊藤十五郎ヲ養子トス

*尊胤凉ケ岡八幡社參

妙見宮奉納ノ系圖書繼

*泉胤秀嫡子小三郎御目見

*歡喜寺傳法灌頂執行

*泉胤秀侍大將仰付ラル

*相馬胤英歿

*會津柳津虛空藏別當圓藏寺ノ櫻本坊中村へ參上

御戒名證明院殿

一、九日、於中村惣御家中御饗應、御能御興行、近年御勝手御不如意ニ付、御家中江御饗應不被下、御氣之毒ニ被思召、御料理被下度旨　御意ニ而、何茂頂戴、

一、十一月廿七日、妙見宮御內陣江、御先代御奉納ノ御系圖書次、忠胤・貞胤・昌胤・敍胤、先君四代認之、此御系圖、中津吉兵衞調、其以後初而書次、

一、廿五日、櫻田御屋鋪江毛利但馬守殿、初而御見舞、大嶋織部殿御同道、德胤君御對面、小野次郎右衞門殿（忠一）・土屋平八郎殿（亮直）御執持、卽日德胤君、但馬守殿亭（毛利廣豐）江御見舞、御兩方御出合、

一、十二月八日、會津領柳津虛空藏別當圓藏寺ノ坊中櫻本坊、自分繼目ニ付參上、御先代ゟ御入部、自分繼目之節參上、委ハ大膳亮利胤君ノ御年譜ニ註之、

享保十九年甲寅（一七三四）

一、正月廿五日、於江府板倉甲斐守殿（勝里）奥方、御出産、御女子出生、御名お龜、

一、二月三日、相馬將監（胤英）無嗣子、如願伊藤十五郎養子ニ被仰付、伊藤十五郎實父太兵衞（重祐）、母將監實姉也、

一、十五日、太守（尊胤）凉ケ岡八幡江御社參、於神前三尺貳寸、的掛侍五人勤之、神馬壹疋被獻、

一、同日、泉左衞門（胤秀）嫡子小三郎、初而御目見、捧御太刀馬代、御盃頂戴、御一字給之、胤寧、

一、十六日、主膳福胤君被執御前髮、太守御因親　御脇指一腰、一條三原金五枚被進、

一、廿一日、歡喜寺傳法灌頂執行ニ付、御參詣、御初尾幷御合力米被供住職貞精法印、

一、廿四日、泉左衞門實名胤秀侍大將被仰付、相馬將監病氣ニ付、組支配御免跡組、

一、廿五日、相馬將監（胤英）病死、

一、廿八日、會津櫻本坊中村江參上、虛空藏尊躰・大黑天二躰進上、去々年參上之節、虛空藏御望、大黑ハ會津細工進上、爲御禮目錄三百疋、和紙五十帖給之、

御領分江卷數引ニ相越候ニ付、御目見ハ不被仰付、

一、三月廿一日、相馬十五郎（胤壽）、亡父將監（胤英）跡式被仰付、

大赦仰付ラル
新知扶持下サル

*尊胤中村發駕
*櫻田屋敷南長屋作事出來

雖忌中　御參府前故相濟、
一、同日、大赦被仰付、新知幷御扶持方被下之、
高三拾石宛、
金澤儀右衛門本知貳百石、親惣左衛門改易、
富田庄太夫(實行)本知貳百石、親專右衛門(實次)改易、
齋藤山之助本知百五拾七石、親伊左衛門改易、
貳拾石宛、
中野利兵衛本知貳百石、祖父伊兵衛改易、久キ事故、廿石被下、
上野庄兵衛本知五拾石、親十左衛門改易、
拾五石宛、
和田喜右衛門本知五拾石、其身改易、
大井源兵衛本知五拾石、其身改易、
拾石
錦織縫右衛門本知四拾石、親兵右衛門改易、
右者、古來ゟ知行取來候得共、無調法ニ而被召上、段〻大赦ニ而、雖被召出候、御扶持切米ニ而者、子孫ニ至而、家及斷絶候事茂可有之候、舊功之家茂有之、殊在鄉給人ニハ、知行被返下候例も候得共、御城下之侍知行被召上候以後、御返被下候儀茂無之、在鄉与ハ不都合之所茂在之、家斷絶之儀、悼入被思召候との御底意ニ而、右之通新知被成下候、
貳人扶持宛、
高城角右衛門　杉七左衛門
末長傳五右衛門　藤田玄喜親源六
石橋小四郎　佐藤彌一右衛門
佐藤源五右衛門
壹人扶持宛、
宍戸市左衛門　石川平七
大內三五郎　關村右衛門
三人扶持
立野數右衛門
大赦惣人數百七拾八人
一、廿四日、中村御發駕、
一、廿八日、江戸櫻田御屋鋪南長屋御作事出來、去ル亥四月類燒ニ付、新規御普請、
一、四月朔日、江府御着府、
一、十二日、毛利但馬守(廣豐)殿御縁組、以來始而御出合、御取持御先手大嶋織部殿、
一、十五日、御參勤之御禮、獻上例之通、

徳胤痔疾ニ依リ滯府願差出サル

*近衞家久ノ息女田安宗武ニ嫁ス

*守屋親信不行跡故親類ニ預ラル

*泉田胤重逼塞仰付ラル

外櫻田門番仰ヲ蒙ル

野馬追

尊胤所望ニヨリ島津繼豐月毛馬進上

薩摩馬

昌胤息女おねい歿

一、十六日、徳胤君御滯府御願被指出、御先手小野次郎右衞門（忠一）殿を以、御老中酒井讃（忠音）岐守殿江、
同氏因幡守儀、此節私在所江之御暇可奉願所、從
去年秋中痔疾不相勝、丸山昌貞療治故、段〻快罷
成候得共、長途旅行仕候者、相障申儀茂可有御座
哉之由、昌貞申候ニ付、當年者御暇不奉願、在府
爲仕度奉存候、此段奉願候、且又快節者相障不申
候ハヽ、出仕等相務候樣ニ仕度奉存候、以上、
月日　　御名
一、十八日、徳胤君、御滯府御願相濟、月次御出仕茂御勝手次第与被仰出、
一、同日、太守、毛利但馬守殿御宅江、初而御入、
一、同日、外櫻田御門番被蒙仰之、酒井讃岐守殿ゟ御連名御奉書到來、
御相番脇坂淡路守（安興）殿　後秋田（賴季）信濃守殿
一、五月九日、御野馬追、
一、十八日、於江戸、大隅・薩摩ノ國主松平大隅守（島津繼豐）殿ゟ
月毛馬壹疋被進、
太守、薩摩馬依御所望也、
一、廿七日、おねい御方御早世、昌胤公末ノ御女子、太守御奥方御養女、
廿六日夜、子ノ刻ヨリ御不快、廿七日未ノ刻ヨリ
御驚風ニ而逝去、

一、廿九日、戌ノ刻御出棺、栖岸院江被爲入、
御法名芳荅院殿麗岳俊英大童女御齡七歲、
一、六月廿三日、近衞家久公ノ姫君（知姫君、ノチ森姫）、徳川右衞門督（田安宗武）殿江
御緣組、森姫君与稱之、
一、八月廿七日、御家老森谷（守屋）八太輔（親信）不行跡、達御聽親類
御預、
一、同日、泉田掃部（胤重）不調法逼塞被仰付、
一、九月三日、森谷八太輔御役被召放、知行四百石被召
上之、
八太夫儀、不行跡在之段被聞召、右之通被仰付、
堀内十兵衞（胤總）宅ニ而、十兵衞申渡、列席泉左衞門（胤秀）、
御用人役原傳右衞門（信英）、
一、同日、泉田掃部御家老職組共ニ被召放、
森谷八太夫儀ニ付、岡田監物（春胤）宅ニ而、門馬嘉右衞（景經）
門列席、
一、同日、森谷八太夫嫡子永太郎、新知百石被成下、
八太夫本知四百石被召上、新知給之旨監物宅ニ而
申渡、
一、六日、於江戸徳胤君豆州熱海江御湯治御願、
御老中本多中務太輔（忠良）殿江小野次郎右衞門殿ヲ以、

*相馬昌胤七回忌法事執行

御願書被指出、

一、八日、御湯治御願相濟、

*谷貞盈家老職侍大將仰付ラル

一、十三日、谷傳左衞門實名貞盈江戸江被爲　召、御家老并侍大將被仰付、泉田掃部(胤重)元組支配、

*德胤熱海へ發立

一、同日、當秋御領分不作損亡御届、

一、十五日、德胤君、熱海江御發立、

御供　若年寄役　岡庄右衞門

御駕脇目付兼役　增尾五郞左衞門

百石以上侍、右兩人、其外御手廻リ、

*德胤子息內膳恕胤誕生

*外天義胤百年忌法事執行

一、十七日、御用番本多中務太輔殿江熱海御着之御届被遊、

*劍宮祭禮

*尊胤鷹狩ノ雁拜領

一、同月、大御目付御廻狀到來寫、

私領近邊ニ御料在之、若御料ニ惡黨者在之砌、御代官ゟ江戸江御注進被成候而、御人數被仰付候時ハ、致延引候事茂可有之儀ニ候、依之急成時節ハ、直ニ御代官ゟ近邊之領主江可申遣候間、其節相應ニ人數遣候樣ニ、可相心得旨被仰出候由也、右心掛之人數、物頭壹組、步行目付壹人、格合差越候心得之由、諸家御留主居承合、追而江戸ゟ申來、

德胤歸府

一、十月三日、德胤君御歸府、御湯治御歸御禮、御不快御延引、

一、六日、建德院殿(相馬昌胤)七回御忌御法事、於中村・江戸御執行、

一、十五日、德胤君御湯治、歸之御禮、干鯛一箱宛、兩大君江被獻、

一、同月、御家老門馬嘉右衞門(景經)、向後御軍用引請被仰付、

一、十一月五日、德胤君ノ若子、於江戸御誕生御名內膳(恕胤)君、御妾腹、

一、十六日、蒼霄院殿(相馬義胤)百年御忌御法事御執行、同慶寺二十六世月江和尚燒香、

前長州義胤外天大居士、寛永十二年御遠去、中村蒼龍寺・江戸牛込寶泉寺ニ而御執行、於中村者二夜三日、曹洞一宗ノ諷經、

一、同日、劔宮御祭禮、神職田代右京進執行、

一、十二月三日、御鷹之雁御拜領、

上使遠山左京殿(景昵)、此節太守御不快、上使江途中迄、以御使者爲御名代德胤君、御鳥御頂戴之段被達之、上使御着座、上意ヲ演達、德胤君御頂戴、御熨斗御自身、則御下ケ中座ニテ、御用人受取、彈正少弼就不快、上意之趣申聞、御鳥可爲致頂戴与、御鳥御勝手江入之、

*伊達宗村ト徳川宗直息女トノ縁組成ル
去秋領内不作ニ就キ倹約
*尊胤中村著城
*天下御一統支干御祝儀能
江戸北八丁堀ニ屋鋪買求ム
恕胤江戸發立中村下向
中村大地震
*徳胤登城
徳川宗直息女将軍吉宗ノ養女ニ仰出サル

一、七日、御鷹之鳥御披、

享保（一七三五）二十年乙卯

一、正月元日、年始之御規式、御嘉例之通、
一、三月廿二日、太守（尊胤）御居判被相直、於江戸實成院獻之、
一、同日、於中村例年之御神事御的、當年者被相止、
　去秋御領内就不作、御儉約ニ而廿二日・廿三日御的無之、橋江御小屋不掛、於御本城御書院御規式与一二而、百石以上之役人計登　城、御祝儀相濟、此例當年計、
一、同月、江戸北八丁堀御屋鋪御買求、代金六百五十兩、以前之御屋鋪也、
一、閏三月廿六日、内膳君（恕胤）江戸御發立、中村江御下向、御供岡安清次家内、中村江引移候付、御供外御徒士貳人、
一、四月五日、内膳君、中村二ノ丸江御着、
一、十四日、中村大地震、
一、十五日、太守、中村江御暇、十四日御奉書到來、今朝御登城、兩大君ヨリ御拝領物例之通、
一、十六日、外櫻田御門番御代戸澤上總介殿被仰付、
一、廿三日、紀伊中納言宗直（徳川）卿ノ御息女、利根姫御方、將軍吉（徳川）宗公御養女ニ被仰出、
　利根姫御方、宗直卿ノ御嫡女也、御城入以後、徳川右衞門督宗武（田安）卿ノ御妹、小五郎（一橋宗尹）君ノ御姉君与相濟、
一、廿五日、御養女成之御祝儀、惣出仕、
一、廿七日、利根姫御方、松平陸奥守（伊達吉村）殿嫡子、越前守（宗村）殿江御縁組、
一、廿八日、御出仕面々御禮過、右御祝儀被達之、
一、五月三日、太守御發駕、東道御旅行、
一、八日、御着城、
一、十日、徳胤君、江城御登　營、九日御奉書到來、
　權現樣（徳川家康）、天下御一統支干茂被爲當、打續泰平之爲御祝義、明十一日御能被仰付、見物可仕之旨、上意之由、酒井讃岐守（忠音）殿演達、
　御家門方・越前家溜詰、御譜代御詰衆菊之間、布衣以上之御役人登　城、
一、同日、凉徳院殿五十回御忌之御法事、中村蒼龍寺・江戸牛込寶泉寺ニ而御執行、出羽守貞胤（相馬）君ノ御奥方、板倉内膳正（重矩）殿ノ御息女、
一、十一日、徳胤君御登　城、御能御見物、御料理御頂戴、御半袴、
　御在邑御方御能相濟候段、御承知以後、御發簡、
一、十五日、相馬十五郎（胤壽）如願外記与名改被仰付、

相馬胤壽御目見

一、同日、相馬外記(胤壽)、初而御目見、
捧御太刀馬代、御家老披露、御盃頂戴御一字給之、
胤壽御目通江家來兩人被召出、
一、同日、萬年山長松寺後住、大璘轉衣之御禮、

野馬追

一、廿一日、御野馬追、
一、七月朔日、利根姫樣御入輿之節、獻上物被仰付、御老中松平伊豆守殿(信祝)江御留主居被召呼、
大御行器　一荷
一、十二日、板倉甲斐守殿(勝里)奥方御出產、御男子誕生、御名式部、

德胤子息歿

一、十六日、正千代君德胤君ノ若子、御急症ニ而御遠去、御齢數五歳、
一、十七日、夜八時月海山蒼龍寺江被爲入、導師蒼龍十一世寛隆和尚
御法號大乘院殿一山元法大童子

堀內胤總家老職仰付ラル

一、八月九日、堀內十兵衞實名胤總御家老職被仰付、
一、十五日、妙見八幡江御社參、雄劔御納、
妙見江御刀一腰吉成作御拵付、御用人歡喜寺江渡、
八幡江御脇指一腰吉國作御据付、御用人八幡寺江渡、
一、同月、於江府、御老中松平左近將監殿(乘邑)ゟ御書付被相出、
御卽位(後櫻町)御祝儀獻上之覺

一、御太刀　白銀三拾枚　三拾萬石以上、
一、御太刀　白銀二十枚　貳拾九萬石ゟ十萬石迄、
一、御太刀　白銀拾枚　九萬石ゟ五萬石迄、
一、同斷　五萬石以上ニ而も四品已上、
仙洞(中御門)江、
一、御太刀　白銀二拾枚　三拾萬石以上、
一、御太刀　白銀拾枚　貳拾九萬石ゟ十萬石迄、
一、御太刀　白銀五枚　九萬石ゟ五萬石迄、
一、同斷　五萬石以上ニ而も四品已上、

覺

一、中將　一、少將　一、侍從
右使者布衣、
一、四品　一、諸大夫
右使者青襖、
無官之使者青襖着、無官ニ而茂侍從之席江出候、使者布衣、
御卽位相濟、土岐丹後守(京都所司代、賴稔)被得差圖可有獻上候、
一、九月廿一日、利禰姫樣江大行器一荷被獻、
追而掛リ御役人ゟ左之通到來、
相馬彈正少弼殿

*櫻町天皇即位ニ就キ石川十太輔使者仰付ラル

尊胤海老村寶藏寺へ參詣

*牧野忠壽歿

*石川十太夫等中村出足

獻上御道具

大行器　一荷

蒔繪方代金三拾六兩貳分

金物・紐外、家諸色共、代金四拾壹兩壹分拾四匁、

二口、合金七拾七兩三分拾四匁、

右之通ニ御座候、以上、

卯九月　矢部彦右衛門

岡田源七郎

右者、七月朔日御用掛松平伊豆守殿ゟ被仰付候通也、

大行器一荷、村梨子地御紋、若松模様、中高蒔繪、

矢部彦右衛門・岡田源七郎方ニ而細工申付ル、

菱田甚右衛門

一、廿三日、海老村寶藏寺ノ虚空藏江御參詣、

虚空藏、今度再興出來開帳ニ付、御參詣、

白銀三枚　御初穗

一、同日、於江戸、京都諸司代土岐丹後守（頼稔）殿ゟ御書付被相渡、

御即位ニ付、兩御所（中御門・後櫻町）江以御使者御祝儀被指上候節、

關白殿（近衛家久）・長橋局・傳奏衆（葉室頼胤・冷泉爲久）、其外堂上方江附屆有之候哉、先格書付可被指出候、尤贈物無之方茂、其譯書付可被差出候事、

來ル十一月御即位ニ付、御使者被指上候儀、井伊掃部頭（直該）殿御暇被仰出、御上着前御使者之衆上京、尤於京都諸事御伺候樣ニ、御心得可被成候、御上京間茂無之、御使者被相勤候義茂難計候間、獻上御太刀・臺等幷御使者着服之支度等、先達而京都江被仰越可然候、

一、廿八日、今度就御即位、御使者石川十太輔組頭役被仰付、

京都案内　御納戸役　岡田與惣右衛門（常宗）

當時京都ニ御留主居者無之、先年京都御買役相務候ニ付被仰付、

妳添　御徒士目付　矢川甚藏

一、十月二日、於江戸、牧野駿河守（忠壽）殿卒去、太守御奥方御舍兄也、江州膳所城主本多隱岐守（康敏）殿二男、牧野家續（忠周）、越後國長岡城主七萬四千石、德胤公御叔父、半減五日ノ御忌被爲請、

法名得雄院殿號、

一、同日、石川十太夫（昌明）上京之面〻、中村出足、

石川十太夫等江戸出立

一、同日、於江戸、土岐丹後守殿御書付被相達、
切紙ニ而、御卽位御定日、來ル十一月三日ニ候事、

一、十一日、上京面々、江府出立、
石川十太夫上下拾四人、牽馬壹疋、立笠御免、
岡田與惣右衛門上下三人御貸鑓
矢川甚藏上下貳人
廿二日京着仕、御卽位御使者之次第、左ニ記之、

此節之御名代　井伊掃部頭（直該）殿
諸司代　土岐丹後守（頼稔）殿
高家　中條大和守（信實）殿
　織田淡路守（信倉）殿
京都町奉行　本多筑後守（忠英）殿
　向井伊賀守（政暉）殿
御目付　中根宮内（正直）殿
　大久保喜六郎（忠周）殿
禁裏附　桑山下野守（元武）殿
　松平石見守（忠一）殿
仙洞附　赤井相模守（直綱）殿
　山岡播磨守（景照）殿
禁裏傳奏衆　葉室前大納言（頼胤）殿
仙洞傳奏衆　冷泉前中納言（爲久）殿
　園前大納言（基香）殿
　難波中納言（宗建）殿

廿五日、土岐丹後守殿江御使者務、
　岡田與惣右衛門
御狀
鰹節二箱被進、
此節、石川十太輔御届書持差出之、
禁裏樣江、
御太刀一腰　奉書半切ニ認之、
御馬一疋
仙洞樣江、
右同斷、
右丹後守（土岐頼稔）殿御承知、前格之通贈物可被成之旨
御挨拶、
町御奉行江御使者務、
　岡田與惣右衛門
鰹節一箱宛被進、
石川十太輔御届申達、
御目付江御使者務、

御進物無之、　岡田與惣右衛門
石川十太輔御居書指出、
廿六日、
禁裏傳奏（葉室頼胤・冷泉爲久）・仙洞傳奏（園基香・難波宗建）
禁裏附・仙洞附江、
御使者口上務石川十太夫
案內岡田與惣右衛門
廿七日、御名代井伊掃部頭殿御上京、
干鯛一箱被進、
御使者口上務岡田與惣右衛門
兩高家衆（中條信實・織田信倉）江、
干鯛一箱宛被進、　同断同人
廿八日、井伊掃部頭殿江、石川十太夫參上、對用人
中江伺御樣躰、兩高家江茂同然、
同日夕八時、諸司代土岐丹後守殿江御使者被爲呼、
十太夫（石川昌明）參上、丹後守（土岐頼稔）殿御逢、其上用人衆ヲ以、御
書付被相渡、
御書付之趣
一、惣門之外ニ而、乗物・馬鐙等殘シ置、人少召連可
申事、

一、雜掌案內之次第、唐御門ゟ入使者溜扣在之、雜掌
呼出次第ニ、長橋奏者所江御太刀目録持參可有之
事、
但、唐御門ゟ內江ハ副使者、又者御太刀目録爲
持候者、其外供若黨草履取之外可爲無用、若雨
天候者、手傘可相用候、右獻上相濟、御臺所御
門ゟ退出可有之候、御馬代銀ハ別日ニ可相納候、
長橋局江之進物有之分ハ獻上之、同日御長屋江
可相納候、
一、仙洞御所江茂同日獻上可有之候、唐御門ゟ入使者溜
リニ扣在之、雜掌呼出次第、奏者所江御太刀目録
可有持參事、
但、唐御門ゟ內供之もの、前准可申候、尤御臺
所御門ゟ退出可有之候、御馬代銀ハ奏者所江可
相收候、
一、兩御所共ニ獻上物、長櫃ハ唐御門ノ外ニ差置、獻
上物之品計持參可在之事、
一、御祝儀獻上之日限、幷時刻等之儀ハ、追而可相達
候事、
但、使者裝束青襖袴着用可有之候、

櫻町天皇卽位

右之通御書付被相渡、
一、十一月三日、御卽位、脇務、此節別條無之、土岐丹後守殿江、石川十太輔參上伺書差出
之、
禁裏傳奏衆
仙洞傳奏衆
進物江戸表ニ而、先達而御屆申上候、前格之通、
今度進上可仕哉、猶又此段奉伺候、關白殿(近衛家久)・長橋
御局、其外堂上方江ハ、前格之通贈物仕間鋪哉、
是又奉伺候、以上、
月　日　御名
右之書付、差出候得ハ、丹後守殿ゟ御書付被相出、
就御卽位爲御祝儀、堂上方江先格之通贈物可在
之候、

井伊直該名代トシテ兩御所參內

一、同七日、御名代井伊掃部頭(直該)殿、兩御所參內相濟、
右相濟候、御祝義九日ニ被進、
干鯛一箱　昆布一箱　御樽代五百疋
御使者石川十太夫
兩高家衆江一種五百疋宛、
一、九日、土岐丹後守殿江、石川十太夫被召呼、御書付被相渡、
來ル十二日辰ノ刻、禁裡・仙洞江御卽位御祝義、
獻上之使者可相務、右獻上物相濟候段、可被申
渡候間、翌十三日未刻、葉室前大納言・園前大
納言亭江可相越候、其節使者裝束獻上之節之通
候、御馬代銀茂十三日從辰ノ刻・午ノ刻迄之內、
可相納候、尤不込合樣可相心得也、
一、十日、井伊掃部頭殿江、石川十太夫・岡田與惣右
衞門被召呼御直答、
一、十一日、獻上取揃、
長持壹棹椴白木錠前、鐵物附、兩脇江御名奉書紙書之張、
內白木御目錄臺三ツ入、雲足付同壹ツ、餘計心掛、
同白木御太刀箱江御太刀二腰入、
同御目錄箱江御目錄貳枚入、
右之御太刀、唐御門之外ニ而取出候節、御太刀
目錄臺ニノセ、上江淺黃羽二重ノ服紗掛之、
獻上目錄進上ノ文字不認由、諸家御並承合、於京
都認直シ納候也、
參內之次第
一、十二日辰ノ刻、出宅、惣御門蛤リ御門之外江、馬・

鑓・駕・沓籠・合羽箱殘置、右御門より長持先ニ立、唐御門之外江長持差置、前後江矢川甚藏・木村久右衞門、十太夫家來分ニ召連候雇、足輕附置、芝田善右衞門、同權三郎手代貳人附置、

一、唐御門之外、腰掛江芝田善右衞門前度首尾仕、毛氈敷置、何茂揃居、雜掌差圖ヲ待、

一、獻上納候節、御准席ニ而、兩人宛出ル、御組合松平丹波守殿、使者板橋兵左衞門、

一、諸家御順次第ニ、雜掌貳人御門之外江出、呼入時節ニ成候節、長持より御太刀并御目錄臺取出シ、介添兩人ニ而、御太刀御目錄臺持、石川十太輔跡江附、雜掌呼入次第、唐御門之内ニ入、初之使者溜所江、御留主居代リ岡田與三右衞門ニ、御太刀・御目錄、臺共ニ相渡、與惣右衞門ハ、御玄關向中仕切御門之内迄持之、

一、初之使者、溜所薄緣敷有之、此所ニ石川十太夫、袴ノくゝリ解着座、諸家よりノ御使者不殘揃、溜リ候節、人〻雜掌出、呼出二度目之使者、溜所者御玄關向中仕切御門之外、御幕かこひ溜り所有之、又〻着座致、段〻御順席次第、雜掌出、呼出シ案

内次第、雜掌ノ跡江、二行ニ立、松平丹波守殿使者板橋兵左衞門・石川十太夫、中仕切御門之内ニ而、御太刀御目錄臺ニ載、岡田與惣右衞門渡之、與惣右衞門（岡田常宗）ハ、右之溜リ所ニ殘居、十太夫御玄關江上リ、直ニ雜掌披露有之、此節御時宜仕、夫よリ御奏者所江取向、其節茂御時宜仕、其上差出程見合退キ無言ニ而御禮仕居、桑山下野守（元武）殿・松平石見守（忠一）殿、御挨拶御即位御祝儀、御太刀目錄之通被致進獻、遂披露、追而可被仰出由御挨拶也、致退去御玄關向中仕切御門之内ニ而、雜掌兩人江及一禮、御臺所御門より退出、夫より仙洞御所江、御太刀目錄相納候次第、并使者溜リ所茂、禁裏御同樣也、

右首尾能獻上相濟候、御届石川十太輔、熨斗目半袴、井伊掃部頭殿・土岐丹後守殿江達、

一、十三日、御馬代錄納之、

長櫃壹棹

内御目錄箱江、

御馬代銀五枚包三包、大高紙ニ包、水引ニ而結、

右貳枚、禁裏江、

白銀	百兩之内 五拾兩	御名

白銀	百兩之内 五拾兩	御名

岡田與惣右衞門熨斗目半上下・妗添矢川甚藏服紗上下兩人、卯ノ刻過出宅、御臺所御門之外御並之通、長持より御馬代銀臺共ニ取出シ、長持ハ殘シ置、御順席段々御臺所御門より入、武家御玄關江少向、雜掌出向、與惣右衞門雜掌江及挨拶、右之御玄關少前ニ而、御馬代銀臺共、與惣右衞門持候而、御玄關ニ上リ、直ニ御請取之御役人中御出席有之、相馬彈正少弼御馬代銀相納候段、直ニ披露仕候与相納候、尤御受取證驗被相出、右相濟御臺所御門より退出、仙洞御所、御馬代銀相納候次第幷御受取被相出候次第、退出之次第共ニ、右同前、

相納候段、丹後守殿(土岐頼稔)江與惣右衞門參上御屆、

獻上首尾能相濟候、爲御祝儀左之御方江、御使者石川十太夫務、

干鯛一箱、御樽代五百疋宛、

葉室前大納言殿

冷泉前中納言殿

干鯛一箱、御樽代三百疋宛、

園　前大納言殿

難波中納言殿

干鯛一箱、昆布一箱、御樽代五百疋、

土岐丹後守殿(頼稔)

干鯛一箱、御樽代三百疋宛、

桑山下野守殿

松平石見守殿

山岡播磨守殿

赤井相模守殿

本多筑後守殿(忠英)

向井伊賀守殿(政暉)

十三日、葉室前大納言殿・園前大納言殿江參上、前々被仰付置、

石川十太夫(昌明)青襖袴着用、

案内　岡田與惣右衞門(常宗)熨斗目半上下、

右御殿ニ而、冷泉前中納言殿(爲久)御列座、石川十太夫出席江被召出、

御口上、

從彈正少弼目錄之通被致進獻、御感被爲思召、

*近衞家久息女田安宗武へ入輿

宜申候樣ニ与之御事ニ御座候、
園前大納言殿ニ而、
難波中納言殿御列席、
勅答、右同斷、
十五日、勅答被仰出候御屆、丹後守殿江石川十太夫參上申達、使者勝手ニ引取候樣ニ被仰渡、井伊掃部頭殿江茂右被仰付趣、御屆申達、
十二月七日、石川十太夫・岡田與惣右衞門・矢川甚藏、江戸江歸府、

*大風雨
尊胤中村會所ニテ評定次第ヲ聽ス
*尊胤四十歳ノ年賀
泉胤秀組支配免ゼラル
德川宗直息女伊達宗村へ入輿

一、十月十六日、太守（尊胤）、中村於會所、評定之次第被爲聽、評定役人共出席、
一、廿三日、泉左衞門（胤秀）病氣ニ而、組支配如願御免、
一、十一月十五日、於江戸御卽位御祝儀獻上、
千鯛一箱　御樽一荷　公方樣（德川吉宗）江、
千鯛一筥　大納言樣（德川家重）江、
一、廿一日、太守於會所評定御聽被遊、
一、廿四日、御卽位相濟候ニ付、御老中江國掛御使札被指出之、
一、廿八日、利禰姫樣、松平越前守殿（伊達宗村）江御入輿、
一、廿九日、御入輿相濟候御祝儀獻上、

一種五百疋、御樽代大奉書疊紙包、水引くゝり、足臺御名下ケ札、
一、十二月十八日、德川右衞門督殿（田安宗武）江森姫（近衞家久女）御方御入輿、
一、十九日、德胤君、右之御祝儀御登　城、御譜代布衣以上、

（一七三六）享保廿一年丙辰

一、正月元日、年始之御賀儀恒例之通、
一、七日、御謡初、御列座熊川兵庫被仰付、
熊川家ハ代替之節、奉伺御先代例也、
一、十四日夜、大風雨、寅ノ刻より大雷、翌日大風、此年別而豐年、
一、二月十九日、太守四十歳御年賀、
鳩御杖、御懷紙、二種五百疋、
德胤君ヨリ被進、

鳩御杖御歌
今年よりことふき初てつく杖に千代のよはひも手にまかすらし

松契齡　彈正少弼尊胤君
幾かへり友と契りて相生のさかへんやとの松も木高き

因幡守德胤君
君が植ん千代のよはひのよき友と今より松に契り

泉胤秀祖母百歳ノ賀*
泉田胤重侍大将仰付ラル*
尊胤中村發駕*
尊胤神田門番仰ヲ蒙ル*
元文ト改元*
先代年譜ヲ富田高詮獻ズ
御舊記出來
金銀吹改ノ大目付廻状到來*

置らし

主膳福胤君

ゆくするのまつのよはひもかそへみんことしを千代の初入にして

胤總堀内十兵衛

かそへても君そ見るへきやとの松花咲はるのいくかへりとは

伊範打它新七

けふよりや契りおくらん君かため千代のはるまつ松のよはひに

喜範打它十太郎

行末の友と契りて君か植んちとせのはるに相生の松

盛夏

我君の契るよはひハときはなる松もろともに千代もかきらし

一、同日、御先代御年譜、先年ゟ富田市左衛門(高詮)ニ編集被仰付、成就二十二冊獻之、

一、廿五日、富田市左衛門ニ新知百石被成下、御舊記全部出來ニ付、御前江被爲召、爲御褒美

知行被成下、御納戸役御免、遠侍ニ被仰付、

一、廿八日、市左衛門新知拜領之御禮、捧目錄、

一、同日、泉左衛門(胤秀)祖母、長壽院、百歳ノ賀、自詠自筆ニ而獻之、

百とせになるてふもゝの花かつらかけてそ長きためしにそ見る

一、三月十六日、泉田掃部(胤重)侍大將被仰付、泉左衛門元組、

一、廿六日、中村御發駕、

一、四月二日、御着府、

一、十五日、御參勤之御禮相濟、獻上ノ品例之通、

一、十九日、神田御門番被蒙仰之、御老中松平左近將監(乗邑)殿ゟ御奉書到來、中川内膳殿御代り御相番秋田信濃守(頼季)殿、

一、廿八日、德胤君、中村江御暇、御拜領物例之通、

一、五月七日、太守御登　城、昨六日大目付御廻状到來、今日年號改元被仰出、元文与改、年號ハ文字極り有之、段〻取合、出所之慥成吉事ヲ以被號与也、此度之文字出所如左、

文選何平叔景福藏賦曰武創《ハハシメ》二元基一文集《ハ》二大命一、皆體《シテ》レ天作創順レ時立レ政至《ル》二于帝王一遂二重熈一而累《ルコト》盛云〻、

一、十二日、大御目付御廻状到來、

＊服忌令改ム

徳胤江戸發駕

野馬追

＊女御入内

＊中村ニテ元文金通用

旗本相馬矩胤櫻田屋敷ニ見舞

＊中村大町商人平左衛門城下侍並ニ召立ラル

世上金銀不足通用不自由之由相聞候ニ付、此度被
吹改候事、
一、十六日、徳胤君江戸御發駕、
一、廿二日、中村御着、
一、廿七日、御野馬追、小高御野掛御一家差合、御家老門馬嘉右衛門（景經）務之、
一、廿八日、徳胤君御在着御禮、御使者ヲ以箱肴被獻之、
一、七月七日、太守御駕紋被相直、
昌胤君御代ヨリ、地黒茶紋茶ノ實、今日ヨリ藍憲
法茶ノ實、以前ヨリ三分詰ル、
一、八月三日、相馬小太郎（矩胤）殿、始而櫻田御屋鋪江御見舞、
御用人本山仁左衛門ニ被仰置、
御家ノ雖御分流、御先代ゟ中絶、亡父小源太殿（保胤）跡
式相續之由ニ而入來、大番組八百俵ノ分限、翌日
一應之御禮、以御使者被相達、
一、四日、大御目付御廻狀到來、
親類・遠類又ハ由緒有之者ニ而茂、養弟又ハ養妹
ニ致候儀、向後可爲無用候、養ハすして不叶子細
有之者ハ、養子ニ可相願候縁談取組候ニ付、養女
にいたし可願与存候而も、養女ニ難成年齢ニ候者、
何之續或何之由緒在之、手前江呼取、誰方江婚姻

相願候与願書可相認候、
一、九月十八日、服忌令壹册相改、大御目付鈴木飛驒守殿（重倫）ゟ御留主居者ニ被相渡、
一、十九日、馬醫佐〻木四郎左衛門、橋本家ゟ傳受相濟、
長州忠胤君ヨリ四郎左衛門亡父橋本家ヨリ、御相
傳之御書物拜領ニ付、今度橋本太左衛門殿江被相
達、傳受不殘相濟、
一、十一月三日、御鷹之雁上使岡部主水殿ヲ以御頂戴、
一、十五日、女御（藤原舍子）入内、
一、同日、於中村、文金通用、
一、十二月七日、立谷平左衛門御加増百石被成下、
平左衛門儀、中村大町商人ニ而、年來御勝手金御
用承候ニ付、三拾五人扶持被下置候所、其後御城
下侍並ニ被召立、拾五人分御足米給、段〻大金御
用立候故、五拾人扶持ヲ高ニ御直シ、百五十石貳
拾人扶持被下置、此節於江府、御前江被召出、
御加増被成下、都合貳百五拾石ニ貳拾人扶持給之、
一、十四日、立谷平左衛門御加増御禮、捧箱肴、

萬榮日録　六

尊胤朝臣御年譜　六

元文二年（一七三七）丁巳

尊胤前厄ノ祈禱

一、正月、太守（尊胤）御前厄御祈禱、於　妙見堂修法、
十五箇寺、二夜・三日御祈禱、追而惣御家中ゟ之
御祈禱卷數捧之、

諸士ヘ御救金下サル

一、二月廿四日、諸士江御救、
去年不作物成不足、殊文金替ニ而可及難儀之旨、
思召ヲ以分限割ニ而、御救金被下置之段、於　御
本城御家老傳達、

一、三月二日、大納言樣（徳川家重）御簾中御懷腹ニ付、御祈禱、於
江戸山王觀理院江被相賴、

一、五日、徳胤君御參府御延引御居被指出、
就御不快、御老中本多中務太輔（忠良）殿江被達之、

一、廿六日、徳胤君、追而御居御作使者ニ而、御口上書
被指出、
御痔疾ニ付御延引、從太守茂其成御居、

徳胤中村發駕*

一、四月十二日、徳胤君中村御發駕、御痛所御快愈、

一、十五日、太守、中村江御暇、御拝領之品例之通、

一、十六日、神田御門番御代リ京極佐渡守（高矩）殿被仰付、

一、十七日、徳胤君、中村御發駕之段、御老中松平左近（乗邑）
將監殿江御居、

一、十八日、徳胤君御着府、御病中故、麻布御屋敷江直クニ御着、
御老中・若御年寄中江御病中故、御自身御務無之
段、御使者ヲ以被達、

中御門院崩御*

一、十九日、諸大名惣出仕、
去ル十一日仙洞（中御門）崩御ニ付、

相馬敍胤二十七回忌法事執行*

一、廿日、香雲院（相馬敍胤）殿二十七回御忌御執行、
御逮夜ゟ中村蒼龍寺・江戸牛込寶泉寺、

尊胤江戸發立*

一、五月七日、太守江府御發立、東道御旅行、

一、十三日、中村御着城、

一、十五日、徳胤君御參府御禮、
御太刀一腰銀馬代、紗綾五卷、公方樣（徳川吉宗）江、
御太刀銀馬代、　大納言樣江、

野馬追*

一、廿日、御野馬追、御不快御出馬無之、

一、廿一日、御在着之御禮、（献上例之通作使者、）

一、廿二日、今曉、於西丸若君様（ノチノ家治）御誕生、惣出仕、

一、廿三日、右之爲御祝儀、御譜代御登　城、

一、廿八日、七夜之御祝儀献上、

　御刀一腰（友次金五枚）　若君様江、

　一種白銀三枚

　一種一荷宛、　兩大君（徳川吉宗・同家重）江、

　白かね三枚　御產婦江、

　同　壹枚宛、　御本丸・西丸年寄女中

　同　若君様附年寄乳人

　金貳百疋宛、　御本丸・西丸

　　表使御さし江、

　一種三百疋宛、　御老中

　　若御年寄中

　一種二百疋宛、　御側衆

*谷貞盈家老職免ゼラル

一、同月、谷傳左衛門（貞盈）長病、如願御家老職御免、

一、六月四日、本立院殿（相馬昌胤室）廿七回御忌御執行、

　御逮夜ヨリ中村西光寺・江戸糀町栖岸院ニ而、

一、十日、御同席御廻狀、（大御目付御心得ノ御觸、）

　若君様（徳川家治）御名竹千代様与奉稱ニ付、竹ノ一字改可申

　事、苗字ハ改ニ不及候事、

一、廿一日、竹千代様御安全之御祈禱、山王歡（観）理院被相

頼、

*泉田胤重嫡子胤守御目見

一、七月七日、泉田掃部（胤重）嫡子又太郎、初而御目見、（捧御太刀折紙、）

　御盃頂戴御一字給之胤守与號、

*脇本義明家老職侍大將仰付ラル

一、十八日、脇本喜兵衛（實名義明）御家老職并侍大將被仰付、（谷傳左衛門元組、）

*門馬奚疑家老職仰付ラル

一、同日、門馬奚疑御家老職被仰付、

　門馬八郎兵衛隱居郡代役被仰付、扶持米貳拾人分

　被下置候處、御足米三拾人扶持、都合五拾人扶持

　被下之、

一、八月廿九日、門馬作右衛門御加增五拾石被下之、

　作右衛門儀、數年御奉公相務、老年太儀ニ被　思

　食、御加增五拾石、（都合百五十石、）於　御前被成下、其上

　組頭役被仰付、（齢數七十一、物頭勤仕、）

*門馬景經歿

一、九月五日、御家老門馬嘉右衛門（景經）病死、

　門馬本五郎（季經）ニ亡父嘉右衛門法事執行之節、中小姓

　御使者ヲ以、給御香典貳百疋、

*門馬奚疑郡代頭仰付ラル

一、七日、門馬奚疑郡代頭被仰付、（門馬嘉右衛門跡、）

　御普請方・御兵具方引受被仰付、

徳川竹千代御色直ノ祝儀

一、九日、門馬作右衛門御加增之御禮、捧目錄、

一、廿五日、竹千代様御色直之御祝儀、

諸家ヨリ獻上萬石以上、

御樽肴　　兩大君江、

時服一重、御樽肴、竹千代様江、

於大廣間殿上之間、御奏者番之家來請取之、

大納言様江ノ御目錄、於大廣間松平伊賀守家來受取之、竹千代様江ノ御目錄、殿上之間ニ而、牧野越中守家來受取之、

西丸惣出仕

一、右同斷ニ付、西丸惣出仕、於大廣間謁御奏者松平伊賀守・牧野越中守相濟、何茂御本丸江登　城、於大廣間二ノ間御奏者番謁之、御三家ハ於御白書院謁老中、溜詰於溜リ之間謁老中、

一、公方様九半時御駕籠臺ヨリ被爲入、同節大納言様大廣間御下段迄出御、御出迎被遊、御一同御白書院御下段、御敷際ニ立御、御間之御襖障子開之、溜詰御譜代大名、同嫡子、詰衆同嫡子、御奏者番同嫡子、御次ニ並居、一同ニ御目見、御料理被下之旨上意有之、老中御取合被申上之、

御目見以前ニ、帝鑑之間江中務太輔(本多忠良)・能登守(松平乘賢)出席、御目見被仰付、御料理被下之旨演達之、

帝鑑之間

御連歌之間

井伊掃部頭(直該)　松平肥後守(保科容貞)

忌松平讚岐守(賴桓)　小笠原右近將監(忠基)

酒井左衛門尉(忠寄)　松平飛驒守(忠晴)

大久保出羽守(忠興)　煩眞田豐後守(信安)

牧野民部少輔(忠周)　戸澤上總介(正庸)

脇坂淡路守(安興)　秋田信濃守(賴季)

有馬日向守(孝純)　煩松平筑後守(定鄕)

植村出羽守(家包)　松平遠江守(忠喬)

井伊伊賀守(直存)　松平大藏少輔(忠恒)

松平靭負頭　小笠原遠江守(忠貞)

堀田若狹守(正實)　松平志摩守

松平河內守(定邦)　柳澤民部少輔(保卓)

松平備前守(定章)　菅沼織部(定用)

煩小笠原　忌松平兵庫頭(忠名)

戸澤下野守(正勝)　煩相馬因幡守(德胤)

本多隱岐守(康桓)　秋田河內守(延季)

土井伊賀守(利寛)　小出伊勢守(英持)

三宅備後守(康德)　松平紀伊守(信庸)

高木主水正（正陳）
石川内膳正（總候）
丹羽長門守（氏榮）
小笠原左京（定政）
阿部伊勢守（正福）
安藤對馬守（信尹）
水野織部（忠辰）
板倉相模守（勝澄）
本多紀伊守（正珍）
板倉甲斐守（勝里）
三浦志摩守（明次カ）
石川播磨守（總陽）
松平和泉守（乗佑）
松平因幡守
太田攝津守（資俊）
阿部飛驒守（正允）
松平壹岐守
松平伊豫守
牧野越中守（貞通）
丹羽和泉守（薫氏）

松平伊賀守（忠愛）
西尾主水正（忠需）
本多兵部（忠篤）
頉稲葉内匠頭（正益）
土井辨之助（利延）
石川主殿頭（總慶）
松平右近將監
青山大膳亮（幸道）
永井飛驒守（直期）
大久保山城守（忠胤）
松平對馬守（近貞）
三宅備後守（康德）
松平左衛門尉
土岐伊與守（頼煕）
大岡越前守（忠相）
牧野因幡守
秋元越中守（喬求）
高木若狭守（正恒）
增山河内守（正任）
松平備中守

增山彈正少弼

右之面〻居殘リ、御料理被下之、老中出席會釋、
三汁八菜　給仕御書院番
公方樣ヨリ竹千代樣江、
御小袖五重、二種二荷、
御使　松平右京大夫（輝貞）
公方樣ヨリ大納言樣江、
綿百把、二種一荷、
同　松平伊豆守（信祝）
公方樣ヨリ御部屋江、
一種一荷　御使　瀧川播磨守（元長）
大納言樣ヨリ公方樣江、
卷物三拾、二種二荷、
同　松平能登守（乗賢）
竹千代樣ヨリ公方樣江、
御太刀、御馬鞍置一疋、三種二荷
同　同人
右之通被進之、
一、公方樣江於御本丸獻上之、
三種二荷　紀伊中納言殿（宗直）

同　尾張中納言(宗春)殿
二種一荷、　水戸少將(宗翰)殿
今日之御祝義被指上之、於躑躅間中務太輔謁
之、
二種一荷、　長松院殿
右同斷、丹羽和泉守謁之、
一、今日爲御祝儀尾張中納言殿ゟ竹腰志摩守、水戸少
將殿ゟ中山備前守(信昌)被差上之、於躑躅間中務太輔謁
之、
一、西丸表江　出御ニ付、爲伺御機嫌御三家紀伊中將
殿より使者被差上之、於同席御目付謁之、
時服三重、御產衣一重宛、
松平左近將監(乘邑)
本多中務太輔(忠良)
松平能登守(乘賢)
時服二重、御產衣一重宛、
本多伊與守(忠統)
水野壹岐守(忠定)
時服三重、御產衣一重、
酒井雅樂頭(忠恭)

時服二重、御產衣、　松平和泉守
時服二重、　內藤越前守
右於西丸竹千代樣ヨリ爲御祝儀被下之、
廿六日、
二種一荷、　日光准后(公寬)ヨリ、
一種一荷、　同新宮(公遵)ヨリ、
右爲御祝儀被差上之、於檜之間、中務太輔謁之、
巻物拾、二種一荷、
御使　吉良左京大夫
日光准后江、
巻物五、二種一荷、
同　同人
新宮江、
御產衣三重、巻物拾、二種一荷、
御使　松平能登守
紀伊中納言殿江、
右同　同人
尾張中納言殿江、
右同　同人

*徳川竹千代宮參

水戸少將殿江、
御產衣二重、卷物五、二種一荷、
同　同人　紀伊中將殿（宗將）江、
御產衣、二種一荷、
上使　增山河內守　松平加賀守（前田吉德）江、
同　同　牧野越中守（貞通）　松平大隅守（島津繼豐）江、
同　同　松平備中守　松平越前守（伊達宗村）江、
御產衣二重、一種一荷、
同　牧野越中守　松平上總入道江、
同　同　同人　松平陸奥守（伊達吉村）江、
卷物三、一種、
上使　仙石次兵衞（久近）　增上寺江、
右竹千代樣ゟ被下之、爲御禮陸奥守登　城、

帝鑑之間緣頰ニ而、松平紀伊守謁之、
一、廿七日、竹千代樣御宮參、
竹千代樣、今朝五半時御供揃ニ而、四半時前、紅葉山　御宮江御社參相濟、西丸大廣間江四半時過被爲入、則刻出御、　山王江御宮參被遊、歸御之節、井伊掃部頭宅江、九半過被爲入、八時過歸御、
今朝竹千代樣　出御以前、井伊掃部頭（直該）登　城、今日　御宮參歸御之節、彌御立寄可被遊旨、於櫻之間、能登守演達之相濟退出、
出御・歸御之節、溜詰御譜代大名・高家、雁之間詰御奏者番、菊之間緣頰詰嫡子共、布衣以上之御役人、御番衆・醫師、其外小役人等迄、御道筋江相詰、代りゝ御目見、
於掃部頭（井伊直該）宅
竹千代樣江、七五三ノ御膳差上之、
眞御太刀安信代金五枚、
御太刀
御刀長光代金五百貫、
御小脇指康光代金五枚、
卷物拾

猩々緋五間
御馬代金貳枚
　　獻上　掃部頭（井伊直該）
御太刀
御刀重光代金拾五枚、
錦三十把
御馬代金壹枚
　　同　金之助
御太刀
御馬代金壹枚
　　同　虎之助
拝領之品々
御刀長光代金五拾枚、
巻物十
銀五拾枚
　　掃部頭江、
御刀三原正廣代金十五枚、
巻物五
銀三十枚
　　金之助江、

巻物拾
　　虎之助江、
巻物五　掃部頭家來 木俣清左衛門
同　脇　内記
巻物三　戸塚左太夫
同　二宛、　増田平藏
　　澤村新平
　　西尾治部之助
右之通被下中務太輔申渡之、
掃部頭方飾之次第
御座所
　　左松鶴
御上段　三幅對中壽老人　新筆 祐清筆
　　右竹龜
立花二瓶
御違棚　御腰物掛
　軸之物馬ノ繪 趙子昂筆　盆黑柿雲龍彫物
地板
御手遊作り物、鶴・鯛・龜・海老、犬貳疋、何茂箱入、
御明リ床
硯　硯屏青磁　筆架兎唐銅　墨丸形

筆管堆朱　洗盞瓶青磁
屏風　新筆梅軒筆
西ノ御緣頬
御臺子網掛　御茶筅笥　香爐唐銅銀掛網 銀香箸
屏風　新筆梅軒筆
御次床
二幅對鶴之繪　香爐獅子　卓青貝
屏風三雙　新筆梅軒筆
小屏風一雙　新筆梅軒筆
拜領
小屏風一雙　押繪古法眼筆
庭
鷄三番ちやほ二番、地鳥一番、
小座敷床
二幅對松鶴 梅鶴　法眼古川筆　香爐青磁麒麟
大卓春日
違棚
上手鑑諸家筆跡　文鎮犀唐銅
中置物素焼鷹　地板れいし
一、御夜着　一、御蒲團　一、御かいまき（掻巻）

一、御枕　一、御衣桁　一、御たらい
一、御湯次　一、御水次　一、御手拭掛
一、御置火燵　一、御ふとん　一、御火鉢
一、御丸　一、御襁褓紅白羽二重 もミ紙、
空焼　二ヶ所
次
一、きやうたい　一、ほね（カ）はき　一、火はち
一、手水たらい　一、湯次　一、手拭かけ
一、料紙硯　一、たとふ紙　一、はなかみ
一、扇子　一、衣桁　一、火はち
一、檜重二組　一、二種一荷　一、提重二組
一、文沈　一、御臺子三飾濃茶・薄茶・せんしちや、
一、たはこ盆
九月廿一日
竹千代樣江、　紀伊中納言殿
使者岡野石見守
一、御弓黒塗籐　五張　一、御靭黒塗 金粉紋　五穗
一、御征矢三十五本七本宛、御靭内江入、
一、御鞢濃紺子　五指　一、御替弦　五筋
一、御楠膏革黒塗　五ツ　一、御鐵炮御金具眞鍮 御臺赤樫　十挺

一、御胴亂黒塗金御紋十　御口薬入黒塗十、御早合百 御銓拔十本、御玉拔十本、鐵、
一、御鐵炮袋猩々緋十　一、御火縄木綿拾把
一、御鑄鍋　拾枚　一、御鑄形　十膳
一、御鐵炮雨革黒塗金紋　拾　一、干鯛一箇
進上物、右同斷、
尾張中納言殿
使者川　村　兵　馬
同　水戸少將殿
使者天　野　孫　七
紀伊中將殿
使者庵田八郎左衞門
一、御鐔鐺　一本　一、御口かね鐵
一、御穂兩しのき　一、御太刀打黒塗千駄巻
一、御柄樫　一、御鐔赤銅
一、御逆輪赤銅　一、御石突鐵
一、御鞘黒塗　一、御上袋黒羅紗
一、十文字　一本　一、御穂
一、御口金鐵　一、御柄しほち惣むク(カ)青貝
一、御太刀打中胴かね赤胴、下胴かね銀、
一、御逆輪銀葵御紋　一、御石突鐵

一、御鞘黒塗　一、御上袋黒羅紗
一、干鯛一箱
一、廿七日、公方樣西丸江九時被爲入、七半過還御、
一、同日、歸御以後、御目見以上供奉之面々、御吸物・御酒被下、
一、右同斷ニ付、御老中・若御年寄中、其外詰合之面々、御吸物・御酒被下、且御目見以下末々迄、御酒被下之、
井伊掃部頭(直該)
右、今日御宮參歸御之節、御立寄被遊候ニ付、爲御機嫌伺登　城、於御座之間大納言樣御目見、御懇之上意、御熨斗蚫頂戴之相濟、御本丸江登　城、於溜之間中務太輔謁之、
三種二荷
井伊掃部頭使者
門倉源五兵衞
右者、竹千代樣江歸御以後、爲御祝儀差上之、於檜之間謁增山(正任)河內守、
一、九月廿八日、竹千代樣御宮參相濟候、御祝義、紀伊殿・水戸殿登　城、
於御本丸御座之間、御對顏畢而、居殘リ、御白書

院於御緣頰老中謁之、相濟、西丸江登　城、於御座之間御對顏畢而、於竹之間御吸物・御酒出之、中務太輔・能登守出席、會釋在之、右相濟、於御書院御緣頰謁、老中被退去、

松平肥後守（保科容貞）

右同斷ニ付登　城、於御本丸御座之間、　御目見相濟候而、西丸江登　城、於御座之間、御目見畢而、雁之間上ニ而、御吸物・御酒被下、老中謁之、西丸ニ而ハ、於大廣間牧野越中守（貞通）・丹羽和泉守（薫氏）謁之、

一、右同斷ニ付、萬石以上ゟ　公方樣・大納言樣・竹千代樣江御樽代箱肴獻上之、　公方樣江獻上目錄、於御本丸松平伊賀守（忠愛）家來受取之、　大納言樣江獻上目錄、西丸於大廣間牧野越中守家來受取之、竹千代樣江獻上目錄同斷、御徒士番所之內ニ而丹羽和泉守家來受取之、

一、右同斷ニ付、御三家方紀伊中將（宗將）殿ゟ使者ヲ以、御樽肴江差上之、於躑躅之間御本丸者謁中務太輔（本多忠良）、西丸ニ而も大納言樣江獻上、牧野越中守謁之、但御部屋樣江之上ケ物、於躑躅之間瀧川播磨守（元長）謁之、

一、右同斷ニ付、長松院殿ゟ箱肴被指上之、右於同席御本丸ハ松平伊賀守謁之、西丸同斷、

一、右同斷ニ付、（マヽ）御樽代箱肴差上之、於檜之間、謁同人、但御部屋樣江之上ケ物ハ、於中ノ口上廊下、火之番組頭受取之、

御本丸ニ而公方樣江、

綿三拾把　井伊掃部頭
金馬代
金馬代　同　金之助（井伊直禔）

右者昨日之爲御禮差上之登　城、於御座之間　御目見、

時服二拾　掃部頭
同　拾　金之助

右之通拜領、

西丸ニ而大納言樣江、

綿三十把　井伊掃部頭
金馬代
卷物五
金馬代　井伊金之助（直禔）

右同斷ニ付登　城、於御座之間　御目見、
御刀三原正廣代金貳十五枚　掃部頭
御刀中嶋來代金十五枚　金之助
右之通於　御前拜領之、畢而於雁之間上御吸
物・御酒被下之、
公方樣・大納言樣ゟ
竹千代樣江、卷物三拾、三種二荷、
御使松平左近將監(乘邑)
竹千代樣ゟ
公方樣・大納言樣江、綿三拾把、三種二荷、
同　松平能登守(乘賢)
公方樣ゟ
大納言樣江、卷物拾、二種一荷、
同　本多中務太輔(忠良)
大納言樣ゟ
公方樣江、右同斷、
同　松平能登守
右之通被進之、
伊達伊織(村候)
右者、昨日井伊掃部頭宅江相詰、竹千代樣江御
目見仕候ニ付、爲御禮登　城、

御本丸ハ於帝鑑之間謁松平伊賀守、西丸於大廣
間謁牧野越中守、
伊達左京(村信)
右同斷ニ付登　城、
御本丸ハ於柳之間謁、右同人西丸謁、同人、
銀五拾枚　傳法院
右者御宮參之節、紅葉山江相詰候ニ付、爲御祝義
被下之、於柳之間能登守申渡之、相濟候而御本丸
江登　城、
銀五拾枚　山王別當觀理院
右同　同所神主樹下民部
產穢ニ付不罷出、
右者御宮參相濟候、爲御祝義被下之旨、於右同席
同人申渡之、相濟候而　御本丸江登　城、
但、民部ハ十月朔日ニ登　城、恐悅申上之、
翌二日ニ右之通被下之、
松平兵部太輔(宗矩)　松平大學頭(賴貞)
松平左兵衞督(直常)　松平大和守(明矩)
松平播磨守(賴幸)　小笠原右近將監(忠基)
酒井左衞門尉

右之面〻、西丸江登　城之節居殘、昨日豫參相濟候ニ付、於帝鑑之間、御吸物・御酒被下之、能登（松平乘賢）守出席會釋、

御部屋樣江、

卷物五　　井伊掃部頭

二種一荷　　使者溝口彥元右衞門

右者爲御祝儀進上之、於中ノ口廊下火之番組頭受取之、御廣敷江相廻、

大目付廻狀到來

一、十月廿六日、大御目付御廻狀、

朔望之外、廿八日御禮在之分、

正月・二月・四月・七月・十二月

廿八日御禮無之分

三月・五月・六月・八月・九月・十月・十一月

右之內、廿八日御禮被爲請候者、前以可相觸由、只今迄月次御禮無之時ハ、四品以上江老中ゟ切紙ヲ以相達候得共、向後大目付ゟ可申通旨也、

勝手不如意ニ就キ能役者殘ラズ番入

一、閏十一月八日、御勝手御不如意ニ付、如左被仰付、

御慰事迄、向後不被遊候ニ付、御能役者不殘御番入、四組江割入被仰付、稽古扶持被下候子共、何茂被召上、其內久田與五左衞門・榾浦菊右衞門兩人計、家ヲ被思召、如前役者ニ被立置、其外七拾歲以上之老人役者、半切米先年被仰付候、七十歲以上之老人共、段〻御番御免之面〻、半切米御借リ上被遊、昌胤君御代被召抱候、御操役者共御暇被下、御能役者之內、富澤九右衞門・田中彌右衞門兩人御扶持、切米被召上、御暇被下、是御譜代ニ無之者共也、御鷹師何茂御番入被仰付、

一、十三日、大御目付ゟ向寄通達、

竹千代樣江年頭御太刀馬代、　兩君江獻上之通、萬石以上計四月廿八日菖蒲御甲、十二月廿八日御破魔弓、

右者加賀・陸奧・大隅・松平越前守・越前家・御三家ノ庶流溜詰、所司代・御城代・御譜代衆・詰衆・御奏者番、

一、同月、歡喜寺住職貞精、左之通書付呈之、

明午ノ年ゟ四年目、辛酉ノ年ハ、六十年ニ一度極而凶年与、古來ゟ申傳候、六十年与申時ハ、辛酉ノ年ニ相當申候、右之子細ハ、古記ニ有之候ハ、辛酉ノ年ハ、六十年ノ內、三方五行ノ厄年ナリ、其譯ハ、此年辛金性ナリ、酉金性ナリ、納音ハ木

*歳重ノ御祝儀
*岡田春胤嫡子往胤御目見
*尊胤評定ノ次第ヲ聽カル
*大赦
領分ノ産物ノ書付丹羽正伯へ達ス
尊胤四十二歳ノ厄歳
*尊胤中村發駕

性ナルカ故ニ、金尅木ニシテ、草木枯レ五穀ミノラス、國土飢饉・人民衰滅スルナリト云(〻脱)、庚申ノ年も庚金性ナリ、申金性ナリ、納音木性ニテ、是又金尅木故ニ、凶年ナル所ニ、右ニ云コトク、辛酉ノ年、金尅木ニシテ凶、兩年相重ル故ニ、次ノ酉ノ年ハ、其厄殊ニ重キナリ、依之此年五穀成就ノタメ、修法ヲ金門鳥般ノ法ト名附申候、右之通、古記分明ニ相見申候、近キ例ヲ考申候時ハ、五十七年前ノ辛酉年ハ、凶年右飢饉ノヨシ承傳候間、平カニ深ク愼ミ、隨分不斷儉約致シ、辛酉ノ大難ヲ相除キ候心得、專要ニ候、

一、十二月廿三日、御領分産物之書付相濟、
先達而被仰付、御領分ゟ之産物、一〻書付、丹羽正伯江相達之、繪形共ニ別書ニ有リ、

元文三年戊午(一七三八)

一、正月朔日、竹千代樣(徳川家治)江、當年ゟ始而御太刀御獻上、
一、八日、太守(尊胤)當年四十二御厄歳、
於　妙見堂、御家中ゟ二夜三日御祈禱卷數獻之、
一、十六日、大赦被仰出、

一、二月朔日、御厄年ニ付、御歳重御祝儀、
御門江御飾松ヲ立、於御座之間御祝儀之御囃子有之、御先代ヨリ御歳重之御祝儀有之、俗說ニ八幡太郎義家(源)安倍貞任征伐之時御厄年、凶年ニヨツテ、於奥州白川(河)ノ關、年始ニ歳カサネト名附御祝、被進發、貞任(安倍)ヲ討テ平均、此吉例ヲ以、奥州ニテ年重有之与云〻、
一、三月三日、岡田監物(春胤)嫡子專五郎(往胤)、始而　御目見捧御太刀馬代、
御盞頂戴、御一字給　往胤、
一、十六日、太守評定所江御下リ、評定ノ次第ヲ被爲聽、
一、廿一日、大赦、段〻次第ヲ以御免、
佐〻木庄左衛門　岸平兵衛
關　與惣右衛門　藤田善次郎
佐藤九郎兵衛　佐〻木軍藏
西内久米右衛門　西内德左衛門
江井儀右衛門　石川平八
右之者共、御目見被仰付、
一、廿六日、中村御發駕、西道御旅行、
一、四月三日、江戸御着府、
一、十五日、御參勤之御禮、獻上例之通、

野馬追

尊胤神田門番仰ヲ蒙ル

*佐々木庄左衛門大內與一左衛門郡代役仰付ラル

*妙見堂ニテ晴天ノ祈禱

*領分中鄕見

*尊胤德川竹千代ニ御目見

一、十六日、伊勢國白子村悟眞寺、幾世橋興仁寺住職御賴參向、御目見、
湛譽上人ハ、興仁寺開山要譽信知上人ノ弟子也、素生中村、今度興仁寺住職御賴、勢州ヨリ江府江參着、
一、十九日、神田御門番被蒙仰之、御老中連名之御奉書到來、京極佐渡守（高矩）殿御代リ、御相番、伊東修理亮殿
一、廿二日、御在所鹿島町、古來ゟ之御殿及大破たゝミ被置、
一、廿五日、從公儀被仰出趣左之通、
實子無之者、奉願養子仕候以後、右之養子病身ニ相成、御奉公可仕躰ニ無之ニ付、雙方相願、實方江差戾シ、いまた年數茂經不申內、又候養子ニ遣度段、相願候儀有之間鋪事ニ候得共、差戾候以後、病氣段々快、最前之養父茂前方ハ病氣難見屆、御奉公茂可相勤躰ニ無之故差戾候得共、年月茂過、病氣快相見、御奉公茂可相務樣子ニ候ハヽ、猶又醫者抔江茂相尋候上、今程者氣分快、御奉公も可仕躰ニ相見候段、實方幷最前之養父ゟ茂、頭支配江可相屆置候、其上ニ而、實方ゟ右之者相續等相願候儀、又ハ他江養子ニ遣候共、年數十年以上ニ茂及相願候者、其節之樣子次第、願之通可被仰付事、
一、五月廿一日、御野馬追、
一、廿九日、德胤君御不快御快然、御出勤、
一、六月朔日、德胤君御登　城、御病後之御禮相濟、
一、七月十八日、石川助左衛門（昌清）御用ニ而、中村江被差下、
一、廿八日、佐々木庄左衛門・大內與一左衛門、郡代役被仰付、
庄左衛門儀、十六年以前無調法有之、改易、與一左衛門儀、四年以前改易、山中ニ被押籠　思召ヲ以、右兩人ニ扶持米貳拾五人分宛被下之、與一左衛門ハ歸役、
一、八月六日、於　妙見堂、晴天之御祈禱、二夜三日修法、
此年、七月中旬ゟ每日雨天、作毛不熟、八月八日御祈禱結願ヨリ晴天、
一、廿五日、御領分中鄕見石川助左衛門・脇本喜兵衛（義明）御家老兩人出ル、
例年郡代頭出檢、當年ハ譯有之、兩御家老出、九月十一日ニ相濟、同十五日、助左衛門江戶江出足、
一、九月九日、竹千代樣江、初而御目見、
一、十一日、御目見御禮、御本丸ニ而相濟、

岩城領ニテ百姓騒動

一、十八日、奥州岩城內藤備後守(政樹)殿領內百姓騒動有之、岩城ノ百性數萬人數、年〻課役上納歩金迷惑ヲ訴訟、城下平江百性[姓]共相詰、郡奉行・本方役二三人ノ屋敷江押込、門塀居宅ヲ打破リ、平ノ町・所〻ノ町切木戸ヲ破リ、町內ニ會所有之、此所江取入、野帳等取出シ燒失、悉ク蹉跎候段、熊川堺ヨリ注進ニ付、爲御用心熊川江物頭佐藤惣內足輕廿人召連、・在鄉中頭羽根田瀨兵衞、標葉代官太田杢右衞門小良ケ濱江、物頭富田儀左衞門(貞清)大川原江、都鄉伊右衞門足輕廿人ツヽ召連、三口江相詰、南標葉ニ番所ヲ立、同所之鄉士勤番、同月廿七日、岩城役人ゟ江戸江相達、備後守殿江訟可及、挨拶旨被申付、騒動相鎭リ、依之此方堺目江相詰候面〻引取、重而右徒黨ノ百性仕置ニ被申付相濟、

尾張宗春蟄居仰付ラル

一、十一月十七日、公儀ゟ御書付被相出、寫御先手大嶋織部殿ゟ被相達之、近來ハ被下御暇候面〻病氣之由ニ而、滯府之輩多キ樣ニ候、病氣ハ無據事ニ候得共、在所江被相越候茂、御奉公之事ニ候得者、旅行相成候程之事ニ候者、可被相越義ニ候、滯府被相願、參勤之比ニハ、快氣之由ニ而、出勤之輩茂在之候得者、不都合成樣ニ御沙汰茂候者、如何ニ存候、急度申通候品ニハ無之候得共、此段寄〻手寄之衆江可被咄置候、

一、十八日、內膳樣御袴着、御因親泉左衞門(胤秀)被仰付務之、

大嘗會再興

一、同月、禁裏被行大嘗會、

門馬奚疑家老職免ゼラル

一、同月、門馬奚疑、仍病氣御家老職御免、

一、十二月四日、御鷹之雁御拜領、上使加藤左兵衞殿、

一、十七日、泉田甲庵、新知百石被成下、

石川昌清加增百石

一、廿五日、石川助左衞門(昌清)、數年御家老相務候ニ付、思召ヲ以御加增百石被成下、都合五百石、

一、廿八日、助左衞門御加增之御禮、捧御太刀馬代、

一、同日、泉田甲庵新知拜領御禮、獻箱肴、

元文四年己未(一七三九)

一、正月十二日、於江府、尾張中納言宗春(德川)卿御不行跡ニ付、蟄居被仰付、

松平義淳尾張家相續

御連枝松平但馬守(義淳、ノチ宗勝)殿、尾州御相續被蒙仰之、

一、晦日、立野久左衞門・村田半左衞門(廣隆)增御役料五拾石宛給之、

右兩人、德胤君御用人勤功ヲ以、百石ノ御役料、

都合三百石被仰付之、

平將門八百年忌神田明神社ニテ開帳

一、二月十四日、平親王將門八百年忌、天慶三年庚子御逝去、於江戸神田明神ノ社內、下總國正一位國王大明神与奉號、二月朔日ゟ三月晦日迄開帳、最前社司、此旨ヲ雖演達、御家ヨリ御通達無之、

鬼腦催生丹

一、十九日、御同席御廻狀到來、

　鬼腦催生丹

　一切難產ニ驗在之藥ニ付、栗本端〔瑞〕見ニ調合被仰付候、拜領仕度御直參之面々江可被下置之旨、懷妊ニ而在之面々計相用度、願之衆ハ瑞見（栗本）方江御聞合可有之候、左候者用方等之儀も可申聞候、右御藥、妻娘姉妹娵姪從弟迄ハ、何方江緣付候共、御藥拜領被成度、御望之方ハ瑞見江可被仰達候、尤妾ノ懷妊、又ハ倍〔陪〕臣等拜領之願ハ、不相叶候由也、

五十石以下ノ家中等ヘ御救金下サル

一、廿五日、御家中知行五拾石以下之侍并御切米之面々御救金被下、文金通用ニ而、面々不勝手ヲ被　思召次第ヲ以、御めくミ被下、

妙見下遷宮

一、三月十二日、　妙見下遷宮、妙見御本宮ヨリ末社迄、御屋ね替御修覆有之、屋ね方之者四拾人程、江戸ゟ差下、五・六月中出來、正遷宮御濱下リノ御神幸相調候樣ニ被仰付、

　惣引受大奉行　堀內十兵衞（胤總）

　中奉行　原三郎右衞門（庸長）

　小奉行　佐藤與左衞門

　佐々木九右衞門

　熊上甚右衞門

　佐藤孫左衞門

　西　半六

*池田直治家老職仰付ラル

一、廿七日、池田八右衞門實名直治江戸江被爲　召、御家老職被仰付、

*福胤青根釜崎ヘ湯治

一、四月十日、主膳福胤君、仙臺領青根釜崎ノ溫泉江御湯治、

一、十八日、太守御在所江御暇、御拜領品例之通、

*昌胤息女おはつ歿

一、廿三日、石姫御方御遠行、御幼名おはつノ御方、御長病ニ而、此日申ノ刻過、江府於櫻田御屋鋪御落命、御齡數廿八、

周防國徳山城主毛利但馬守廣豊江御縁組、長門萩國主松平大膳大夫殿ノ末葉知領三萬石、(毛利宗廣)御婚姻前ノ御遠去、御初縁越知氏、松平肥前守武雅江御縁組、武雅御不幸ニ付無御婚儀、

一、廿五日、戌ノ刻御葬送、糀町栖岸院江被爲入、

御法號玄曠院殿崇譽瑩玉葆眞大姉

相馬隆胤百五十年忌執行

一、五月十四日、洞岩雲公大居士ノ百五拾年忌、於小高村洞雲寺御執行、

相馬兵部太輔隆胤、天正十八年御討死、外天大居士ノ御舍弟、爲御菩提天陽山洞雲寺開建、御遠忌故一山執行、

一、十八日、妙見宮御屋ね替出來、

一、同日、妙見御社地ノ稲荷宮屋ね替出來、

妙見正遷宮御濱下リ

一、廿二日、妙見正遷宮、巳ノ上刻御濱下リ、

御名代　堀内十兵衛胤總

原釜江神幸、

*妙見堂ニテ法樂

御鐵炮十挺

御弓　五張

御長柄十本

御旗奉行　西内十郎右衛門(安貞)

眞言十五箇寺三ケ寺駕、十二ケ寺馬、

田代右京進駕　社家五騎

泉　左　衛　門(胤秀)　相　馬　外　記(胤壽)

親掃部病氣名代 泉田又五郎(胤守)　御家老 脇本喜兵衛(義明)

若年寄 立野久左衛門　御用人 新谷五郎兵衛(信安)

組頭 金谷市左衛門　組頭 西市郎兵衛(高治)

組頭 門馬作右衛門　組頭 佐藤長兵衛(儀信)

組頭 堀内覺左衛門　郡代 大内與一左衛門

中目付 田村助右衛門　御使番 村田太郎左衛門

組頭寺社奉行 門馬八郎兵衛

組頭寺社奉行 木村彌惣左衛門

御道筋、享保二年酉十二月三日御遷宮、御濱下リ之通、大町ヨリ西光寺裏門前、北勘兵衛屋敷脇ヨリ北飯渕江、於原釜笠岩ノ脇ノ山江御假屋建、始眞言宗修法、後社家法樂、還幸申ノ刻過、神幸ノ次第別記アリ、

一、廿三日、妙見堂ニ而御法樂、

御庭江諸士出席、小屋掛ル服指合用捨、懐妊ハ臨月計鹿給候者ハ、五十日ノ内両日トモニ禁之、

御堂ニ而眞言宗法樂、巳ノ刻ヨリ午ノ刻迄、

御湯祭　三釜

舞臺之内雑花トテ、色ゝノ繪ヲ切ヌキ掛之、

十八神道田代右京進務ム

*國王宮屋根修覆

野馬追

伊達領金華山近クニ唐船

異國船到來ニ就キ大目付廻狀到來

*尊胤不快ニ就キ滯府願

*中村妙見社地ニ繪馬殿建立

　　十八神道　田代右京進務之、

右十八神道相濟、火劔　社人三人

十二番神樂

　　大散供

勸請舞《クハンジヨウノマヒ》　神子舞《ミコマヒ》　神招《ヘイマネキ》　開行器《カイホカイ》

諏訪舞《スハノマヒ》　大野邊《オフノベ》　劔舞《ツルキノマヒ》　四季《キ》ノ舞《マヒ》

五龍王《リワウ》　延舞《エンブ》　岩戸《イハト》　大樂《タイラク》

一、廿四日、神戸開、惣社參、

一、廿七日、御野馬追、

一、同月下旬、松平陸奥守（伊達吉村）殿領分海上ニ異國船相見、被

　達　上聞、

　金花山近ク江唐船三艘相見候、依而牡鹿郡長渡《ヲシカノコホリヒタワタシ》

　濱《ハマ》ノ獵船見付ケ、注進ニヨリ諸濱江固ヲ被出、

一、六月九日、大御目付御廻狀到來、

　當五月下旬ゟ、奥州邊房州筋海上ニ異國船相見申

　候由、陸江揚リ候ハヽ、押置注進可在之旨、可申

　渡置候、捕候刻逃去候分ハ其分ニ致、一兩人留置

　候得而も、不苦候間可存其趣候、

　右之趣、濱方有之御代官共幷御預所江茂申渡候間、

　領分ニ海邊在之面々茂可被存此趣候、

一、廿一日、國王宮屋根替御修覆成就、

一、九月三日、福胤君土湯高湯江御湯治、

　四月中、御湯治御相湯ニ付、又被相越廿四日御歸、

一、十一月朔日、竹千代（ノチノ德川家治）樣御髮置御祝儀被獻、

　干鯛一箱、御樽一荷宛、　　兩御丸御三君樣江、

　　　　　　　　　　　　御部屋江、

　干鯛一はこ、御樽代五百疋

　　　　是ハ坂下御門ニ而、

　　酒井出雲守（忠穩）殿御受取、

　御乳人御さし江茂御祝義被下、

一、廿一日、太守御不快ニ付、來春迄御滯府之御願書被

　差出度段、本多中務太輔（忠良）殿江御內意相濟、

一、廿五日、御不快ニ付、冬中御發駕難御成段、來春迄

　御滯府御願、大嶋織部（義浮）殿ヲ以、本多中務太輔殿江被

　相達之、

一、廿六日、御滯府御願之通相濟、

　爲御名代德胤君、本多中務太輔殿・松平能登守（乘賢）殿

　江御禮御務、

一、廿七日、中村　妙見社地江、繪馬殿建立、

中院通躬歿

惣侍寄進、今日造立成就、

一、十二月三日、於京都中院右大臣通躬公薨逝、
昌胤君江御従弟、堂上方故御續、左ニ記、

板倉内膳正（重矩）
├女　中院内府通茂簾中
│　├中院右大臣（通躬）
│　├久世宰相（通夏）
│　└野宮中將（定基）
├石見守（重種）──甲斐守（重寛）
└女　貞胤君室　涼徳院──昌胤君

佐竹家ヨリ御續、

佐竹常陸介義重
├右京大夫義宣──修理大夫義隆
├右京大夫義處──敍胤君
├芦名修理大夫義廣　會津城主盛高養子──女　相馬大膳大夫利胤君御先妻、義廣養女、實盛高女、
└女　高倉大納言（永慶）簾中──女　中院大納言簾中──中院通茂──中院通躬

├久世（通夏）
├野宮（定基）
└別腹　常住金剛院（圓恕）

萬榮日録　七

尊胤朝臣御年譜　七

中村ニテ五穀成就ノ祈禱

相馬敍胤室二十一回忌法事執行

*野馬追

（一七四〇）
元文五年庚申

一、正月元日、御三君（徳川吉宗・同家重・同家治）江御太刀馬代太守（尊胤）御滞府故、以御使者相濟、

一、二月十九日、於中村、五穀成就之御祈禱、一七日、庚申・辛酉兩年飢饉、古往ヨリ相定候年之由ニ而、重キ御祈禱、

一、廿三日、保壽院殿（相馬敍胤室）廿一回御忌御法事御執行、中村蒼龍寺・江戸寶泉寺、
御正當三月廿三日、御神事故御前弔、

一、三月廿七日、御用番御老中松平左近將監（乘邑）殿江御屆書被指出、
去年御暇以後、御不快御養生之處、今以御勝不被成候ニ付、此節御出勤難被爲叶、依之以御書付御屆、則御承知之趣御挨拶、

一、四月六日、太守御參勤之御禮獻上物之儀、松平伊豆（信祝）守殿江御伺書被指出之、

一、同日、德胤君御在所御暇御願之儀、本多中務太輔（忠良）殿江御内意、

一、七日、御參勤之御禮相濟候、當日獻上物、以使者可被差出之旨、松平伊豆守殿ゟ御伺書相濟、

一、十五日、御參勤之御禮相濟候、御並ニ付例之通獻上、御留主居御使者、

一、十六日、德胤君御暇御願、
太守御不快ニ付、大嶋織部（義浮）殿ヲ以、御用番松平伊豆守殿江被達、

一、十九日、火消被蒙仰之、

一、廿六日、佐〻木五郎兵衞被爲　召、新知百石被成下、郡代役ニ而江府詰合、外御役料五拾石被下、

一、廿八日、德胤君中村江御暇、御拜領之品例之通、

一、同日、佐〻木五郎兵衞新知拜領之御禮、捧箱肴、

一、五月九日、御野馬追
御名代　堀内十兵衞（胤總）

一、十日、小高御庭野馬數七十四疋、

御掛野馬壹度ニ貳疋懸ル、御先代ゟ之珍事、御吉左右爲御祝儀、小人ニ七拾萬貫文給之、

家中へ御救金下サル

一、十二日、御家中御救金被下之、數年之御借地ニ而、困窮仕候与被爲聽錄之次第を以、御救金被下之、知行廿八石以下幷御扶持切米之面〻ニハ、先達而御めくミ有之、

村田廣隆中老役仰付ラル

一、十五日、村田半左衞門(廣隆)中老役被仰付、德胤君御用人相勤候所、從御在所被爲　徵中老被仰付、御家老之末席ニ列リ、御用ハ御家老同然ニ承リ、但不及加判列、御書茂不被下也、增御役料五拾石、本知貳百石、都合三〔二〕百五拾石、中老御役ハ御先代泉古縫殿助(乘信)以來中絶、今度被仰付、

德胤江戸發駕

一、十六日、德胤君、江戸御發駕、西道御旅行、

一、廿二日、中村御着城、

一、廿八日、御在着御禮、御使者ニ而相濟、

*妙見堂ニテ雨請祈禱

一、六月五日、當夏就旱魃雨請、百石以上之侍鵜尾崎江出、眞言三ケ寺ヲ初、修撿〔驗〕者社家、於同所修法、

一、六日ゟ二夜三日、於　妙見堂眞言修法、八日朝雨降、又晴天、

一、七日、於江戸、大御目付御廻狀

月〻獻上物在之方、其月獻上之品調兼候得者、只今迄ハ其月〻ニ御屆在之、翌月迄ハ御屆ニ不及、若三ケ月ニ及候而茂調兼候ハヽ、御屆可在之旨被相達之、

御家ゟ秋之獻上ニハ、ヒヽキ不申事与吟味相濟、

一、十四日、御家士貳拾八石以上、鵜尾崎ニ而雨請、近年ニ無之、旱魃故也、

眞言十五ケ寺修法、夜中子ノ刻ゟ大雨、

一、十七日、於　妙見堂、雨請御祈禱、雷雨、

一、七月十一日、冷光院殿三十三回御忌御法事、於徧照山西光寺、淨土三ケ寺宇多一宗執行、

一、同月、泉小三郎(胤寧)、依願内藏助与名改被仰付、

一、閏七月十一日、太守御出勤、本多中務太輔殿江御客對、御病後御禮御願書被指出、

*岡田壽胤家老職組支配免ゼラル

一、十六日、岡田監物(春胤)、依長病如願御家老職、組支配共ニ御免、

*泉田胤重支配免ゼラル

一、同日、泉田掃部(胤重)病氣、仍願組支配御免、

一、十七日、太守御病後御禮、干鯛一箱宛、　兩大君江被獻之、

老中本多忠良ヨリ盛胤家督ニ就キ尋ラル事アリ

一、八月十一日、本多中務太輔殿（忠良）ゟ被相渡候御書付到來、
松平筑前守殿・酒井左衞門尉殿（忠寄）・酒井備後守殿（忠存）留
主居江召呼、御書付被相渡之由ニ而九ケ所江御尋、
相馬彈正大弼
平盛胤
右家督年號月日之事

一、十三日、右三留主居ゟ中務太輔殿ゟ、追而之御書付
之由ニ而相廻之、
家督年號月日齡數共ニ、
敍四品年號月日齡數共ニ、

一、十五日、本多中務太輔殿江御屆書之趣、
委細相知不申候間、在所承居、追而可申上旨被達
之、

一、廿八日、（本多忠良）中務太輔殿江左之通、御書付被指出、
家督年號、
天文十八己酉年二月二日
于時廿一歲
敍四品年號、
天文廿二癸巳年四月日付不相知、
于時廿五歲

此儀ニ付、御尋御答之次第、別書ニ記、

*大目付廻狀到來

一、九月八日、大御目付御廻狀到來、
一、諸國村〻大小之百姓共、年貢幷諸役懸リ物、或村
入用等に至迄、毎年名主・組頭、念入帳面にしる
し、惣百姓立合勘定無相違ニおゐてハ、銘〻印形
取置可申、尤組頭も右帳面ニ奧判可仕事、
一、右者、定りたる事たりといへとも、端〻ニハ、年
來ノ仕くせヲ以、毎年勘定帳面、惣百姓印形をも
不取置、出入ニ及候儀、間〻在之候條、自今以後、
此旨急度可相守事、
右之趣、知行村〻江可相觸候、若此以後出入ニ及
候節、遂吟味件之觸書不致承知、村方在之候者、
地頭可爲越度候、以上、

*徳川綱吉三十三回忌執行

一、十月十日、常憲院殿（前將軍綱吉公）（徳川）三十三回御忌、於東叡山
御執行、
來年酉正月、御正當御取越、

*西高治家老職仰付ラル

一、十七日、西市郞兵衞（實名高治）江府江被爲　徵御家老職被
仰付、（此節迄組頭役）
一、十八日、西市郞兵衞、依願市左衞門与名改、
一、十一月十六日、御鷹之雁御拜領、上使大久保鄉七兵

*尊胤登城
*家中へ拝借御救金下サル
竹千代家治ト名乗ル
*天英院歿
下總ノ國王大明神ノ縁起到來
*寛保ト改元
*辛酉ノ年ハ古來ヨリ改元
*大目付廻狀到來

衞殿、
一、廿二日、菱光院殿二十七回御忌、中村長松寺ニ而御執行、
御正當十二月廿二日也、
一、十二月三日、御鷹之雁御披〔露脱カ〕、
一、十五日、將軍、竹千代樣江御一字被進　家治公、
一、十六日、西ノ丸江惣出仕相濟、以後御本丸江御登城、
一、同月、總州國王大明神之縁起、他家より到來、
去歳未二月、於江戸神田明神ノ社地、下總國猿嶋郡岩井庄國王大明神開帳之儀、社人飯塚石見奉公訟相濟候段、此方御式臺江參上御屆申上、縁起持參、奏者口上取請、縁起等不及一覧相戻、開帳中御代參も不被遣、一向御かまひ無之、相馬小次郎殿ゟ家之幕等江相出、神前錺候由相聞へ候、右之縁起か御家之縁起ニ、悉ク相違不審、國王大明神ハ平親王將門ノ靈社、此年正當八百年忌、依之開帳奉願、

（一七四一）
元文六年辛酉
此年三月、年號改元、寛保元年ト成、

一、正月十五日、御出仕、太守〔尊胤〕御登　城、直クニ鶴御料理御頂戴、被蒙　仰御拝味以後御退出、
一、二月朔日、太守御意ニ而御家中困窮ニ付、拝借幷御救被下之旨被仰出、
年々御借知有之御家中、內證不手廻与御聞被遊、百石金三兩拝借、百石以下小進ニ次第を以、御切米ノ面々御救被下之、
一、廿八日、一位樣御逝去、天英院樣也、御齢數七十四、
文照〔昭〕院殿〔徳川〕家宣將軍御臺、近衞關白左大臣基熈卿姫君、
一、三月朔日、德胤君御參府、
一、三日、年號改元、諸大名江於殿中被相達、
寛保元年与改、辛酉ノ年ハ、古往より年號改元、醍醐天皇延喜元年辛酉より始るか、當年江八百四十一年之內、大方改元、此年ハ佛家ニ而ハ、釋迦ノ世より凶年与申傳、
一、六日、大御目付御廻狀到來、
屋鋪相對替相願候節、當時拝領仕有之候屋敷、何年以前致拝領候と申儀、向後相對替願書江書加可被指出候、
一、八日、天英院樣御出棺、申ノ上刻、增上寺江被爲入、
天英院樣碑銘天英院從一位藤原朝臣熈子之墓

岡田春胤家老組支配仰付ラル

一、十一日、岡田監物春胤、江戸ヱ被爲召出府、

一、十二日、岡田監物御家老被仰付、組支配共如元被仰付、

一、四月朔日、德胤公御參府之御禮被仰上、獻上例之通、

一、十五日、尊胤公御在所江御暇御拜領、廿八日江戸御發駕、

一、五月五日、御着　城、

池田直治ニ郡代組支配西高治ニ侍大將仰付ラル

一、七日、郡代組支配池田八右衞門（直治）・侍大將西市左衞門（高治）泉田掃部元組被仰付之、

一、十二日、主膳福胤君江御騎馬羽織二被進、御具足・袴共ニ、堀内覺左衞門御使者ニ而、生肴一折添之被進、

一、十五日、月次之節、向後廿八日之御出仕、江戸之通ニ可被遊被仰出、三・五・六・九・十・十一月御出仕無之、

野馬追

一、廿日、御野馬追、御出馬、

一、廿一日、御野馬追、首尾能相濟、此節、於原御召替、御馬谷川鞍皆具共ニ、岡田監物ニ被下、

一、廿二日、小高御庭江御野馬數百十三疋、外ニ上ケ野馬貳疋、小高於御庭廿一日之夜、御野馬子ヲ產、先年ゟケ樣之義無之由ニ而、於御小屋御一家御家老御前江罷出、御祝儀申上、

一、廿五日、御野馬出生之御祝儀、御酒被成下、登　城、御一家御家老・御用人・組頭・郡代・御先手・物頭・中目付・御使番・御次之面〻、御一家幷嫡子御家老・御用人御肴一種宛指上之、御囃子被仰付、

*大目付ヨリ通達

一、六月三日、大御目付ゟ最寄御通達、土用寒入御機嫌伺之義、當日午ノ刻以前入候ハヽ其當日、御機嫌可被相伺候、午ノ刻以後ニ候ハヽ翌日、

右之御觸、追而翌日ニ限申儀ニ無之候、翌日ゟ御對客在之節、御見合御伺被成候樣ニとの御事、

一、十日、御野馬追之節、小高ニ而蘆毛ノ御野馬出生、其上五月廿一日之晩、歡喜寺門前江龜甲之龜一出現、旁ニ而歡喜寺御吉左右申上候、歡喜寺ゟ御家老中迄申出候、右之御祝儀、近日御下リ被遊度と被仰出候、左候ハヽ御囃子被遊候樣ニと申上候、

一、廿三日、歡喜寺江御下リ被遊御囃子有之、二十八世貞精法印、

*一橋宗尹縁組仰出サル

一、同日、於江戸德川刑部卿殿（一橋宗尹）縁組被仰出、月番御老中松平能登守殿（乘賢）江、萬石以上使者被指出、

*蟲害ニ就キ祈禱

*江戸家老石川昌清中症ニ就キ養生成下サル

*徳川家重右大将ニ轉任

*徳川竹千代元服大納言任

一、七月十日、被仰出候趣、朽木山城守(尚綱)殿ゟ眞田豊後守(信安)殿留守居江御口上ニ而被仰聞、段〻通達可仕と被仰付、
入組候服忌之儀、兼而聞合置可申所、今以指掛、急ニ聞合有之候、入組候分ハ、彌兼而聞合可申事ニ候、たとひ御兄弟三人御座候内、御嫡と御二男ハ、御奉公被成候所、若其内御死去之跡江御三男御養子ニ御成候へは、御殘之御兄・御伯父ニ御成候を、御伯父ニ御立候ものか、亦者御兄ニ致候かと、ケ様ニ急ニ難極義ハ聞合茂可有之候得共、入組候續有之儀を、兼而聞合茂無之候得者、此方ニ而茂挨拶、急ニ難成候、左候へは、如何敷候間、急聞合無之様ニ可被致由也、

一、十七日、池田八右衞門本知之通被仰付、依之御家老・仲ケ間、御禮申上候、中嶋太左衞門茂本知之通被仰付、
八右衞門義、本知五百石之所、先年不調法有之、百石被召上候、追而御家老被仰付相勤候故、如前五百石被仰付、太左衞門義、本知貳百石之所、中目付役之節無念有之、五十石被召上候所、主膳君の御用人相勤候付、本知之通被仰付、

一、廿日ゟ廿二日迄、當秋稲ニ虫付候、仍之御祈禱、天和元年酉之秋茂稲ニ虫付、御祈禱被仰付候例也、

一、廿八日、八右衞門義、箱肴を以本知被成下候、御禮中嶋太左衞門目録五十疋を以、御禮申上候、
此節被仰出候は、當日之御禮は不申上、兼而之通、御用人迄御祝儀申上相濟、先知成被下候、御禮迄ニ申上候様可仕候、太左衞門茂同前、以來共ニ左様ニ相心得候様ニ被仰付、家督御禮、御知行御加増、御役御禮、當日之御祝詞不申上、右御祝義、御用人迄相濟、以後ケ様之御禮可申上候、縁組養子御禮、只今迄之通、當日御祝義をも申上、惣御出仕相濟、右之御禮申上候様ニ被仰付候、

一、同月、江戸常府御家老石川助左衞門(昌清)、二月中ゟ中症相煩候付、養生之御暇如願被成下、家内同道罷下候、
享保八年卯ゟ御家老、同十三年より常府、
助左衞門下リ候付、村田半左衞門(廣隆)江戸ニ十月迄相詰候様ニ被仰付中老役也、

一、八月七日、公方様(徳川吉宗)御轉任、大納言様御規式、
大納言様(徳川家重)、従今日右大將様与可奉稱之旨被仰出、

一、十二日、竹千代様(ノチノ徳川家治)御元服、従今日大納言様与可奉稱

被仰付、

吉宗轉任家治元服ニ就キ德胤登城

一、廿一日、御轉任・御兼任、御元服相濟候付、御禮被爲受、
萬石以上之面々、父子共ニ諸番頭・諸物頭・諸役人・寄合・法印・法眼・醫師等登　城、
諸大夫以上束帶、其外布衣、青襖法印・法眼、其装束着之、五ツ半時揃、

*尊胤御機嫌伺ニ就キ仰出サル趣

尊胤公御在國、德胤公長袴御着用、御登城、御太刀折紙を以、兩御丸共ニ御禮被仰上之、

一、廿五日、右之御祝儀、御能御興行、德胤公御見物被仰付、

涼ケ岡八幡宮ノ繪馬殿建直シ出來

一、同月、涼ケ岡八幡ノ繪馬殿御建直出來、以前間口八間、此度六間ニ出來、

一、九月四日、於江戸御轉任・御兼任御祝儀、從御在所御老中松平伊豆守(信祝)殿・松平右京太夫(輝貞)殿・松平能登守(乘賢)殿江御狀被差出、作使者中目付役太田清左衛門、

*脇本義明家老職免ゼラル

一、五日、松平能登守殿江太田清左衛門御留守居同道ニ而罷出、御太刀獻上之儀伺之、六日被獻候樣ニ御差圖、

一、六日、太田清左衛門熨斗目長上下着用、御當番御奏者松平紀伊守殿、西丸御當番永井伊賀守(直陳)殿江差出、

同夕、松平伊豆守殿ゟ御留守居江御直御切紙到來、
七日御使者召連登　城、於檜之間伊豆守(松平信祝)殿御直ニ御奉書被相渡、同所ニ而清左衛門ニ紗綾二卷頂戴被仰付、松平紀伊守殿御渡被成候、右自分御禮御城退出之節、御用番伊豆守(松平信祝)殿江、御留守居同道罷出、

一、十一月、太守、尊胤公被仰出趣、
御一家嫡子、月次御禮日ニ御逢被遊候迄ニ而御遠敷候、一ケ月兩三度茂伺御機嫌、罷出候樣ニ、幼年之者ハ罷出ニ不及、堀内大藏・泉内藏助(胤寧)罷出候樣ニ被仰付、以來共ニ前髮取候而、以後罷出候樣被仰付、岡田專五郎(往胤)・泉田亦太良、月次御禮日御目見迄ニ罷出候得共、右兩人茂同前ニ伺御機嫌罷出度由申上候、尤ニ候得共、幼年之事ニ候得者罷出ニ不及候由被仰出、

一、十二月、脇本喜兵衛(義明)、仍病氣御家老職免許、

(一七四二)
寛保二年壬戌

一、正月元日、如御嘉例御作法相濟、

一、十六日、御沙汰初、是亦恒例之通、

御沙汰初ハ、慶長年中ノ末より、於會所評定寄合之役人出席始ル、其内より今日ノ御沙汰初、水谷殿之道服堰《せき》ノ事と發言有之、是を御吉例の初ニ而、御祝儀初リ、御饗應終日之酒宴、此發言、近代相止、今ハ此段知る人稀也、道服堰之儀由緣有之事也、當時ハ、寛文二年壬寅四月朔日、長門守忠胤公會所寄合之面々江被仰渡候御書付、御自筆故御掛物として掛之、

一、同日、御用人新谷五郎左衞門(信安)、依勤功知行五十石御加增被成下、御幼年ゟ愚父不推御守役相勤候譯茂有之者故、御加增被下之旨被仰付、都合貳百石、

家老石川昌清病歿

一、廿六日、御家老石川助左衞門昌清病死、行年四十九、御家老職二十年、其内江戸常府十四年、

一、廿八日、新谷五郎左衞門御加增之御禮申上、呈目錄、御樽代五十疋、

家中登城借知返納ヲ仰渡サル

一、廿九日、御家中被召呼、登 城被仰渡次第、左之通、

御意被遊候ハ、數年御借知被成、何茂困窮仕候段被爲聞、何卒御返被下度被 思召候得共、御手廻リ兼御延引被遊候、今以御同然之義ニ候得共、永々御借知被遊候段、無御心元被 思召、依之當暮ゟ百石以上三分一を半分御返被下、百石以下廿分一ニ御ゆるめ被下候、其上當時迷惑可仕と被 思召候間、百石以上米拜借被仰付候、是ハ年々ニ御引可被成候、百石以下之面々ニハ割を以捨リ、拜借ニ被仰付候、御切米取ハ、當暮ゟ三割五分增を御掛、文金通用之内ハ、可被成下候、七十歲以上之面々、御借知被遊候御時節故、御切米、其内半分御借被成候所、當暮ゟ本切米成可被下候由被仰出候、何茂難有奉存、身上儉ニ仕、尤面々之心得可有之事ニ候由、岡田監物(春胤)・池田八右衞門(直治)・西市(高治)左衞門、列席御意之趣、八右衞門申渡之、

一、二月朔日、德胤公當年御前厄ニ付、御家中ゟ茂御祈禱、於妙光院ニ夜三日眞言十二ケ寺修法、來亥年四十二、御厄年ニ付而也、

一、同日、市左衞門亭江、始而御下リ饗膳獻之、御囃子被仰付、

*泉田胤重村田廣隆家老職仰付ラル

一、七日、泉田掃部胤重・村田半左衞門廣隆、御家老職被仰付之、掃部義再勤也、

*上元星西方ニ出現

一、十二日、上元星と申星、去大晦日ゟ西方ニ出現之段、今日申上之由、

＊尊胤福胤出府

＊尊胤道中ヨリ痛所アリ

天門者考之、於江戸奉言上、此星出現祥瑞ニ而、金性・木性・水性之方ハ、至極之善事也、將軍吉宗公、御金性御祝儀有之由ニ而、今日、太守尊胤公御水性故、御祝儀被遊、御囃子被仰付、此星每夜酉之刻ゟ戌之刻迄出現、嘉吉元年辛酉出星、今年迄三百二年ニ成、此年元日立春、亦當年者元日立春也、泰元星申星者、丑寅之刻之間、東方より出現、旁目出度吉瑞、

一、十五日、泉田掃部（胤重）・村田半左衛門（廣隆）、御家老被仰付候、御禮申上呈箱肴、

一、廿二日、妙光院住職無比《ムビ》法印より大切之御傳法、太守公御傳授、去廿日之暮時より御潔齋、當日御成就、

一、廿九日、石川助左衛門御家老相勤候內病死、仍之御香典二百疋成被下、當日三十五日相當ニ付而也、

石川昌清跡式石川庸昌ニ仰ラル

一、三月二日、石川彌市兵衛（庸昌）忌御免、亡父跡式無相違被下、

助左衛門御家老之內卒候故、三十五日過如御格例跡式仰付、

一、三日、石川彌市兵衛、繼目之御禮申上、

小泉普明院ノ聖觀音開帳

一、十一日より小泉普明院聖觀音開帳、運慶作立像、此佛像、圓照院殿御持佛堂ニ御安置、御拜被遊後、普明院江御入佛、大町鹿嶋屋半兵衛堂造立、半兵衛肉弟寅載信知上人、延寶五年巳夏、普明院を創建、古昔より淸水庵とて觀音靈地之所也、

一、廿四日、太守御發駕、主膳福胤公、初而御出府、御同道、

一、四月朔日、御着府、太守御道中より御痛所有之、御老中御廻リ無之、其段御屆被遊、

御同刻福胤公、櫻田御屋敷江御着、御奧殿江御同道ニ而被爲入、始而御對面、

福胤・德胤兩公、御同席之節者、御一家內御出會ニハ、福胤公御先立、表向尤御客來、御同席ニハ德胤公御上座被遊候樣ニ相濟、

一、同日、御老中松平伊豆守（信祝）殿江、先達御屆被成候通、福胤公御同道御出府之段、御書付ニ而御屆、本多中務太輔（忠良）殿江も同然、

一、七日、御痛所ニ而御參勤、御禮難被仰上段、本多中務太輔殿江御伺書被差出、

私儀、當朔日參府仕候、其節御屆申上候通、從旅中痛所有之、相勝不申候ニ付、未御禮之義茂願不

*中村大嵐

尊胤外櫻田門番仰ヲ蒙ル

中村ニテ野馬追ノ祈禱

*龜甲紋停止ノ儀仰出サル

江戸大風雨

江戸始リ以來ノ滿水

*中村本城御座ノ間建直シニ就キ棟上

申上候、近〻出勤可仕躰ニ茂無御座候、依之參勤御禮獻上物、如何可仕候哉、奉伺候、以上、

御伺書被指出候へは、追而御指圖可有之と御挨拶、

一、十五日、御參勤之御禮獻上物、例之通相濟、御留守居池田三太夫勤之、

一、十九日、外櫻田御門番被蒙仰之、

一、廿九日、四百石之御用人、於江戸長柄笠爲持候義、不苦候由、御意ニ而被仰出、岡田(春胤)監物申渡、

一、同日、於中村御野馬御祈禱有之、

先年者、此御祈禱五月十五日ニ限、其以後之御野馬追之所、近來者十五日前御野馬追被仰付候時、其前御祈禱有之、當年者五月二日野馬追故、今日御執行、前御代ニは四月中御祈禱無之、初而也、

一、五月朔日、德胤公、中村御暇御拜領物、例之通、

一、十五日、太守御痛所御平愈、御登　城、

一、八月朔日、夜江戸大風雨、滿水、

江戸始り候以來之滿水と申唱候、兩國橋・新大橋・永代橋・千住之政宗橋、共ニ落、中山道栗橋・房川、江戸本庄迄大水、千住口四五日往還船留ニ而通路相止、本庄筋、別而家多流、怪我人數多、公儀ゟ毎日壹萬人之御賄被下、町方江茂壹萬人之御賄被仰付、殊ニ淺草邊滿水、板倉甲斐守殿御屋鋪床之上、水揚る、

一、二日、中村大嵐、亦八日之夜大風雨洪水、

享保十三年申九月、洪水ゟ水かさ五寸少、夫共ニ申ノ年より多所も有之、當秋諸國掟、宜ク滿作と申候所、上方筋ハ六月中大雨洪水、損亡御居多、

一、四日、板倉(勝里)殿御一家内櫻田御屋敷江御立退、

十二日迄御逗留之內、品〻御馳走、御進物有之、御附之面〻ニ茂段〻被下物有之、甲斐守(板倉勝里)殿ニ者、大坂御加番御留守也、

一、九日、龜甲御紋御停止之義被仰出、

龜甲御紋、御家中代〻附來候面〻ハ格別、近來物好ニ附候義、向後停止被仰付、縱龜甲之內御紋違候共、男女共ニ用申間敷候、そり龜甲之義も同然、御一家外ニ茂わけ立候定紋拜領等は可申上由、幾世橋作左衞門儀者、建德院樣ゟ拜領之段申上候付、是者別段之由被仰付、

一、廿七日、中村御本城御座之間、新規御建直、今日御棟上御祝儀、

中村大風雨損亡

一、廿八日、去ル二日・八日、中村大風雨損亡、御居松平（乗邑）左近將監殿江被指出、

武鑑へ福胤書入ルル儀日本橋須原屋茂兵衛ニ申付ク

一、九月朔日、武鑑江主膳福胤公書入候義被仰付、日本橋書物屋須原屋茂兵衛ニ申付之、
御家之御紋所、九曜と繋馬計ニ候、龜甲御紋書入役人附之順茂相違、是亦直シ書載候樣、被仰付申付、

江戸鑑

以前之武鑑ハ、江戸鑑と題號ニ而、寛文年中ノハ、
相馬長門守勝胤（忠胤）御紋、御知行高、御在城、御駕紋、御鑓、江戸御屋敷、御家老、岡田監物（長胤）泉縫殿之助（成信）

其後、
相馬彈正少弼昌胤　九星、繋馬御紋、片書ニ平氏祖父大膳亮父長門守ト書、御知行高、御城付、御鑓、櫻田御屋鋪、御駕紋、岡田與左衞門（伊胤）脇本喜兵衛（元明）

武鑑

如此一冊ニ御旗本御役人迄有之候所、元祿之初より三冊ニ成、其以後當時之ことく細ニ御官位御先祖書、品々改正出來、武鑑ト號、

日野大納言家來徳田主水

*利胤四位敍任位記燒失ニ就キ大内記職ニ尋ラル爲富田高詮上洛仰出サル

一、十日、堂上方日野大納言（資時）殿之家頼徳田主水儀達御聽、御先代大膳大夫利胤公、被敍從四位下位記燒失ニ付、於京都禁裏之御留書、其節之大内記職司被相尋度、幸井口玄禮數年京都ニ醫學執行居候節之知音徳田主水、堂上方江出入多キ者ニ而、去酉年江戸江出府、玄禮（井口）方江度々參候付、玄禮与御留守居役池田三太夫、右之趣賴候所、上京以後尋見可申旨挨拶、其後上京、追而申遣候者被相尋候義、段々手寄を以尋申候所、高辻少納言殿ニ御手掛リ有之候趣申遣、當六月主水江戸江出府、三太夫・玄禮ニ委細申談、兩人御家老岡田監物（春胤）・泉田掃部（胤重）承知、其上御前江今日達　御聽、
主水と申者、元來内藤豐前守殿家來ニ而、大坂御城代之時致牢人、京都ニ居住、堂上方廣ク出入、日野殿御家人分ニ成、在京故、慶長年中之大内記尋候へは、内記ハ古今共ニ菅家之内ニ候故、高辻・五條・東坊城・唐橋、右之内、慶長七年之比は、五條大内記爲經卿職司ニ御座候所、其家之留書燒失、高辻家ニ其節之廻文、五條殿ゟ三家江被達候、是を袖書と申候、右御見出被成候段、主水申聞候、於御所望ハ三太夫・玄禮より奉願段、申上置候間、兩人御禮ニ上京可然と申、依之監物・掃部、御前江委細申上候、

一、十月十五日、右御用ニ付、中村ゟ富田（高詮）勘右衞門被召呼、道中五日積上着、池田三太夫（直展）儀、表役ニ而京都

江被遣儀難成、三太夫代り勘右衛門、京都江可被遣由被仰出、

富田高詮徳田主水ニ對面

一、十九日、三太夫小屋ニ而、勘右衛門、徳田主水江始而對面、及對談、

一、廿一日、富田勘右衛門・井口玄禮上京可仕旨被仰付、高辻家江御直書可被遣候、勘右衛門御使者被仰付之、

一、廿三日、徳田主水御目見被仰付致上京、高辻少納言(家長)殿・五條大内記(爲成)殿當時之職司、御染筆之義、何分ニも可取計之旨、主水ニ御頼被遊、御紋付麻御上下、白銀貳十枚、於御勝手被下、道中路銀、上下三人分、是亦被下、

富田高詮等京都へ發足

一、廿五日、富田勘右衛門・井口玄禮、明日主水同道ニ而、京都江發足、兩人御目見、勘右衛門ニ麻御上下、玄禮ニ御羽織被成下、

一、廿六日未明、勘右衛門・玄禮、櫻田御屋敷發立、駕幷馬共ニ兩人江御貸家僕役人《ヒト》之通、當晩相州十塚(戸)止宿、徳田主水、此驛別宿段々同所之驛ニ別宿、

一、十一月七日、近江國草津泊、

八日、京着、早速主水高辻家(家長)江罷出候所、當分御參內、彼是御差支、追而十四日ニ官亭江參上可仕由被仰聞、徳田主水先江伺公、進上物宰領相附、爲持遣、勘右衛門・玄禮參上、高辻殿御屋敷、新烏丸通丸太町下ル丁、雜掌川瀬將曹出席、少納言殿御前江兩人罷出、將曹披露、少納言殿御裝束、御烏帽子、御直垂、御指貫ニ而御目見、上ケ物御吹調之御禮、御手自御熨斗・昆布、兩人ニ被下、主水を以奉願候儀、御禮申上、御次之間江退出、主君より之御直書幷御口上御使者勘右衛門相勤、奏者將曹ニ申演、其上御料理、二汁七菜、御膳部土器・御茶碗也、御茶迄頂戴之、主水相伴、飯後御前江被召出、御丁寧成御意、御返答被仰聞、御返書は追而可被進候間、宜先江戸江可申上由御意ニ而、七時過歸宅、柳馬場手前御屋鋪修補有之、同町旅館、主水申聞候は、堂上方陪臣ニ御逢被成候時者、御烏帽子・御指貫計ニ相定候、於江戸御老中方、其外諸大名江御對面之時、御直垂御着用、將軍之御前江御出候時、御狩衣被爲召候、御禮式ニ候得共、彈正少弼殿家柄、殊御使者富田勘右衛門老年与御聞被遊、寒風之節上京旁を被思召、右之御裝

束ニ而御逢被遊候由申談候、十五日、川瀨將曹奉札ニ而勘右衞門ニ鯛二、玄禮ニ鱧二、旅宿江被下之、廿日暮ゟ御館江兩人被召寄、於御勝手御餠菓子・御吸物・御酒被成下、其後御前江被召出、夜長ニ茂候間、十炷香御催可被遊由ニ而、御簾之内御側江被召寄、此節御裝束、御烏帽子、御指貫、御相手被仰付相濟、以後御次之間ニ而御夜食被下、亦被召出、勘右衞門ニ相馬御家平(將門)親王以前之義、御尋被及御聞候通、王孫不遠不易御家と御褒詞、銘酒二陶・御肴二種、御はさミ被下、御懇意之御談話、此節御手前ニ留リ候、御袖書、他家之御昇進共ニ五通、一綴ニ被遊置候と、右拜見被仰付及夜半退出、

廿八日、高辻家長卿之官舍江被召呼、參上、勘右衞門・玄禮ニ五條大內記爲成卿御目見可被仰付由、御賴之御染筆、御兩卿ゟ被相渡故罷出、御兩卿御列座、冬之御狩衣、御着用御裏付也、五條(高辻)殿江目錄、黃金三枚進上、追而御前江被召出、家長卿勘右衞門ニ御手自御袖書寫被相渡、校合仕候樣ニ被仰聞、御簾外江退、玄禮ニ相渡、主水・玄禮兩人ニ而校合、其間ニ家長卿江五條殿御染筆、御調被遊候由ニ而被相渡、

則勘右衞門ニ彈正殿御望之五條大內記爲成染筆出來、進之候由被相渡、右校合相濟退出、爲御祝儀於御勝手御吸物・御酒被下、

廿九日、四ツ時高辻之御殿江參上、昨日之御染筆之御禮、明晦日發立之御暇請、御機嫌伺申上、家長卿之御前江御目錄、黃金ニ而諸品代捧之、御吹調被遊、御盃成被下、御肴頂戴、兩人共ニ御次江退、亦被召出、主君江之御返翰、勘右衞門ニ御直ニ御渡、御返答被仰聞、其上田舍江之土產ニ仕候樣ニと、公家衆寄合書御袖之物箱入、御手移、兩人ニ被成下、於御勝手勘右衞門ニ御使者相勤候ニ付、御目錄貳百疋被下、御料理、二汁五菜、御茶迄、頂戴仕、晩刻退出、前日德田主水旅宿江參申聞候、彌明日御禮御暇請ニ可被罷出候、御料理成被下候、就夫御內々少納言殿御意ニ、兩人遠方相越候へは、御盃可被下候、其節陪臣より御返盃者御受不被成、御格合ニ候間、於御數奇屋御茶被下、御會席之上、御返盃御受被成候者不苦候故、御手前ニ而御茶可被下思召候と申聞候、重疊難有御意、彼是逗留中、御丁寧成御馳走、誠以冥加至極奉存候、明日之義御禮申上、晝過ゟ御數寄屋御定會短日候間、七ツ半時ニも退出相成可申候、御存之通、在京中之萬用事掛リ、夜更迄ニも濟兼可申候、一日逗留可仕と申達候、主水申候者尤ニ候、在京中之諸用掛リ芝田善右衞門ニ被申付候、用事存知罷有候、於江戶彈正樣御意ニ、何卒補任御しらへ前ニ下着仕候樣ニ被遊度と、御直ニ愚拙ニ茂被仰付候、十日過ニハ江戶表御しらへ之御時節と存候、今朝之便ニも朔日兩人發足、十一日江戶着と、自是も御注進申上候間、少納言殿江は、宜可申上候、御料理も早メニ可申付由被申候、ケ程之御懇意違背仕候段、何分ニも宜御禮を賴入候と申候而、晦日ニ官亭江參上、十二月朔日發足、十一日江戶着、

京都始終之次第、四品改定記、委悉誌之、仍而年譜ニ不詳、

革具足出來

一、十一月八日、革御具足一領、春田丹波ニ先達被仰付置、今日出來、於江戸指上之、惣而御具足之製作之善ハ、御身ニあたる所なく御召能、自然と御働も御自由之由、御家ニ御傳リ之黒塗糸眞紺胴、おもたか(澤瀉)形勝而宜キ御具足御甲ハ、大永年中之信家作也、此御具足ニ脇引まん□附右兩品ハ鎧ニ付候也、丹波事、居住奈良之者也、具足仕立家ニ而功者故、江戸ニ而被仰付、今日出來、御前廱御上下ニ而、御のし(熨斗)・御吸物上御祝儀有之、丹波御目通江被召出、於御勝手御料理被成下、白銀十五枚頂戴被仰付、御家老・御用人・御留守居御祝儀申上ル、御具足御用掛リ新谷五郎左衛門(信安)ニ廱御上下、御刀番山田喜內、御納戸役水谷傳兵衛ニ御目錄貳百疋宛被下之、

一、十四日、板倉甲斐守(勝里)殿奥方御母儀正智院、中村ゟ淺草江上着、久〻爲御上被遊度旨御願ニ付被仰付、池田平左衛門伯母ニ候故、同道罷上、

一、十六日、太守公、江戸ニ而御家中進上物用捨之品被仰出、

鯛　鱸　鮑　鮍　鯉

右之品上ニ而御取扱之品ニ候故、重而御家中江御下リ被遊候節、右之品重キ物ニ候間指上候義、用捨可仕候、自分參會ハ、江戸表何品用候共、自由ニ候間、重キ品相用不申、酒之肴等茂勿論、進上物迄、右之通被仰出候間、兼而心得候樣ニ可申付旨被仰出、

*一橋宗尹婚禮

一、廿五日、將軍吉宗(德川)公之御三男德川(一橋宗尹)刑部卿殿御婚禮相濟、一條關白左大臣兼香卿御姫君(顯子)、

一、同月、龜甲之紋、追而被仰付候次第、

龜甲之紋、御家中家之紋たり共、向後用捨可仕候、急ニ相直候義成兼可申候間、武具・馬具・幕之紋等ハ、新規ニ致直シ候節、直シ可申候、但拜領之紋ニ而附來候紋、御一家ハ格別之由被仰出候、

*江戸初雪京都百年ニ之ナキ大雪

一、十二月五日、江戸初雪、京都は此日百年ニ無之大雪、貳尺積リ候と申來、

富田勘右衛門・井口玄禮、去月晦日京都發足、此節東海道致旅行候ニ、一向雪降不申、箱根ニ少〻

京都ト江戸大雪

雪有之候由、京都と江戸大雪、

一、十五日、京都高辻少納言殿江被仰遣候次第、大膳大夫利胤公四品相濟候次第、記録ニ相調候様ニ、富田勘右衛門ニ被仰付、

一、十七日、右兩染筆、吉宗公上覧、慥成證據候間、大膳大夫利胤四品補任入候様被仰出、

一、廿四日、物頭役下浦太郎左衛門交代罷下候付、高辻殿・五條殿御染筆、中村江被指下、

*尊胤登城

一、廿七日、池田三太夫（直展）・富田勘右衛門（高詮）・井口玄禮、此度之勤、太義ニ思召由ニ而、御召下被成下、
　三太夫裡付御上下、勘右衛門・玄禮ニ御小袖被下之、

利胤四位ノ記林信充へ依頼

一、同月、利胤君四位部ニ御入、依之其記林大學頭信充江御頼、則作進、

其記

相馬利胤者、盛胤孫而義胤之子也、慶長七年壬寅十二月十八日、敍四品、任大膳大夫、五條爲經卿預其位記、雖然唯載相馬家系、位記既燒失、無可爲證、且而　官本不載、去歳庚申降
台命于僕、及信言改正補任之書、限位自四品官侍從以上、當主尊胤頻請之、不止　官裁不許書、既入　官庫、今玆尋問　京師高辻少納言家長袖書出焉、蓋以家長與尊胤有相通之好也、於是
官命忝令利胤入四位之部、時維十二月十七日壬寅也、偶考之、干支當補任年之干支与此日同者可謂奇瑞、相馬家五代不顯之事、今年達其志、實尊胤不辱其祖、揚祖之名可祝焉、因題一語遺後記云、

寛保二季壬戌十二月

從五位下守大學頭林信充識

寛保三年癸亥（一七四三）

一、正月元日、御登　城、例之通、

*徳田主水ニ合力米下サル

一、十四日、徳田主水、京都ゟ出府、御屋鋪江罷出、
　栗田口燒御茶碗三　箱入
　御菓子入御菓子六色、
右進上　御目見被仰付、

一、十八日、主水御屋敷江被召呼、年〻御合力米五拾俵宛被下之旨、池田三太夫（直展）申達之、
御前江被召出、追而新谷五郎左衛門を以、御熨斗目主水被下之、

四品改定記出來

二汁五菜、御料理、御茶迄之御饗應被下之、
一、廿一日、富田勘右衞門(高詮)ニ被仰付編集之京都一巻出來、
題號　四品改定記与調差上、

*德胤中村發駕

一、廿五日、高辻少納言殿(家長)ゟ德田主水爲御使者、左之品被進之、
御掛物三幅對中上り龍、左右松竹、風早少將公金ノ筆、
一、二月七日、高辻少納言殿江御染筆之爲御禮、立野與次右衞門組頭役京都江御使者ニ被遣、與次右衞門ニ御熨斗目成被下、
御歩行目付役ニ御雇遠藤喜太夫、
德田主水、六日江戸出足、與次右衞門ゟ先ニ出足、

*林信充ヨリ利胤四位敍位ニ就キ尋ラルル事アリ

京都ニ而之次第、是も改定記ニ書載候故、略之、

德川吉宗鷹野御成
*中村本城御座ノ間出來

一、十三日、公方様(德川吉宗)御鷹野御成、
此節、此方様櫻田御門番御勤中ニ而通御之節、御番所ニ繫馬之御屛風有之、御目ニ付上意有之様ニ相聞候、　還御之節、あの黑馬之事能書候との、御近臣江上意ニ相聞候、此御屛風、松本眞益筆也、眞益ハ、松本甚左衞門と申者、巴陵院様御代扶持切米ニ而被召抱、甚左衞門弟松本道甫と申者、大町丁切際ニ居住仕、其子松本九兵衞と申候而繪を心掛、狩野右京牧心齋、後狩野法眼永眞安信ト申候ノ門弟ニ而致執〔修〕行、承應之比、京都ニ住、永眞ニ稽古、　廣德院様御代、名を眞益安重ト改、器用成繪師ニ而取分駒之繪を得手申候ハ、十八歳ニ而享保二年酉十月病死、　巴陵院様より御當代様迄六代御繪師也、
一、廿四日、德胤公、中村御發駕、三月朔日御着府、
一、三月廿四日、林大學頭殿(信充)ゟ池田三太夫御呼被仰聞候趣、
相馬御系圖、寛永記ニ御合御考候所、難御見分所有之候、寛永記之內、利胤公四品御昇進之次第、無之由御尋也、
一、廿六日、於中村御　城、御座之間御普請出來、
一、廿七日、林大學頭殿ゟ御尋之御系圖相調、石川十太(昌明)夫持參、指出之、
大學頭殿(林信充)十太夫ニ被仰聞候は、寛永記ニハ、利胤殿四品と申事無之候、是者御手前之御舊記ニ有之候而御書出候哉、舊臘補任相濟候付、御書出被成候事ニ者有之間敷と被仰候故、十太夫申上候は、先達申上候通、家ノ舊記ニ利胤被敍四品候段、記

置申候、此段前茂申上、此度茂舊記ニ有之候通、
書出シ申候由申上候、御聞濟相馬御家者、古代よ
り詳成御舊記御傳リ、當時之御證據ニ相立候而、
珍重之御事之由、十太夫ニ被仰聞候段、　御前江
申上ル、申ノ年御尋之義有之、御年譜被指出、前々御一覧故也、

*申ノ年御尋ニ就キ年譜差出サル

一、四月朔日、於殿中松平大學頭（賴貞）殿、中村妙見之御影を
御所望被遊候付、　御前御挨拶ニ御影之儀有之間鋪
と被　思召候、兎角御聞居、追而可被仰達と御答被
遊候、
　追而御影者無之段被仰達、

*尊胤奥方熱海へ湯治ノ爲發駕

一、二日、今朝奥方、豆州熱海江御湯治御願書、　大嶌織
部殿御賴、御老中松平左近將監（乘邑）殿江被指出、
同日夕方、左近將監殿亭江御留守居御呼、御入湯
之御願相濟候、此方ゟ被指出候御願書江御付札ニ
　而被仰出、
一、四日、奥方御湯治ニ付、根府川御番所御證文入候ニ
付、御前より御證文御印判被遊、瀧川播磨守（元長）殿江被
指出、
一、六日、右之御手判被相出、
一、九日、御湯治中之御祈禱不動院御賴、御札守到來、

一、同日、奥女中御裕壹ツ宛、﨟女中﨟貳人ニ被成下、
御用人申渡、
一、十三日、熱海御湯治御發駕、御札守御明衣二、鰈一折七被進之、
御供　御家老　池田八右衞門（直治）
　　　奥老　小田切長左衞門
　　　中目付　太田清左衞門
　　　醫師　末永昌伴
其外御手廻り、
品川迄御徒士使神奈川御泊、飛脚を以一種被進之、
一、十五日、太守、中村御暇、御拜領品、紗綾御巻物五、
西丸　大御所（德川吉宗）樣ゟ紗綾三御拜領、

*相馬敍胤三十三回忌法事執行

一、廿日、香雲院殿（相馬敍胤）三十三回御忌、
十九日ゟ中村蒼龍寺ニ而御法事、禪三ケ寺、岩屋
寺・寶幢寺、其外宇多郡寺領寺諷經、於江戸寶泉
寺〔逮〕御待夜ゟ御法事御執行、

*藤澤遊行寺江嶋鎌倉見物

一、閏四月七日、御奥方、熱海ゟ御相湯御歸府、御歸掛、
伊豆國三嶋權現・箱根權現寶物御覽・藤澤遊行寺、夫ゟ
江嶋・鎌倉御見物、神名川〔奈〕ゟ八ツ半時過御歸府、
遊行ノ寺號清淨光寺、
一、八日、御歸府之段、先月・當月兩御用番江御留守居

岡田春胤家老組支配免ゼラル

*相馬胤壽侍大將仰付ラル

尊胤貞宗作ノ刀求メラルル代金六百五十兩

*岡田往胤家督相續仰出サル

尊胤不快ニ就キ當秋迄ノ滯府願出ラル

*板倉勝里歿

中村田中觀音院開帳

御使者ニ而御口上御届、

一、十二日、岡田監物春胤、依病氣如願御家老・御役組支配共御免、

一、十三日、御前御疝積ニ付、御發駕御延引被遊度段、御用番松平伊豆守殿(信祝)江、以御使者御届、

一、十六日、德胤君之奥方附松平安藝守殿(淺野吉長)ゟ、奥家老小山助右衞門引代リ、三宅十郎兵衞相越、唯今迄常詰故、十郎兵衞儀、家內引越御馴染有之樣ニ被成度由ニ而、常府ニ被仰付、

一、廿二日、貞宗之御刀御求被遊、代金六百五拾兩長サ貳尺三寸三分、代金貳百枚、此節、立谷平左衞門幸江戸相詰掛リ、此段承、右之御刀獻上仕度由ニ而代金指上之、

一、廿六日、御刀指上候付、御目見被仰付、於御勝手御料理被成下、其上御袷羽織并三幅對御掛物拜領被仰付、

一、五月十一日、御不快御十分無之當秋中迄、御滯府御願、大嶋織部殿(義浮)を以、御願書被指出、夕方御滯府、如御願被仰付、

一、十八日、中村田中觀音開帳、觀音院願上候所被相止、

右何之子細ニ而、開帳願申候段御尋、堂并繪馬殿塀・鳥居共ニ、先年御普請被成被下候分、及大破候付、開帳願申上候由申上候、無間開帳如何ニ思召候、開帳相止可申候、此度瓦御寄進被下、其外先年御普請被成被下候通、此度計　公儀より御普請被成被下候由、被仰出候、外より寄進茂無御構候間、志次第爲仕候樣ニ被仰出、

一、十九日、相馬外記(胤壽)、侍大將被仰付、岡田監物(春胤)元組、

一、同月、板倉甲斐守殿、去ル十六日ゟ於在所福嶋御病氣之所、御勝不被成候由、江戸江申來、

一、六月晦日、中村より上之坊上京伺御機嫌、院代兩人并兼而御目見仕候、山伏從御勝手奉伺御機嫌、

一、七月九日、岡田監物如願隱居并家督嫡子專五郎往胤ニ被仰出、

一、同月、板倉甲斐守殿(勝里)御病氣、段〻被爲重候故、泉田甲庵中村より福嶋江被遣、甲庵藥御用被遊、一際御快候由、被仰進無間御勝不被成段、江戸江申來、

一、廿一日、甲斐守殿(板倉勝里)御遠去、廿五日江戸江申來、御法名眞空院殿、

一、廿七日、甲斐守殿奥方於秋ノ御方、御薙髪、御名長榮院与御改號、

佐藤儀信家老職仰付ラル

一、廿八日、佐藤長兵衞儀信、御家老被仰付、名惣左衞門与改、

中村ゟ被爲召、當日於江戸被仰付、

武田信玄ノ守本尊江戸市谷八幡社ニテ開帳

一、八月廿九日、武田信玄公守本尊不動明王開帳、

江戸市谷八幡社内ニ而開帳之段、前ニ爲知有之、

御名代物頭被仰付、御初尾白銀壹枚被備之、

尊胤江戸發駕

一、九月廿四日、御不快御全快、江戸御發駕、東道御旅行、

一、十月朔日、中村御着　城、新規出來候、御座之間江被爲入、

一、十五日、岡田專五郎（往胤）繼目御禮、御太刀馬代獻之、御盃頂戴、

長柄御銚子岡田家ニ限加有之、隱居名代親類石川彌市兵衞目通江家來三人被召出、今野九郎左衞門・鎌田亦兵衞・松本與惣左衞門、

岡田往胤名ヲ監物ト改ム

一、廿六日、岡田專五郎元服、名監物与改、隱居改名貢、

一、廿八日、松平大學頭（賴貞）殿如御願御隱居、御家督若狹守殿江無御相違被仰出、

一、晦日、板倉甲斐守殿御跡式、御同姓式部（勝承）殿江被仰出、奥州福嶌城主三萬石、

右爲御祝儀、以御使者御太刀馬代、白銀三枚、二種一荷被進之、

一、十一月十八日、松平大學頭殿ゟ御隱居被仰付候ニ付而、唯今迄御所持之品之由ニ而御掛物被進、

御隱居御名、直指殿与御改、若狹守殿、大學頭殿与御改、

*福胤疱瘡ヲ煩フ

一、十二月二日より主膳福胤公、御疱瘡御煩、十四日御酒湯被浴之、

*泉胤秀隱居家督胤寧仰付ラル

一、十四日、泉左衞門（胤秀）如願隱居被仰出、家督內藏助被仰付、

一、廿八日、泉內藏助胤寧家督御禮、岡田監物御禮次第、同然御銚子ノ加無之、

御目通江家來小野田利右衞門被召出、

貞享元年甲子（一六八四）より、

當亥年（寬保三年）迄下段終、

*相馬師常文治年中頼朝ヨリ拜領

萬榮日録　八

尊胤朝臣御年譜　八

寛保（一七四四）四年甲子　上段ト成、今年二月、年號延享元年ト改元、

一、正月元日、天氣快晴、御嘉例之御規式相濟、

相馬家傳來ノ八幡ノ旗上覽申付ラル

一、五日、御家傳之八幡之御旗　上覽之儀、從江戸申來、

源頼朝ヨリ拜領ノ古旗

相馬氏先祖、（源）頼朝卿より拜領之古旗有之段、將軍吉宗（徳川）公達　御聽、御内證より　上覽被遊度之旨、

官醫望月三英相馬家へ出入リ

舊臘被　仰出、官醫望月三英、相馬家江出入、依之　上意之趣、徳胤君江御傳達、詰合之御家老泉田掃部（胤重）ニ被仰付、右之次第中村江今日相達、早速右御用掛リ新谷五郎左衞門（信安）御用人役被仰付、

傳來ノ旗ノ由緒富田高詮ニ拔書仰付ラル

一、七日、御旗　上覽之節、御旗拜領之由緒記、富田勘右衞門（高詮）ニ被仰付、

勘右衞門、先年ゟ編集之奥相祕鑑ハ、御家古來之傳記を輯、誤説を訂正、全部十二册撰之、文治年中、相馬次郎師常、源頼朝卿ゟ拜領之次第、舊事記之内ゟ誌置候由緒、其箇條より拔書ニ相調、可被指上哉与相窺、太守御閲覽、其旨被　仰付之、

一、二月朔日、從江戸早飛脚を以、望月法眼御老承之由ニ而　上意之趣、追而申來、

一、二日、右之御用付、新谷五郎左衞門御旗爲持可罷登旨被仰付、富田勘右衞門相副、發足可仕旨被　仰出、

一、三日、勘右衞門、御家老中江申達候趣、左之通、

今度御旗　上覽被遊候者、相馬之家ハ舊キ家之事候得者、此外ニも珍キ家傳之品無之哉与御尋も相知不申候、其節者徳胤公ゟ御答、いつれニ可被仰上哉、唯今　御前之思召を請罷登、其節五郎左衞門申上、可然かと申達候付、五郎左衞門を以、被相窺候處、何品能可有之与、勘右衞門存寄申上候様ニ与被　仰出候、十四ケ條書付ニ仕、五郎左衞門を以差上候、其内百三拾餘通之御證文、第一ニ可有之与申上候、夫共ニ御證文、銘々御尋御座候者、由緒御答可罷成哉与御家老被申候、先年　建徳院様御代、草野道榮ニ茶話記相違有之与被　思召候間、直シ候様ニ被仰付、此節私共指添吟味仕

候事有之、其節御證文逐一相究、大概ニ者覺罷有候与申達候、仍而御家老御用人草野半右衞門相添、承候樣ニ被仰付、

一、四日、堀内十兵衞（胤總）・池田八右衞門（直治）・村田半左衞門（廣隆）・佐藤宗左衞門、御用人之當番、軍者草野半右衞門、於大書院綸旨・證文奉翰之姓名申達　御前之、御直ニ御聽被遊候樣、御家老申上候、

一、同日、御籏ニ付罷登候者共被仰付、

御兵具奉行鈴木四郎左衞門、御徒士目付門馬長右衞門並御徒士佐藤市兵衞・黑木文左衞門、

一、五日、御前江富田勘右衞門被召出、御證文等之由緣、於御座間御聞被遊、

不殘被相出候ニも及申間敷候、其段は追而御尋ニ而被爲御登候時分、御吟味可被遊思召、此外窺之ケ條之內、御尋茂御座候者、五郎左衞門・勘右衞門、可然樣ニ申上候樣、御意籏之外、古キ品何そ有之候哉与御尋被遊候者、先祖より家傳之綸旨・證文等在之段、申上候樣被　仰付、

*新谷五郎左衞門等旗持參シ中村ヲ發足

一、六日、御籏新谷五郎左衞門、御兵具奉行ゟ請取、爲登候支度引揃、擔荷物ニ仕、江戸迄御手前通シ持、夫幾重ニも包上、莚包ニ青細引、惣而道中ニ而御用向一切申談間敷与被仰付、下〻ニ堅申付候樣、御家老ゟ被仰聞、

一、七日、新谷五郎左衞門・富田勘右衞門、其外罷登候侍、御機嫌伺申上、

五郎左衞門・勘右衞門、御目見被仰付、於御勝手五郎左衞門ニ御小袖、勘右衞門ニ御切袴被成下、別段之御用ニ付、　御意ニ而御酒被成下、其外之面〻ニも御酒頂戴被仰付、追而勘右衞門被召出、繫馬御幕・御紋由來御尋被遊御、直ニ申上之繫馬者、類之無之御紋、去年櫻田御番所ニ而　上意有之候得者、由來御尋茂可有御座哉与十四ケ條之內ニ伺申上候、

一、八日、御籏爲持五郎左衞門・勘右衞門發足、

鈴木四郎左衞門・門馬長右衞門・佐藤市兵衞・黑木文左衞門、四人共ニ道中御籏ニ付、五郎左衞門泊宿ニ而、夜中共ニ無油斷相附居候樣ニ申付、同宿ニ足輕六人、長柄者貳人、小人壹人、其外持夫勘右衞門者晝泊共ニ別宿、

一、十四日、上著、櫻田表御門ゟ御長持入、

德胤公被爲入御家老御留守居中目付廝上下ニ而、

*天和二年南門上人當地へ參ラル

御玄關江罷出、御長持御客座鋪江入、早速德胤公御簱御覽相濟、御廣間番兩人下、番御徒士貳人、足輕貳人、晝夜勤番、

*元祿十一年尊證上人參向

此末江戸ニ而之御簱之次第、御簱上覽記ニ委、悉記之故御年譜ニ略、

遊行上人中村西光寺へ到著

一、十四日、於中村、遊行上人回國、宿坊徧照山西光寺江到著、

*元祖一遍上人

先達而御家老中江通達有之、御馳走福嶋次郎右衞門、御賄方小身壹人、新谷彌太郎(信虎)被仰付置、遊行五十一世賦存《フソン》上人、段々諸國回リ、岩城平ゟ相越、六日より役僧來、脇宿坊、其外萬事差圖有之、十二日、岩城出立、十三日、小高泊、十四日之晝九半時西光寺江着、上人ゟ大衆迄料理被進、近國之御手當御聞合、古來之格茂有之候故、早速御使者を以一種被進、十五日、太守公御見舞上人江御對面、白銀三枚被進、遊行上人ハ權現樣(德川家康)御歸依、日本廻國之御朱印ニ而、旅行寺(遊)ハ相模國藤澤ノ寺號、

藤澤ノ清淨光寺

清淨光寺住持ニ相濟候与回國、此寺ニハ、代々隱居上人勤行、隱居遷化之時、遊行何國よりも藤澤江隱居、當住相濟廻國也、仍之 東照宮之御位牌を、毎日毎夜六度之勤ニ安置奉御供養、中村江以前者不相越候所、天和二年(一六八二)戌十一月、四十二世南門上人、此上人大僧正、廻國之時、始而御當地江被參、其節西光寺宿坊、其以後元祿十一年(一六九八)寅二月、四十六世尊證上人參向、此節 昌胤公御在國ニ而、兩度御見舞、遊行元祖より、熊野證誠殿之由來より段々御尋上人御懇ニ被閑談、

元祖一遍上人者、後宇多院御宇、建治元年(一二七六)亥九月より極月ニ至リ、百日之間紀州熊野山江參籠、勇猛精進ニ一大事之示現を祈而滿する曉、熊野權現御殿之戸を開キ、白髮之山伏姿ニ而、上人ニ示曰、末代之凡夫成佛直路ハ、彌陀如來十劫曉天ニ決定之所也、依之信不信・淨不淨を不嫌、南無阿彌陀佛ト唱、諸國を遊行而萬民可勸貴僧待事年久、我江參詣之衆生有緣、現世安穩・未來成佛無疑、遠國之道俗男女不參詣、二世難守上人、爲名代此金判之名號を自《ミツカラ》押遊行之、於旅館手自萬民ニ可授、因以每年正月十一日屛處ニ居テ、自壹人ニ而年中ニ授與ノ金判を押、諸人ニ與、熊野之神力ト見江、每年大晦日ニ其札無闕事無餘事、夫より一遍上人

大隅國八幡宮一七日參籠、直ニ十念ヲ授リ、神詫ヲ以諸人ニ十念ヲ授與、　東照宮末世之上人ニ御歸依、到今
將軍江遊行代替ニ對謁、御札ヲ進上、回國ニ熊野之神殿ヲ先立、遊行上人札授與ノ處、熊野證誠殿ニ准シ、七五三ヲ曳、熊野之御神代ヲ勤奉ると也、
　昌胤公御感心、西光寺十七世貞門侍　御前之間、
　後ニ上人閑談之趣筆記、

正徳二年一法上人來越

其後正徳二年（一七一二）辰九月、一法上人來越、十六・七年廻り、當地江も參向之由、享保年中之上人ハ、當所ニ一宗無之、他宗之宿坊ヲ遠慮無參向、今度与四度、其内貳度者御在國、貳度者御在府之節也、
御馳走人　南門之時氏家文右衛門
　尊證之時藤崎五左衛門
　一法之時後氏家文右衛門
遊行上人江御馳走覺、別記有之、略之、

*望月三英旗ヲ持チ登城

一、十六日、於江戸、籏之記、望月三英老江池田（直展）三太夫を以被指出、
桐白木ノ箱ニ入、煮黑目鈨紉もへき眞田內淺黃羽二重ノ服紗包、

*旗上覽

*延享ト改元

*望月三英德胤ト對談

御書物美濃紙ニ認、銘三英（望月）老御差圖ニ而、
拔書ト計、筆者御祐筆山田三郎兵衛、
一、廿三日、籏之記　上覽之由、三英老、晩景池田三太夫御呼被仰聞、
台覽之時、御側ニ何之御書物か被差置被御覽合、
此御書物ニ在之、名乘不慥ニ、兼而被　思召候處、
彈正少弼指出候、此書之名乘正名也与、
上意之旨御傳達、
一、廿四日、三英老、四時過籏爲御持、御登　城、
御籏淺黃羽二重服紗包、桐ノ白木箱ニ入、
銘　籏と計、三英老御差圖、
當日　上覽なく、御小納戸ニ被差置、
一、廿八日、御出仕過直クニ廡御上下ニ而於御座間、籏上覽被遊、
一、廿九日、年號改元被　仰出、惣出仕、
延享元年ト改、上段ト相成候ニ付而也、
菅家之內淸岡長香撰考ト云、
藝文類聚曰、聖生壽延享祚元吉、
一、晦日、三英（望月）老櫻田御屋敷江御入來、德胤公江御對談、
去廿八日籏　上覽被遊、上意ニ珍敷品、御覽被

*望月三英新谷五郎左衞門ニ旗ヲ相渡サル

*望月三英駒取ノ繪圖ニ就キ尋ラル

*野馬追繪圖ハ先年屋敷類燒ノ節燒失

遊候由、御吹調被思召候、御傳來之古籏茂有之候得共、仕立樣甚　思召ニ不被爲叶、被成御座候所、此籏之通ニ、昔ハ仕立候筈と被　思召候、台慮ニ相叶候、是を形ニ仕、無相違仕立させ候樣被仰出、出來以後御覽合彈正少弼差上候、籏御下ケ可被遊之　上意ニ而、籏之記數度御手ニふれ、御留被指置、扨又廿四日、

上覽不被遊、廿八日御出仕相濟、　御覽之儀、廐御上下ニ而　上覽之思召ニ而御延引与近臣各沙汰之由、御次而無之、態与御上下茂如何、不淺御事与御傳達、

一、三月朔日、二月廿八日、御禮向後無之筈ニ被仰付置、先年ゟ御登　城無之候得共、向後御登　城ニ被仰付、

德胤公御登　城被遊、

一、四日、三英老四時御入來、　德胤公御出合、御家老・御用人・御留守居、御席江罷出候樣ニ、三英老被仰聞、泉田掃部(胤重)・新谷五郎左衞門(信安)・池田三太夫(直展)罷出、

上意之趣、

珍敷古籏入　上覽、殊御形ニ茂相成候儀有之、

古風成品ニ而甚　御感被　思召候、是迄終ニケ

樣之珍敷品、　御覽被遊候御事無之、御慰ニ茂

罷成候、此旨可申聞候、

右御書付ニ而御傳達、爲御祝儀御席江御熨斗

蚫・御吸物・御銚子・御肴二種指出之、

一、六日、籏下リ候ニ付、三英老江新谷五郎左衞門御呼被相渡、

松平肥前守殿(誠信)御側御役御望ニ而、先達而泉田掃部方迄、御嫡子珍敷品ニ候得者、御一覽被成度段被仰聞、五郎左衞門持參、肥前守殿(松平誠信)御父子御覽之上、五郎左衞門江御前江之御返答、其上　上意ニ相馬ハ源家隨身之家と被　思召之由、　上意ニ而御吹調、御機嫌不斜御家御繁昌与御口上被仰進、夕方、三英老御入來、外ニ家傳之品可有之哉、相馬ニ駒取与申事有之由被達　上聞候、此繪圖可有之哉、　上意之由御傳達、掃部申上候者、家傳之品之內、古キ綸旨、證文數通有之候、駒取と被仰出候儀、鎭守妙見之祭禮・野馬追之御事可有御座候、右之繪圖有之候所、先年屋敷類燒之節、燒失仕候と御答申候、御屛風抔ニ者無之かと、三英被仰候故、是茂先年御座候茂類燒仕候、御家中ニ所

持之人有御座間敷哉と被仰候所、家中共、毎年之事故、繪圖抔ニ可仕共不存、罷在事ニ候、しからハ書付ニ被成　上覽被遊候樣、被指上候而ハ如何と御申ニ付、其段ハ相成申間敷物ニも無御座候、其方可然と被仰候故、夫共ニ彈正少弼參府以後ニ無之候者、罷成間敷と掃部申達、尤之由被仰候、御證文等茂、今度之御次而被入　上覽候樣ニと、御申候故、掃部御挨拶ニ奉畏候得共、彈正所存も如何、押付參府仕候、此節爲持候樣、可申遣与申上候得者、御參府之節一段与宜御首尾ニ可有之と情々被仰聞候、

*元文五年老中松平忠良相馬盛胤四位敍位ノ年月尋ラル事アリ

一、同日、　德胤公御機嫌伺ニ、新谷五郎左衞門・富田勘右衞門、麻布御殿江罷出、兩人明日罷下リ候段申上候、五郎左衞門ニ麻上下被下、

五郎左衞門被召出、御簾達　御聞候起之儀御尋、委細申上候、勘右衞門被召出、御懇之　御意之上、麻御上下御手移ニ被成下、

新谷五郎左衞門旗ト共ニ江戸出立

一、七日、御簾ニ付五郎左衞門・勘右衞門、其外之面々江戸出立、

御長持江札ヲ建、　相馬彈正少弼と計相調、三英

老御差圖ニ而、御内證ゟ　上覽故、御用とハ仕間敷由、右之通ニ札ヲ立、足輕・小人・長柄者、看板物ヲ着させ通し持、夫ニ而表御門内外立番相出發立、右之御簾入　上覽候次第、いつれ之御手筋ニ而、如此之御首尾ニ相濟候と、及後年御不審可有之哉、元文五年甲八月、於江戸御老中本多中務（忠良）大輔殿補任御改御用掛被　仰付、仍而　相馬彈正大弼盛胤被敍四品候年號月日等御尋有之由、中村江申、來八月十九日堀内十兵衞宅ニ而富田勘右衞門ニ被申聞候、先年御書上被成候次第申達、其次而ニ相馬大膳太夫利胤公御昇進之儀、先年之御尋之節、不分明ニ被仰上候、今度幸ニ被仰直樣茂可有之哉、大膳太夫殿と御座候、御内書・御奉書見出指置候之段申談、右之御内書・御奉書等をも、見屆可被申由ニ而、廿日御家老・御用人登　城、品々取揃候之而、　盛胤公御昇進之年號月日、彼是書立指出候、此節御用人新谷五郎左衞門江勘右衞門對談申候者、先年他之御家ゟ、

權現樣より拜領被成候御母衣御所持之段、

公方樣達　御聽、珍キ品之由ニ而、御内證ゟ　上

頼朝ヨリ相馬師常拝領ノ旗
＊家中ヘノ饗應數年來下サレズ
＊參府ノ節御證文差出スベキ旨仰出サル
＊惣家中本城ヘ召出サル
＊旗上覽次第惣侍ニ聞サレ祝儀ノ酒下サル

覽被遊候と承候、相馬之御家寳第一之八幡大菩薩之御籏、毎年虫干ニ出候迄ニ而、由緣を御存知被成候御方稀ニ候、文治年中、奥州藤原泰衡御征伐之御軍賞ニ、　(源)頼朝卿ゟ相馬次郎師常公御拝領之御籏、今時類茂在之間敷、古キ品ニ候、此段御手出シハ有之間敷かと申談候付、御家老評議之上、可然由ニ而、九月廿三日新谷五郎左衞門、江戸交代ニ付、委細書付致持參、石川助左衞門江相達、其年御用ニ而富田勘右衞門、江戸江被召呼候故、幸ニ助左衞門及對談、助左衞門妻之弟鵜殿團藏と申者、松平肥前守殿御用人相勤、肥前守殿御側衆御務、此旨團藏承知、折を以御咄申上、御同役加納(久通)遠江守殿・小笠原(政登)石見守殿江被仰談、被達　台聞、御內證ゟ　上覽被遊度由ニ而、相馬家江出入之御醫師望月三英老、太守御在國故、　德胤君江被仰談、段々右之御首尾ニ相成候、　上覽相濟終、ケ様之珍敷品御覽被遊候御事茂無之由、　上意御形ニ茂相成候得者、當時日本一之御寳物と可申か、則諸家之留守居廻狀通達、猶更御家柄と諸家江相知候也、

一、十二日、中村到着、道中六日積リ、熊川ゟ注進申遣候ニ付、御家老・御用人登　城、五郎左衞門直クニ御前江罷出ル、
江戸之御首尾之儀、委細申上、勘右衞門被召出、御懇厚之蒙　御意、
一、十三日、御家中江數年御饗應不被下候ニ付、隱居・二男・三男迄御料理被成下、
御本城ニ而御能、
翁　三番叟
高砂　田村　東北　三輪　祝言
一、十四日、御參府之節、御證文彌可被差出旨被　仰出、勘右衞門被召出、數多被差出ニ茂及申間敷、吟味被仰付、十九通貳巻ニ仕立、壹通々々由緣書、布地之紙、色紙・短册のことく切候而書立、壹通々々ノ前書ニ張候、筆者井口玄禮、御巻物きれ裱紙御掃除、坊主宗仙細工、
一、十九日、惣御家中御本城江被　召出、御前御出座被遊、今度古御籏　上覽之次第、御滿悅之段、御直ニ惣侍ニ被　仰聞、爲御祝儀御酒被成下旨蒙　御意、物頭以上之役人、於小書院御吸

家老座敷ニテ新谷信安以下ニ祝儀ノ目録下サル

*望月三英入來リ尊胤ト對面

*富田高詮上著近日御證文差上ラル

富田高詮記録引請役仰付ラル

尊胤中村發駕

物・御酒頂戴、富田勘右衛門・草野半右衛門兩人者、物頭末席ニ而御吸物被成下、新谷五郎左衛門（信安）・富田勘右衛門（高詮）、於御家老座敷、今度之御祝儀、御目録五百疋五郎左衛門、三百疋勘右衛門被成下、於御勝手貳百疋宛、鈴木四郎左衛門・門馬長右衛門・佐藤市兵衛・黑木文左衛門被成下、其外輕キ者共、持夫迄次第を以御祝儀被成下、堀内十兵衛を以、勘右衛門ニ被仰付候、御參府被遊、御證文被差上候ニ、御證文之由來御尋、旁之御爲老身間茂なく罷登候儀、乍太儀　御發駕、以後四五日茂御跡より罷登候樣被　仰付、

一、廿二日・廿三日、御神事例之通御祭禮、

一、廿六日、富田勘右衛門被　仰付趣、
其方事外之御役儀可被仰付候得共、老年却而迷惑可奉存候、依之記録引請役与被仰付、御使番五人組席同格ニ被仰付之旨、　御意之段、御家老列席ニ而十兵衛（堀内胤總）申渡之、

一、廿九日、御發駕、東道御旅行、
御家老村田半左衛門（廣隆）、御先江上着、泉田掃部（胤重）交代罷下ニ、於藤代驛御旅館　御目見、江戸之御首尾

被申上之、

一、四月三日夜、幾世橋興仁寺伽藍一宇燒失、自火、御寄進物數多燒失、本尊・御位牌計相出住寺五世湛譽素雲代、

一、七日、御著府、

一、十日、望月三英法眼御入來、御對面、
先達而御簾　上覽之御禮、御老中方江可被仰入哉之旨、御側衆加納遠江守殿江御取合之儀、三英老江御賴被成候處、御用番計、其外者御心安キ御方江計、御客對ニ御出之節、無吃度御禮被仰上候樣ニと、遠江守殿（加納久通）御差圖之由被仰談、

一、同日、富田勘右衛門上着、
近日御證文被指上候付、相馬次郎師常公ゟ當御代迄之御家譜相整、先年被指上候、寛永記ニ無之御代〻之儀、御認被差上候樣ニ、三英老御傳達、上着則勘右衛門ニ新谷五郎左衛門・池田三太夫申達、勘右衛門御挨拶申候者、　上覽ニ入候樣ニ、御系圖を寫上候樣仰付候而茂、三、四日ニは出來申間布、師常公ゟ　御當代樣迄之御家譜相調候儀、中〻以存茂不寄事ニ候、御家譜と申候ハ、文儀迄調申物

二候、勿論寛永十八年ニ被指上候御系圖之巻ニ無
之事、扨御代〻仕立申儀、急ニ者成兼申候、剰舊
冬以之外相煩、御簱之記、作文茂難成奉存候得共、
無是悲(非)御事故、病中江戸迄罷登、罷下無間、又發
足仕候間、御免被下候樣ニ申候、尤 上覧ニ被相
出候、御家譜之事ニ御座候得者、麁末ニ認候而者、
御外聞旁如何与申達候得共、何分ニもと、達而兩
人被申候御證文御引合之爲ニ候故、御添被指上筈
候、出來兼候者、先御證文計可被差上と、御評議
ニ而被指上候、御家譜十一日ゟ取付候而、晝夜掛
リ、十六日迄ニ漸〻調申候、

*綸旨御證文上覧

望月三英立寄リ御證文持參ノ上登城

一、十二日、三英(望月)老、五時過御登 城之節、御立寄、御
證文御持參、
綸旨證文二巻、(服紗包、桐白木箱入、) 宰領附被相出、
一、十五日、御參勤之御禮相濟、獻上例之通、
一、十六日、被差上候御證文御內見相濟候由、土岐左衞
門殿、(御扈從、) 徳胤公江御傳達、

外櫻田門番仰ヲ蒙ル

御家譜一巻相直ルベキト池田直展ニ仰聞サル

一、十七日、外櫻田御門番被蒙仰、御相番永井(直期)飛驒守殿、
一、十九日、御家譜一巻、麁書ニ而御祐筆頭蜷川(親雄)八右衞
門殿江被指出、惡キ所御座候者、可被相直与三太夫
ニ被仰聞、
淸書ハ追而申付可被指上と、八右衞門(池田直治)殿御見居之
ため、草書ニ而被差出候、三太夫を以被遣、八右
衞門殿御挨拶ニ、ケ樣之譜錄ハ漢文ニ調不申、和
文ニ調申物ニ候、和文之內ニ茂宜出來相直候所、
少茂無之候、此儘可被入 台覧之由ニ而、三英老
江御對談被指上由、追而被仰聞、
一、五月朔日、徳胤公、中村御暇御拜領例之通、
一、十六日、先達而被差上候綸旨御證文入 上覧、御下
ケ被遊候付、三英老・池田三太夫御呼被相渡之、
珍敷古書 上覧被遊之由、 上意之旨被仰聞、被
指上候、御家譜御文庫ニ納リ候由、宜御首尾之段、
三英老被仰達、右之御家譜、加納遠江守殿・小笠
原石見守殿・松平肥前守殿御懇望ニ而御寫させ、
三ケ所江被遣、(利胤公御代御國替之御沙汰、御內〻被仰出候節、被仰上候趣、權現樣・台徳院樣(徳川秀忠)御承知之次第等書載、)
一、廿日、大照院殿三十三回御忌ニ付、牛込寶泉寺ニ而
御供養、
一、同日、櫻田御番所、先年ゟ番士五人之所壹人被相增、
脇〻共ニ、近年樣代リ相詰候、殊今年御持場、前

々より倍申候、番頭目付之内見分ニ出候得者、四人ニ而下座等仕候付、外壹人被仰付、可然と評議之上、達　御聞御使番之内ゟ被仰付、

*日光浄土院ヨリ先代寄進ノ石燈籠曲リ直シ申遣サル
池田直展清書ノ家譜トノ取替ヲ望月三英ニ申出ヅ

一、廿七日、三英老江池田三太夫(直展)御家譜清書御取替之儀、罷出申達、
先日急候ニ付、草書ニ而指上、御文庫ニ茂御留被遊候之由ニ候得者、餘リ麁書ニ候間、御直シ被指上度と、先頃のことく美濃紙竪繼御卷物ニ調被指出、富田勘右衞門病氣ニ付、井口玄禮手跡ニ而獻上之、

*松平直指歿

徳胤江戸發駕

一、同日、　徳胤公江戸御發駕、御下向、六月五日中村御着、

富田高詮江戸出立

一、六月三日、富田勘右衞門(高詮)、四月廿日ゟ大病相煩候所、快氣仕出勤ニ付、御暇被成下、
御前江被　召出、御丁寧成　御意ニ而、御手移ニ御羽織被成下、同日晝時出立、

*松平直指ノ法事水戸ニテ執行

一、六日、三英老御入來、御引替之御譜録、土岐左兵衞殿ゟ被相渡由ニ而御持參、
被指出候御譜祿、度々御覽被遊、先達而之簱記之ことく、御手ニ切々御觸候由、左兵衞殿被仰候と

御傳達、御家譜一巻、入　上覽之通相調、御手前御系圖箱ニ納、

一、七月朔日、日光浄土院ゟ御先代被指上候石燈籠、ゆかミ直し之儀申遣、
今度、御宮御靈屋御修覆、仍之諸家ゟ被獻置候、御石燈籠掃除曲リ直シ、御本坊ゟ被仰付、御先祖式部平朝臣勝胤公ゟ被獻候、石燈籠ゆかミ有之候、致見分直シ可申哉与御留守居方迄申來、浄土院直シ頼候段申遣、大猷院殿(徳川家光)御靈屋江被獻候石燈籠、

一、八月三日、松平大學(頼貞)頭殿御父直指御老御死去、
御前御服忌無之、本立院殿御遠去之時、御祖母之御忌三十日被爲請候付、御又叔父ニ准御忌服無之、

一、十二日、太守尊胤公被命候儀、
八月十五夜御月見与御家ニ而唱來候、唱不宜被思召候、御月見与申候ハ、女詞之樣ニ候間、名月与唱可申候、御紙面共ニ其通心得候樣、　御筆ニ而被仰出之、

一、十四日、松平直指御老御法事、江戸ニ而無之、水戸ニ而御執行、
水戸迄御代香茂難被遣候付、脇々共ニ御香奠、大學頭殿御家來江被申達、御法事之節被相備候樣ニ、

白銀貳枚被遣、

中村専明院ノ文殊開帳

一、九月廿日ゟ中村末松山専明院文殊開帳、晴天十日、
享保十五年戌四月、開帳、弘法大師(空海)作大日五輪、
同作其節　太守公廚子御寄進、夫ゟ十五年とて又
開帳、

*中村ニテ大赦仰付ラル

一、十月朔日、大赦被　仰付、
高三拾石宛、
親之代本知貳百石上ル、　藤田平右衛門
自分代貳百石上ル、　杉七左衛門
親代百五十石上ル、　岸藤右衛門
高拾石自分代廿四石上ル、　門馬彌兵衛
右之面々、舊領被召上候內、返シ被下、其外御扶
持方侍・在郷給人・下部迄御ゆるめ、

相馬昌胤十七回忌法事執行

一、六日、(相馬昌胤)建德院殿十七回忌御法事、於西光寺御逮夜御
執行、

野馬追記上覧ニ入ラル

*野馬追繪圖御文庫ニ納メラル

一、十一月十日、野馬追記被入　上覽、
當三月、於江戸望月三英法眼相馬祭禮・野馬追之
事、兼而達　台聞、繪圖御懇望被遊度由、泉田掃
部ニ被仰聞、先年火災類燒之節、燒失之儀申達候
付、御屏風等無之哉与三英老被仰候得とも、是又
燒失、在所ニも無御座、每年之祭禮故、不珍存候
而、追而仕立不申由申上候、しからハ其次第筆記
可被指上之旨被仰候、兎角御參府以後之御首尾ニ
申達置候、右之譯、重而被仰聞候付、新谷五郎左
衛門ニ被仰付、野馬追記仕立、原之繪圖を添、此
日被差出、法眼幷御近臣土岐左兵衛殿御兩人御引
請被入　高覽、他ニなき珍事と　台慮ニ御かなひ、
御吹調(聽)ニ被　思召之旨、上意之趣土岐氏御傳達、
右之繪圖御文庫ニ御納被遊候との御事、

*日光門主へ老中松平乗邑ヨリ仰ラル次第アリ

一、十九日、日光御門主江、御老中松平左近將監(乘邑)殿、爲
上使被仰進次第、左之通、
公方樣(徳川吉宗)紀州被遊御座候砌、　權現樣百回御忌之御
法會御執行、日光　御宮江御參詣之儀、兩度御社
參被遊候得共、　御代重キ御法會御執行不被遊候
ニ付、來年於紅葉山御宮、重キ御法會御執行可被
遊之旨　思召候、萬端御法會之事、如何樣ニ茂
御門主御取計可被成候、尤勅會ニ者被遊間敷候、
上方御門跡方御下向、山門衆徒中下られ候儀者、
是又　御門主　思召次第之由被仰進、則御返答被
仰進、

來春紅葉山ニテ徳川家康年忌法會執行ヲ老中松平乘邑ニ仰付ラル

一、廿一日、來春於紅葉山大御法會、御用掛御老中松平左近將監殿被仰付、

一、廿八日、松平左近將監殿を以、彌於紅葉山八講御執行可被遊之旨、且亦　東叡山・日光山兩山坊中讀經有之候之樣被仰進、

（一七四五）
延享二年乙丑

徳胤中村發駕

一、正月廿六日、徳胤公中村御發駕、御痛所有之、従例年早ク御立、

主膳福胤名ヲ采女ト改メラル

一、二月八日、於江戸、主膳君（福胤）御名替、從　太守公（尊胤）采女君与被進、

*福胤御目見

一、十六日、今度、於　西御丸、若子樣（萬次郎、ノチノ清水重好）御誕生ニ付、今日惣出仕、

御名、若御年寄水野壹岐守（忠定）殿被指上候樣ニ被　仰出、萬次郎樣（清水重好）与御名付、吉重（家）公之御二男也、

西高治常府家老仰付ラル

一、十八日、西市左衞門（高治）儀、常府之御家老被仰付、

*紅葉山ニテ八講執行

一、廿日、中村萬年山長松寺月江長老出府、入院御禮申上之、

一東壹本進上、此節　太守公御手自昆布被成下、

生國豐後僧也、直クニ上京、去年五月長松寺大璘長老遷化ニ付、後住也、

一、廿一日、采女君（福胤）、近日　御目見御願被指出候ニ付、御寄合御同席之御方爲御參會御招、

水野十兵衞（忠英）殿　鍋嶋内匠（直弼）殿

内藤靱負（政則）殿　内藤數馬（忠英）殿

土屋惣藏（與直）殿　渡邊圖書（貞綱）殿

内藤主水（正甫）殿　中條市右衞門（景房）殿

一、廿七日、采女福胤公　御目見御願書、御老中酒井雅樂頭（忠恭）殿江、御先手梶川三之丞殿を以被指出、

一、三月朔日、　御目見、於御白書院相濟、

御奏者松平備前守殿

獻上　御本丸江　御太刀馬代、御卷物、

西丸江、　御太刀馬代、

御老中・若御年寄江御見舞、御太刀御先江持參、

一、三日、太守尊胤公、兼而被仰付置候鎧・御直垂赤地錦出來、

右爲御祝儀、御熨斗蚫上之、

一、十三日、於紅葉山八講御執行初ル、

東照權現樣（徳川家康）、當年百三十年ニ御當被遊ニ付、大御法會、依之正月八日ゟ　公方樣（徳川吉宗）御精進ニ而、法花經御寫被遊、八之卷一卷宛二十行宛、御自筆ニ御

櫻田麻布兩屋敷ノ普請鳴物遠慮

中村不亂院ニテ念佛堂四萬日回向

*凉ケ岡八幡宮屋根替成就

西高治家內同道シテ中村發足

昌胤昌胤室改葬

寫、夫ゟ先キ日光(公寬)御門跡上野碩學之出家書繼、紺地金泥ニ而紙之厚貳分有之由也、四月八御祭禮月故、御取越御執行十七日御結願、
一、同日ゟ櫻田・麻布兩御屋敷御法會中、普請鳴物御遠慮、
右ニ付、御觸ニ者鳴物等相止候ニ不及由、被仰出候得共、脇々共ニ御遠慮之由也、十八日八講御執行相濟候ニ付御登　城、兩御丸江獻上有之、
干鯛一箱　御樽一荷　公方樣江、
干鯛一箱　右大將(德川家重)樣江、
御太刀馬代、白銀壹枚、日光御本坊江御奉納、
一、同日ゟ十七日迄、於中村小泉不亂院、念佛堂四萬日回向、
導師興仁寺湛譽上人病氣、代僧西光寺篤譽上人勤之、
一、晦日、西市左衞門(高治)常府御家老先達而被仰付、家內同道中村發足、
一、四月八日、幾世橋興仁寺寺地替、諸堂出來、入佛供養、
一、九日、建德院殿(相馬昌胤)・本立院殿(昌胤室)を初御改葬、

御改葬之節者、當日御遠慮被仰上事候得共、無御沙汰被遊、可然与御家老申上、御親類江も爲御知無之、御精進茂不被遊候、御改葬之儀者、興仁寺申出、御執行被遊候、御葬禮之通ニ相濟、西光寺篤譽、御銘々ニ御導師相務候、躾法方野坂奈須之丞ニ御葬禮之格ニ被仰付候、扨又仕付方ニ改葬之次第無之事ニ候得共、被仰付候間、本式ニ相調候、先年長松寺替地之時者、御葬送規式ニ被遊候得者、御忌穢有之候故か、夜中ニ御改葬相濟、
一、十八日、中村御暇御拜領例之通、廿一日御發駕、廿七日御着城、
一、廿三日、江戶糀町栖岸院ニ而、玄曠院殿(昌胤息女於初)七回御忌、逮夜御執行、
一、同日、凉ケ岡八幡宮御屋根替成就神幸、
神幸
鐵炮五挺緋猩々、弓三張、長柄拾本青貝、
御簱奉行田村半兵衛麻上下歩行ニ而、
榊・鉾・鈴[伶]人、神樂、花持兒貳人、隨身貳人、
天蓋持貳人、極﨟貳人、御鳳輦、
御假殿神路橋勤行、還幸相濟、遷宮、
八幡寺　安養寺　眞言十五ケ寺

社家十八神道　後十二番神樂　湯祭
御名代　岡田監物（往胤）
委細別記有リ、

野馬追

一、五月十三日、野馬追、
十二日、中村ゟ御出馬、一番鐘朝七ツ半、二番鐘
六ツ半、三番鐘五ツ時与被仰出候所、夜中ゟ大雨
ニ而御騎馬面〻、致登　城候得共、雨止不申、依
之御見合四半頃　御出立、御行列、此度者見苦敷
無之様ニと、前〻被仰付置候故、正月末ゟ分限相
應ニ支度心掛候處、雨强御行列・御騎馬共ニ、紙
合羽着、原ノ町江八時過ニ御着、無程原御巡見、
暮頃御歸殿、終日・終夜大雨ニ而、他所ゟ見物夥
敷、仙臺侍大身茂多ク參候得共、致迷惑候、
十三日朝六時過、少之間雨止申候而、　御出馬被
遊、始而御具足直垂赤地錦御着用、御母衣被爲掛、原
江御出被遊、以後雨降、
一ノ手泉田掃部（胤重）組一ノ手二ノ手　二泉內藏助（胤寧）組一二　御前備
堀內十兵衞（胤總）組一二御籏本　御脇備相馬將監（胤壽）組一二　後
備池田八右衞門（直治）組
右十備御軍法、晝八時相濟、晝過ゟ大風雨、

*惣侍出仕

*泉田胤重野馬追御用引請ニ就キ具足羽織下サル

十備ノ軍法

一、十四日、夜前ゟ雨止不申、朝六ツ過小高御殿ゟ御假
屋江御出、
宵ニ御野馬七疋、當歲貳疋、都合九疋ならて御庭
江不參、御野馬掛初リ候時節、蘆毛ノ野馬魁ハ十
疋一度ニ御庭江參、中途森合と申所ニ滯リ居候と
申上候、御例式無殘所相濟、晩刻中村御歸城、三
日共ニ大雨、前代未聞与古老共申候、
一、十五日、惣侍式日出仕、且如例御野馬追御歸城之御
機嫌伺申上、
今度之御野馬追、雨降何茂太儀仕候与御意之旨、
御家老傳達、
一、同日、泉田掃部御野馬追御用引請候ニ付、御具足羽
織被下、其外右之御用掛リ面〻ニ拜領物被仰付、
一、同月、御兵具奉行預リ之八幡之御籏、今般入　上覽
候、當月廿九日、六月朔日、於御城愛染供之御祈禱
之節之儀申出、
毎年御祈禱ニ爲御逢候、其節御兵具奉行壹人宛、
御賄ニ而相詰、首尾仕候、此度ゟ御廣間預ニ被仰
付候、愛染供ニ者、當年ゟ如何可被仰付哉と申出
候趣、御用人御家老江申達、御兵具奉行預り者拔

＊村田廣隆家老職免ゼラル
＊江戸ニテ惣出仕德川吉宗隱居
＊富田高詮相馬家祕傳ノ儀撰集
＊奥相祕鑑十冊相家故事祕要集二冊
＊上覽ノ御證文御納戸ニ納ム
＊板倉式部ノ姉お龜歿
＊德川吉宗隱居

ケ不申候間、其節致登　城、先年之通被仕廻共ニ可仕、尤御家老ゟ御廣間江斷、軍團御鞭も當分ニ御納戸江渡被置候間、只今迄之通、一同ニ虫干之節、是又入置候樣ニと相濟、

一、六月二日、御野馬追罷出候面々、御城江被　召呼、御意之趣、御家老佐藤(儀信)惣左衛門申渡、
今度御野馬追、先達而ゟ見苦敷無之樣ニ心掛可申旨、御ひゝかし御座候付、何茂たしなミ之兵具等をも着可罷出与被　思召候、然所ニ大雨ニ而損さし可申候、兵具等之事ニ候得者、油斷不仕、早速相直シ可申事ニ被　思召候、御道具茂損多御時節柄ニ候得共、御直させ被遊候面々、兵具急キ相直シ心掛可申候、此段被仰付迄も無之候得共、扨又時節柄ニ而如何ニ　思召、拜借被仰付候、何分ニも宜ク拜借之思召候得共、取分ケ御手廻リ兼候付、此方段々申上、乍少々拜借被仰付候、百石以上、尤百石以下、其外御小性、中小性者御貸物ニ而罷出候得共、具足肌袴、其外江戸抔ニ而心掛申候者も御座候段、被及御聞拜借被仰付由、堀内十兵衛・佐藤惣左衛門申渡之、何茂難有奉存段御禮申上、

一、六月、村田半左衛門廣隆依病氣、如願御家老職御免、

一、七月七日、於江戸惣御出仕、此節被　仰出候御内意、
公方樣御隱居被遊、西御丸江御取替可被遊御座思召御座候、此段帝鑑之間御席江被仰渡、在國・在邑之面々江者不及相達由被仰出、

一、廿一日、諸留守居廻狀到來、　公方樣來春御隱居与被仰出候處、殊之外御急キ被遊、當九月中与相濟候与順達、

一、廿三日、相馬御家御祕傳之儀十二冊、富田(高詮)勘右衛門撰集、題號奥相祕鑑十冊、相家故事祕要集貳冊獻之、

一、廿五日、入　上覽候御證文、物頭田原口吉左衛門交代ニ付、被相渡被指下御納戸江納ル、

一、八月廿三日、板倉式部殿御姉お龜之御方御死去、十二歲、
太守實御姪候得共、敍胤公之御養子ニ被爲成候付、御從弟御忌服被爲請、　德胤公ハ御服忌無之、采女君ハ御姪之御服忌、御居者不被遊、

一、廿九日、於牛込寶泉寺、板倉家ゟ御法事御執行、良操院殿卜號、

一、九月朔日、　右大將(德川家重)樣御年來ニ付御政務御讓、御本

*奥州代官代リニ就キ梁川領川田玄蕃

*徳川家重將軍宣下ニ就キ公家衆著府
本丸西丸老中等仰付ラル

*徳川家重將軍宣下
徳川家重本丸へ移徙

丸江御代リ、
公方様(徳川吉宗)御隱居被遊、京都江將軍宣下之儀被　仰遣
由、諸大名江被仰渡、　權現様(徳川家康)以來御隱居御代初
而也、
一、同日、御本丸・西御丸御老中等被　仰付、
酒井雅樂頭(忠恭)殿家柄ニ付、御老中上座被仰付、
松平能登守(乗賢)殿御移徙以後、御本丸御老中被仰付、
若御年寄
本多伊豫守(忠統)殿五千石御加增被下、勢州神戸城主被仰付、
西尾隱岐守(忠尚)殿五千石御加增被下、大納言様御老中、
御側
加納遠江守(久通)殿御隱居様若御年寄被仰付、
堀田加賀守(正陳)殿大納言様附被仰付、
堀式部少輔(直舊)殿御隱居様若御年寄被仰付、
戸田淡路守(氏房)殿右同、
藪　主計(忠通)殿千石御加增、西丸御側、
御本丸御側衆西丸江被召連、
西丸御側御本城江被召連、
一、四日、萬次郎(ノチノ清水重好)様　山王江御宮參、
御供水野壹岐守(忠定)、右御祝儀御取通被下物有之、
一、廿五日、御本丸江　上様(徳川家重)御移徙、今日ゟ　上様与奉
稱、公方様西丸江御移徙、

一、同月、奥州御代官代リニ付、西領柳(梁)川御料江川田玄
蕃殿、今度御下リニ付、先年之通郡代頭ゟ飛脚ニ而
進物有之、池田八右衞門(直治)指遣、看支度御臺所ゟ、
一、十月廿七日、將軍宣下ニ付、江府參向之公家衆御着
府、
勅使　久我(通兄)大納言殿
　葉室(賴要)前大納言殿
准后使　長谷(範昌)三位殿
御衣役　高倉前(大カ)中納言(永房)殿
御身固　土御門(泰連)三位殿
御見舞　一條(兼香)左大臣殿
　二條(宗基)右大將殿
地下　壬生官務殿
　押小路大外記殿
宮方別使　青木左衞門尉
外記方別使　青木玄蕃丞
告使　山科刑部大丞
一、十一月二日、將軍宣下、此日ゟ吉重(家)公　公方様与奉稱、吉宗公大御所様と奉稱、御齢六十二歳、
三日御馳走、四日大御所(徳川吉宗)様御本丸ニ而御對顔、五
日御返答、六日紅葉山御成、七日御休、八日上野

御成、九日増上寺御成、十日御休、十一日・十二日・十三日御禮被爲請、十四日御休、十五日上野宮様御登　城、十六日増上寺御禮、十七日御休、十八日・十九日御能、廿日御休、廿一日御能、廿二日御休、廿三日御能、廿八日山王氷川御成、

公儀ヨリノ朱印差出サルベシ

一、廿九日、従　公儀被仰出御朱印被指出候事、
御朱印御用掛　御老中　松平能登守殿（乗賢）
御奏者　秋元攝津守殿（涼朝）
寺社奉行本多紀伊守殿（正珍）

従御先代之御朱印銘〻寫之、紙上リ引合　村高書付共ニ、
上包同紙御領知目録、本紙きすきまにあい、
右者、大御所様御代御頂戴之分計、其通ニ寫、
上包紙同紙其上包　大御所様御代与書付、
上包同紙　相馬彈正少弼与御名計、
（徳川家綱）嚴有院様御代　相馬長門守上包ノ上、又包如此調、
（徳川綱吉）常憲院様御代　相馬彈正少弼
（徳川家宣）文照院様御代　相馬讃岐守御代〻ノ御朱印之寫相添、被差出、
大御所様御代　相馬讃岐守御領知目録者、吉宗公御代計、
郷村帳貳册是ハ西内紙ニ而も程村ニ而も初ノ紙江ハ、御印形入不申候、表江御印形有之故、貳枚目ゟ、
御朱印寫不殘、

領知目録并寫壹通
此節御改之節被指出候計、　御名御判
秋元攝津守殿
本多紀伊守殿
御朱印銘〻箱ニ入、上箱其上外家小長持のことく、すみ鐵物打、尤被差出候時之箱ハ、江戸ニ而御支度、白木、
右之箱桐油ニ而包、澁紙蓙包青細引ニ而しめ、御紋付木綿ゆたん掛、
刺札ニハ　御朱印、相馬彈正少弼
物頭役小河四郎右衞門、交代之節故幸ニ被相渡、被遣四郎右衞門、閏十二月二日出立、駕御貸、御徒士目付半谷兵太夫並御徒士日下文八両人附走歸、御合力金貳分宛被下、擔候も足軽也、
不寝番四人、足軽十四人、山道之看板着、
都合上下廿四人
手目録一通
嚴有院様　高祖父　相馬長門守
――　祖父　相馬彈正少弼
――

相馬義胤室百回忌法事執行

*秋元攝津守ヨリ領地目録返サル

德胤先室十七回忌法事執行

一、同日、御代替相濟候節、御祝儀獻上之御名代、御留守居野坂忠兵衞相勤候付、御卷物ニ於御城被成下、

一、十二月六日、聖衆院殿百回忌御法事、小石川無量院ニ而逮夜之御執行、

大膳亮義胤公之御奥方、内藤志摩守忠重之御息女、正保三年丙戌十二月御遠去、廿七歳、其頃江戸ニ御家御菩提所無之、内藤家之御寺江御入、其後萬治元年戊戌、神田無量院小石川江寺地替、仍之御石塔被移、

一、八日、德胤公之御先室　直指院殿十七回忌、寶泉寺おゐて朝計御執行、

一、九日、御代替之御誓詞御願御飛札被指出、

本多中務大輔（忠良）殿御一名之御奉書被相出、來年參府之節、御誓詞与被　仰出、

一、閏十二月廿三日、於江戸御家老西市左衞門（高治）病氣ニ付、池田八右衞門（直治）御朱印指出、熨斗目着用、案内御留守居花井七郎太夫、

本多紀伊守殿江　御朱印指出、無滯御改相濟、御朱印寫・御領知目録寫・鄉村帳差上、本御朱印御改相濟、御返被遊候節、秋元攝津守殿八右衞門ニ被仰聞候ハ、　御朱印改相濟候間、勝手次第罷下候樣可仕候、御領知目録ハ、追而御返可被成候由被仰付、尤諸家共ニ御同樣、本多殿（正珍）御宅ニ而、秋元（涼朝）殿御列席、八右衞門御直ニ上之、

一、廿六日、秋元攝津守殿ゟ御領知目録御返被成候、

御領知目録御返被成候間、御留守居壹人罷出候樣被仰下、野坂忠兵衞罷出、御前江被罷出、御直ニ御返被遊、御領知目録相違無之由ニ而被相渡、石橋長左衞門長柄奉行役交代之節故、長柄者三人附爲持罷下、翌年寅十月十一日御登　城、於御前御朱印御頂戴、御領知目録、追而御下ケ被遊、此段寅之御年譜記、

後　記

終戦直後の昭和二十年の冬頃であったろうか、旧相馬藩主家の当主相馬恵胤氏が、当時の家令岡田省胤氏とともに相馬中村に見えられて、私に相馬藩史編纂の依頼があった。その理由はこうである。

廃藩後の明治何年頃であったろうか、藩史の編纂が始まり、それも大がかりなものでなく、数人の人々が次々に委嘱されてその仕事に当っていたようで、私の覚えている人の中に飯塚清通氏なども入っておられた。飯塚氏の後は只野清氏が委嘱を受けていたようで、頃は戦時中であった。この只野氏の時に、残りの部分も全部完成し、東京の相馬邸に届けられてあったが、太平洋戦争の東京空襲の際、焼夷弾のため全て烏有に帰したのであった。只野氏は私の伯父に当るが、晩年全力を尽した仕事であっただけに、その落胆は気の毒なぐらいであった。伯父は、それから間もなく昭和二十一年六月病没した。相馬家でも大変心痛され、そのためか只野の甥の私に藩史編纂のやり直しのお鉢がまわってきたのであった。

しかし、何人もの人が心魂こめて出来たものを、非力の私などにできる筈もない。幸い、歴代の編纂者が拠り所としていた慶長以降の代々の年譜の原本が相馬家に残っていることがわかったので、むしろ新しく編纂するよりは、年譜そのものを世に出した方が有益ではあるまいかと考えた。ただ、年譜の原本は御家流の草書で読みにくく、このままでは今の人に読めないから、これを書き直さなければならない。それは大変な仕事であるが、幸いにも古文書に明るい佐藤高俊氏に引受けていただき、百四十二冊、二百字詰原稿にして一万八千二百枚を数年がかりで筆写を終え、さらにその校訂にも数年を費やした。

年譜は、全巻一貫した編纂ではなく、その時代々々に書かれたもので、題名も「御年譜」とか「世紀」とか、あるいは「萬榮日録」とか様々である。しかし、みな日時を追うた編年形式であり、はじめの方では何年か分を一冊にまとめているが、後の方では一年を一巻として見ている。ただ時代により、人により、記事が繁簡様々であることは是非もない。

相馬家は平将門を祖と伝え、わが国でも有数の由緒明らかな名門である。中ごろ、千葉氏より入って相馬を継いだ師常は、源頼朝に従って平泉攻撃に功を立て、奥州の相馬（当時の行方郡）を与えられ、奥州相馬の初代となった。当時、頼朝から与えられたという八幡大菩薩と書いた旗が大切に相馬家に伝えられていたが、これも先の東京空襲で焼失してしまったのは惜しまれる。もっとも、古い複製のものが相馬氏の分家なる小高の相馬家に残っている。

師常以後、第六代重胤の時、元亨三年（一三二三）、旧領総州より奥州に移り住み、爾来一度の国替えもなく、明治の廃藩に至ったのであった。元亨三年に奥州に移るや、はじめは太田（原町市）に居り、数年の後、小高（相馬郡小高町）の築城が成ってここに移ったと伝えられ、居ること二百八十五年、第十七代利胤の時、慶長十六年に中村（相馬市）に城が成ってここに移り、以来、明治維新に及ぶのである。年譜は、この利胤から始まっている。

即ち、原本では、十七代利胤は一冊、十八代義胤三冊、十九代忠胤三冊、二十代貞胤一冊、二十一代昌胤五冊、二十二代叙胤二冊、二十三代尊胤八冊、二十四代恕胤十九冊、二十五代祥胤十九冊、二十六代樹胤八冊、二十七代益胤三十二冊、二十八代充胤三十二冊、二十九代誠胤二十冊となっている。年譜に編纂者の名はないが、益胤・充胤、それに誠胤の巻には編纂者二宮尊親が序文を書いている。このたび、筆写本を相馬家に納めるにあたり、十三代百四十二冊を適宜分冊、七十三冊に合本し、『相馬藩世紀』と名付けたわけである。

刊行に当っては、所蔵者の旧藩主家当主相馬和胤氏の承諾を得ると共に、岡田清一氏を煩して再度原本と照合し、誤り無いよう確かめ、校註を依頼したのである。なお、㈱続群書類従完成会並びに小川一義氏に格別のご配慮を頂いた。記して謝意を表するものである。

平成十一年三月

校訂者　文学博士　岩　崎　敏　夫　識

相馬藩世紀 第二

校訂 岩崎敏夫
佐藤高俊

校注 岡田清一

平成十四年九月三十日 印刷
平成十四年十月十五日 発行

定価 本体一一、〇〇〇円（税別）

発行者 太田史

製版所 続群書類従完成会製版部

印刷所 株式会社平文社
東京都豊島区南大塚二丁目三五番七号

発行所 株式会社 続群書類従完成会
東京都豊島区北大塚一丁目一四番六号
電話 〇三（三九一五）五六二一
振替 〇〇一二〇-三-六二六〇七

ISBN4-7971-0682-4

史料纂集既刊書目一覧表

(77) 師郷記 3
(78) 妙法院日次記 3
(79) 田村藍水西湖公用日記 全
(80) 花園天皇宸記 3
(81) 師郷記 4
(82) 権記 2
(83) 妙法院日次記 4
(84) 師郷記 5
(85) 通誠公記 1
(86) 妙法院日次記 5
(87) 政覚大僧正記 1
(88) 妙法院日次記 6
(89) 通誠公記 2
(90) 妙法院日次記 7
(91) 通兄公記 1
(92) 妙法院日次記 8
(93) 通兄公記 2
(94) 妙法院日次記 9
(95) 泰重卿記 1
(96) 通兄公記 3
(97) 妙法院日次記 10
(98) 舜旧記 6
(99) 妙法院日次記 11
(100) 言国卿記 8
(101) 香取大禰宜家日記 1
(102) 政覚大僧正記 2
(103) 妙法院日次記 12
(104) 通兄公記 4
(105) 舜旧記 7
(106) 権記 3
(107) 慶長日件録 2
(108) 鹿苑院公文帳 全
(109) 妙法院日次記 13
(110) 国史館日録 1
(111) 通兄公記 5
(112) 妙法院日次記 14
(113) 泰重卿記 2
(114) 国史館日録 2
(115) 長興宿禰記 全
(116) 国史館日録 3
(117) 国史館日録 4
(118) 通兄公記 6
(119) 妙法院日次記 15
(120) 舜旧記 8
(121) 妙法院日次記 16
(122) 親長卿記 1
(123) 慈性日記 1
(124) 通兄公記 7
(125) 妙法院日次記 17
(126) 師郷記 6
(127) 北野社家日記 7
(128) 慈性日記 2
(129) 妙法院日次記 18
(130) 山科家礼記 6
(131) 通兄公記 8
(132) 親長卿記 2

史料纂集既刊書目一覧表

古記録編

配本回数	書名	巻数
①	山科家礼記	1
②	師守記	1
③	公衡公記	1
④	山科家礼記	2
⑤	師守記	2
⑥	隆光僧正日記	1
⑦	公衡公記	2
⑧	言国卿記	1
⑨	師守記	3
⑩	教言卿記	1
⑪	隆光僧正日記	2
⑫	舜旧記	1
⑬	隆光僧正日記	3
⑭	山科家礼記	3
⑮	師守記	4
⑯	葉黄記	1
⑰	経覚私要鈔	1
⑱	明月記	1
⑲	兼見卿記	1
⑳	教言卿記	2
㉑	師守記	5
㉒	山科家礼記	4
㉓	北野社家日記	1
㉔	北野社家日記	2
㉕	師守記	6
㉖	十輪院内府記	全
㉗	北野社家日記	3
㉘	経覚私要鈔	2
㉙	兼宣公記	1
㉚	元長卿記	全
㉛	北野社家日記	4
㉜	舜旧記	2
㉝	北野社家日記	5
㉞	園太暦	5
㉟	山科家礼記	5
㊱	北野社家日記	6
㊲	師守記	7
㊳	教言卿記	3
㊴	吏部王記	全
㊵	師守記	8
㊶	公衡公記	3
㊷	経覚私要鈔	3
㊸	言国卿記	2
㊹	師守記	9
㊺	三藐院記	全
㊻	言国卿記	3
㊼	兼見卿記	2
㊽	義演准后日記	1
㊾	師守記	10
㊿	本源自性院記	全
(51)	舜旧記	3
(52)	台記	1
(53)	言国卿記	4
(54)	経覚私要鈔	4
(55)	言国卿記	5
(56)	言国卿記	6
(57)	権記	1
(58)	公衡公記	4
(59)	舜旧記	4
(60)	慶長日件録	1
(61)	三箇院家抄	1
(62)	花園天皇宸記	1
(63)	師守記	11
(64)	舜旧記	5
(65)	義演准后日記	2
(66)	花園天皇宸記	2
(67)	三箇院家抄	2
(68)	妙法院日次記	1
(69)	言国卿記	7
(70)	師郷記	1
(71)	義演准后日記	3
(72)	経覚私要鈔	5
(73)	師郷記	2
(74)	妙法院日次記	2
(75)	園太暦	6
(76)	園太暦	7

史料纂集既刊書目一覧表

古文書編

配本回数	書名	巻数
①	熊野那智大社文書	1
②	言継卿記紙背文書	1
③	熊野那智大社文書	2
④	西福寺文書	全
⑤	熊野那智大社文書	3
⑥	青方文書	1
⑦	五条家文書	全
⑧	熊野那智大社文書	4
⑨	青方文書	2
⑩	熊野那智大社文書	5
⑪	気多神社文書	1
⑫	朽木文書	1
⑬	相馬文書	全
⑭	気多神社文書	2
⑮	朽木文書	2
⑯	大樹寺文書	全
⑰	飯野八幡宮文書	全
⑱	気多神社文書	3
⑲	光明寺文書	1
⑳	入江文書	全
㉑	光明寺文書	2
㉒	賀茂別雷神社文書	1
㉓	沢氏古文書	1
㉔	熊野那智大社文書索引	
㉕	歴代古案	1
㉖	歴代古案	2
㉗	長楽寺文書	全
㉘	北野神社文書	全
㉙	歴代古案	3
㉚	石清水八幡宮文書外	全
㉛	大仙院文書	全
㉜	近江大原観音寺文書	1
㉝	歴代古案	4